돼지다운 돼지

The Marvelous Pigness of Pigs

돼지다운 돼지

미치광이 농부의 흥하는 농장

조엘 샐러틴 지음
★
CR번역연구소 원영희·진실로 옮김

홍
성
사

일러두기

1. 성경 본문은 대한성서공회에서 출간한 《성경전서 새번역》을 사용했다.
2. 모든 각주는 역자 주이다.
3. 장 제목과 일부 소제목은 편집자가 추가한 것이다.

감사의 말

이 책이 출간되기까지 오랜 시간이 걸렸다. 지난 수십 년 동안 세상에 나올 날을 기다리며 내 마음속에 자리 잡고 있었다. 무엇보다 나의 할아버지 프레드 샐러틴Fred Salatin께 감사드리고 싶다. 할아버지는 건강 전문매체 로데일Rodale에서 펴내는 〈유기농 정원과 농업Organic Gardening and Farming〉의 특별회원으로, 1950년 이전에 이미 환경윤리를 받아들이신 분이었다.

나의 부모님 빌 샐러틴Bill Salatin과 루실 샐러틴Lucille Salatin은 '어머니 지구 운동'과 히피, 레이첼 카슨Rachel Carson의《침묵의 봄Silent Spring》이 등장하기 훨씬 전인 1950년대와 1960년대에 성경과 환경의 진실을 향한 사랑을 키워 갔다.

고등학교와 대학 시절에 토론 기술을 가르쳐 주신 은사님들도 언급하지 않을 수 없다. 이분들이 없었다면 나는 메시지를 명료하게 전달할 수도, 자신 있게 신념을 주장할 수도 없었을 것이다. 모교 밥 존스 대학에 깊은 감사를 드린다. 덕분에 세상을 변화시키는 주도자로 살아갈 열망을 품게 되었다.

편집자 케이트 하트슨Kate Hartson과 도서개발자 리사 디모나Lisa DiMona는 프로젝트를 진행하는 내내 전문적 조언과 격려를 아끼지 않았다. 두 사람의 전문지식 덕분에 더욱 설득력 있고 이해하기 쉬운 작품을 완성할 수 있었다.

언제나 예술 감각이 넘치는 딸 레이첼Rachel은 우리 농장 폴리페이스Poly-face에 아름다움과 질서를 더해 주고 있다. 아들 다니엘Daniel과 며느리 셰리Sheri는 직원들과 폴리페이스 팀에 열정과 영감을 불어넣는 발전기와 같은 존재다. 또한 내 손주들 트래비스Travis와 앤드류Andrew, 로린Lauryn은 무엇을 물려줘야 하는가에 대한 생각에 영감을 주고 창조물을 돌보는 일에 즉각 나서야 함을 일깨워 준다.

누구보다도 지난 서른다섯 해 동안 꿋꿋하게 곁을 지키면서 괴짜 남편을 있는 그대로 인정해 주고, 사람들이 외면할 때도 내 편이 되어, '조엘의 조엘다움'을 표현할 수 있도록 격려해 준 나의 신부, 나의 아내 테레사Teresa에게 감사한다.

서문

나는 기독교인이다. 예수님은 나의 주님이시다. 조엘 샐러틴은 기독교인이다. 그러니 조엘은 믿음 안에서 내 형제이다. 하지만 조엘이, 혹은 조엘 같은 사람만이 농부여야 하는가? 아니, 내 스테이크를, 내 감자를 키우는 사람이 누구인지가 그렇게 중요한 문제인가?

대부분의 기독교인들이 이 질문에 대한 답을 어떻게 시작해야 할지 모른다. 우리는 성경이 이 주제에 관해 무슨 말을 하는지도 알지 못한다. 먹거리에 관한 성경적 윤리를 알려 주는 설교를 들어 본 적이 없기 때문이다. 잘못된 음식을 너무 많이 먹거나 올바른 음식을 너무 적게 먹는 식습관을 신학으로 세세히 설명해 내지 못한다. '식탐'은 7대 죄악 중 하나이고 '절제'는 이에 대응한 주요 덕목이다. 하지만 식료품점이나 음식점에 들어갈 때 성경에서 뭐라고 말하는지 생각하며 자신이 원하는 모습의 세상을 위해 지갑을 열어 한 표를 행사하는 기독교인이 과연 얼마나 될까? 농업에 관한 설교, 그러니까 단지 성경이 기록된 시대적 배경이 농경문화였다는 언급 정도에서 그치지 않고 오늘날의 농업을 논하는 설교를 들어 본 사람이 우리 중 몇이나 될까?

이 책은 여러분이 하루 세 번 먹는 음식과 여러분이 믿고 있다고 고백하는 성경 말씀을 서로 연결해 보라고 소리 높여 호소한다. 나도 그렇지만, 조엘도 성경을 하나님의 감동으로 기록한 말씀으로 믿으며, 앞으로의 향방을 찾기 위해서 '미국 재계', 즉 기업화한 미국을 바라보기보다는 성경을 의지한다. 성경에 담긴 불변의 지속가능한 농업윤리를 찾아내는 일은 교회 안팎의 많은 이들의 눈을 번쩍 뜨게 할 만큼 중요한 사역이다. 그러나 누군가는 또다시 물을 수도 있다. "내 먹거리를 누가 키우는지가 중요한 일인가? 기독교인들이 지금 당장 걱정해야 할 더 큰 일들도 많은데!" 나는 이렇게 답하겠다. "우리가 작은 일에 충성할 때 하나님께서 더 큰 일을 맡겨 주신다고 성경은 말한다네."

미국인 4분의 3이 과체중이다. 비만은 잠자는 중 우연히 발생하는 증상이 아니다. 너무 많이 먹거나 혹은 너무 적게 움직여서 생긴다. 종교적 용어로는 이 주제를 '식탐'과 '나태'라는 용어로 표현해 왔다. 듣기 좋은 용어는 아니지만 이를 무시했다가는 더 큰 문제들에 봉착한다.

사실 몸무게가 산업형 영농과 잘못된 영양섭취로 빚어지는 유일한 문제는 아니다. 교회 성도석을 향해 가족 중에 암 환자가 있으면 손을 들어 보라고 한 적이 여러 차례 있다. 손들이 바다 물결처럼 끝없이 일렁였다. 이어서 암에 관한 설교를 들어 본 적이 있는 분은 몇 분이나 되는지 물었다. 아무도 손을 들지 않았다! 우리를 죽음으로 이끄는 상황과 우리가 교회에서 듣는 말씀 사이에 단절이 있다는 말이다. 여러분이 손에 들고 있는 바로 이 책은 여러분의 '믿음'과 '음식'을 연결해 준다.

우리가 우리 삶을 위한 하나님의 계획에서 벗어나면 그 결과는 단순히 육체적 건강문제로 그치지 않는다. 우리가 최저가로 최대량을 얻어 내는 데만 집중하다 보면 이 세상의 놀라운 아름다움을 놓치게 된다. 세상을 향한 조엘의 비전은 생생하다! 경이로 가득 찬 세상이다. 조엘의 말대로, "우리의 호흡이 사과나무 잎을 통해 재생되고 다시 지렁이에게로, 다시 붉은토끼풀 잎으로, 다시 우리의 십 대 자녀 몸속으로 들어간다." 인간 생명의 의미를 손익계산 차원으로 축소하려 들며 나날이 기계화되는 세상에 사는 우리에게 조엘의 통찰력은 해독제 작용을 한다. 선한 농부 조엘이 꿈꾸는 세상이 내가 성경에서 본 내용과 훨씬 더 비슷해 보인다.

하나님께서는 고대 이집트의 건축가들이나 바벨론의 과학자들을 통해 주님의 계획을 실현하실 수도 있었지만, 그보다는 양 떼와 소 떼를 몰며 떠도는 야곱 족속을 택하셨다. 야곱의 후손을 농지로 이끄시고, 가축을 쉬게 하는 법을 포함한 각종 농업 규범을 주셨다. 우연의 손에 맡기지 않으시고 당신의 백성에게 지속가능한 영농을 손수 가르치셨다. 하나님께서는 농업 국가로 세우신 백성에게, 세상에나, 심지어 과실수를 가꾸는 조례까지 내려주셨다! 그런데 "어쩌다 하나님의 백성이 그분의 계획에서 이토록 단절되고 말았는가?" 조엘의 이 질문을 나 역시 묻고 싶다.

예수님은 우연히 태어나지 않으셨다. 역사상 가장 빈틈없는 계획 중에 태어나셨다. 하나님의 아들로 이 세상에 오신 첫날 밤, 아기 예수님을 농장 가축들이 둘러싸고 목자들이 찾아와 경배한 사건은 우연이 아니다. 성경은 인간이 저지른 죄와 실책의 결과로 "모든 피조물이 이제까지 함께 신음"(롬 8:22)한다고 말한다. 피조물, 곧 하나님의 창조물과 인간과의 올바른 관계를 회복하러 오신 아기 예수님을 향해 창조물들이 나아간 일은 너무도 당연한 일이다. 나는 현대 공장식 농장에도 가 보고 조엘의 폴리페이스 농장에도 가 보았기에, 둘 중 어느 농장이 주께서 우리에게 바라시는 농장인지, 그리고 어느 환경이 창조물을 향한 하나님의 뜻에 부합하는지, 또 어느 농장이 품위와 환대의 광경을 보여 주는지에 대해서 일말의 의구심도 없다.

성경 어디에도 먹거리에 관한 언급이 없다고 생각하는가? 아담과 하와가 먹어서는 안 될 것을 먹고 에덴동산에서 쫓겨난 일을 생각해 보라. 아브라함과 사라는 낯선 이들에게 식사를 대접한 덕분에 많은 민족의 아버지와 어머니가 되었다. 요한복음 다섯 장에 걸쳐 예수님은 제자들과 식사를 하시면서 가르침을 주셨고, 그 후에는 자신을 생명의 떡으로 내어 주셨다. 또한 죽으시고 부활하신 후, 제자들을 진정시키시고 당신이 허상이 아니라 실재이심을 보여 주기 위해 하신 일이 바로 제자들과 함께 음식을 드신 일이었다. 심지어 낙원의 중앙에는 열매를 맺고 만국을 치료하는 생명나무가 있다.

나는 이 책이, 그리고 조엘이 하는 사역이 우리의 발걸음을 하나님 아버지께 드리는 기도, "아버지의 나라를 오게 하여 주시며, 그 뜻을 하늘에서 이루심같이, 땅에서도 이루어 주십시오."라는 주님의 기도로 한 걸음 더 가까이 내딛게 하기를 기도한다. 조엘 식으로 말해서, "사랑하는 친구들이여, 이 책을 생각을 위한 먹거리, 생각거리로 삼으시길! 아멘."

매튜 슬리스

의학박사, 블레스드 어스Blessed Earth 창립자,

창조물 돌봄 작가

차례

★

들어가는 말

이 책은 나의 정체성을 밝히는 고백서이다. 열 번째 저서이니 고백서라 할 만하다. 내가 마치 주기도문을 읊듯 "나는 기독교인이자 자유주의자, 환경주의자, 자본주의자이며 미치광이 농부"라고 소개하면 다들 항상 웃는다. 남들에게 기독교 신앙을 강요한 적도 없고, 이마에 써 붙이고 다니는 것도 아닌데, 눈치 빠른 사람들의 촉은 곧바로 내가 기독교인임을 알아차린다.

지금까지 나는 창조물 숭배자와 창조주 숭배자 사이에서 가교 역할을 해 올 수 있었다. 이 책을 집필한 계기도 두 진영 사이에 존재하는 긴장 때문이다. 나는 양측 모두와 깊고 두터운 우정을 맺고 있다. 진보주의자이자 창조물 숭배자이며 환경주의자인 내 친구들은 종종 묻는다. "자네가 하는 일을 믿으면서 어떻게 기독교인일 수 있지?"

마찬가지로, 내 기독교인 친구들도 진보적 환경주의 개념에 어떻게 그토록 공감할 수 있느냐며 의아해한다. 이 책은 복음주의자이자 종교적 우파, 기독교인, 혹은 신앙공동체의 일원이라고 자칭하는 34퍼센트의 미국인을 위한 책이다. 내가 가장 염려하는 점은 정작 그 사람들은 이 책을 읽지 않을 것이라는 데 있다. 원래 '내가 속한 곳의 사람들'은 내 글의 독자층이 아니었다. 하지만 그들도 생각이 바뀌고 있고, 그런 변화를 지켜보는 일은 즐겁다.

비기독교 친구들 그리고 독자 여러분께 하고 싶은 말이 있다. 부디 이 책에 푹 빠져 보시길 바란다. 나의 가장 큰 바람은 이 책이 성경에 드러난 만물을 향한 하나님의 관점을, 하나님의 관점에 대한 '인간의 해석'이 아니라 '하나님의 관점'을 제시하는 것이다. 물론 분명 놓치거나 실수한 점이 있을 것이다. 이 책은 비기독교인 친구들의 마음을 상하게 할 의도가 조금도 없다. 다만 지구를 돌보는 청지기 사명을 하나님께서 얼마나 귀하게 여기시는지를 이해하는 데 도움이 되길 바랄 뿐이다. 그리고 혹시 이 책의 영향으로 성경에 어떤 통찰력이 담겨 있나 더 알아보고 싶은 마음이 생긴다면 그야말로 멋진 일이다. 사실 모든 사람을 위한 책을 쓰기란 어려운 일이기에 일단 기독교인을 대상으로 집필했다. 하지만 비기독교인 친구들도 우리가 나누는 대화를 한번 들어 보면 좋겠다.

나는 이 책에서 의도적으로 성경의 용어와 표현들을 사용하였다. 급진적 진보주의자요, 창조물 숭배자, 환경주의자일 뿐이면서 거짓으로 신자인 척한다는 기독교인들의 오해를 피하기 위해서이다. 이 책을 오랜 시간 끝에 세상에 선포한 설교라고 생각해 보자. 어떤 이들에겐 오랜만에 마신 신선한 공기 중에서도 더없이 순수한 호흡이 될 것이요, 또 어떤 이들에겐 그동안 당연시하던 전제를 근본부터 뒤흔드는 도전이 될 것이다.

솔직히 이제는 기독교인들이 하나님의 소유물을 오남용한 일을 사과하기도 지친다. 하나님의 창조물을 오남용하는 사람이 기독교인만은 아니지만, 분명 우리 기독교인들은 일단 그런 잘못을 해서는 안 된다. 사회는 우리가 하나님의 소유물을 남용한다며 온갖 트집을 잡아 가며 비난한다. 슬픈 사실은 많은 기독교인들이 그런 비난을 받아 마땅하다는 현실이다.

이 책의 주제는 단순하다. 바로 하나님의 모든 창조물, 다시 말해 육적인 세계는 영적인 진리를 알려 주는 실물교육이라는 믿음이다. 실물을 예로 들어 설명하는 실물교육은 아이들에게 영적 가르침을 주기 위해 오래전부터 사용한 방법이다. 비유로 설명하신 예수님의 말씀도, 광야를 떠돌던 이스라엘 민족이 하나님께 제사하던 성막도 모두 실물교육이었다.

프란시스 쉐퍼Francis Schaffer는 늘 이렇게 물었다. "그렇다면 이제 우리는 어떻게 살아야 하는가?" 비판과 공격에 맞서 기독교를 옹호한 위대한 인물이 많지만, 특히 쉐퍼는 대담하게도, 육신과 영혼이 어떻게 연결되어 있는지를 깊이 파고들었다. 많은 신학자와 학자들이 지구를 돌보는 청지기로서의 책임에 관해 책을 썼지만, 내가 보기에 그 어떤 책이든 "그렇다면 이제 우리는 어떻게 살아야 하는가?"라는 질문 앞에서는 늘 답이 부족했다. 기독교인 전업농부로서 나는 지구를 돌보는 청지기 책임에 대한 지극히 현실적인 해명을 내놓고자 한다.

질문은 그러니까 이렇게 바뀐다. 영적 진리를 보여 주는 식품과 영농체계는 어떤 모습일까? 용서하는 농장, 믿음의 농장은 어떤 모습일까? '누구든지' 참여하는 식품체계는 어떤 모습일까? 나는 단순히 농사짓고 사육하며 음식을 먹는 방식에 옳고 그름이 있는지를 묻는 정도로 그치지 않고, 하나님의 마음이 실생활에 어떻게 드러나는지를 설명해 보고자 했다. 눈에 보이는 삶에서도 파악하거나 이해하지 못하는 진리를 어떻게 눈에 보이지도 않는 삶에서 실천할 수 있단 말인가.

나는 영과 육이 서로 갈등관계에 있지 않고 실은 공생한다고 본다. 그렇기에 이 책의 각 장마다 성경의 진리를 보여 주는 영농과 식품체계와 더불어 이와 반대선상에 있는 체계를 나란히 함께 보여 주었다. 내가 모든 해답을 다 알고 있다고 큰소리 치지는 않지만, 우리는 기독교인으로서 우리가 사는 세상에, 우리의 이웃에, 우리를 믿어 주는 이들에게, 그리고 무엇보다도 바로 하나님께, 하나님을 바로 대변해야 하는 빚을 지고 있다. 어떻게 우리가 하나님을 대변하는 사역을 가볍게 여길 수 있겠는가!

부디 하나님께서 이 책을 사용하셔서 하나님 백성들의 마음을 흔드사 청지기 사명을 새로이 품게 이끄시길 기도한다.

2015년 11월

조엘 샐러틴

1—
나는
누구인가?

내가 낯선 땅에서 나그네가 되었구나!

출애굽기 2장 22절

"유기농 식료품점에 들어서는 자체가 곧 사이비 종교로 들어간다는 뜻이다." 아니, 무슨 이런 말이! 나는 심히 불안해져 기숙사 방 친구들 눈치를 보며 슬그머니 잡지를 내려놓았다. 이 말이 사실일까? 그럼 내가 사이비 종교 신도?

1978년. 당시 나는 사우스캐롤라이나 주 그린빌에 있는 밥 존스 대학 졸업반이었다. 매달 기숙사 방마다 학생 수대로 넣어 주던 전문적이고 고급스러운 학보 〈밥 존스 가족을 위한 믿음*Faith for the Family*〉을 훑어보다가 발견한 문장이었다. 문제의 기사는 최근 환경론자들 때문에 달라진 우리 문화의 풍경, 즉 유기농, 건강식품, 퇴비 등 새로이 떠오르는 식품 열풍에 대해 총장 밥 존스 2세 박사가 쓴 표지 기사였다.

당시 나는 그저 보통 학생이 아니라 〈미국 대학생 인명사전 후즈후 Who's Who Among American College Students〉에 실린 학생, 남학생 친교단체 회장이자 기숙사 방 세 개를 합한 기도모임의 책임자, 거기다 캠퍼스 방문객을 안내하는 공식 투어 가이드까지 맡은 소위 지도자급 학생이었다. 나는 꽤 괜찮은 학생이었고, 학교가 추구하는 모든 가치를 대변하기 위해 발로 뛰는 모범생이라고 자부했다. 나는 진심으로 학교의 모든 신조를 수용했으며, 남은 평생 밥 존스 대학의 비전을 추구하며 살아갈 작정이었다. 아직 그런 용어가 생기기도 전이었지만 나는 당연히 종교적 우파였다.

요즘 식으로 표현하자면 나는 그야말로 아주 '골수분자'였다. 이런 성향은 바로 우리 가족과 집에서도 보였다. 학교에서 북쪽으로 약 여섯 시간 떨어진 버지니아 주 셰넌도어 밸리에 자리 잡은 우리 농장은, 일반 농장과 달리 화학비료 대신 퇴비를 사용하고, 닭을 방목해 키우고, 생우유를 직접 짜는 유기농법을 쓰고 있었다. 우리 동네 스톤튼에 첫 번째 유기농 식료품점이 들어서자마자 부모님은 곧바로 그곳에서 장을 보기 시작하셨다.

우리 가족은, 일찍이 비산업형 전통 방식으로 생산된 농축산물 먹기를 주장한 전문가 아델 데이비스Adelle Davis의 책《바른 식생활Let's Eat Right to Keep Fit》과《바른 조리법Let's Cook It Right》에 아주 큰 관심을 보였다. 희한하게도 정작 아델은 담배를 끊지 못해 폐암으로 죽고 말았다고 한다. 내가 열다섯 살쯤이었나? 아버지는 그 책에 나온 대로 맥주 효모를 먹어 보려 하셨다. 나는 주방 조리대 위로 몸을 잔뜩 기울인 채, 눈을 크게 뜨고 아버지가 건강에 좋다는 혼합물을 시식하는 모습을 지켜보았다.

기억하기로 이때는 '정직한 식품food with integrity' 운동 초창기 시절로 아직 맥도날드가 국가 브랜드가 되기도 전이었다. 아버지가 맥주를 만드는 순수 효모를 한술 떠서 입에 넣는가 싶었는데 다음 순간 입에서 효모 분말이 왈칵 뿜어져 나와 온 주방 위로 흩어져 날아다녔다. 혹시 밀가루를 먹어 본 적이 있는가? 마치 톱밥을 입에 넣고 삼켜 보려 했을 때와 같은 그 기분! 효모 말고 아버지가 초반에 시도한 식품 중에는 아마씨차도 있었다. 아버지가 주방 저편에 계시는 동안 나는 늘 그랬듯이 조리대를 방패 삼아 이쪽에서 아버지를 관찰했다.

아버지는 냄비에서 아마씨차를 몇 술 떠 보려고 했다. 아마씨차는 마치 플라스틱을 녹인 젤 같았다. 조금 떠서 입에 대려고 하면 주르륵 미끄러져 냄비 안으로 도로 떨어졌다. 장난감 가게에서 파는 젤 타입의 '액체 괴물' 같았다. 나처럼 농장에서 자란 아이들은 생명의 놀라운 신비를 마음속 깊은 경험으로 간직하는데, 그중 가장 중요한 경험은 단연 출산이다. 계속 미끄러져 내리는 아마씨차를 바라보며 내가 아버지께 무심코 말했다. "아기 낳을 때 나오는 태반 같아요."

그 말을 하고 나서 우리 둘은 웃음을 터뜨렸다. 하도 웃음이 나서 아버지는 도저히 더 시식할 수도 없을 정도였다. 끓이는 중에 뭐가 잘못됐는지 도대체 먹을 수가 없었다. 부드럽긴 하지만 미끄러운 고무줄 같은 느낌이었다. 나는 냄비째 들고 뭐든 잘 먹기로 이름난 우리 닭들에게 주려고 마당으로 나갔다. 평소에도 음식물 찌꺼기를 즐겨 먹는 닭들이라 냄비를 든 날 보더니 우르르 몰려들었다. 끓인 아마씨차를 먹이통에 붓자 닭들이 곁눈질로 먹이를 가만히 바라보았다. 눈이 얼굴 측면에 달려 있어 똑바로 볼 수 없는 까닭에 먹이통 주변을 빙글빙글 돌면서 처음엔 이쪽 눈으로,

다음엔 고개를 기울여 반대쪽 눈으로 먹이를 유심히 들여다보았다. 그러더니 모두 다른 곳으로 가 버렸다.

이럴 수가! 나는 집으로 뛰어 들어가 이 놀라운 소식을 전했다. "이건 닭들도 안 먹어요!" 우리 농장 닭들이 부리를 돌리는 모습을 이제껏 한 번도 본 적이 없었기 때문이었다. 무엇이든, 심지어 잔뜩 상해 지독한 악취를 풍기는 고기나 우유도 아이스크림 먹듯 꿀꺽 삼켜 버리는 닭들이었다. 오히려 곰팡이가 피고 이상한 게 많이 달린 음식물 찌꺼기일수록 더 좋아했다. 그런데 아버지가 끓인 아마씨차는 아니었다! 그 이후로 아버지가 아마씨차를 다시 만들려고 한 적은 없는 것 같다. 대신에 아델 데이비스가 개발한 '타이거스 밀크Tiger's Milk'를 만들었는데, 교회 친구들은 이 걸쭉한 밀크쉐이크 영양식을 표범이 토한 물이라 불렀다.

우리 집에는 건강 전문매체 로데일의 〈유기농 정원과 농업〉과 〈어머니 지구 뉴스The Mother Earth News〉 잡지들이 넘쳐 났다. 내가 영속농업¹을 알게 된 것도 바로 이런 잡지의 앞면 기사에 실린 청년 농부 인터뷰 덕분이었다. 그 시절에 창간된 〈에이커스 유에스에이Acres U.S.A.〉를 통해 생태농법 스타트업 정보도 꾸준히 접했다.

십대이던 1970년대 초는 히피 운동이 한창이던 시기였다. 우리 가족은 가끔 히피 친구들을 집으로 초대해 대접했는데, 몇몇은 담배 냄새가 아닌데 코를 자극하는 아주 달콤한 향을 풍기며 나타나 집 안으로 들어왔다. 시골생활의 미덕을 찬양하는 이 친구들을 끌어안으며 맞아들여 함께 즐거운 시간을 보내고, 미국의 악덕 대기업, 베트남전쟁, 퇴비, 자연식품, 혹

---

1 _____ 영속농업permaculture. 인위적인 조작을 최소화하고 자연의 자생능력을 바탕으로 작물과 가축을 기르는 생태농법.

은 침술이나 척추지압법 같은 대체의학에 대해 토론하곤 했다. 이들은 환경농업이라는 모험 사업에 뛰어든 우리 가족에게는 아주 끈끈한 공동체와 같은 지지자들의 네트워크였다.

이즈음 나는 성경암송 프로그램으로 유명한 아와나AWANA: Approved Workmen Are Not Ashamed의 전신격인 성경암송협회BMA: Bible Memory Association의 리더를 맡아 즐겁게 헌신하고 있었다. 그때까지는 지구를 돌보는 일과 대체의학과 성경 사이에서 어떤 갈등도 느끼지 않았다. 오히려 이런 요소들이 서로를 보완해 주고 있다는 생각이 들었다.

실제로 우리 가족은 밥 존스 대학에 가는 길에 있는 노스캐롤라이나주의 생태마을을 방문하곤 했다. 나에게는 생태마을과 밥 존스 대학 양쪽 모두 똑같이 가슴 뛰는 곳이었다. 그러니 총장님의 글을 읽으며 내 마음이 얼마나 아팠겠는가? 사랑하는 이 대학에서 열심히 공부하고 봉사한 졸업반 학생이자 리더인 내가, 그리고 우리 가족이, 글쎄 사이비 종교 신도라? 학보에 나온 기사를 마저 읽기가 너무 힘겨웠다. 그날 종일 뿌연 안개 속을 헤매는 느낌이었다.

밥 존스 대학은 학생들의 영화관 출입을 금지할 정도로 엄격했다. 휴일이나 여름 방학에 영화관에 갔다가 들키면 징계를 받을 정도였으니까. 가슴이 덜컥 내려앉았다. 의인들 사이에 긴 범죄자 같은 기분이라고 할까? 나의 위상을 위태롭게 할 고백을 할 수는 없었다. 어처구니 없이 깊고 어두운 비밀이 생기고 말았으니. 게다가 이건 단순히 나만의 문제가 아니었다.

어머니는 밥 존스 대학교가 아직 테네시 주 클리블랜드에 있던 초창기에 첫 여성 보건체육학과 교수로 부임해서, 학교가 사우스캐롤라이나 주로 이전할 때까지 계속 근무하셨다. 우리는 이 학교에 뿌리를 깊이 내리고 있는 가족이었다. 그런 우리가 이 학교의 전통을 배반했다고? 졸업 반인 내가, 여러 기숙사 방 학생들을 책임진 리더인 내가 유기농 식료품점에서 장을 본다는 이유 하나로 학교의 수치이며 양의 탈을 쓴 늑대라니?

바로 그 점에서는, 내가 다른 사람들과 얼마나 다른지를 깨달았다. 모든 상황이 이해가 가기 시작했다. 유기농 식료품 애호가들은 더 큰 규모의 환경운동에 속해 있고, 기본적으로 진화론자이며 피조물을 숭배하는 사람들이었다. 히피 관련 자료를 읽어 보지 않아도 쉽게 알 수 있지만, 그들에게 하나님은 중요하지 않으며 하나님은 해결책이 아니라 문젯거리였다. 하나님이 세상을 창조했다고? 말도 안 된다. 그들은 모든 것은 우연한 대폭발에서 시작되었다고 했다.

기독교인들은 공격적으로 반응했다. 그들이 보기에 이 미치광이 히피 환경주의자들은 반反하나님, 반反기독교, 반反성경적이었는데, 사실 사이비 종교 집난이 맞긴 했다. 그래서 둘 사이에 경계선이 그어졌고, 양쪽은 서로를 경멸하며 온갖 죄를 상대방 탓으로 돌렸다. 환경주의자들은 십자군 전쟁과 중남미대륙에 침입한 에스파냐 정복자들까지 들먹였다. 고지식함, 위선, 형식주의, 정죄, 이 모든 것을 성경이 낳았노라고 비난했다.

기독교인들은 환경주의자들이 마약, 자유연애, 섹스에 관대하다고, 새끼 고래는 구하면서 정작 생각하고 듣고 반응할 줄 아는 인간 아기는 찢어 죽이는 낙태에 찬성한다며 비난했다. 이런 문화적 배경 가운데 1973년 낙태권을 최초로 합법화한 미 연방대법원의 '로 대 웨이드Roe v. Wade' 판결로 인해 두 진영의 갈등은 더욱 양극단으로 치달았다. 곧바로 고정관념이 생겨났고, 제리 폴웰Jerry Falwell 목사가 이끄는 '도덕적 다수Moral Majority' 운동의 깃발 아래 종교적 우파가 정치세력화하면서, 온갖 환경 재난이 일어날 때마다 비난의 화살이 보수주의자들, 구체적으로는 성경 구절을 읊으며 대응하는 기독교인들을 향해 쏟아졌다. 환경주의자들의 적은 바로 보수주의자와 종교적 우파였다.

실제로 수년 전 캐나다 온타리오의 겔프 대학교에서 열린 마을 회의 형식의 모임에 패널로 참석한 적이 있었다. 진행방식은 간단했다. 패널 세 명이 각자 5분 동안 독백하듯 말하고 이어지는 두 시간 동안 학생들의 질문에 답하는 방식이었다. 도착해서 지정석에 앉았는데, 옆자리에 교수로 보이는 신사가 와서 앉더니 앞 탁자에 성경을 올려놓았다. 어디에 쓰려고 가져왔는지 궁금했다. 흔한 일은 아니었기에 말이다.

그 패널이 첫 강연자로 나섰고, 성경을 높이 들어 올리며 5분 동안 고함을 질러댔다. "학생 여러분은 모든 생태학적 재해, 모든 강물 오염, 모든 스모그 오염 도시, 모든 유독성 폐기물 매립장이 전부 다 이 책 때문이라는 것을 알아야 합니다." 그는 이런 식으로 예수, 선지자, 모세, 창조론적 사고방식, 이런저런 것들에 대해 끝도 없이 비난을 이어갔다. 정말이지 수단 방법을 가리지 않고 독설을 퍼부어 댔다. 그는 몰랐겠지만 나 역시 가방에 성경을 넣어 가지고 다닌다. 혐오해서가 아니라, 사랑해서이다.

다음은 내 차례였다. 난 간단히 이렇게 말했다. "이런 종류의 불만에 대해 익히 알고는 있습니다만, 사실 책임이 성경에 있는 건 아닙니다. 책임은 성경을 잘못 해석하고 잘못 적용하는 데 있습니다." 이와 비슷한 일이 자주 벌어지곤 했다. 한번은 학회에 참석하여 다른 연사들과 함께 연회용 식탁에 둘러앉았다. 보통 돌아가면서 자신을 소개하고 식사가 시작되면 소소한 대화를 이어가곤 한다.

이번에도 우리는 모두 자리를 잡고 앉았다. 그런데 미처 소개를 시작하기도 전에 바로 내 옆자리에 앉은 또 다른 연사가 큰 소리로 선언했다. "나는 기독교인들이 정말 싫습니다." '아, 이런! 또 일이 났네!' 싶었다. 알고 보니 이 남성은 아프리카에서 반년 간 촬영을 하고 막 돌아온 참인데, 현지 지역경제가 선교용 옷가지와 싸구려 장신구로 가득 찬 컨테이너들에 밀려나는 모습을 목격했다고 말했다. 쫓겨난 현지 기업가들은 서양 언론에 자주 등장하는 지역 군벌이 되었고, 기관단총으로 적십자사 트럭을 위협해 통행료를 갈취했다. 그가 보기에는 기독교 자선사업이 이러한 군벌 세력과 문화적 비극을 낳은 원흉이었다.

친환경 농업과 지역 농산물 옹호자인 나는 언제 어디서든 이런 긴장을 경험하는데, 내가 전혀 다른 두 세계 속에서 살고 있기 때문이었다. 대부분 진보 민주당원인 환경주의자 친구들은 돼지의 돼지다움, 퇴비, 정직한 식품을 널리 알리려는 내 열정을 사랑했다. 하지만 내가 낙태를 반대하고 작은 정부를 지향하며 여행할 때 성경을 챙겨 간다는 사실을 알면 바로 당황했다. 환경주의자 친구들, 벌목을 막기 위해 나무를 끌어안고, 우주를 숭배하며, 지구를 환경과 생물로 구성된 하나의 유기체로 보는 가이아 이론을 전파하고, 큰 정부를 지향하는 이 진화론자 벗들을 나는 사랑했다. 기독교인 친구들보다 더 가깝게 지낸 이들도 많았고, 지금도 여전히 친하게 지낸다.

나는 기독교인 친구들에게서 동일한 거리감을 느끼고 좌절하기도 한다. 친구들과 함께 예배에 참석한 후 각자 싸온 음식을 다 함께 나눠먹는 포틀럭potluck 저녁식사 모임에 교인들이 KFC 치킨을 들고 와서 기겁했다. 게다가 장로 한 분이 타이슨푸즈² 양계장을 운영하시는 분이다 보니 부담스런 대화로 이어졌다.

---

2 ____ 타이슨푸즈Tyson Foods. 미국 최대 육류가공업체이자 KFC의 주요 공급업체. 잔혹한 사육과 도축 과정으로 비난받았다.

주일학교에서는 설탕 범벅 간식과 유전자변형농산물GMO: Genetically Modified Organisms을 식자재로 만든 크래커를 나눠 줬다. 기독교인 친구들은 보수주의 라디오 토크쇼를 굉장히 좋아하는데, 그런 쇼의 진행자들은 동물권리 개념을 비웃곤 했다. "그놈들이 헌법을 쓸 수 있답니까?" 하, 하, 하! 러시 림보Rush Limbaugh 쇼의 단골 효과음인 열대우림 원숭이들을 쏴 죽이는 총성! 내겐 전혀 재미없다. 내가 믿는 성경에는 하나님께서 참새가 떨어지는 때를 아시고 까마귀를 기르시며 백합화에게 솔로몬의 모든 영광보다 뛰어난 옷을 입힌다고 나온다. 와우!

그리고 당연하게도, 내 기독교인 친구들은 끝없는 병치레로 기도 요청을 해 온다. 교인들 집에 가보면 고농도 과당인 옥수수 시럽으로 제조한 음료, 캔디 바, 산업형 농축산 식품, 발음하기도 어려운 각종 인공물이 첨가된 전자레인지 조리용 치킨너깃 상자들을 볼 수 있다. 그리고 약물. 여기저기 즐비한 약물. 불현듯 깨달음이 왔다. 진리로 인도하는 길은 좁고 멸망으로 인도하는 길은 넓다는 성경 말씀이 단지 영적인 면에만 적용되는 게 아니라 실은 모든 영역에 적용된다는 사실을 말이다.

신앙공동체가 거만한 태도로 영적인 문제들을 운운할 때, 일반적으로 대부분 이들은 아우구스티누스의 전제, 즉 영은 선하고 육은 악하다는 이원론 뒤에 숨는다. 하지만 하나님은 세상을 창조하시고, 보시기에 좋다고 선포하셨다. 실제로 하나님은 이스라엘 사람들에게 '젖과 꿀이 흐르는 땅'을 약속하셨는데, 내게는 이 땅이 눈에 보이지 않는 영적 장소가 아니다. 오히려 보고, 만지고, 마시고, 먹고, 맛보고, 느낄 수 있는 실제 장소로 들린다.

프란시스 쉐퍼Francis Schaeffer는 이렇게 묻는다. "그렇다면 이제 우리는 어떻게 살아야 하는가?" 성경구절과 교리문답 암송도 중요하다. 하지만 이를 어떻게 실제 삶으로 살아야 하는가? 교회 포틀럭 모임에서 우리가 일회용 스티로폼 접시나 종이 접시를 사용하면 하나님이 언짢아하실까? 낙태를 반대하는 '생명의 존엄성sanctity-of-life' 옹호 집회에 가는 길에 맥도날드에 들러 해피밀을 먹으면 걱정하실까?

종교적 우파에 속한 우리들은 나무를 살리자는 환경운동가들이 다른 곳, 예를 들면 태중의 생명을 살리는 일에는 거의 무관심한 모습에 할 말을 잊는다. 어미의 산도를 통과해야 생명이 되는 것은 아니다. 살면서 송아지를 내 손으로 직접 받아 낸 경험이 여러 차례 있다. 출산을 돕기 위해 어미 소 몸속으로 손을 넣어 새끼의 앞다리를 잡으면, 살아 있는 송아지는 본능적으로 내 손을 뿌리친다. 그 순간 느끼는 첫 감정은 환희! "살아 있네!" 하는 기쁨이다. 이는 단순 태아 조직이 아니다. 아직 어미의 산도를 통과하지 못했다 뿐이지, 분명 반응하고 생각할 줄 아는 살아 있는 존재이나. 손을 넣어도 뿌리치지 않으면 송아지가 죽었다는 상실감에, 그저 어미 소를 구하기 위해 새끼를 꺼내는 절차를 수행해야 한다. 이는 소수 전문가 집단이나 학계의 공허한 소리가 아니라, 바로 현실이다.

사슬톱으로 나무를 베지 못하게 하는 일을 진공펌프로 자궁 속의 인간 아기를 빨아들이지 못하게 하는 일보다 더 중요시하는 사고방식을 도저히 이해할 수 없다. 무슨 말로 표현할 수 있겠는가. 열렬한 종교적 우파는 이쯤에서 내 말에 "아멘!"이라고 말하리라.

하지만 형제자매 여러분, 저쪽 편 이야기도 들을 준비가 되셨는가? '생명의 존엄성' 집회로 가는 길에 해피밀을 먹으러 맥도날드에 들르면, 저쪽 편은 우리 역시 동일한 모순을 안고 있다고 생각한다. 해피밀은 기독교인이 반대해야 할 모든 가치를 대표하고 있기 때문이다. 가족식사 대신 '혼밥'을 장려하고, 공장식 농축산업, 환경오염, 정부 보조금에, 황금만능

주의에 이르기까지. 그야말로 반反기독교적 생각과 행동의 상징이다. 그런데 어떻게 거기 들를 수 있단 말인가? 자, 이제 기독교인 여러분 중 몇 명이나 "아멘!"이라고 할 수 있으려나?

몇 해 전, 우연히 큰 깨달음을 얻은 적이 있다. 진보주의의 온상이자 무신론의 본산지인 UC 버클리 대학의 초청을 받았는데, 전 좌석을 가득 메운 대학원생들 앞에서 우리 농장 사진을 보여 주면서 환경에 도움이 되는 방식으로 농축산물을 생산하는 과정을 보여 주는 자칭 명연설이라 한 강연을 펼쳤다. 물론 나의 자유주의적 기독교 신앙에서 물러서지 않았고, 6일 창조론과 '생명의 존엄성'을 믿는다고까지 말했다. 강연을 마치자, 학생들은 환호하며 기립 박수를 보냈다.

강연이 끝나고 진행을 맡은 교수들과 함께 아이스크림을 먹으러 나갔다. 강당을 벗어나 밖으로 나오자마자 교수들은 나를 가로등 앞에 멈춰 세우더니 가쁜 숨을 몰아쉬며 고백할 말이 있다고 했다. 얼떨떨해진 나는 이건 또 뭔가 싶었다. 아니, 그냥 그런 고백이 있고 진지한 고백이 있지 않는가.

교수들은 고백하기를, 처음엔 내가 걱정이 돼 죽을 지경이었는데 모두 순조롭게 잘 진행되어 가슴이 벅차오른다고 했다. 그리고 덧붙이기를, 버클리대 학생들은 베트남전쟁 기간 동안 용납 못할 발언을 한 연사들에게 자신들의 불쾌감을 드러내는 야유 기술을 개발했다고 했다. 그래도 기본 예의라는 게 있지 않겠느냐고? 글쎄, 이 대학은 미국 정치 발전의 정점인 곳이라는 사실을 잊지 말아야 한다. 우와, 정말 마음에 드는 학생들 아닌가! 어쨌든 교수들은 버클리대에서 오래 가르쳐 왔지만 오늘처럼 연사가 '하나님'이라는 단어를 아주 경건하게 사용하고도 야유를 받지 않은 적은 처음이라고 했다.

물론 '하나님'이란 단어를 저주하고 욕하는 뜻으로 썼다면 학생들은 얼마든지 용인했을 것이다. 하지만 나는 '하나님'을 여러 번, 순전히 경건한 의미로, 그리고 순전히 종교적 우파 입장에서 사용했는데도 학생들은 야유하지 않았고 오히려 기립박수로 응했다. 교수들은 크게 안도했고, 자기들이 왜 그렇게 안절부절못하며 긴장하고 걱정했는지 지나고 보니 우습다고도 했다.

지난 수년 간 생각을 거듭한 끝에 다다른 내 결론은, 학생들이 경험한 종교적 우파 중 성경에 대한 믿음을 실제 창조물을 돌보는 데까지 확장하여 적용한 사람은 내가 처음이었다는 것이다. 말과 행동이 일치하는 모습에 학생들은 긍정적으로 반응했고, 덕분에 나를 '꼰대'가 아니라고 인정하여 기꺼이 존경의 뜻을 표한 것이라 생각한다.

신앙공동체는 도덕적 우위라는 기회를 날려버렸다. 1980년대 초반에 아미쉬[3] 친구 한 명과 지속가능 농업 학회에 참가했을 때의 일이다.

점심식사를 하러 가는 길에 다른 참가자 한 명이 우리 옆을 지나갔다. 레게 머리에, 타이어 휠만큼이나 큼지막한 평화 심벌 펜던트 목걸이와 귀걸이, 마 소재 블라우스, 추운 날씨였는데도 맨발에 샌들 차림이었다. 헐렁한 옷에 장식된 두 단추에는 각각 '공존', '나의 카르마는 너의 도그마보다 차고 넘친다'라고 적혀 있었다. 아미쉬 친구가 날 흘끗 보더니 비꼬듯이 속삭였다. "왜 하필이면 저런 사람들이 창조의 신비를 인정하는 거야?" 내가 실제 겪은 일이다.

나는 양편 모두에게서 편안함을 느끼지만 동시에 어느 쪽도 편하지

---

3   아미쉬Amish. 현대문명과 단절한 채 자신들만의 전통을 유지하며 생활하는 개신교 교파 또는 그 신도.

못하다. 기독교인 친구들과 함께하다 보면 자원 사용이나 독성물질, 오염, 동물보호, 환경에 대한 청지기 정신에 무관심한 이들의 모습에 당황하곤 한다. 이들은 몬산토사社의 GMO를 인간의 지배권과 혁신의 완벽한 예시이자 지적 기술력의 표현으로 붙들고 있다. 우리가 할 수 있는 모든 일은 땅을 다스리고 정복하라는 축복 아래 행해진다는 가정을 붙들고 있다.

공룡들이 사람과 자동차를 삼키며 인간 문명을 아수라장으로 만들던 영화 〈쥬라기 공원Jurassic Park〉에서, 공룡을 되살려 낸 성공에 취해 흥겨워하는 과학자에게 기자가 던진 대담한 질문을 기억하는가! "하지만 박사님, 할 수 있다고 해서 꼭 해야 하는 겁니까?" 그렇다. 이 질문이야말로 의미심장하고 날마다 되새길 가치가 있는 질문이다. 분류, 해체, 분리, 민주화, 개인화, 체계화라는 부분 지향의 문화 속에 사는 그리스·로마식 서구 환원주의자답게 우리는 모두 '어떻게' 해야 하는지는 기가 막히게 잘 알아내는데, '왜' 해야 하는지에 대해서는 잘 모른다.

그러나 바로 이 '왜 해야 하는가'가 '어떻게 해야 하는가'의 윤리적 뼈대를 만들어 준다. 왜 하는지를 모르고 무작정 하다 보면, 커다란 두뇌와 도구사용이 가능한 자유로운 손 덕분에 창의적이고 명철하게 온갖 일들을 혁신하지만, 문득 정신을 차리고 보면 도덕적 관념 없이 행한 혁신이 야기한 문제들을 해결하느라 혁신 역량의 대부분을 바치고 있기 일쑤이다.

어째서 목사나 복음주의자들은 알코올 중독에서부터 낙태까지 수많은 문제들을 매도하면서 불량식품, 약물 의존증, 바다에 떠다니는 플라스틱 섬에는 그리도 무심한가? 산소 부족으로 바다생물이 죽어 가는 데드존dead zone이 미국 안팎으로 약 700곳이나 있는데 한 번이라도 언급한 분이 계신가? 악취와 수질오염으로 인근을 파괴하는 동물 밀집사육 시설CAFO: Concentrated Animal Feeding Operation에 대해서는? 어림도 없다. 종교적 우파는 자녀들을 최고 명문대학에 보내고 그들이 대기업의 고소득 직장을 차지하도록 한다. 지구를 약탈하는 대기업, 아니, 땅을 지배하라는 말씀을 실천하는 기업 말이다. 그렇다. 맞다.

생산과정에서 창조물을 파괴하고 제3세계 국가들을 빈곤하게 하며 소수 기득권의 이익을 지지하는 싸구려 음식을 기독교인 대부분이 기꺼이 애용하는 이유가 바로 선교사들을 위해 기꺼이 더 많은 헌금을 내기 위해서라니, 정말 황당하다. 이것이 과연 하나님을 기쁘시게 하는 길인가? 삶의 작은 부분에서 낑낑대며 좁은 길을 통과하느라 매 순간마다 넓은 길을 활보하고 있다면?

홈스쿨링 운동을 살펴보자. 새천년에 들어서면서 대안학교가 급속도로 성장했고, 희미한 변화의 기운이 감돌았다. 1990년대에 우리 농장을 찾아오는 방문객들은 절반 이상이 창조물 숭배 부류의 사람들이었다. 하지만 2000년 이후 비율이 역전되었다. 이느새 수많은 보수주의, 자유주의 기독교 가정이 식품 품질과 토지 보존, 농장의 정의를 이야기하기 시작했다.

보수주의자들이 '땅으로 돌아가자back-to-the-land'는 운동에 귀기울이기 시작한 계기로 Y2K 현상[4]도 한몫했지만, 전반적인 변화의 원동력은 홈스쿨링이었다고 나는 믿는다. 이 풀뿌리 교육혁신은 부모들이 정부가 운영하는 제도권 교육에 환멸을 느낀 결과였다. 부모들은 교육과정, 철학, 제도화를 우려했고, 폭력과 유혹이 만연하고 학업수준은 낮아진 대신 교사들이 콘돔을 들고 다니며 기존 가치들은 흔들리고 뒤바뀌는 학교 현장

---

4   Y2K 현상. 컴퓨터 버그 문제로 2000년 1월 1일에 발생하리라 우려되었던 대규모 기술 대란.

을 좋아하지 않았기 때문이었다.

우리 가족을 포함하여 수많은 가정들이 "이젠 그만!"이라 말하며 공립학교를 빠져나왔다. 상당히 많은 사람들이 대탈출을 했고, 지금도 대탈출은 지속되고 있다. 어떤 사람들은 홈스쿨링을 시작했다. 또 어떤 사람들은 종교단체에서 운영하는 사립학교로 갔다. 통신을 이용한 교육을 택한 사람도 많았다. 어느 대안을 선택했든 부모들은 대부분 신선하다 생각하며 대단히 만족스러워했다. 대안을 선택해 그 결과에 만족을 느낀 사람은 그 경험 덕분에 삶의 다른 영역에도 좀 더 수월하게 대안적 사고를 적용하게 된다.

제도권을 벗어난 홈스쿨링 인구가 급속도로 불어난 2010년쯤, 이들이 즐겨 사용하는 용어에 '가정용 곡물분쇄기', '젖소', '소규모 농업'이 추가되었다. 오고 가는 대화는 이러했다. "교육의 넓은 문에서 빠져나와 대안학습의 좁은 문을 택하고 보니 만족스러웠어. 다른 좁은 문은 어떤 게 있을까? 이번에는 어디에서 빠져나와 볼까?" 그다음에는 기독교인 건강보험, 재택 기업가 세미나, 척추지압요법 치료가 이어졌으니, 상상해 보라! 부모들이 예전에 사기라고 부르던 방식들을 이런 탈脫제도권 홈스쿨링 참여자들은 진실을 알리는 활동으로 끌어안았다.

어머니들은 영양 관련 자료를 읽고 열처리를 하지 않은 생우유를 찾기 시작했다. 정원을 가꾸고 꿀벌을 키웠다. 요즘엔 어느 홈스쿨링 대회를 가도 자급자족하며 스스로 대체의학을 실천하는 사람들 무리가 있어 깜짝 놀란다. 규모가 어마어마하기 때문이다. 그 중 몇 팀은 심지어 내게 자신들이 주최하는 대회에 와서 강연해 달라고 부탁하기도 했다. 유기농 괴짜를 넘어 환경주의자인 내게 말이다.

실제로 내가 이 책의 기본 주제들을 공식적으로 발표한 곳도 패트릭 헨리 대학으로, 홈스쿨 법률지원 연합HSLDA: Home School Legal Defense Association 의 창립자 마이클 패리스Michael Farris가 설립한 학교이다. 이 책에서 내가 다루는 개념들을 처음으로 공개 변호한 장소가 바로 미국 공식 홈스쿨 대학이라니, 정말 놀랄 만큼 잘 어울리는 조합이 아닌가. 그 못지않게 놀라운 점은 그 대학에서 식품이나 농업 이야기에 시간을 내준 적이 처음이었다는 사실이다. 이런 주제는 미국이 탄탄한 국방재정을 유지하고, 몬산토가 주변에 GMO를 마구 퍼뜨리도록 보장하는 일에 비하면 논의거리도 아니었다. 실수로 간과해서가 아니라, 의도적으로 필요에 의해 무시한 것이다. 지구를 돌보는 청지기로서 책임을 논한다는 것은 곧 "벌목을 막고자 나무를 껴안는 자들은 하나님을 반대하는 자들이다"라는 자명한 이치에 의문을 제기하는 자세이기 때문이었다.

라디오 상담 방송으로 시작해 미국 최대의 개신교 가정사역 기관으로 자리 잡은 보수주의 비영리단체 포커스 온 더 패밀리Focus on the Family에서는 1980년대에 미국 농부가 처한 곤경에 대해 연속방송을 했다. 그때는 아버지가 살아 계시던 때라, 우리는 파산으로 내몰린 어느 기독교인 농부들의 가슴 아픈 사연을 함께 들었다. 포커스 온 더 패밀리의 창립자이자 당시 방송 진행자 제임스 돕슨James Dobson은 농부들이 겪는 부당한 일을 강조하며 거세게 항의했다. 대출기관, 시장이사회, 농기계업체, 화학업체……. 아, 이 무자비하고 교활한 조직들의 마구잡이 포식에 농부들의 울부짖음과 바득바득 이 가는 소리가 스튜디오 밖으로 터져 나왔다. 농부들은 이들의 계략에 서서히 잠식되어 속수무책으로 희생되고 있었다.

아버지는 제임스 돕슨에게 편지를 썼고 우리 농장이 이런 조직에 의존하지 않고 생존하는 비결을 친절하게 설명했다. 비료로 쓸 퇴비를 직접 만들고, 생산한 농산물을 지역 소비자와 직거래하며, 소를 방목하면서 다년생목초를 먹이고 연못을 만들어 깨끗한 물을 먹이고 있다고 썼다. 그리고 감사하게도 큰 수익을 내며 잘 운영해 가고 있는데 이는 우리가 넓은 문 대신 좁은 문을 통과한 덕분이라고 덧붙였다. 하지만 방송은커녕 답신도 못 받았다.

분명히 기록하지만, 나는 포커스 온 더 패밀리, 패트릭 헨리 대학, 밥 존스 대학, 그 외에 내가 누구인지 설명하기 위해 앞서 언급한 모든 분들에게 깊이 감사한다. 실제 사례들을 언급한 이유는 누군가를 폄하하기 위해서가 아니라 그동안 우리가 얼마나 책임을 소홀히 했는지 보여 주기 위해서이다. 실제로 종교적 우파는 지구를 돌볼 청지기 사명을 등한시하고, 창조주를 예배하는 자로서 사명을 다하기보다 창조물 숭배자들에게 그 책임을 떠넘겨 왔다.

환경보존과 대체의학을 사탄의 영역으로 치부하는 바람에, 기독교인들은 청지기 사명을 실행할 기회와 치유를 경험할 기회를 놓치고, 지구 약탈자, 훼손자로 낙인찍혀 이제는 완전히 신뢰까지 잃게 되었으니, 이보다 사탄이 더 기뻐할 일이 어디 있겠는가? 기독교인 공동체가 논쟁에 무력해지고 위선적인 생활방식을 취하면서 하나님의 메시지도 약해지고 말았다. 그야말로 사탄의 대단한 승리 아닌가. 기독교인들은 자기만 옳다는 독선에 빠져 동물권리, 유기농법을 실천하는 농부, 과일과 견과류를 먹는 사람들을 조롱거리로 삼기까지 한다. 자신은 한 손에 성경을, 한 손에 즉석냉동식품 핫 포켓을 들고 게걸스럽게 먹으면서 말이다.

혹여 내가 기독교인을 지구상에서 가장 파괴적인 사람들로 치부한다고 오해할까 봐 덧붙이자면, 문명 발전 이야기는 대부분 파괴 이야기이다. 모든 종교, 모든 부류의 사람들이 주변환경을 엉망으로 만들었으며, 분명 기독교인들도 마찬가지다. 내가 이 책에서 기독교인에 초점을 둔 이유는 바로 이들이 내가 도전하고 격려하고 싶은 대상이기 때문이다. 기독교인만 문제 삼고 이슬람교인이나 신도교인, 힌두교인, 드루이드교인은 문제 없다는 것처럼 들릴지 모르지만, 모든 사람의 죄를 다 담으려면 이 책이 끝도 없이 길어져 영영 출판하지 못할 수도 있기 때문에, 우선 내가 속한 사람들 이야기부터 다루기로 한다. 저곳에 속한 사람들의 죄는 저들에게 맡기기로 하자.

이 책의 주제이자 내가 말하려고 하는 핵심은, 창조물이 곧 영적 진리를 드러내는 실물교육이라는 점이다. 주일학교에서 아이들에게 실물을 예로 들어 성경의 원칙을 가르치듯이, 물리적 우주는 하나님을 드러내 준다. "하늘은 하나님의 영광을 드러내고"라고 시편 19편 1절에서 시편 기자가 말한다. 실제로 그렇다. 그렇다면 용서가 있는 농장, 아름다운 농장, 잘 정돈된 농장, 이웃 친화적인 농장이란 어떤 모습일까? 농장뿐만 아니라 전반직인 식품환경은 어떨까?

사람들을 해치는 식품환경이 과연 경건한가? 토양을 파괴하여 거칠고 메마르게 만드는 농업체계가 과연 너그러운가? 우리가 모범으로 삼을 식품과 농업은 회복력이 더 강해야 하며, 질병과 결핍이 아니라 치유와 풍요를 만들어 내는 형태여야 하지 않을까? 이제 이 책을 통해 이러한 주제들을 함께 살펴보고, 책장을 덮을 때쯤, 여러분도 요한복음 3장 21절 "진리를 행하는 사람은 빛으로 나아온다"라는 말씀이 성경에서 가장 따르기 어려운 말씀 중 하나라고 동의하기를 바란다.

나는 진리를 따르기보다는 그저 진리에 관해 이야기하는 편이 훨씬 편하다. 교리문답 형식으로 가르쳐도 좋고, 주일학교나 전문가 집단의 토론 주제로 삼는 방식도 좋겠다. 설교도 좋다. 차라리 그와 관련된 책을 여러 권 쓰거나, 단어를 공부하고 어원을 조사하고 체계화하는 일도 좋다.

진리와 관련된 뭔가를 하라면 얼마든지 하겠다. 그러나 제발, 진리를 따르는 일만은 피하고 싶다. 그건 정말이지 너무 힘드니까. 진리를 행하는 행위는 진리를 보여야 하는 일이며 실천해야 하는 일이다. 진리를 행하는 행위 자체가 곧 진리의 형태이기에, 진리는 물리적이다. 아! 그러니까 진리가 여러분이 눈으로 볼 수 어떤 것인가? 그렇다. 분명 하나님은 머리를 써야 하는 개념뿐 아니라 물리적 현상에도 관심이 있으시다.

그렇다면 기독교인들 개개인이 믿는 바를 세상에 적나라하게 보여주는 영적 진리의 실물인 먹거리와 농업은 실제로 어떤 형태여야 할까? 이 책은 바로 이런 주제를 전반에 걸쳐 다루고 있다.

이런 배경으로 살아온 내가 2009년도에 나의 모교 밥 존스 대학에서 '올해의 동문상'을 받았으니 얼마나 놀랐겠는가! 내게는 과분한 상이라 정말 영광이었다. '정직한 농장과 먹거리' 주변에 다리를 놓아 온 덕분에, 분명 다른 어떤 동문도 뚫지 못했을 곳들에서 강연을 하며 하나님 중심적인 자아를 드러내는 특권을 누렸다. 게다가 밥 존스 대학이 소위 '사이비 종교 추종자'라고 분류하는 삶을 살아온 내가 그런 영예를 얻었다는 생각이 들자 키득키득 웃음이 저절로 나왔다.

확실히 나는 매사에 이 훌륭한 학교의 성경적 원칙들을 지키려고 노력했다. 밥 존스 대학교는 지금의 나를 만들기 위해 충분히 많은 일을 했고, 나는 이 학교를 졸업하는 기회를 얻었음을 평생 감사하며 살 것이다. 훌륭한 사람들, 훌륭한 교육, 훌륭한 토론 프로그램! 아버지는 내 전공이 토론이고 나머지는 모두 부전공이라고 늘 말씀하실 정도였다. 어떤 사람이나 기관이 다 그렇듯이 이 학교도 아쉬운 부분들은 있다. 부디 이 책에서 제기하는 문제들을 열린 마음으로 들어 주기를 바라며, 친구가 해 주는 격려의 말로 여기고, 앞으로 더 잘해 보자는 뜻으로 받아들여 주었으면 한다. 우리 삶에 모두 적용해 볼 수도 있으니까 말이다.

어릴 적에 착한 일을 하면 아버지가 이렇게 말씀하시곤 했다. "잘했네! 자, 이제 조금만 더 해 볼까!" 여러분도 지금까지 잘해 왔다고 해서 완벽에 이르렀다고 생각하지 말기 바란다. 하던 일을 멈추지 말고 계속해서 다듬어 보시기 바란다. 사도 바울이 권면했듯이 "달려가라". 그러자. 이제 함께 그 길로 나서서 달려 보자.

2—
돼지의
돼지다움 생물 *vs* 기계

모든 땅 가운데서 가장 아름다운 땅으로……

에스겔 20장 6절

생명은 본질적으로 유기체인가 기계인가?

직관적으로 우리는 생명을 유기체라 이해하는데, 서구에서는 여전히 생명을 기계적이라 생각하는 경향도 강하다. 이 둘 사이의 본질적 차이는 생명체를 감정이 있고, 소통하고 치유하며 용서하는 능력이 있다고 보느냐 아니냐 하는 데에 있다.

아버지는 입버릇처럼 말씀하셨다. "명심해라. 기계는 용서를 모른다." 이 말씀은 기계란 양심의 가책이 없다는 의미였다. 가령 전기톱이 여러분의 다리를 자른다 해도 그 톱은 어떤 감정도, 슬픔도 느끼지 않는다. 그동안 기계나 공구를 다루다가 여러 차례 사고를 당했지만, 장담하건대 미안해하는 기계는 단 한 대도 없었다.

여행 중에 갑자기 오른쪽 앞바퀴 휠 베어링에서 쿵쿵거리는 요란한 소리가 나면 어떻게 하겠는가? 차를 세우고 밖으로 나가, 윤활유를 제대로 칠해 주지 않아 미안하다며 용서해 달라고 비는가? 흐느껴 울며 "제때 기름칠을 안 해 줘서 정말 미안해. 아, 정말 미안해. 좀 쉬었다 갈까? 좀 쉬자." 이렇게 말하면서? 휠 베어링이 아주 푹 쉬고 회복하도록 5년을 기다려 준 후, 다시 차에 타고 시동을 걸면 어떻게 될까? 당연히 다시 소리 난다. 쿵, 쿵, 쿵.

다행히 생명체는 치유할 수도, 용서할 수도 있다. 참으로 감사할 일이다. 배우자에게 부적절한 말을 했다가도 사과를 통해 관계가 회복될 수 있으니 말이다.

기계는 그렇지 않다. 기계는 감정도 정서도 반성도 없고, 남용하거나 오용한 후에 용서를 구할 수도 없다. 기계에는 생명이 없다. 그 점은 물질도 마찬가지다. 점토, 플라스틱, 금속, 목재. 우리는 이들 각 물질의 점토다움, 플라스틱다움, 금속다움, 목재다움을 무시하지 않으면서 원하는 대로 어떤 모양이든 만들 수 있다. 토기장이가 그릇을 깨뜨리고 다시 만드는 일이 얼마나 흔한가? 처음 만든 그릇이 맘에 안 든다고 해서 울지 않는다. 자력으로 운동할 수 없는 물질이기 때문이다. 생명도 특별함도 없고, 다만 우리가 어떻게 만드는가 하는 차이가 있을 뿐이다.

반면에 돼지는 어떤가? 나는 돼지를 만들 수 없다. 목재나 점토로 돼지의 형상을 만들지만 생명을 불어넣어 줄 수는 없다. 생명 탄생의 기적은 여전히 놀라운 기적이다. 번식도 기적이다. 돼지는 수정란에서 시작하여

성장하기 시작한다. 염색체에서 미토콘드리아까지 세포들이 증식을 거듭하며 새끼 돼지로 자라난다. 절대로 악어나 토마토처럼 보이지 않으며, 언제 봐도 분명히 돼지이다.

돼지는 암돼지의 배 속에서 동시에 여러 마리가, 많으면 열두 마리까지도 자란다. 나는 농부라서 그동안 송아지, 양, 돼지, 병아리가 태어나는 모습을 많이 봤다. 새 생명이 태어날 때마다 어김없이 찾아오는 경건한 침묵, 눈에 보이는 어떤 것보다 더 크고 거대한 어떤 존재를 예배하라고 거의 애원하는 듯한 그런 성스러움이 있다. 아마도 하나님께 경배드리라는 것 아닐까?

우리 농장은 전기 울타리로 경계를 쳐 놓은 풀밭에서 돼지를 방목하는데, 가끔씩 이 전기 울타리를 넘어가 돼지들을 달래 주며 함께하는 일이 내겐 큰 즐거움이다. 내가 해주는 특별대접이, 이왕이면 오래된 그루터기 같은 곳에 앉아서, 조용하고 잠잠하게 그저 기다려 주는 일이다. 아니나 다를까, 돼지들이 슬며시 내게 다가와 아는 체를 한다. 젖은 코로 바지 위아래를 훑으며 주름 사이로 파고들기도 하고, 신발끈을 물고 밑창을 잘근잘근 씹기도 한다. 뒤쪽으로 와서 내 벨트에 달린 가죽 공구 주머니 안의 연장이나 주머니를 물어 대는 녀석도 있다.

아주 친근하고 온순한 녀석들은 옆으로 슬금슬금 다가와 내 무릎에 턱을 얹어 놓고 쓰다듬어 주기를 기다리기까지 한다. 돼지는 보통 꼬리 바로 윗부분을 쓰다듬거나 긁어 주면 좋아한다. 내 손길이 닿으면, 마치 고양이가 그러듯이, 꼬리를 쭉 뻗고 몸을 내 쪽으로 기댄다. 배를 긁어 주기 시작하면 아예 편하게 긁으시라고 그 자리에서 옆으로 벌렁 드러누워 버리기도 한다. 이 얘기의 핵심은 돼지와 내가 서로 반응할 수 있다는 것이다.

자동차를 세차하고 왁스를 바르면 자동차가 옆으로 슬금슬금 다가와 우리의 관심에 기쁨과 감사를 표현하던가? 운전대를 부드럽게 돌린다고 운전대가 몸체를 틀어 당신의 무릎을 베고 눕는가? 동물은 기계가 아니다. 동물은 제각각 개성이 있다. 한 배에서 태어난 돼지 여덟 마리도 어떤 녀석은 공격적이고 어떤 녀석은 소심하다. 다소 야생적인 녀석이 있는가 하면 온순한 녀석도 있다. 새로운 뭔가를 보면 바짝 호기심을 보이는 녀석도 있지만 뒤로 빼는 녀석도 있다.

하지만 동일 조립라인에서 생산된 자동차들 간에는 그러한 차이가 없다. 맞다, 나도 안다. 불량품이 나오기도 하지만, 그것이 그 자동차의 개성을 구성하는 요소는 아니다. 자동차는 개성이 없다. 그러나 식물에는 개성이 있다. 우람한 나무 아래 앉아 본 적이 있나? 나는 살면서 수많은 나무를 베었지만 생명을 빼앗고 있구나 하는 생각에 늘 마음 한 구석이 불편했다. 그래도 다른 나무들이 더 잘 자라도록 혹은 세상이 좀 더 제대로 기능하도록 생명을 거두는 책임을 맡았다고 생각하며 작업하면, 베어야 할 나무와 살려 둘 나무를 지혜롭게 결정하는 데 도움이 된다.

생명체의 영광

생명체에는 비생명체에 없는 특별함이 있다. 생명체가 특별한 위치를 차지한다는 점은 다들 인정할 수 있다. 그러나 하나님은 비생명체에도 특별함을 부여하신다. '영광'이라는 단어를 살펴보자. 이는 특별함과 관련된 말로, 생명체에도 비생명체에도 똑같이 적용된다. 여기서 '영광'이라는 단어의 뜻을 생각해 보자. '하나님의 영광'은 과연 무슨 뜻일까? 모세는 하나님의 영광을 보고 싶어 했다. 그런데 하나님의 영광이 이스라엘을 떠났다고 했을 때, 이 말은 무슨 뜻인가? 요즘엔 '영광'이라는 단어를 많이 사용하지 않는다. 교회 예배나 신학적 논의를 위해 주로 쓰는 영적 의미가 담긴 단어이다. 《웨스트민스터 소요리 문답Westminster Shorter Catechism》은 "사람의 주요 목적은 하나님을 영화롭게 하는 것이다"라고 분명하게 밝힌다.

고린도전서 15장 39~41절에서 사도 바울은 이렇게 말한다. "모든 살이 똑같은 살은 아닙니다. 사람의 살도 있고, 짐승의 살도 있고, 새의 살도 있고, 물고기의 살도 있습니다. 하늘에 속한 몸도 있고, 땅에 속한 몸도 있습니다. 하늘에 속한 몸들의 영광과 땅에 속한 몸들의 영광이 저마다 다릅니다. 해의 영광이 다르고, 달의 영광이 다르고, 별들의 영광이 다릅니다. 별마다 영광이 다릅니다." 이 모든 만물의 영광은 과연 무슨 의미일까?

이사야 10장 18절은 "숲의 영광"을 이야기하고, 우리는 "솔로몬의 모든 영광으로도" 입은 것이 백합 하나만도 못하다는 것을 안다(마 6:29, 개역 개정). "손자는 노인의 면류관이요, 어버이는 자식의 영광"(잠 17:6)이며, "젊은이의 영광은 그 힘"(잠 20:29)이라는 말씀은 또 어떤가? 심지어 문화 전체에 대한 영광도 있으니 바로 "레바논의 영광"을 언급하는 이사야 35장 2절이 그렇다. 이처럼 '영광'이라는 단어는 용례가 매우 다양하며 다양한 방식으로 다양한 대상에 사용된다. 도대체 이 '영광'은 무엇을 뜻하는가?

'영광'이란 어떤 대상의 고유한 특성, 특수함, 독특함을 뜻한다. 이는 앞서 제시한 모든 용례에 공통으로 적용되는 의미이다. 웹스터 사전은 '영광'을 '경의honor'로 정의하는데, 어느 정도는 괜찮은 정의지만, 위 용례들을 보면 '영광'은 분명 '경의'보다 훨씬 더 많은 의미와 연결된다. 무언가에 경의를 표하려면 그 고유한 특성, 그 특별함을 분명 인정해야만 한다. 따라서 하나님의 영광은 곧 하나님의 독특하심을 의미한다. 마찬가지로 돼지의 영광은 곧 돼지의 독특함을 뜻한다. 별, 숲, 노인, 나라 전체의 영광도 각기 고유한 특성이 있다.

《엉거 성경 사전Unger's Bible Dictionary》에 체계적으로 정리된 하나님의 속성들을 살펴보자.

영성 (하나님은 영이시다)
무한성
영원성
불변성
자족성
완전성
자유함
전능함
편재성
전지성
정의
진리
사랑
자비
은혜

거룩함이 빠진 점은 의외지만, 어쨌든 이 목록이 절대적으로 신성한 속성들을 나열한다는 점, 그리고 어떤 인간도, 동물도, 식물도, 천사도, 바위나 돌도, 꽃도 이 모든 속성을 완벽히 갖추지는 못한다는 점에 동의하는가? 이는 전적으로 구별된 신성한 속성들로, 오직 하나님만이 이 목록에 나온 단어들로 묘사될 수 있다.

이 말은, 사람의 주요 목적이 하나님의 영광을 드러내는 일이며, 우리는 모든 삶을 통해서 하나님을 경외해야 한다는 의미이기도 하다. 그런데 성경에서는 '영광'이라는 단어를 하나님 외의 대상들에 사용하면서, 모든 창조물, 만물에 대해 그 독특함에 깊은 존경과 경의를 표하는 경우가 참으로 많다! 그러니까 우리 삶 전체를 통해 우리 삶의 근본으로부터 하나님의 하나님다우심을 그대로 보여 줘야 한다. 이러한 존경과 경의를 하나님의 창조물에까지 확장해 나가는 자세가 바로 하나님의 특별하심을 경외하는 자세이며, 이를 깨닫는 자세야말로 하나님이 원하시는 길이다.

그저 그런 하나님이라면 누가 섬기고 싶겠는가? 초월적 신성이 있는 분이 아니시라면 그저 그런 뭔가에 불과한 존재이리라. 영광은 독특함으로 말한다. '독특함'이야말로 하나님을 하나님답게, 여러분을 여러분답게, 나를 나답게, 그리고 돼지를 돼지답게 만들어 준다. 영광이란 말을 성경적으로 이해한다면, 하나님의 영광은 본질적으로 숲이나 돼지, 문명, 그 어느 것보다 그 이상으로 더 특별하지 않다는 말도 된다. 다시 말해서, 각각의 영광을 존중하는 자세로 나아가면 모든 존재의 영광 그 독특함을 존중하게 된다. 바로 이런 개념을 '영광의 일관성'이라 부를 수 있겠다.

우리가 돼지의 돼지다움을 인정하지 못하면 하나님의 하나님다우심도 인정하지 못하는 셈이다. 그러나 현대 미국의 내로라할 만한 과학자 중에 이런 어리석어 보이는 생각을 받아들이는 과학자는 한 명도 없을 것이다. 실제로 우리 사회의 영농 관행과 연구는 오로지 뭐든 더 빠르게, 더 기름지게, 더 크게, 더 싼 비용으로 키워 내는 데만 초점을 맞추고 있기에, 각각의 독특함을 존중하고 이에 경의를 표하는 데는 전혀 관심이 없다. 땅을 다스리라는 지배명령을 움켜쥐고 허세 가득한 정복자 무리처럼 생명의 신성한 영역으로 곧장 달려 들어가, 영리하게 마음껏 주물러도 되는 원형질 구조인양 모든 생명을 후려치고 흔들어 대고 변형하고 잘라내며 삽입한다.

이를테면 압출기에 넣고 눌러서 뽑아낸 플라스틱 인형이나 폴리에틸렌 배관에 비해 돼지가 더 특별할 것이 없다는 자세이다. 나는 돼지를 재再프로그래밍하고 조작할 기계적 대상으로 바라보는 문화권에서는 그 구성원도 동일한 방식으로, 궁극적으로는 하나님까지도 동일한 방식으로 바라보리라 생각한다. 우리 취향에 맞춰 조작하고 틀에 넣어 만들어 낼 수 있는 신神으로 말이다. 하나님은 아예 존재하지도 않는 분으로, 아니면 애교를 가장 잘 부리는 아이에게 달콤한 간식을 나눠 주며 맹목적 애정을 퍼붓는 할아버지 정도의 존재, 아니 어쩌면 더 끔찍하게도 눈 깜짝할 새에 뭔가를 다른 뭔가로 후딱 바꿔 버리는 마법의 지팡이를 든 요정쯤으로 생각하고 있다.

교육에는 기본기를 우선 다지는 학습이 꼭 있다. 접미사와 접두사는 알파벳을 익힌 다음에나 배우고, 로그 계산은 '2+2=4'라는 기본원리를 익힌 다음에 배운다. 로켓의 추진력은 '모든 작용에는 동일 크기의 힘이 반대방향으로 미치는 반작용이 존재한다'는 원리를 익힌 후에 학습한다. 나는 하나님께 영광을 돌린다는 말은 돼지에게 영광을 돌린다는 말보다 훨씬 더 심화된 단계의 학습이라 생각한다. 돼지의 돼지다움에 경의를 표하는 자세는 하나님의 하나님다우심을 경외하는 자세보다 기초적인 학습 단계라고 생각한다.

동일한 원리가 사람과 사람 사이에도 적용된다. 철수의 영광과 영희의 영광에 경의를 표하는 일이 바로 하나님의 영광에 대한 '실물교육'임을 깨닫고 이를 위한 윤리적 뼈대를 만들고자 한다면, 이 역시 가장 먼저 돼지의 돼지다움에 경의를 표하는 학습부터 시작해야 한다. 얼마 전에 짤막한 기사를 봤다. 바로 우리 지역의 몇몇 토지공여대학land-grant university, 바로 정부로부터 무상으로 토지를 공여받은 대학들이 돼지의 스트레스 유전자를 분리해 내는 연구를 진행 중이라는 기사였다. 공장식 가축 사육시설인 밀집사육 시설에서 학대당하며 사육되는 돼지들을 더욱 더 공격적으로 괴롭혀도 아랑곳하지 않는 돼지 품종을 만들기 위해서 말이다.

밀집사육 시설에서는 농부들이 돼지의 꼬리를 잘라 일부러 아프고 민감하게 만든다. 돼지는 본래 활동적이며 바쁘게 움직이기를 좋아하는 동물이다. 흙을 파헤치고 이리저리 폴짝대면서 벌레를 찾아 신나게 뛰어다니며 돼지다움을 발산해야 하는데 그 비좁은 공간에 갇혀 꼼짝 못하면 지루해하면서 스트레스를 받는다. 돼지는 지루하면 서로 물어뜯고 깨물며 특히 꼬리를 공격한다. 꼬리가 잘린 돼지는 그 부위가 민감하고 아프기 때문에 통증이 한층 심해져 재빨리 몸을 움직여 공격을 피한다. 하지만 꼬리를 자르지 않으면 깨물어도 통증이 강하지 않기 때문에 피하지 않고 가만히 참으니, 급기야 상처에서 피가 흐르고, 일단 피가 흐르면 주변에 있던 돼지들이 몰려들어, 잡식동물답게, 상처 난 돼지를 점심으로 먹어 치운다. 내가 꾸며낸 이야기가 아니다.

도대체 어떤 윤리적, 도덕적 잣대를 들이대야 돼지의 생존을 위해 꼬리를 자르는 행위를 옹호할 수 있단 말인가? 돼지의 본성을 무시한 사육 환경 속에서 돼지를 살아남도록 하기 위한 이런 행위를 옹호할 수 있겠는가? 신사숙녀 여러분, 이런 방식이 진정 가장 약한 존재, 이 경우에는 돼지를 보호하는 방식인가? 이런 방식이 가장 강한 자, 바로 사람, 그리고 더 나아가 하나님의 실체를 대표하는 방식이라는 윤리적 뼈대를 형성할 수 있을까? 우리 자녀들은 하나님은 볼 수 없지만 돼지는 볼 수 있는데!

우리 친구들도 하나님을 볼 수는 없다. 그러나 돼지는 볼 수 있다. 그렇기에 우리가 돼지의 돼지다움에 경의를 표할 때 눈으로 볼 수 있는 실물에 대한 철학적 책무가 생겨난다. 하나님께 영광을 돌리라는 영적 명령에 별안간 실제로 참여할 수 있는 물리적 대상, 바로 실물이 생기는 셈이다. 돼지는 도토리를 우적우적 씹고 풀을 뜯어먹고 뿌리를 파내고 나무가 듬

성듬성한 목초지에서 뛰놀면서, 이 땅 위의 다른 어떤 생물체도 할 수 없는, 오로지 돼지만 할 수 있는 일을 해낸다. 우리가 돼지한테서 일할 기회를 빼앗고, 널빤지 바닥의 양돈장 그 좁디좁은 축사에 가둬 버리면, 돼지는 자신만의 독특함을 발산할 수 없다. 그리고 우리는 돼지의 특별한 자질을 누릴 수 없게 된다.

돼지를 돼지답게

그렇다면 당연히 이런 질문이 뒤따른다. 어떻게 하면 돼지의 돼지다움에 경의를 표할 수 있는가? 어떻게 하면 돼지의 영광, 그 독특성을 존중하는 농장과 식품체계를 만들 수 있는가? 돼지의 독특함, 그 특별한 속성은 무엇인가? 돼지의 본질은 무엇인가? 첫 번째로, 무엇보다 돼지는 동물이다. 동물은 식물과 달리 이리저리 움직이도록 태어났다. 움직이지 않는 동물을 들어 본 적이 있니?

바로 밀집사육 시설을 갖추고 좁은 철창에 암퇘지를 가둬 키우는 현대 양돈산업장에 그 동물들이 있다. 그곳에서는 동물들이란 움직일 필요가 없다는 가정 하에 운영한다. 태어나 단 한 번도 몸을 돌릴 수 없을 만큼 비좁은 철창에 가둬 놓고 사육하며 아무 문제가 없다고 간주한다. 산업형 양계장의 산란용 닭은 또 어떤가? 가로 약 60센티미터 세로 약 40센티미터 크기의 닭장 안에 닭 일곱 마리를 몰아넣은 장면을 상상해 보라. 한 마리당 복사용지 한 장도 안 되는 공간을 차지하는 셈이다. 날개를 뻗을 수도 없고, 일곱 마리가 동시에 움직일 공간이 없어 번갈아 가면서 움직여야 한다.

이렇게 폐쇄적인 환경에 닭들을 몰아넣고 죽지 않게 하려 하다 보니 농부는 닭의 부리를 잘라 뭉툭하게 만든다. 비좁은 곳에서 서로 부대끼기

엔 부리가 너무 날카롭기 때문이다. 이게 과연 닭의 닭다움에 경의를 표하는 일인가? 컴퓨터 화면에 '돼지다움pigness', '닭다움chickenness' 등을 영어 단어로 치면 그 아래 맞춤법 오류를 알리는 밑줄이 여기저기 쳐진다. 여러분도 해 보면 좋겠다! 컴퓨터 화면이 빨간 밑줄들로 붉게 물들었지만, 이 단어들만큼 내가 하려는 말의 의미를 강력하게 전달하는 말이 없어 그냥 내버려 둔다. 감사하게도 영어는 잘 변하는 언어니까. 조류에 속하는 닭은 돌아다니고 앉고 날개를 뻗으며 활보하고 목과 다리를 쭉 뻗을 공간이 필요하다. 이건 아주 기본적인 예의이다. 자, 다시 돼지 이야기로 돌아가 보자.

돼지의 본질과 특성에 대한 두 번째 사실, 돼지는 코끝에 아주 멋진 쟁기를 달고 있다. 쟁기 덕분에 돼지는 참으로 특별한 존재가 된다. 이 말은 돼지의 영광, 그 독특한 특성이 뭔가를 사방으로 옮기고 갈아엎으며 토양을 뒤섞어 놓는 능력에 있다는 말이다. 우리 농장은 돼지를 이용해 퇴비를 만든다. 소에게 건초를 먹이는 겨울이면 축사 바닥에 나뭇조각, 지푸라기, 땅콩 껍데기 등 각종 탄소성분 물질을 깔아 두는데, 이 바닥 깔짚이 일종의 탄소질 기저귀 역할을 하면서 소 엉덩이에서 떨어지는 영양분을 매일 20킬로그램 이상씩 흡수한다.

갈수록 점점 두터워지는 깔짚에 옥수수를 뿌리고, 건초 먹이통도 깔짚 높이만큼 위로 올려 평평하게 맞춰 준다. 소가 밟아 산소가 다 빠져나간 깔짚은 무산소 상태가 되면서, 발효하기 시작한다. 봄이 되어 소들이 신선한 풀을 뜯으러 다시 밖으로 나가고 나면, 우리는 겨우내 건초 먹일 때 사용하던 축사에 돼지를 풀어 주는데, 돼지들은 탄소질 기저귀, 즉 깔짚에 파묻힌 발효 옥수수를 찾아낸다. 돼지들이 깔짚 여기저기를 갈아엎고 공기가 통하면서, 깔짚은 무산소성 물질에서 유산소성 퇴비로 바뀐

다. 우리는 깔짚에 공기를 통하게 하고 갈아엎는 이 돼지들을 '통기 돼지
pig-aerator'라고 부른다.

이는 사용할수록 가치가 떨어지는 기계 대신에 활용할수록 가치가
높아지는 동물을 이용한다는 면에서 경제성이 높을 뿐 아니라, 돼지의 돼
지다움에 충분히 경의를 표하는 방식이기도 하다. 돼지에게 하기 싫은 일
을 억지로 시키는 게 아니다. 오히려 돼지에겐 낙원이 따로 없다. 깔짚을
찢고 뜯고 파고들어 그 안에 묻힌 발효 간식을 먹는 일이야말로 돼지가 좋
아하는 가장 돼지다운 일이다.

이쯤 되면 돼지는 단순히 안심이나 갈비 고기가 아니다. 함께 땅을
치유하는 동료 사역자이다. 한 팀에 속한 동역자! 우리가 돼지의 영광을
인정하고 존중하며 영적 울림을 경험하는 순간, 우리의 관계는 완전히 달
라진다. 돼지는 더 이상 단백질 덩어리가 아니라 처음부터 동일한 비전을
공유하고 농장의 필요에 본능적으로 참여하는 동료 일꾼이다. 그들은 수
천 년간 이어 온 돼지의 영광으로부터 춤사위를 이끌어 내는 정교한 안
무의 일부이다. 이것이 바로 태곳적부터 전해 오는 돼지 설화의 기본 뼈
대이다.

자, 내가 돼지를 너무 떠받든다고 생각할까 봐 정신이 번쩍 드는 이
야기를 하나 하겠다. 내가 만일 돼지가 깔짚을 파헤치며 작업하는 곳으로
기어들어가 잠들면, 돼지들은 나를 발효 옥수수와 마찬가지로 즐겁게 먹
어치울 것이다. 실제로 농장을 방문한 아이들이 하나같이 돼지를 쓰다듬
고 싶어 할 때마다 나는 기꺼이 허락하면서 늘 이렇게 경고한다. "계속 움
직여야 한다. 녀석들이 잡식동물이란 걸 잊으면 안 돼. 발가락부터 먹기
시작해서 그 다음엔 손가락, 두어 시간이면 간과 췌장까지 다 먹어 치울
거야. 그러니 너희들은 계속 움직여야 한다."

가벼운 투로 한 이야기이긴 하지만, 우리는 이들이 모두 동물이라는 사실을 기억해야만 한다. 돼지는 조약을 체결하지 않는다. 우리는 돼지와 정전협정을 맺지 않는다. 돼지는 생각이 꽤 단순해서 맛있으면 그냥 먹는다. 그리고 인간의 살은 소똥이나 발효 옥수수만큼이나 맛있다. 냠냠!

이번에는 밀집사육 시설에서 사육되는 한 마리 돼지의 삶을 상상해 보자. 말 그대로 수천 마리의 다른 돼지들과 함께 쑤셔 넣어진 그곳은 햇빛도, 신선한 공기도 없다. 널빤지 바닥 아래 고인 끈적끈적한 분뇨 웅덩이에서 암모니아가 증발해 공기 중의 배설물 입자와 뒤섞이면서 숨 쉴 때마다 악취가 코를 찌른다. 돼지는 할 일이라고는 하나도 없이 좁은 공간에 갇혀 있다. 당신이라도 미치지 않겠는가? 당연하다! 그런데도 기독교인들은 으레 이런 방식으로 돼지를 사육한다. 심지어 자녀들을 좋은 대학에 보내 산업형 영농회사의 고소득 일자리를 차지하게 하고, 돼지의 본성과 더욱 어긋나는 사육방식을 촉진하고 설계하고 연구하게 한다.

돼지다움을 인정하지 않는 요새要塞와 같은 밀집사육 기업에 자녀들 대학원 학위를 내보일 게 아니라, 우리 모두 베옷을 입고 재를 덮어쓰며 회개해야만 한다.

우리 농장에서는 돼지들이 퇴비 만드는 작업을 끝내면 그 계절 대부분은 밖으로 끌고 나가 목초지에 풀어놓거나 잘 익은 도토리가 그득한 숲 속 계곡에 풀어놓는다. 전기울타리로 통제해 가며 며칠 간격으로 방목지를 옮겨 주기 때문에 돼지들은 신선한 흙과 싱싱한 야채를 마음껏 즐길 수 있다. 잊지 말자. 돼지는 잡식동물이라 좋아하는 먹거리가 다양하다. 닭만큼이나 벌레와 지렁이까지 좋아한다. 방금 한 말은 의미가 이중적인데, 아직 눈치 채지 못했는가?

좋다. 첫 번째 의미는, 닭도 벌레를 좋아한다는 뜻이다. 둘째는, 돼지는 닭도 좋아한다는 뜻이다. 닭다리를 맛있게 우적우적 씹어 먹는 돼지를 떠올려 보라. 돼지는 정말 닭만큼이나 벌레와 지렁이를 좋아한다, 휴우!

우리는 이곳저곳 옮겨 다니며 돼지를 방목하면서 원하는 모든 먹이와, 돼지가 더럽힐 수 없는 특수 물통에 담은 깨끗한 물을 주고, 나무로 둘러싸인 곳이나 이동식 차양막 장치를 설치한 곳에서 쉴 수 있도록 해 준다. 돼지들은 뿌리를 찢고 다양한 식물을 맛보며 알풍뎅이 등 각종 단백질 거리를 찾아 먹는다. 내가 들어 본 말 중 가장 깊은 뜻을 담은 말은 아마도 우리 농장에 왔던 한 요리사의 입에서 나온 것 같다. 우리 농장을 보고 싶다길래 함께 둘러보는 중에 돼지 무리가 있는 곳에 이르자 그는 살아 있는 돼지는 한 번도, 단 한 번도 본 적이 없다고 고백했다. 돼지들의 익살스럽고도 자연스러운 행동을 넋이 나간 표정으로 몇 분 정도 지켜보더니 그는 짤막히 말했다. "내가 돼지라면 이렇게 살고 싶겠네요."

여러분, 바로 이게 핵심이다. 우리 농장은 돼지의 존엄과 품위, 즉 돼지의 영광을 유지하는 데 이처럼 특별한 관심을 쏟고 있기 때문에, 하나님의 영광을 옹호하기 위한 더 원대한 논의로 뛰어오를 믿을 만한 도약대인 셈이다. 돼지를 이런 위치에 놓는다고 해서 절대 하나님이 작아지시지 않는다. 오히려 더 크고 더 위대해지신다. 신학적인 면에서도 품위를 손상시킨다기보다는 오히려 강한 확신을 준다. 이 두 발상이 서로 어떻게 보완하는지 아는가? 우리가 돼지의 돼지다움에 관심을 갖기 때문에 하나님의 하나님다우심에도 관심이 생긴다. 그렇다면 과연 어떤 모습이어야 하겠는가? 우리는 갑자기 완전히 새로운 논의로 들어가고 있다.

생명에 대한 기독교의 관점
좀 더 규모가 큰 기독교 공동체인 경우 '돼지의 돼지다움'과 같은 문구를 접하면 곧 동물숭배나 괴짜 환경주의자를 떠올린다. 이런 발언은 완전채식주의자vegan나 극단적 동물권익 옹호자 입에서나 나올 만하다고 생각한다. 그러나 나는 동물을 향한 우리의 관점이 우리 서로를 향한, 그리고 하나님을 향한 관점을 곧바로 드러낸다고 주장한다.

보수 성향의 전문가나 라디오 토크쇼와는 달리, 성경은 동물권리에 관한 말씀으로 가득하다. "곡식을 밟으면서 타작하는 소의 입에 망을 씌우지 마십시오."라는 말씀(신 25:4)부터 "당신들은 소와 나귀에게 한 멍에를 메워 밭을 갈지 마십시오."라는 말씀(신 22:10) 등등, 성경은 동물의 권리를 옹호하는 말씀들이 가득하다. 예수님은 안식일이 안식을 위한 날이긴 하지만 곤경에 빠진 동물을 구해 주는 일은 괜찮다고 분명하게 말씀하셨다. 실제로 아담에게 동물들의 이름을 지어 주라고 명령하신 걸 보면 하나님은 동물들을 그저 '그것들'이라는 무리로 치부하지 않으셨다. 하나님은 먹지 말아야 할 부정한 새로 분류된 까마귀를 위해서도 먹이를 마련하시고, 참새 한 마리가 떨어지는 때까지 다 아신다.

모세오경에는 동물을 사람의 연장선상에서 바라보는 구절들이 곳곳에 나온다. 출애굽기 21장 28절 말씀을 풀어서 설명하자면, 한 사람이 소유한 동물이 다른 사람을 해쳤을 때 만약 그 동물이 원래 공격적이라고 알려진 사실이 없으면 주인에게 죄가 없다. 하지만 공격적인 성향이 알려졌는데도 주인이 아무 대처를 하지 않았었다면, 그 동물은 주인 몸의 연장선상에 있으므로 마치 주인이 자신의 몸으로 폭력을 저지른 것과 같은 책임이 있다. 우와, 정말 의미 있는 말씀이다.

핵심은, 하나님께서는 동물을 학대하는 행위도, 동물을 기계나 도구로 보는 시각도 지지하지 않으신다는 점이다. 동물은 인간의 지배하에 인간의 손길과 자비에 의존하면서도 고유의 독특함과 영광을 드러내며 놀라운 자리를 차지한다. 이 유일무이한 위치를 위해서 우리는 궁극적으로 하나님을 기쁘시게 하는 단계에 이르기까지 계속해서 씨름해야 한다.

그러면 이런 질문에 답해 보자. 가축을 돌보거나 생산하는 데에 옳고 그른 방식이 있다고 가정할 경우, 두 방식을 명확하게 표현해 주는 목록은 어떤 것일까? 나는 동물에 경의를 표하고 존중하는 방식은 무엇이든 옳다고, 그리고 동물을 기계나 도구와 동일시하는 방식은 무엇이든 잘못되었다고 믿는다. 타이슨푸즈 양계장이나 미국 최대 돈육 가공업체인 스미스필드Simthfield 돼지공장, 세계 최대 육류포장업체인 아이오와 비프패커즈Iowa Beef Packers같은 공장식 농장에 들어서면 눈앞에 펼쳐지는 광경이 과연 그 동물에게 영광을 돌리는 모습일까? 아니면 기계에 더 가까워 보일까? 야생동물로부터의 보호, 전 세계를 먹일 식량, 질병, 효율성을 부르짖는 반대론자들에 대해서는 이 책의 후반부에서 다루기로 하고, 지금 여기에서는 생명 대 비생명 쟁점에만 집중해 보자. 나머지 쟁점들은 나중에 다루겠다.

다음과 같이 자문해 보면 도움이 될까? '내가 만일 동물이라면, 과연 이렇게 살고 싶을까?' 인간의 지배권을 반대하는 질문이자 결국 인간에 반대하는 질문 같다며 반발하는 내 친구들의 모습이 눈에 선하다. 기억하시길! 나도 많은 동물을 도살했다. 동물을 사람으로 바꾸자는 이야기가 아니다. 다만 이렇게 물어볼 만은 하다. '지금 이 환경이, 내가 만일 동물이라면, 좋아할 만한 환경인가? 이런 식이 내가 대우받고 싶은 방식인가?' 이렇게 질문하다 보면 좀 길고 긴 방식이긴 하지만 답을 찾는 데 도움이 될 것이다.

아마 이쯤에서 우리가 다뤄야 할 큰 쟁점은, 생명이 그렇게 특별하다면 우리가 생명을 죽이고 먹는 권리를 어디에서 받느냐는 논의이다. 돼지를 죽이면서 어떻게 돼지의 영광에 경의를 표할 수 있는가? 아침 식사로 베이컨을 즐기면서 어떻게 돼지의 돼지다움을 존중한단 말인가? 당연히 타당한 질문이다. 우선 이 문제를 성경적 관점에서 생각해 보자. 성경에는 동물을 먹는 행위가 잘못됐다는 암시조차 등장하지 않는다. 족장들도 동물을 먹었다. 선지자들도 동물을 먹었다. 왕들과 농부들도 동물을 먹었다. 잔치 음식에도 동물이 포함되었다. 예수님도 동물을 잡수셨다. 제자들과 사도들도 동물을 먹었다.

동물을 죽이고 먹는 일이 어떻게 동물의 영광에 힘을 실어 주는가? 바로 생명에는 죽음이 필요하기 때문이다. 넓게 보면 당근을 죽이는 행위도 닭을 죽이는 행위와 별다를 게 없다. 하지만 피가 흘러나오고 눈이 흐릿해지는 모습을 보면 죽음이 훨씬 생생하고 사실적으로 다가온다는 차이뿐이다. 생명은 먼저 희생이 있어야 가능하다는 예표론[5]이 구약성서 곳곳에 등장하는데, 세상 죄를 지고 가려 흠 없는 어린양으로 오신 하나님 아들의 궁극적 희생으로 절정에 다다른다.

우리가 살기 위해 뭔가를 죽일 때마다, 그게 밀 같은 씨앗의 배아거나 채소, 혹은 동물이든 무엇이든 간에, 우리는 영생에 참여할 수 있게 해 주신 예수님의 희생적 죽음뿐만 아니라 동시에 생명의 소중함을 떠올려야 한다. 생명은 너무나 소중하여 죽음을 필요로 한다. 그런 관점에서 볼 때, 연구원들을 시켜 미생물 배양용 페트리 접시에 담긴 인간의 배설물이나 원시 점액을 가지고 고기 비슷한 비생명 물질을 배양하겠다는 극단적 동물권리 옹호자들의 시도는, 생명이란 죽음을 요구한다는 기본 원리를

5____ 예표론typology. 구약의 역사를 일종의 그림자이자 모형으로 보고, 신약의 역사를 그 실체이자 원형으로 해석하는 학문이다.

부정하는 자세이다.

예수님은 열매 맺는 밀알에 대한 비유를 말씀하시면서, 땅에 심긴 씨앗이 먼저 죽어야만 비로소 싹이 난다는 원리를 적용하셨다. 죽지 않으면 새싹이 돋을 수 없다. 모든 것, 정말 모든 것, 그야말로 모든 만물은 생명을 창조해 내려면 먼저 죽음이 필요하다. 혹시 내가 아무것도 죽지 않은 에덴동산 시절을 빠뜨렸다고 오해할까 싶어 말하는데, 우리는 더 이상 에덴동산에 살고 있지 않다. 우리의 몸은 완벽하지 않다. 우리는 타락한 세상에 살고 있고, 타락한 이 세상에서 하나님께 영광 돌린다는 말은 그분 안에 있는 생명의 대가를 인정한다는 뜻을 내포한다. 생명은 죽음을 필요로 할 만큼 너무도 소중하다. 먹을 때마다, 턱을 움직여 씹을 때마다 이 사실을 떠올린다.

우리는 생명을 유지하기 위해 전적으로 그리고 온전히 식물이든 동물이든 나른 생명을 취하는 네 의존한나. 이 사실 하나만으로도 우리는 생명의 존엄성과 그 소중한 가치를 인정해야 한다. 이 말은 사람이든 사물이든 함부로 해하지 않는다는 뜻이기도 하다. 우리 모두는 언제라도 마지막 숨을 쉬게 된다. 우리가 들이쉬고 내쉬는 모든 호흡은 죽음의 손에서 빌리거나 낚아채듯 빼앗은 선물이다.

생명에 대한 생태학적 관점

지금까지 성경적 관점에서 살펴보았다. 이번에는 생태학적 관점에서 생각해 보자. 모든 것은 먹고 먹힌다. 믿지 못하겠다면 사흘간 벌거벗고 화단에 누워 무엇이 먹히는지 지켜보라. 자연 다큐멘터리 중 아무 종류나 하나 틀어 보라. 깜짝 놀랄 만큼 먹고 죽는 장면이 끝없이 펼쳐진다. 세균과 선충 같은 미생물에서부터 바이러스, 아메바, 코끼리에 이르기까지

우리는 생명의 존엄성과 그 소중한 가치를 인정해야 한다

© nick v. Flickr

모든 생명은 먹고, 물고, 씹는다.

불행히도, 기술에 민감한 우리 문화가 디즈니에 열광하면서 모두들 귀여운 아기사슴 밤비Bambi와 아기토끼 썸퍼Thumper에 익숙해졌고, 대부분의 사람들이 죽음이라는 본능적인 현실로부터 완전히 분리되었다고 착각하는 지경에까지 이르렀다. 우리 피부는 죽는다. 우리 혈구도 죽는다. 미생물은 침대 이불 속에 살며 피부 각질을 갉아먹는다. 이런 사실에 몸이 벌벌 떨리나? 나는 재미있기만 하다.

어쨌든 나는 어떤 존재의 희생을 성스럽게 하는 요소는 바로 그 존재가 살아 있을 때 어떤 식으로 존중받았는지에 달려 있다고 믿는다. 한 걸음 더 나아가, 그 생명체를 존중했을 때에만 희생시킬 권리가 있다고까지 주장한다. 다시 말해서 생명체를 학대하고 무시하고 마치 생명 없는 물건처럼 취급하는 사람은 죽이고 먹을 자격도 없다는 뜻이다. 이 신성한 행위에 참여할 권리는 스스로 얻어야 한다.

성경의 희생제사 예배를 생각해 보자. 모든 사람은 침묵해야 하고 하나님 중심의 자세를 갖추어야 했다. 희생제사는 인간의 지배권을 자랑하는 자리가 아니라 생명의 대가를 겸허히 인정하는 자리였다. 그리고 물론, 제단에 올린 희생제물은 영생으로 인도하는 문, 즉 용서의 값을 보여준다.

생명을 기계로 바라보는 관점은, 산업형 영농업이 그러하듯, 생명의 가치를 떨어뜨리고 결국 죽음의 가치도 그만큼 떨어뜨린다. 우리 문화는 밀집사육 시설을 통해, 그리고 실제로는 값싼 생명정책이나 다름없는 값싼 식품정책을 통해, 생명의 가치를 떨어뜨리고 있다. 과연 인간들 사이에 증가하는 폭력과 씨름하고 있는 우리의 현실에 의아해할 자격이 있을까? 식품은 생명이다. 그렇기에 음식은 죽기 위해 먼저 살아야 한다.

양질의 식품을 위해 돈을 더 쓰고, 식품에 담긴 희생가치를 강조하는 가정은 구원의 대가를 설명하기 위한 아름다운 토대를 구축한 가정이다. 식품을 구매할 때 가장 싼 식품으로 사는 것이 우리의 목표라면, 도대체 육체적 생명의 값을 얼마로 보고 있다는 얘기인가? 더 나아가 영생의 값은 또 얼마로 보고 있을까? 부디 내 의도를 곡해하지 말기 바란다. 장보기나 가격 비교에 무심해지라는 말은 절대 아니다. 다만, 식품을 살 때 최우선 기준이 가격은 아니라는 뜻이다. 영광, 즉 그 식품이 생명의 독특함에 경의를 표하는 식품인지를 선택의 최우선 기준으로 삼아야 한다는 의미이다. 그 점부터 충족시킨 후에 절약하자.

살아 있는 음식은 썩기 마련이다. 기계에 가까운 물질은 썩지 않는다. 벨비타 치즈[6]의 유통기한을 확인해 본 적 있나? 녹인 치즈 소량을 식탁 위에 조금 짜서 놔두면 넉넉히 일 년은 그대로 있을 것이다. 곰팡이도 안 생기고, 마르지도 않고, 아무 일도 일어나지 않는다. 마치 원형질의 점액처럼 어떤 반응도 일으키지 않고 그대로 있다. 이건 살아 있는 식품이 아니다. 아시는가? 오직 생명체만이 죽을 수 있으며 또한 여러분에게 생명을 줄 수 있다.

한 번도 살아 있던 적이 없는 것들을 일상적으로 먹는 세계 최초의 문화권 사람들이 우리들이다. 영적인 용어로 표현하자면 우리는 육체가 혐오하는 물질을 섭취하다가 그 결과로 얻게 된 질병의 회복을 위해 기도해 달라고 부탁하는 셈이다. 하나님은 생명과 죽음, 살아 있는 식품과 이를 분해하고 소화하는 과정을 실물교육 도구로 삼으셔서 우리가 하나님

---

6   벨비타 치즈Velveeta cheese. 미국의 거대 종합 식품제조업체 크래프트푸즈Kraft Foods사에서 생산하는 치즈.

께 의존하고 있다는 사실을 날마다 깨닫게 해 주신다. 생태계는 그 원리를 부정할 자유를 우리에게 주지 않았고, 당연히 하나님도 마찬가지이시다.

미국 농무부USDA: United States Department of Agriculture와 관련 산업협회 협력사들이 후원하는 학회에 참석해 보면, 어디에서도 도살에 관한 이야기는 들을 수 없고 그저 '단백질 제조'에 대한 이야기만 듣는다. 먹기 위해서는 무언가가 죽어야 한다는 현실을 감추고자 언어조차 골라 사용하고 있다. 이 얼마나 표리부동한 용어인가. 근육과 힘줄을 자르는 행위를 단순히 '단백질 제조'라고 표현하면서 그 행위의 진짜 의미, 생명의 가장 근본법칙에 참여하는 것, 즉 죽음에 대해서는 함구한다.

동물권리와 복지를 다룬 영상물을 보면 사람들, 그리고 목사들조차, 동물을 먹는 행위를 '편리한 폭력'이라는 용어로 묘사한다. 그렇다면 유월절을 준비하고 해변에서 생선을 구운 예수님도 편리한 폭력을 사용하신 건가? 문제는 이들이 동물을 다른 존재들보다 더 높은 위치로 승격시키는 태도인데, 이것 역시 옳지 않다. 생명은 모두 신성하니까. 그리고 모든 생명은 희생을 요구한다.

그렇기에 우리는 우리 자신보다 남을 낮게 여기며 섬김의 정신으로 서로를 위해 희생할 때 인간으로서 더 온전해진다. 자녀들에게 기독교 섬김 정신의 중요성을 설명하기에 얼마나 좋은 방법인가. 제대로 살고 싶은가? 그렇다면 종이 되어 엄마와 아빠를 위해 쓰레기를 내다 버려라. 정원 가꾸는 일을 도와라. 동생이 만든 미술 과제물을 대신 들어 줘라. 이렇게 해야 우리는 기계가 아니라 살아 있는 생명체임을 보여 줄 수 있다.

어느 극단적 동물권리 옹호자가 자기 접시에 담긴 생선을 보고 물고기가 물고기다움을 표현하고 있지 못하다며 한탄하더라는 이야기를 들은 적 있다. 완전 잘못 짚었다. 물고기가 죽으면 더 이상 물고기다움을 표현하지 못한다는 가정에서 나온 한탄인데, 그야말로 진실에서 가장 동떨어진 생각이다. 물고기가 인간이든 포식자든 다른 무언가를 위한 음식이 된 순간, 그 물고기는 궁극적 선물, 바로 생명이라는 선물을 또 다른 존재에게 내어 준 것이다. 이쯤 되면 내가 '라라랜드' 같은 상상의 나라로 향해 가고 있다고 느낄 기독교인 독자들도 있으리라. 실은 이 부분에서 균형을 잡아 보려고 지금 매우 애쓰는 중이다.

이스라엘 희생제단에 올릴 어린 양 한 마리를 키워 내려면 얼마나 많은 돌봄과 노동이 필요할지 생각해 보라. 천사로부터 메시아의 탄생 소식을 가장 먼저 들은 베들레헴 언덕의 목자들이 성전에서 희생제물로 드리는 구별된 어린양을 돌보고 있었다고 믿는 사람이 많다. 그럴지도 모른다. 기억하라. 제물용 양들은 점도 흠도 없어야 했다. 그러려면 가시덤불에 찔리지 않게 보호받고, 다른 양들과 싸울 일이 없을 정도로 행복하게 지내야 하며, 여러 세대에 걸쳐 완성된 건강하고 탁월한 혈통이어야 했다. 농부 입장에서는 엄청난 투자가 필요하다.

많은 극단적 동물복지사들이 농장 가축들을 억압받는 존재로만 보고, 가축들을 책임지는 농부들이 느끼는 압박감은 전혀 생각하지 않는다. 상호의존적 양방향의 관계에서 농부들은 가축을 돌보는 관리인이다. 순수 자본주의자는 여기에 포함되지 않는다. 문제는 도덕관념이 전무한 과학과 순수 자본주의 사상이 결합하여 탄생한 현대 미국의 밀집사육 시설이, 보살핌과 돌봄의 정신과 거리가 아주 멀다는 데 있다.

때때로 동물보호 운동가들과 완전채식주의자들은 본인들이 동물을 먹지 않으니 덜 폭력적인 삶을 산다며 자기 의를 내세운다. 그러나 생명의 영속성이라는 동물 본래의 기능을 발휘할 수 없도록 하여 인위적으로 동물들의 목숨을 유지시키는 행위는 생태계에 더 큰 폭력 아닐까! 이렇게 제멋대로 동물들을 구해 내는 행위는 인간에게서 양식을 빼앗고, 오히려 인간의 값진 수고와 음식까지 동원하여 지극히 피상적인 동물보호라는 허울만 유지하는 행위일 뿐이다.

축산시설과 목초지를 야생지역으로 바꾸면 사슴과 토끼가 번성하는데, 당연히 여우, 코요테, 늑대에게 잡아먹힌다. 죽음이라는 현실에 눈 감고 싶은 마음이 굴뚝같겠지만, 피할 수 없다. 하나님은 우리 자신의 상식, 균형 잡힌 정서, 환경이 실제 작동하는 방식에 대한 현실감각을 잃지 말라고, 또 동참하라고 일깨우신다. 이 세상은 먹고 먹히는 곳이다. 아니길 빌어 봐야 소용없다. 살아 있는 것은 살아 있는 것을 먹으니까 말이다.

트랙터는 트랙터를 먹지 않는다. 자동차는 자동차를 먹지 않는다. 망치는 망치를 먹지 않는다. 자녀가 있는 부모라면 아이가 집안일을 돕다가 가끔 도구를 제자리에 두지 않아 도대체 누가 망치를 먹어 치웠나 하는 기분이 들 때도 있긴 하나, 장담하는데 그 어떤 것도 여러분의 망치를 먹지 않는다. 하나님은 무한하신 계획 안에서 주님의 실물교육에 참여할 남다른 특권을 주신다. 한때 살았으나 지금은 내게 생명을 제공하는 생명체에 대한 이해, 돌보고 때가 되면 기쁘게 먹는 실물교육을 통해 하나님의 생명에 대한 뜻을 깨닫는 특권을 주신다.

먹든지 마시든지 무엇을 하든지

생명체들을 어떻게 바라보고 어떻게 대하느냐 하는 것은 곧, 하나님의 영광을 어떻게 바라보고 얼마나 소중히 여기느냐 하는 것이다. 고린도전서 10장 31절 말씀으로 끝을 맺으려 한다. "그러므로 여러분은 먹든지 마시든지, 무슨 일을 하든지, 모든 것을 하나님의 영광을 위하여 하십시오." 이 부분을 내가 썼다면 아주 종교적인 예시, 가령 찬양이나 교리문답 암송, 옷차림 등, 정말이지 먹고 마시는 것보다는 훨씬 덜 일상적인 활동을 생각해 내서 썼을 것이다. 그러나 사도바울은 하나님의 돌보심이 우리의 일상 전반에 통하며, 먹고 마시는 것, 결국 음식에까지 이른다는 사실을 말하고 있다.

우리 중 그 누구도 음식을 먹고 마시는 일에서 벗어날 수 없으니까 말이다. 그러니 이 말씀이야말로 누구에게나 적용되는 보편적 명령이다. 또한 분명 우리 중 누구도 하나님께 영광을 돌리는 일에서 벗어나지 못한다. 우리 모두는 하나님께 영광을 돌리도록 되어 있으니까. 그러나 여기서 더나아가, 만물이 하나님의 영역에 속하기에 우리가 먹는 음식에서조차 우리는 하나님께 영광을 돌려야 한다.

이렇게 하나님의 영광에 대한 의미를 살펴보고 이를 다른 생물체에 적용해 보기도 했으니, 이제 동의할 수 있겠나? 음식이 각각의 독특함으로 영광을 돌리는 방식이 곧 고린도교회 성도들에게 하나님의 명령을 존중하며 이행하는 골격을 형성해 준다는 데에 말이다. 그런데 현대 기독교인들이 전반적으로 하나님께 영광을 돌리는 고기와 음료에 관한 논의 자체를 꺼린다는 점은 정말 비극이다.

너무나 자주, 논의가 영적인 차원에서 멈춰 버린다. 의도가 좋으면다 좋다는 식으로 그저 의도만 따진다. 태도가 좋으니 괜찮다고 하는 반응에서 정작 무엇을 놓치고 있는지를 알면 놀라리라. 마치 휘파람 불며 미소 짓는 행복한 은행 강도를 보고 훌륭한 사람이라고 하는 태도와 같다.

사랑하는 친구들이여, 성경에 '행하라'는 말이 가득한 이유가 바로이 때문이다. 성경은 진리를 좋아하는 것이 아니라 행하는 이야기를 한다. 시편 기자는 하나님께서 사람이 "한 대로" 갚았다고 말한다(시 99:8). 또 다른 구절을 원하는가? 몇 장 더 넘기면 "이러한 행실로, 그들은 하나님을 격

노하게 하여서"(시 106:29)라는 말씀이 나온다.

사실 하나님의 형상으로 지음 받은 영리한 우리 인간들이지만, 할 수 있는 모든 일이 전부 다 허용되는 것은 아니다. 할 수 있다고 해서 무조건 아무거나 만들고 행하면 안 된다. 실제로 하나님께서 우리 독창성에 한계를 두셨다면, 이제는 어떤 독창성이 하나님께 영광을 돌리는가에 대한 의미 있는 논의를 할 때 아닌가 싶다. 그런 논의를 통해 우리는 우리의 원대한 목표, 바로 하나님께 영광을 돌리는 자세를 갖추게 되리라.

음식과 생명이 근본적으로 기계적이지 않고 생물적이라고 믿고 전하는 기독교인들은 하나님의 특별하심을 전할 때도 일관된 신빙성을 얻는다. 우리가 전하는 믿음의 메시지가 울림과 무게감이 있으려면, 우리가 생명 전반에 대해 일관된 관점을 전파하고 있다는 진정성을 다른 사람들이 알아야 한다. 하나님은 궁극적으로 생명을 주시는 분이시기에, 기독교인은 궁극적으로 그 생명을 보호하는 자가 되어야 한다. 그래서 돼지의 돼지다움을 보호하고 전파하는 일이 바로 하나님의 하나님다우심, 즉 하나님의 영광을 전하는 우리 사명의 근원적 출발점이 되는 것이다.

3—
돌고 도는
탄소 에너지 ^{패턴 vs 변덕}

그대는 모든 일에 선한 행실의 모범pattern이 되십시오.

디도서 2장 7절

진리 탐구란 언제나 '모범', 즉 패턴에 대한 탐구이다. 범죄학자는 범죄자의 행동패턴을 파악하기 위해 오랜 시간을 들이고 다음 범죄 장소를 예측한다. 군사령관도 당연히 적군의 패턴을 파악해 동태와 이동경로를 예상한다. 전략이란 결국 패턴을 알아내 이를 적용하는 일이 전부이다.

하나님은 패턴의 하나님이시다. 성경 예표론은 패턴을 연구하는 학문인데, 성경의 전체 맥락 속에서는 유형과 패턴이 일관성 있게 발견되기 때문이다. 예수님도 이 땅에서 사역하시는 동안 유대 역사의 기록물, 즉 구약성서에 등장한 유형들을 인용하셨다. 가령 모세가 광야에서 뱀에 물린 백성들을 위해 놋뱀을 만들어 장대 위에 달자 이를 본 사람마다 목숨을 구한 사건을 언급하며, 모세가 광야에서 뱀을 든 것 같이 인자도 들려야 한다고 말씀하셨다.

물론 구약의 희생제사 제도 자체가 메시아의 궁극적 속죄 사역을 상징한다. 하나님께 제사하던 성막은 안쪽 중심부의 언약궤에서부터 가장 바깥쪽의 해달가죽 덮개에 이르기까지 온갖 예표로 가득했다. 내부의 아름다움은 오직 하나님께 나아오는 사람들만 누릴 수 있도록 해달가죽 덮개로 가려 두었다. 기억하자. 예수님은 외모로 볼 때 매력적이지는 않았다. 그분의 나라는 내면에 있었다. 그렇다면 예수님은 어떤 식으로 신성을 드러내셨나? 바로 자신의 권능과 속성을 몸으로 표현하셨다.

죽은 자를 살리는 등 각종 기적을 통해 자신의 신성을 확증하셨다. 여러분, 바로 이 점이 핵심이다. 우리가 물질의 세계와 주고받는 상호작용이 곧 우리가 하나님과 맺는 관계를 세우고 또한 정의한다. 눈에 보이는 것을 어떻게 관리하는지가 곧 눈에 보이지 않는 것을 어떻게 관리하는지를 설명해 준다는 말이다. 패턴을 이보다 더 쉽게 설명할 수는 없으리라.

기독교인들이 장려하는 패턴으로 가정에 관한 패턴이 있다. 권위 체계로 이어진 남성, 여성, 남편, 아내, 자녀들. 신랑과 신부의 청혼. 신랑이 되신 그리스도께서 신부된 교회에게 청혼하는 아름다운 그림. 어린 양의 천국 혼인 잔치. 모두 고통스럽지 않고 즐거워야 할 관계로, 우리와 그리스도와의 관계를 보여 주는 훌륭한 '모범', 즉 패턴들이다.

앞 장에서 살펴본 생명과 죽음의 패턴도 분명 패턴이다. 자연을 바라보면 그곳에도 여러 패턴이 보인다. 그중 아마도 가장 중요한 패턴은 탄소순환 패턴 아닐까? 우리 모두 생물학에서 이미 배운 내용이다. 태양광,

즉 우주에서 거침없이 쏟아져 내리는 신비롭고 기묘한 이 에너지 광선은 광합성을 통해 생물연료, 즉 바이오매스[7]로 전환된다. 바이오매스가 분해되면 영양분을 공급하여 토양이 더 비옥해지고, 식물이 더 잘 자라며, 그만큼 태양에너지를 더 많이 더 효율적으로 포집한다. 바이오매스는 이산화탄소를 들이마시고 산소를 내뿜는다. 저장된 탄소의 한 형태인 토양 속 바이오매스가 천천히 분해되면서 이산화탄소를 내보내면, 이산화탄소는 토양을 뚫고 올라가다가 물을 만나 탄산을 형성하고, 탄산 때문에 바위가 부서지고 무기원소가 만들어지면서 수 마일에 달하는 실뿌리와 박테리아는 무기질을 식물로 전달할 수 있게 된다.

태양광처럼 신비롭고 기묘한 빛을 식물로 포집할 수 있다니 아무리 생각해도 마법 같다. 얼굴을 비추는 햇빛에서 태양 에너지를 느낄 수 있지만, 그 에너지를 다른 사람에게 전달하지는 못한다. 부엌 창문으로 쏟아져 들어오는 햇빛을 볼 수는 있지만, 특히 먼지 많은 곳에서는 너무나 또렷하게 보여 금방이라도 손에 잡힐 것 같지만, 아무리 애를 써도 결국 손가락 사이로 빠져나가 버린다. 그런데 바로 이 태양광이 지구 전체에 에너지를 공급한다.

식물은 바로 그런 태양광을 포획할 수 있다. 포획뿐만 아니라 다른 물질로 전환도 가능하다. 질량이 있고 중력에 반응하며 손으로 잡아 다른 사람에게 건네주거나 공중으로 던질 수도 있는 물질로 말이다. 멋지지 않은가? 태초부터 지금까지 지구에 쏟아진 그 모든 태양 에너지를 생각해보라. 매번 새로 생성된 에너지가 지구 표면에 쏟아진다. 날마다, 매일같이 말이다. 그러니 사실상 지구의 무게가 증가하는 프로그램이 작동하는

7＿＿＿ 바이오매스biomass. 에너지원으로 사용가능한 식물, 동물, 미생물 등의 유기 생물체.

셈이다. 지구 표면에 부딪치는 태양광이 식물로 전환되는 비율만큼 바이오매스가 축적되도록 되어 있다. 얼마나 놀라운 발상인가? 여기에서 패턴은, 무한한 태양에너지가 분해가능한 식물로 전환되어 지구상의 모든 공기, 해양, 바람, 대기의 순환을 이끌어 가는 작동방식이다.

이는 창조물을 돌보는 윤리적 청지기의 주요 목표 중 하나가 탄소를 효율적으로 활용하는 일이라는 의미이다. 문명의 역사는 당연하게도 탄소 남용의 유산이다. 앨버트 하워드 경Sir Albert Howard이 자신의 대표 저서 《농업 성서An Agricultural Testament》에서 말했듯, 모든 세대는 자연이 수천 년에 걸쳐 만들어 낸 것을 취해 현금으로 바꾸려는 유혹을 받는다.

미국 쓰레기 매립지에 버려진 물질 중 약 75퍼센트가 분해가능한 바이오매스다. 이는 탄소의 효율적 활용 원칙을 근본적으로 위반한 사례이다. 바이오매스가 모두 자연의 패턴에 따라 분해되었다면 토양을 지속적으로 비옥하게 하는 데 크게 기여했을 데고, 다량의 석유를 동원하여 화학비료를 개발하고 인공적으로 토지를 개량할 필요도 없었을 것이다.

자연은 탄소 에너지로 작동할 뿐 아니라 탄소로 토양을 조성하긴 하지만 탄소를 멀리 옮기지는 않는다. 기껏해야 나무에 달린 잎사귀가 바람에 날려 떨어지는 거리 정도, 혹은 새가 먹이를 먹고 날아가다가 배설하는 곳까지의 거리, 들소가 먹이를 먹고 이동하다가 배설하는 곳까지의 거리 정도에 불과하다. 흥미롭게도 이러한 탄소순환에서 동물은 두 가지 역할을 맡는다.

첫째는 영양분을 주변으로 퍼뜨리는 역할이다. 자연이 바이오매스로 형성한 비옥함을 중력에 거슬러 옮기는 방법은 오직 동물뿐이다. 동물이 없으면 바이오매스 분해는 중력 때문에 아래쪽으로 향하게 되고, 언덕 비탈과 꼭대기는 양분이 고갈되리라. 그러나 다행히도 동물들은 비옥한 골짜기에서 어슬렁대는 대신에 포식자들의 먹잇감이 되지 않으려고 언덕 꼭대기로 도망쳐 올라간다. 덕분에 이 고지대 망루는 비옥한 골짜기에서 온 거름의 축복을 받고 그 풍요로움을 주변에 퍼뜨리는 역할을 한다.

둘째, 동물은 바이오매스를 다듬어 식물의 빠른 성장을 유도하는 역할을 한다. 불필요한 부분을 솎아 내는 일은 성경적일 뿐만 아니라 자연의 원리에도 충실한 패턴이다. 뭔가를 풍성히 자라나게 하려면 먼저 가지치기를 해야 한다. 성경에는 포도원과 과수원에서 가지를 치는 작업의 장점을 설명하는 예화가 많이 나온다. 풀도 마찬가지다. 풀은 초기, 중기, 말기의 세 단계를 거쳐 성장한다. 'S'자 곡선 형태를 그리며 처음에는 서서히 시작해서 중간에 빠른 속도로 왕성하게 자라다가 말기에 접어들면 더뎌진다. 유아기, 청소년기, 노년기로 보면 이해가 더 쉽겠다. 당연한 말이지만, 더 많은 태양 에너지를 바이오매스로 전환하려면 중기의 달콤한 급성장기를 더 자주 거치도록 풀을 관리해야 한다.

이런 까닭에 우리 농장에서는 소를 매일 새로운 목초지로 이동시킨다. 우리는 이를 '떼몰이 방목 – 초식성 태양전환 – 목질화[8] 탄소격리 – 비옥화'라고 부른다. 뭔가 새로운 방식처럼 들릴지도 모르지만 들소, 영양, 아프리카들소 등 모든 초식동물들이 자연에서 일하는 방식을 그대로 비추어 말한 것이다. 초식동물은 땅의 고민거리가 아니라 실은 가장 효과적으로 양질의 흙을 만들고 탄소를 격리하는 동업자이다. 하지만 계속 한곳에만 머무르거나 지나치게 많은 수를 방목하면 가장 파괴적인 동업자가 되고 만다.

하나님이 정하신 이 패턴을 따르려면 오만이 아닌 겸손이 필요하다.

8____ 목질화木質化. 식물의 세포막에 리그닌이 쌓여 나무처럼 단단해지는 현상.

우리 농장에서는 무엇이 인간에게 가장 편리한지가 아니라 무엇이 토양과 동물에 가장 유익한지를 우선으로 한다. 우선 돌보는 태도를 취하니 신기하게도 실제로 소득과 생산이 증가하는 축복이 있다. 탄소중심 체계는 이렇게 참된 가치를 축적하는 아름다운 그림이다. 잘 돌보면 그 상태를 지속하는 힘이 생긴다. 하지만 참여하지 않고 방치해 버리면 금세 고갈되는 위험에 처한다.

부식토를 파괴하는 농업

탄소를 고갈시키는 모든 식품체계는 생태계 속에서 작동하는 하나님의 패턴에 도전한다. 탄소는 당연히 유기물 그리고 부식토, 말하자면 흙먼지와 긴밀히 연결되어 있다. 인간은 무엇으로 만들어졌을까? 흥미롭게도 '인간human'과 '부식토humus'는 어원이 같다. 하나님은 우리가 부식토를 만들고 부식토 중심으로 살아가기를 원하신다. 하나님은 부식토 중심이시며, 인간 중심이시다. 이런 병렬구조를 잘 이해하기 바란다.

그렇다면 무엇이 부식토를 파괴할까? 주범은 경작이다. 유대인에게는 7년째 되는 해마다 밭을 쉬게 하는 휴경법이 있다. 다년생식물은 양질의 토양을 만들지만 일년생 식물은 토양을 고갈시킨다. 미국의 식량정책은 일년생 식물인 옥수수, 밀, 콩, 사탕수수, 쌀, 목화에 대해 어마어마한 규모의 보조금을 지급한다. 단도직입적으로 말해 미국의 농업정책은 토양을 고갈시킨다. 반反부식토적이며 반反인간적이다.

부식토를 파괴하는 두 번째 요소는 화학비료다. 화학비료는 부식토를 소진해 버린다. 대부분의 농학자들에 따르면, 유럽인들이 미국 해안가에 처음 도착했을 당시, 미국 토양의 평균 유기물 함량은 적어도 8퍼센트였다. 지금은 겨우 1퍼센트에 불과하다. 누군가가 그렇게 많은 재산을 그처럼 단기간에 빼앗겼다면 당연히 강탈당했다고 말한다. 그렇다면 우리는 하나님의 창조물들을 강탈하는 짓을 언제쯤에나 그만둘까?

하나님의 패턴은 고장 없이 매우 잘 돌아간다. 우리가 고치겠다고 나설 필요도 없다. 그저 부드럽게 다루기만 하면 된다. 우리는 왜 창조물을 약탈하는 대신 소중히 다루지 못할까? 탄소중심 체계를 하찮게 여기면 지구 중량 증가를 위한 하나님의 계획을 저버리게 된다.

시편 78장 41절과 42절은 "그들은 하나님을 거듭거듭 시험하고, 이스라엘의 거룩하신 분의 마음을 상하게 하였다. 그들이 하나님의 권능을 기억하지 아니하며, 대적에게서 건져 주신 그날도 잊어버렸다"라고 말한다. 내가 하나님께 반항하고 시험하여 그분을 슬프게 하고 노엽게 할 수도 있다니, 정말 정신이 번쩍 드는 경고이다. 하나님의 절대주권을 강조하는 개혁주의나 칼뱅주의 교인 중에는 잔뜩 찌푸린 얼굴로 짜증을 억누르는 사람도 있겠으나, 나는 인간이 하나님의 최선책을 저버리거나 선회하시도록 할 수 있다고 생각한다. 에덴동산에서의 타락은 차선책이었다. 아론을 세우신 일도, 이스라엘 민족이 왕을 세운 일도 차선책이었다. 정말 그건 하나님의 뜻이 아니었다. 하나님은 "아무도 멸망하지 않고, 모두 회개하는 데에 이르기를" 바라신다(벧후 3:9). 다행히도 하나님은 우리에게 자유의지를 주시면서도 주님의 궁극적인 뜻을 성취하실 권능이 충분하시다.

생각해 보자. 만일 누군가의 딸이 마약중독자와 도피해 어린 나이에 임신한다면 이것이 하나님의 뜻은 아니다. 내가 아내 테레사에게 못된 말을 한다 해도 역시 하나님의 뜻은 아니며, 복권에 돈을 다 탕진한다고 해도 이 또한 하나님의 뜻은 아니다. 나는 인간의 죄와 어리석음과 멍청함을 하나님 탓으로 돌리는 시건방진 말에 진절머리가 난다. "괜찮아. 하나님이 모든 일을 주관하시니까." 분명히 말하지만, 아내 외에 다른 여자와 잠자리를 같이 하는 사람을 주관한 주체는 하나님이 아니다. 바로 당신이 주관자이며, 그런 일에 대해 하나님이 주관하신다고 말하는 언행 자체가 곧 그분의 거룩함을 우롱하는 짓이다.

주기도문에서 예수님은 하나님께 "뜻이 하늘에서 이루어진 것같이 땅에서도 이루어지이다"라고 기도한다. 하나님의 뜻이 항상 이루어지고 있다면 왜 이런 기도를 하겠는가? 이 기도는 하나님의 뜻이 이 땅에서 이루어지지 않고 있음을 고하는 기도이다. 하나님의 명령이 지켜지고 있지 않으니 하나님이 우리 삶을 보살펴 주시기를 그리스도께서 간청하신 기도이다. 참으로, 하나님의 뜻이 아닌 것 말고 오직 하나님의 뜻만 이 땅에 펼쳐지게 해 달라는 이 기도가 내겐 영혼에 짙게 드리운 갈망으로 들린다. 천국에서는 하나님의 뜻이 모든 것을 다스리겠으나 땅에서는 그렇지 않기 때문에.

하나님은 태양광으로 탄소를 최대한 많이 축적해서 최대한 비옥한 토양을 조성하고 싶어 하신다. 하나님은 농부가 씨를 뿌릴 만한 좋은 땅을 원하시며, 좋은 땅은 열매 맺는 식물을 자라게 한다. 척박한 땅에서는 풍성한 열매를 맺을 수 없다. 우리의 마음, 우리의 내면도 하나님의 풍요, 하나님의 지식, 하나님을 향한 열망, 즉 영적 탄소로 가득 채워야 한다. 육체적 힘은 태양sun에서 얻고, 영적인 힘은 하나님의 아들Son에게서 얻는다. 부식토를 파내고 고갈시키며, 탄소를 감소시키고 오용하는 영농체계는 하나님의 가슴을 아프게 한다.

차를 몰고 시골 지역을 지나다 보면 들판마다 토양에 해로운 화학비료를 뿌리고, 지나치게 많은 가축을 방목하며, 쉴 틈 없이 마구 파헤치고 약탈하는 모습에 가슴이 쓰리다. 하나님의 창조물이 학대받고 버림받고 능욕당하는 모습은 사람들이 학대받고 능욕당하고 약탈당하는 모습 못지 않게 비극적이다. 그럼에도 창조물을 돌보는 청지기 자세를 이야기하면 이교도나 망상에 빠진 괴짜로 낙인찍어 버리다니! 교회는 온라인 성범죄로부터 자녀들을 보호하는 법, 올바른 돈 관리법, 행복한 결혼생활을 유지하는 법에 관한 세미나를 연다. 그런데 여러분, 내가 교회 건물 밖 땅을 걱정하는 말을 하면 왜 기독교인 태반이 아연실색하는가? 왜 이 주제를 금기시하는가?

일전에 캔자스 주의 한 대형교회 부목사님으로부터 전화가 걸려왔다. 이런 원리 몇 가지를 설교 시간에 다뤘더니 교회 내 농부들의 반발이 어찌나 거세던지 당장 피신해야 하는 게 아닌가 싶을 정도였다고 한다. 화학비료를 무기처럼 휘두르며 멕시코 만의 데드존 확산에 기여하는 저 농부들은 그토록 아름다운 하나님의 작품을, 그리고 그곳에 있어야 할 어장을 훼손한 죄를 두고 베옷을 입고 재를 덮어쓰며 회개해야 한다. 그런 식으로 자연을 혹사하는 일에 반대하여 울부짖고 눈물 흘리는 일을 왜 금기시하는가?

만일 누군가가 저 농부들의 딸을, 아니 딸은 좀 그렇고…… 그래, 소를 멕시코 만과 미국 전역 하천 주변에 형성된 약 700개의 데드존을 다루듯 취급했다면? 그랬다면 농부들은 가해자를 법정에 세우기 위해 보안관에게 전화하고 치안대를 결성하리라. 특별기도모임을 만들고 금식까지 하면서 그 쓰레기 같은 인간을 찾을 방법을 알려 달라고 간구할지도 모른다.

기도 내용은 뻔하다. "오, 하나님, 정의가 이루어지게 하소서. 주님의 백성들이 이런 학대에 시달리지 않게 하소서." 그리고 모두가 "아멘!"으로 응답하리라. 그러고선 다들 집으로 돌아가 냉장고 문을 열고 간식을 꺼내 먹는다. 땅을 능욕하고 생명을 경시하며 몸을 해치는, 산업형 가짜 식품을 말이다. 부끄럽지 않은가! 양심도 없나? 여러분, 이제는 상황을 제대로 파악할 때다.

창조물이 계속해서 파괴되고 있지만 그저 사업비용, 혹은 세계를 먹여 살리려다 부수적으로 발생하는 피해 정도라 부르며 다들 그냥 넘어간다. 문제를 제기했다가는 지구를 숭배하는 범신론적 이교도라는 딱지가 붙을 테니까. 하지만 어떤 딱지가 붙든 간에 하나님의 패턴은 화학물질을 먼 곳에서 캐내고 제조하여 널리 퍼뜨리는 일과는 무관하다. 태양 에너지를 이용하여 근처에 바이오매스를 축적하고 양질의 토양을 만드는 일, 이런 방식이 바로 하나님의 패턴이다. 그렇다면 여러분의 냉장고 속 음식은 부식토를 조성하고 토양의 탄소 함유량을 늘리는가, 아니면 고갈시키는가? 그래, 맞다. 이 질문에 대한 답은 결국 여러분이 하나님의 것을 어떻게 돌보는지 규정해 주는 노력적 실문이기도 하다. 잊지 말라. 여러분이 하나님께 속한 물질적인 것을 돌보는 방식은 곧 여러분이 하나님께 속한 영적인 것을 돌보는 방식을 반영한다.

다리가 넷 달린 발효탱크

자연에서 발견되는 또 다른 패턴은 어디에 있을까? 바로 소에 있다. 초등학생 정도만 돼도 초식동물과 육식동물, 잡식동물을 구분할 줄 안다. 학교에서 우리 농장으로 단체로 견학을 오면 나는 아이들에게 이 용어들의 뜻을 설명해 보라고 한다. 그런 후에 소를 가리키며 묻는다. "저건 어떤 동물이죠?" 흐뭇하게도 아이들은 한 목소리로 "초식동물이요!"라고 합창을 한다. 아이들도 소가 육식이나 잡식동물이 아니라는 사실을 안다. 초등학생도 알 만한 지식이니까.

나는 이어서 이렇게 물어본다. "여러분도 이렇게 다 잘 아는데 왜 우리나라에서 가장 많이 배웠다는 농무부 학술 전문가들은 소한테 죽은 소를 먹이려고 지난 30년간 애쓴 걸까요? 그리고 왜 아직도 죽은 닭과 배설물을 이 초식동물에게 먹이려는 걸까요?" 내 과장된 말투에 처음엔 키득대던 아이들도 이내 잘 모르겠다는 표정으로 고개를 젓는다. 열두 살짜리 애들도 소에게 썩은 고기를 먹여서는 안 된다는 것 정도는 안다. 그런데 서양 세계는, 동양과 달리, 공식 정책을 통해 지난 수십 년간 이를 장려했다.

농무부의 계획을 따르지 않는, 한마디로 나와 같은 농부들은 신기술 반대론자, 반反과학주의자, 선사시대로 돌아가려는 야만적 네안데르탈인 취급을 받기 일쑤였다. 대체로 기독교 과학자들은 내가 농무부의 계획을 혐오하는 이유가 땅을 정복하고 모든 창조물을 다스리라는 '지배' 명령에 대한 영적 인식이 부족하기 때문이라고 생각했다. 내가 진보주의, 환경주의, 사회주의, 채식주의, 종국에는 범신론으로 흘러가고 있다고 보다니! 절대 좋은 그림은 아니다.

'아니, 기독교인이면서 어떻게 소에게 죽은 소를 먹이는 과학적 발견에 기뻐하지 않을 수 있지? 세상에, 이거야말로 시대를 통틀어 가장 위대한 발견이 아닌가!' 물론, 결국 어떤 일이 벌어졌는지 이제 우리 모두는 잘 알고 있다. 소해면상뇌증. 바로 광우병으로 잘 알려진 병이 생기고 말았다.

아예 처음부터 우리 농장이 이런 과학적 캠페인에 동참하지 않은 이유는 농무부나 과학이 싫어서가 아니었다. 초식동물이 썩은 고기를 먹는 사례가 있는지 찾아봤지만 전 세계 어디에서도 그런 '패턴'을 찾지 못했기 때문이었다. 이것이 바로 과학이 도덕관념이 없을 때 생기는 문제이다.

오늘날 탁월한 기술력을 자랑하는 우리 문화 속에서는 하나님이 자연을 통해서 지시하실 일이 전혀 없다고 생각한다. 조작할 수 있는 건 뭐든 맘대로 조작해도 되는 게임이라고 생각하니까.

이런 발상을 지지하는 연구와 세미나에 참여한 농무부 소속 기독교인이 얼마나 있을지! 아니, 그중 단 한 명이라도 이 행위가 적절한지, 하나님의 패턴에 부합한지 질문해 봤을까? 아니다. 그들의 유일한 질문은 "우리가 할 수 있는가?"였다. 만일 그렇다는 답만 나오면 실제 실행여부는 지배권을 부여받은 인간, 뇌가 큰 고등생물인 우리 인간들에게 달려 있을 뿐이다. 하나님이 지시하신 패턴을 전부 무너뜨린들 누구도 전혀 상관하지 않는다.

초식동물은 원래 다리가 넷 달린 이동식 발효탱크다. 여러분과 나는 초식동물이 먹는 것을 먹을 수 없다. 우리는 그루터기와 풀, 건초를 먹으며 버틸 수 없으니까. 소의 영광은 섬유소를 사람이 먹을 수 있는 영양가 풍부한 생산물로 바꾸는 능력에 있다. 하지만 그런 능력 외에도, 지구상에 이렇게 다양한 초식동물이 이토록 많이 존재하는 이유는 바이오매스를 다듬어 태양광을 더욱 효과적으로 전환하게 하기 위함이다.

나는 초식동물을 하나님의 바이오매스 축적 재시작 버튼이라 부른다.

또 다른 멋진 존재가 있다. 태양광이 바이오매스로 전환되는 연속 과정에서 가장 효율적으로 작용하는 일등공신, 풀! 그 다음으로는 관목, 마지막으로는 나무가 있다. 숲에 서 있는 그 모든 탄소, 즉 나무를 바라보면 언뜻 납득이 잘 안 가겠지만, 사실 여러분은 수년간에 걸친 축적물을 한꺼번에 눈으로 단번에 보고 있는 셈이다. 풀의 경우는 1년의 어느 한 시기까지 쌓인 분량만 보는 것이라 하겠으나, 만일 40년간 풀이 축적한 바이오매스의 총량을 한눈에 볼 수만 있다면 분명 숲보다 훨씬 더 많은 양을 보

초식동물과 룡은 지구상의 바이오매스를 축적하는 역할을 맡고 있다

는 셈이라 할 수 있다.

가장 흥미로운 사실은, 풀의 성장이 둔화되기 시작하는 시기야말로 초식동물이 먹기에 제일 맛있고 가장 영양이 풍부한 시기라는 점이다. 다시 말해서 초식동물과 풀은 저마다의 영광, 바로 그 고유한 특성이 가장 빛나는 시점에 서로를 원한다. 양치기, 유목민, 농부, 목장주의 역할은 풀이 가장 많이 자라는 시기와 동물이 가장 왕성하게 활동하는 시기를 서로 맞추는 데 있다.

이스라엘 백성에게 목축업이 잘 어울렸다고 생각하는 이유는, 풀의 성장속도와 계절에 온전히 맞추어 살다 보면 자신보다 더 큰 세계와 신비로운 유대감이 형성되고 감사하는 마음이 저절로 생기기 때문이다.

여러분, 인생이라는 경기는 공원에서 즐겁게 뛰놀기만 하는 놀이가 아니다. 모든 것을 다 얻기 위한 시합이다. 단 한번 뿐인 실전이다. 기회는 한 번뿐이며, 그 이후에는 영원한 기쁨 또는 슬픔이 기다린다. 우리들 중에서 땅을 훼손하고 값싼 산업형 식품으로 몸을 해치면서도, 분명 여전히 은혜로 구원받는 이들이 많으리라. 은혜는 이런 죄까지 덮을 만큼 충분히 크니까. 하지만 믿음이 깊어질수록 진리를 실천하는 모습으로 우리의 영적 성장을 드러내 보여야 한다. 동물을 푸른 풀밭으로 인도하는 단순한 일도 진리를 행하는 길이며, 예배하는 영을 불어넣는 일이다.

어떤 사람들은 농업이 다른 일, 예를 들면 전동기를 수리하는 일보다 더 거룩하냐고 묻기도 한다. 내 대답은 '아니다'이다. 전혀 그렇지 않다. 그러나 정원이나 땅과 연관된 일이, 아마 다른 어떤 일보다 좀 더 수월하게, 우리를 하나님께로 더 가까이 이끈다는 생각은 한다. 다른 직업에 종사하는 경우에는 합당한 경외심을 기르기 위해 조금 더 많은 노력을 해야 한다. 이해가 되는가? 하나님은 인류의 첫 출발을 위해 (에덴)동산을 지으시고, (블레셋처럼) 금속기술이 발달한 족속 대신 유목농업에 종사하는 족속을 택하셨으며, 이 땅에서의 마지막 시간을 보내기 위해 (겟세마네) 동산으로 가셨고, 이제는 담으로 둘러싸여 격리된 그분의 천국 동산으로 우리를 초대하신다. 페르시아 왕들은 특별한 손님을 왕의 개인 정원으로 초대한다. 하나님께서는 바로 그곳으로 우리를 초대하신다.

소돔을 선택한 롯이 존경심과 가족을 모두 잃은 건 결코 우연이 아니다. 후에 '아브라함'으로 이름이 바뀐 아브람과 롯은 둘 다 유랑하는 목자였다. 두 사람이 서로 갈라서며 롯이 어떻게 "소돔 가까이에 이르러서 자리를 잡았는지" 잊지 말라. 롯과 달리, 아브람은 장막을 옮겨 마므레의 상수리 수풀에 이르렀다. 롯과 롯의 가정은 완전히 타락했지만 아브람은 믿음을 지켰다. 롯은 도시에서 살면서 무슨 일을 하고 있었는가? 롯의 가축은? 누가 그의 가축을 돌보고 있었을까? 롯은 해야 할 일을 하지 않았다. 하지만 아브람은 달랐다. 아브람은 가축과 함께 밖에 머무르면서, 마치 정교하게 짜인 안무를 따르듯, 때를 따라 늘 가축의 필요를 채워 주시는 하나님께 집중하였다.

다년생식물은 토양을 조성하고, 일년생식물은 땅에 축적돼 있는 양분을 열매나 씨를 맺는 시절에 다 흡수해 버리는 패턴은 창조세계의 아주 기본적인 패턴이다. 이 패턴에서 벗어나 초식동물을 땅으로부터 치워 버리고 다년생식물을 한없이 갈아엎으면서 화학비료로 대체할 수 있다고 믿는 현대사회의 발상은 하나님이 정하신 패턴에 대한 모욕이다.

내가 사는 이곳 셰넌도어 밸리에서, 과거 유럽 정착민들은 아메리카 원주민을 몰아내고, 키 큰 풀로 가득했던 초원들을 모조리 갈아엎어 곡물 생산지로 개조했다. 역사책에서 본 기억을 떠올려 보자면, 정착민들은 2.5미터에 달하는 풀과 나무가 한데 어우러진 산림목초지이던 곳을 경작하여 이른바 '남부 연방의 곡창지대'로 만들었다. 그 150년 동안, 약 1미터에서 2.5미터에 달하는 표토가 씻겨 내려가 밭에는 이판암과 석회암이 드러나고 곡창지대가 서쪽으로 이동한 지 100년이 지난 지금도 여전히 목초지 대부분이 이 암석으로 뒤덮여 있다.

그 시절에 왜 루터교, 감리교, 장로교, 침례교, 성공회 교회들은 토지의 황폐화를 비난하는 설교를 하지 않았는가? 농부들은 기쁜 마음으로 창조물의 부를 현금화하고, 의무감에서 선교헌금으로 내어 가며 밭과 뜰을 파괴했다. 환경주의자들이 기독교인들을 경멸의 눈빛으로 바라볼 만하지 않은가?

역대상 4장 40절에는 한 무리의 훌륭한 사람들, 즉 함의 자손에 대한 기록이 나온다. 함께 살펴보자. "거기에서 기름진 좋은 목장을 발견하였는데, 이 땅은 사방이 넓고 조용하고 평화스러우며, 전에 함 족이 살던 곳이었다." 얼마나 멋진 칭친인가. 처음 왔을 때보다 땅을 더 비옥하게 만든다! 그야말로 청지기 사명을 얼마나 잘 수행하는지 알려 주는 시금석이 아닌가? 그럼에도 각종 부흥회, 하물며 1800년대 대각성 운동[9] 기간에도 농부들의 밭이 강으로 씻겨 내려가고 있는 문제를 언급한 사람은 아무도 없었다.

1961년, 우리 가족이 처음 이사 왔을 때 우리 농장은 겨우 소 20마리도 버거워했다. 지금은 100마리도 끄떡없다. 자랑하려는 말이 아니라, 적절하게 관리했을 때 자연이 어떤 치유 능력을 발휘하는지를 보여 주는 산 증거라는 말을 하려는 거다. 나는 우리 가족이 기름진 좋은 목장을 남긴 함처럼 되게 해달라고 기도한다. 요한계시록 11장 18절에는 하나님이

9____ 대각성 운동the Great Awakening. 미국의 대규모 신앙부흥운동.

"땅을 망하게 하는 자들을 멸망시킬" 것이라는 강한 어조의 말씀이 나온다. 도대체 왜 이 죄악을 7대 죄악과 마찬가지로 취급하지 않는가? 왜 도박과 포르노에 대해서는 설교하면서 이 "땅을 망하게 하는" 죄에 대해서는 입을 다무는가?

우리 기독교인들이 신나게 비난하는 여타 죄악과 이 죄악을 동일하게 취급하지 못하는 이유는, 지구를 돌보는 청지기 사명에 대해 입을 떼자마자 민주당원, 진보주의자, 공산주의 빨갱이, 환경주의 괴짜로 낙인찍히기 때문이다. 나도 안다. 늘 그런 식으로 농담하니까. 게다가 안타깝게도, 비주류 극단적 환경주의자들이 지구 보호라는 이 고귀한 사명을 채 가서, 늪지에 연못 하나 만드는 일조차 불법화하는 멍청한 개념으로 변질시켰으니까. 하지만 그러면 그럴수록, 우리 개개인이 감당해야 할 책임을 통감한다. 반복되는 성경 패턴을 인식하고, 게임의 전체 규칙을 아는 우리에게는 성경적 관점에서 이 사명을 표현해야 할 이유가 한층 더 많아진다. 이 문제를 창조물 숭배자들에게 탈취당하기보다는 우리가 적극 나서서 논의하고 지구를 돌보는 청지기로서 책임을 제대로 인식하는 편이 훨씬 더 값지지 않을까!

흥미롭게도, 초식동물과 풀이 세계 생태계에서 담당하는 역할을 인정하려는 중요한 변화가 환경운동계에서도 일어나고 있다. 나는 지구온난화나 기후변화에 관한 토론에 끼어들고 싶진 않다. 솔직히 요즘엔 다들 너무 많이 아는 듯하다. 지구가 더워지든 추워지든 변하지 않는 진리는, 지구의 현 상황과 관계없이 '초식동물 – 풀 – 다년생식물 – 토양 조성'이라는 패턴, 이 근본적인 탄소중심 체계는 항상 옳다는 사실이다. 기독교인인 우리는 기후변화와 지구온난화, 앨 고어와 교토의정서 등에 지나치게 열을 올리기보다는 묵묵히 그리고 평화롭게, 양질의 토양을 만들며 하나님의 패턴을 전파하는 일에 헌신해야 한다. 그게 바로 우리가 나아가야 할 방향이다.

불임유전자 GMO

자, 패턴 하나만 더 살펴보고 이 주제를 떠나자. 창세기는 천지창조에 대해 하나님의 명령대로 "땅은 푸른 움을 돋아나게 하고, 씨를 맺는 식물을 그 종류대로 나게 하고, 씨 있는 열매를 맺는 나무를 그 종류대로 돋아나게 하였다. 하나님 보시기에 좋았다."(창 1:12)라고 기록한다. 여기에서 우리는 하나님이 창조물에 새기신 두 가지 패턴을 확인할 수 있다.

첫째, 식물은 씨앗을 맺도록, 그리고 씨앗은 식물 속에 들어 있도록 지어졌다. 다시 말해 식물은 번식을 위한 모든 것을 갖췄다. 외부의 어떤 조작도 필요 없었다. 번식에 필요한 유전 물질과 생명력이 모두 씨 안에 담겨 있으니까 열매 맺지 못하거나 씨 없는 식물은 하나님의 패턴을 위반한 것이다. 우리의 영리한 머리로 이런 식물을 만들어 낼 수 있다 하더라도, 이는 창조물 안에 새겨진 생명의 연속성이라는 기본 원리를 철저히 위반하는 행위이다.

둘째, 식물은 각기 종류에 따라 번식하도록 만들어졌다. 사과에서 배가 나지 않고, 오리새 풀에서 붉은토끼풀이 나지 않았다. 각각의 씨는 그 부모 세대의 형질을 그대로 이어받았다. 이러한 종의 순수성은 중요한 요소이며, 많은 영적 결과로 이어진다. 열매로 그 사람을 안다고 하신 예수님의 말씀도 이와 관련된다. 식물이 유전 정보대로 씨나 열매를 내지 않는다면 세상이 얼마나 뒤죽박죽일지 상상해 보라. 우리가 그동안 생물을 속과 종으로 분류할 수 있었던 이유는 이 숭고한 질서의 패턴이 존재했기 때문이다.

에덴동산에서 인간이 타락하기 전에는 어떤 것도 죽지 않았다. 식물은 완벽하고 영원한 상태로 살았다. 사자는 어린 양과 함께 누웠다. 죽음 자체가 존재하지 않았다. 아직 '삶-죽음-분해-재생'의 순환구조 자체가 생기기 전이었다. 사실, 창세기 2장에 가서야 곡물과 여타 일년생식물이 어디서 왔는지 알게 된다. 하나님이 세상을 창조하실 때 씨앗을 땅속에 넣어 두셨으나 땅을 갈기 전까지는 싹 트지 않았다. "하늘과 땅을 창조하실 때의 일은 이러하였다. 주 하나님이 땅과 하늘을 만드실 때에, 주 하나님이 땅 위에 비를 내리지 않으셨고, 땅을 갈 사람도 아직 없었으므로, 땅에는 나무가 없고, 들에는 풀 한 포기도 아직 돋아나지 않았다."(창 2:4-5)

어떤 상황인지 이해했는가? 비가 내리고 땅을 갈기 전까지 이 식물들은 계속 땅 속에 머물러 있었다. 천지창조는 여섯째 날에 완성됐지만, 하나님은 훗날 비가 내리고 땅을 간 후에야 씨앗들이 싹틀 수 있도록 만드셨다. 비가 내리고 땅을 가는 이 두 가지 사건은 인간의 타락 이후에 벌어졌다. 위에서 인용한 창세기 2장 5절 말씀의 '식물herb'은 히브리어로 '에세브eseb'인데, 이는 일년생 식물을 가리키는 단어다. 이 단어가 다시 언급되는 구절은 창세기 3장 18절로, 당연히 타락 사건 이후에 등장하며 아담과 하와가 저지른 죄의 결과를 설명하고 있다. "땅은 너에게 가시덤불과 엉겅퀴를 낼 것이다. 너는 들에서 자라는 푸성귀를 먹을 것이다." 다시 말해서 인간의 타락 이전에는 밀, 보리, 엉겅퀴, 가시나무가 존재하지 않았다는 말이다. 기억하자. 아담과 하와는 동산에 있는 모든 나무의 열매를 먹을 수 있었다. 밀을 빻아 밀가루로 만들지 않았다.

이 점이 아주 중요한 이유는 창조물을 향한 하나님의 본래 계획이 오늘날 우리가 보는 모습과는 다르기 때문이다. 일년생식물과 죽음은 인간의 타락 이후에나 나타났고, 에덴동산 본래의 상태는 이와 달랐다. 에덴의 영구지속 상태에 대해 모르는 점들을 적다 보면 도서관 하나를 다 채우고도 남겠지만, 적어도 아담과 하와가 그 당시에 종족번식을 하지 않아도 됐다는 사실은 분명하다. 자녀 출산은 인간의 타락 이후에 생겼다. 식물도 타락 이전에는 번식할 필요가 없었다. 하나님의 주권으로, 죄가 들어온다 해도 세상이 돌아갈 수 있게끔 설계하셨기 때문이다. 죄와 죽음이 에덴을 훼손할 경우를 대비해 땅속에 씨를 두시고 번식체계를 마련해 두셨다.

자, 하나님이 어떻게 우리에게 자유의지를 주시는 동시에 창세전부터 우리를 택하시고 하나님의 아들이신 예수님을 메시아로 보낼 계획을 하셨는지, 도무지 상상조차 할 수 없다. 이럴 때 나는 신명기 29장 29절 말씀으로 돌아간다. "이 세상에는 주 우리의 하나님이 숨기시기 때문에 알 수 없는 일도 많습니다. 그것은 주님의 것입니다. 그러나 하나님은 그의 뜻이 담긴 율법을 밝히 나타내 주셨으니, 이것은 우리의 것입니다. 우리와 우리의 자손은 길이길이 이 율법의 모든 말씀에 순종해야 합니다." 미안하지만, 이 말은 해야겠다. 이 구절의 "순종해야 합니다."라는 표현에 주목하라. 단순히 분석하고 설교하고 문답식으로 가르치고 암송하는 데서 그치지 않는다. 친구들이여, 제일 중요한 것은 바로 "순종하는 것"이다.

하나님의 신성한 패턴은 인간이 타락하기 전이나 후에도 변함이 없다. 하긴 가장 먼저 달라진 것은, 꽤 큰 차이이긴 하다. 바로 죽음! 처음에 아담과 하와는 퇴비 더미를 만들 필요가 없었다. 빵도 굽지 않았다. 정원에 식물을 심지도 않았다. 고기를 먹지도 않았다. 고기를 먹게 된 일도 죄를 짓기 전과 180도 달라진 점이긴 하다. 이는 죄의 결과가 바로 '죽음'임을 떠올리게 한다.

씨앗을 품은 열매와 종류에 따라 번식하는 패턴이 인간의 타락 이후에 작동했고, 전에 보지 못한 식물들이 싹트면서 일어날 수 있는 혼란을 사실상 모두 막아 주었다. 이리하여 태곳적부터 하나의 패턴, 즉 질서가 자리 잡았다.

이제 GMO를 살펴보자. 이는 오늘날 믿을 수 없을 만큼 뜨거운 논쟁 거리다. 이 용어를 한 번도 들어 본 적 없다는 사람들, 특별히 기독교인들 이 얼마나 많은지 정말 놀랍다. 모르는 분들을 위해 설명하자면, GMO는 유전자를 개조한 생물을 의미한다. 영리한 머리로 DNA에 대해 배우고 유전 암호를 들여다볼 수 있게 된 인간은 이제 생물체에서 유전 물질을 절단 하여 다른 종으로 옮길 수 있는 수준에 이르렀다. 다시 말해서 돼지의 형질을 추출하여 토마토 안에 넣을 수 있게 되었다는 말이다.

몬산토사社가 개발한 라운드업Roundup같은 글리포세이트 계열 제초 제에 내성이 있는 식물의 형질을 추출하여 주입하면, 제초제에 취약하던 식물도 전과 달리 내성이 생길 수 있다. 가령 내성을 갖추도록 유전자를 변형한 옥수수 밭에 제초제를 살포하면 옥수수는 멀쩡하게 둔 채 잡초만 죽일 수 있다. 정말 우리 인간은 영리하지 않은가! 혹시 미국의 명문 퍼듀 대학교의 돈 후버Don Huber 명예교수에 대해 들어 본 적이 없다면 유튜브 에서 그분 강의를 적어도 하나쯤은 봐 두는 게 좋겠다.

만일 봤는데도 별 감흥이 없다면 제프리 스미스Jeffrey Smith의 저서《기만의 씨앗Seeds of Deception》을 읽어 보라. 우리 몸이 하나님의 전殿일진대, 마땅히 불순물을 멀리해야 하지 않나? 여러모로 GMO가 술이나 담배보다 훨씬 더 서서히, 그러나 훨씬 더 강력하게 우리 몸을 파괴한다. 그럼에도 환경이나 음식에 관한 주제라는 이유로 기독교인들은 아예 입도 벙긋할 수가 없다. 여러분, GMO는 인간의 유전자공급원gene pool과 건강에 엄청난 폐해를 끼치고 있다. 기존에 진행된 100여 건의 연구와 매년 증가 추세인 여러 연구에 따르면 GMO는 불임부터 자폐증, 암에 이르기까지 모든 질병과 관련된다.

하지만 지난한 GMO 논쟁은 놔두고, 대신 하나님의 패턴으로 관심을 돌려 '그 종류대로' '씨를 맺는'이라는 두 가지에만 집중해 보자. 잠시 과학은 제쳐 두자는 말이다. GMO를 개발, 판매하는 기업은 종자특허권을 얻고 지적재산권을 보호하기 위해 대체로 혹은 자주 불임유전자를 주입한다는 사실을 깨달으라! 가장 대표적인 불임유전자는 '종결자Terminator'로 불리며, 곡물의 재생산을 막는다.

이는 하나님의 패턴을 정면으로 위반한 사례다. 다양한 콩을 교배시켜 잡종을 얻은 멘델의 완두콩 실험과는 다르다. 여기에서 경고 하나를 해야겠다. 나는 아직 맘이 오락가락하지만 일부 순수파는 멘델식의 교배와 잡종도 반反하나님적이라고 말한다. 나는 GMO에 대해서는 확고하지만 잡종에 대해서는 아직 확신이 서지 않는다. 어쩌면 언젠가는 잡종까지 반대하는 입장에 이를 수도 있다. '그 종류대로'라는 말씀에서 '종류'의 범주가 얼마나 좁은지는 확실히 모르겠다. 자연수분된 품종이라고 해서 항상 부모세대 품종과 똑같이 생긴 건 아니니 말이다. 따라서 나는 잡종을 배제할 준비는 안 됐다. 적어도 잡종은 동일종 내에서 생겨나는 변종이기 때문이다.

그러나 GMO는 서로 다른 종들을 결합시키거나 유전자 총으로 DNA를 쏘아 넣지 않는 이상 만들어질 수 없는 새로운 유전물질을 결합시킨다. 폭력과 오만함에서 빚어진 이 기술은 GMO를 먹는 동물과 사람한테서도 같은 종류의 반응, 아니 더 발칙하고 더 폭력적인 반응을 이끌어 낸다는 연구결과가 속속 발표되고 있다. 자신이 머무르던 땅의 풍경을 평안하게 만든 함의 자손들을 기억하는가? 어쨌든 10억 년이 지난다 해도 돼지의 DNA 조각이 토마토가 될 리는 없다. 생식방법이 다른 종들 간의 결합은 옳지 않다.

하나님은 이러한 교차교배를 막기 위해 많은 장벽을 쳐놓으셨다. 유일하게 허용하신 경우가 말과 당나귀의 교배인데, 그 사이에서 태어난 노새는 불임이다. 마치 하나님께서 이렇게 말씀하시는 듯하다. "여기까진 갈 수 있어. 하지만 더는 안 된다." 그런데 우리는 여러 종류를 마구 뒤섞어 놓았다. 음식 알레르기 환자가 급증한 시기가 바로 미국에 GMO식품이 증가한 시기와 완벽하게 일치한다.

〈스타 트렉Star Trek〉 등의 공상과학 영화를 아무리 많이 본다 해도, 우리는 여전히 본질적으로 아버지의 아버지의 아버지의 아버지의 아버지의 아버지의 아버지의 아버지와 동일하다. 우리의 소화기능과 장내세균은 〈스타 트렉〉 인기 캐릭터인 스팍Spock보다는 아브라함과 훨씬 더 비슷하다. GMO는 '씨앗의 발아'와 '종의 순수성 유지'라는 하나님의 패턴을 둘 다 철저히 위반하고 있다.

하나님이 이 두 가지 원칙에 이토록 관심을 쏟으시는 이유가 뭘까? 먼저 첫 번째 원칙, 즉 계승과 생식에 하나님이 큰 관심을 보이시는 이유는 바로 이것이 복음의 기쁜 소식을 전하는 전도 계획의 전부이기 때문이다. 신약성서는 모두 다 성공적인 '씨앗의 발아'에 관한 이야기이다. 제자 삼으시는 예수님의 모습이 바로 그 대표적인 예이다.

두 번째 원칙 '종'에 관심을 쏟으시는 이유는? 마지막 날에 하나님은 양과 염소를 구분하시고 밀과 잡초를 구분하신다. 종의 순수성 유지는 성경 전체를 관통하는 패턴이다. 하나님을 믿는다면 그 믿음대로 행동하라. 거듭나는 경험, 즉 그리스도가 죽으시고 장사 지낸 바 되었다가 부활하셨다는 사실을 믿음으로써 메시아와 함께 상속자로 다시 태어나는 과정 전체가 곧 싹을 틔우고 순수성을 유지하는 과정과 같다. 성경은 비유를 들어 "샘이 한 구멍에서 단 물과 쓴 물을 낼 수 있겠습니까?"(약 3:11) 묻고, "두 사람이 미리 약속하지 않았는데, 그들이 같이 갈 수 있겠느냐?"(암 3:3) 라고 말한다.

GMO는 창세기에 나타난 유지와 계승이라는 생명패턴에 어긋난다. 이것만으로도 내가 GMO에 반대할 이유는 충분하다. 미국 대법원이 생명에 대해, 마치 다른 여러 영리한 장치들에 대해서나 다름없이 특허권과 소유권을 행사할 수 있도록 허용한 그날은 분명 우리 문화 역사상 암흑의 날이다. 인간을 소유하는 데 그치지 않고 생명을 소유하는 데까지 이르다니, 정말 믿을 수 없다. 그런데도 슬피 울부짖는 설교가 이 나라 어디에서도 들리질 않으니, 부끄럽고 또 부끄럽다!

하나님은 변덕이 아니라 패턴에 따라 역사하신다. 그렇기에 우리가 하나님을 신뢰할 수 있다. 패턴은 날마다 작동한다. 어느 곳에서나, 어느 문화에서나, 어느 시대에나 변함없이 작동한다. 자연의 패턴을 연구할 때 우리는 전능하신 하나님의 일관성 있는 계획을 발견하며, 그분의 계획이 역사한다는 사실을 알고 밤에 편히 쉴 수 있다. 이 얼마나 달콤한 평화인가.

4 —
보이지 않는
기묘한 생물망 보이는 것 vs 보이지 않는 것

우리는 보이는 것을 바라보는 것이 아니라, 보이지 않는 것을 바라봅니다. 보이는 것은 잠깐이지만, 보이지 않는 것은 영원하기 때문입니다.

고린도후서 4장 18절

토양에 대해 생각해 보라. 두 손을 컵처럼 모아 한 움큼 뜨는 장면을 상상해 보라. 어떤 움직임도 보이지 않는다. 아, 혹시 지렁이가 있을 수도 있지만, 나머지 부분은 대개 힘없이 허물어져 손가락에 묻는다. 여러분은 알지 못하지만 우리가 '흙dirt'이라 부르는 것이 결코…… '흙'이 아니다.

우리는 어리석다는 말을 '흙처럼 멍청하다'며 흙에 비유한다. 혹은 '흙처럼 값싸다'고 말하며 '흙'을 낮고 천한 것으로 비하한다.

하지만 전자현미경으로 토양을 들여다보면, 다리가 넷이고 아래턱뼈가 늘어진 소 모양의 생물이 늪 같은 곳으로 힘겹게 걸어 들어가 기괴한 모양의 식물을 뜯어먹는 모습을 볼 수도 있다. 그러다 불쑥, 머리에 일각돌고래처럼 긴 뿔이 솟아 있고 다리가 여섯 달린 침입자가 나타나 소처럼 생긴 생물을 뿔로 푹 찌르고 이를 빨대 삼아 물기를 쭉쭉 빨아먹는 모습을 보게 될 수도 있다.

이 폭력적인 장면을 본 충격이 채 가시기도 전에, 이번에는 반대편에서 가위 형태의 거대한 앞니를 머리에 단, 다리가 열두 개나 되는 지네 모양의 공격자가 돌격한다. 그리고 소처럼 생긴 녀석의 머리를 싹둑 잘라 내 자신의 튜브 형태 몸속으로 꿀꺽 삼켜 버린다. 바짝 말라 버린 소 모양의 생물체는 또 다른 부패과정을 기다리며 늪 같은 토양 풍경 속으로 자취를 감춘다.

사실 토양은 생명체로 가득한 활기찬 사회이다. '흙'은 흔히 격하하는 의미를 담아 사용되고 있기 때문에 쓰지 않겠다. 토양 한 줌 안에는 지구 전체 인구보다도 더 많은 생명체가 살고 있으니까. 나는 농담 삼아 이 생명체들이 책도 읽고 학교에도 가고 연극도 올리고 심지어 초소형 미식축구 대회도 연다고 말한다. 당연히 과장 섞어 하는 말이지만, 분명 토양은 생명체들로 넘쳐 나는 사회이기 때문이다.

우주개발 경쟁이 한창이던 1960년대 초에 성장기를 보낸 나는 당시 우리 문화가 우주와 그 광대함에 얼마나 매료되었던지 기억이 생생하다. 우리는 태양의 크기, 가장 가까운 별까지의 거리, 은하수들의 크기를 계산했다. 인기 TV 시리즈물 〈스타 트렉〉도 온통 우주의 크기에 사로잡혔던 그 시절에 탄생했다. 당연히 창조론자들은 새로이 발견한 정보들을 활용하여 새로운 방식으로 하나님의 광대하심을 표현했고, "나의 주 크고 놀라우신 하나님Our God is an awesome God"을 후렴구로 넣은 찬양곡을 지었다.

몇 조 곱하기 몇 조

최근 수년간, 과학은 광대함보다 미세함에 더 매료되기 시작했다. 확대기술이 발달하면서, 이전에 가장 작다고 생각하던 입자들이 실은 더 작은 입자들로 구성되어 있음도 발견한 현실이다. 오리건 주립대의 일레인 잉햄Elaine Ingham 박사와 텍사스 A&M 대학의 리처드슨 부부Pat and Dick Richardson 덕분에 세계는 토양 사회를 슬쩍 들여다볼 기회를 얻었고, 이제 스탠퍼드 대학의 연구를 통해 이 미생물들이 서로 의사소통한다는 사실을 알게 되었다. 실제로 이들 간에 언어도 있고 서로 반응도 한다.

이들은 공생하는 동맹관계를 형성하기도 하고 공격하는 포식자와 먹이의 관계를 형성하기도 한다. 선충, 균근, 지버렐린은 토양 공동체에서 가장 잘 알려진 미생물 중 일부에 불과하다. 보통 사람들이 이 보이지 않는 공동체를 생각조차 않고 하루하루 지낸다는 사실은 우리가 우리의 생태학적 보금자리와 그만큼 단절되어 있다는 증거이다.

골로새서 1장은 예수님이 만물을, 즉 보이는 것과 보이지 않는 것 모두를 만드셨다며(16절), "그분은 만물보다 먼저 계시고, 만물은 그분 안에서 존속"한다고 말한다(17절). 이 모든 생물체들은 무엇을 해야 할지, 어디로 가야 할지 어떻게 아는 걸까? 이들에게 할 일을 맡겨 주시는 분은 누구일까? 토양 사회의 규모가 얼마나 큰지 이에 비하면 곤충세계는 아무것도 아닐 정도이다. 알다시피 세상에는 정말 많고 많은 곤충이 있다.

우리 인체 내에는 3조 개의 세균이 산다. 수많은 생명체가 모여 거대한 하나의 사회를 이루고 있다. 나는 몸속 사회와 토양 사회를 가까운 친족관계로 생각하길 좋아한다. 정원에서 당근 하나를 뽑아 반바지에 쓱쓱 문질러 닦은 후 우적우적 씹어 먹으면, 미처 덜 닦아 낸 흙 속 미생물 수백만 마리, 아니 아마 수십억 마리가 몸속으로 들어온다. 독이나 병균 걱정은 필요 없다. 건강한 흙, 토양은 먹어도 되기 때문이다. 당근에 묻어 있는 세균이 식도를 미끄러져 내려가면 위속 세균들이 새 친구들을 반갑게 맞이하리라. "어이, 사촌들, 반갑구먼. 바깥세상은 좀 어떤가? 이제 나는 장腸 속으로 들어가려고 준비 중이라네. 곧 다시 밖으로 나가게 될 거야."

내 몸속으로 미생물들이 방문객들처럼 들어오고 나가며 순환하는 모습이 실로 극적이고 장대하다! 하나님은 이들을 설계하고 지휘하며 할 일을 새겨 넣고, 어떤 미생물은 질소를 좋아하도록, 또 어떤 미생물은 탄수화물을 좋아하도록 지으셨다. 그 규모를 헤아리다 보면 머리가 터질 정도이다. 신체 각 세포마다 수호자 역할을 하는 세균을 셋씩 거느린다. 이 놀라운 상호작용이 전 세계에서 동시에 매일같이 일어나며 태초부터 지금까지 계속됐다. 이 미생물들은 도대체 어떻게 길을 잃지도, 그날의 할 일을 잊지도 않는 걸까? 대부분의 미생물은 꽤 단순하다. 내 말은, 그다지 똑똑하지 않다는 말이다. 그러나 먹고 죽이고 낳고 분해하고 전달하며 함께 일하는 법은 잘 알기에 우리가 이렇게 살 수 있다. 이 모든 일들이 보이지 않는 곳에서 일어난다.

여러분과 나는 동작을 통제하고 무대 중심에서 주목을 한 몸에 받는 대상이 바로 우리라고 생각한다. 그러나 이 드라마를 연출하는 무대 감독들은, 우리 모두가 전적으로 의존하는 몇 조 곱하기 몇 조의 미생물이라는 사실! 그리고 총감독이신 하나님께서 모든 안무를 짜고 계신다. 정말 굉장한 일 아닌가.

매사추세츠공과대학교MIT의 연구 결과에 따르면 우리 몸은 인간이라고 부를 수 있는 부분이 15퍼센트에 불과하다고 한다. 우리 몸을 전자

현미경으로 찍어 보면 만화《피너츠*Peanuts*》에 등장하는 먼지 폴폴 소년 피그펜Pigpen처럼 바이러스와 세균이 가득한 먼지구름을 몰고 다니는 모습일 것이다. 나의 먼지구름이 여러분의 먼지구름과 겹치고 여러분의 먼지구름이 나의 먼지구름과 겹친다. 나는 여러분의 미생물을 들이마시고 여러분은 나의 미생물을 들이마신다.

우리의 호흡이 사과나무 잎을 통해 재생되고 다시 지렁이에게로, 다시 붉은토끼풀 잎으로, 다시 우리의 십 대 자녀 몸속으로 들어간다. 우와! 우리 눈에 보이는 모든 것이 보이지 않는 세계, 적어도 맨눈으로는 보이지 않는 세계에 전적으로 온전히 의존하고 있다. 그런데도 이 보이지 않는 세계에 대한 생각은 어쩌다 한번 머리를 스쳐 지나갈 뿐이다.

"와, 멋진 계획입니다. 덕분에 우리 모두 백만장자가 될지도 모르겠군요. 하지만 진행하기 전에 꼭 물어볼 말이 있습니다. 이 계획대로 하면 우리 마을의 균사체에 어떤 영향을 미칩니까?" 비즈니스 미팅에서 기획안을 발표한 후 사업 투자자들로부터 이런 질문을 들어 봤나? 상상할 수나 있나? 이 책을 읽는 여러분 중 얼마나 많은 분들이 오늘 아침에 샤워하면서 지렁이에 대한 생각을 했을까?

오늘 하는 행동이 지렁이에게 어떤 영향을 미칠지 생각해 본 적은 있나? 지렁이에게 도움이 되는 행동이라고 확신하기 전에는 업무든 일상생활이든 아무것도 하지 않는다면 어떻게 될까? 지렁이조차 배려하지 못하면서 어떻게 눈에 보이지도 않는, 그보다 작은 수많은 생물들을 배려할 수 있겠는가? 하지만 이 작은 생물들이 제 기능을 하지 않으면 우리 중 어느 누구도 숨도 못 쉬고, 활동도 못하고, 살아남지도 못한다. 그러니 마땅히 이들의 세계에 대해 생각해 봐야 하지 않을까?

영과 육은 연결되어 있다

최근 연구 결과, 아프리카의 어떤 나무는 초식동물이 잎사귀를 뜯어 먹으면 즉각 페놀 함량을 늘려, 잎의 화학적 구성을 바꿔 쓴 맛이 강해지도록 신호를 보낸다. 뜯어먹히지 않으려는 방어수단인 것이다. 그렇다면 나무가 지각 있는 생명체인가? 물론이다! 이렇게 신속히 신호를 보내고 생리기능에 변화를 일으키다니, 나무는 생각할 수 있는 생명체임이 명백하다. 시편 139장 14절은 생명이 "오묘"하다고 말한다. 정말 그렇다.

시편 139장은 모든 일이 얼마나 놀라운지 감탄하다가 종국에는 영적 세계와 연결된다. "내가 이렇게 빚어진 것이 오묘하고 주님께서 하신 일이 놀라워, 이 모든 일로 내가 주님께 감사를 드립니다. 내 영혼은 이 사실을 너무도 잘 압니다. 은밀한 곳에서 나를 지으셨고, 땅 속 깊은 곳 같은 저 모태에서 나를 조립하셨으니 내 뼈 하나하나도, 주님 앞에서는 숨길 수 없습니다. 나의 형질이 갖추이지기도 전부터, 주님께서는 나를 보고 계셨으며, 나에게 정하여진 날들이 아직 시작되기도 전에 이미 주님의 책에 다 기록되었습니다. 하나님, 주님의 생각이 어찌 그리도 심오한지요? 그 수가 어찌 그렇게도 많은지요?"(14-17절) 시편기자의 생각이 처음에는 육체의 발달에서 시작했다가 자연스럽게 자신의 삶에 대한 하나님의 계획으로 발전해 가는 점을 눈여겨보라. 이처럼 영과 육은 연결되어 있다는 주장이 바로 내가 이 책 전체를 통해 증거하고자 하는 핵심이다.

최근에 버지니아 주 하이랜드 단풍축제에 다녀온 형이 놀라운 이야기를 했다. 메이플 시럽 전문가 노부부와 나눈 수액 흐름에 관한 이야기다. 혹시 모르는 분들을 위해 설명하자면, 메이플 시럽은 사탕단풍나무의 수액을 끓여서 만든다. 이른 봄, 가급적이면 추운 밤과 따뜻한 낮이 이어지는 시기에, 사탕단풍나무 줄기에 굵은 잉크 펜 크기의 구멍을 뚫고 수액

채취용 꼭지를 끼워 넣은 다음, 양동이를 아래에 받쳐 수액을 받는다. 양동이가 차면 수액을 증발기에 붓고 펄펄 끓인다. 150여 리터의 수액이 약 3리터가 될 때까지 졸이면 시럽이 된다.

전문가 노부부 말이, 일단 줄기에 채취용 꼭지만 끼워 넣고 나서 날씨에 큰 변화가 없으면, 바람이 불지 않는 한 수액은 꾸준히 흘러나온다고 했다. 그런데 바람이 불면 수액은 바로 멈춰 버린다. 이유가 뭘까? 우리 농장에서도 수년간 수액을 받고 있는데, 동일한 현상을 목격한다. 왜 나무는 바람만 불면 수액 공급을 중단해 버리는 걸까?

밝혀진 사실에 따르면, 수액은 나무의 세정제 역할을 한다. 손가락을 베이면 피가 잘 흐르게 해야 한다는 사실을 아는가? 피가 안 나면 오히려 감염될 확률이 훨씬 높아진다. 흐르는 피가 상처 난 부위의 불순물을 씻어 내는 데 도움이 되기 때문이다. 단풍나무도 마찬가지다. 피 대신 수액이 흐를 뿐이다.

농부가 나무줄기에 구멍을 뚫으면 나무는 상처를 치료하기 위해 수액을 내보낸다. 덕분에 다음해 봄 무렵에는 눈썰미가 아주 뛰어나고 잘 아는 사람이나 흔적을 찾아낼 수 있을 정도로 깨끗이 회복된다. 그런데 바람이 불면 나무는 가지가 부러질지도 모를 위험을 감지한다. 부러진 가지는 줄기에 난 작은 구멍보다 훨씬 더 심각한 상처다.

따라서 나무는 가지가 부러져 수액을 한꺼번에 대량으로 보내야 할 상황에 대비해 채취용 구멍으로 흘러가던 수액을 중단시킨다. 일단 바람이 잦아들면, 작은 채취용 구멍으로 다시 수액이 흘러나오기 시작한다. 이 정도면 지각 있는 생물체 아닌가? 맞다! 심히 기묘하게 창조된 생물체이다.

여기에서 핵심은, 우리 주변의 눈에 보이는 것들은 실제 일어나고 있는 일들의 극히 일부에 불과하다는 점이다. 큰 화제를 불러일으킨 '인간 게놈 프로젝트'를 기억하는가? 이 프로젝트를 시작할 당시 과학자들이 우리 무지렁이들에게 큰소리치기를 기존에 알려진 유전자조합 정보를 바탕으로 프로젝트 종료 전까지 10만 쌍의 조합을 찾아내겠노라고 했었다.

당연히 사기업들은 인류 모두의 문젯거리인 이 까다로운 유전자들을 분리해 내서 마음껏 주무르면 막대한 이윤을 낼 것으로 예상했다. 예산, 일정, 계획은 모두 '10만'이라는 마법의 황금 숫자에 맞춰 짜였다. 1퍼센트 정도야 오차가 있을지 모르지만, 이것이 공식적으로 알려진 양이었다. 이 프로젝트는 훗날 예정보다 훨씬 이전에, 훨씬 적은 비용만 쓰고 종료했다. 정부 주도 프로젝트 중 틀림없이 예산보다 비용이 적게 든 최초의 사례다. 결국 찾아낸 유전자 쌍은 겨우 2만 3,000개.

이 프로젝트의 주요 성과는 무엇이었을까? DNA 가닥가닥마다 여기저기에서 수상한 일들이 수없이 벌어지는데 어떻게 세어해야 할지 실마리조차 없다는 현실. 결국 이를 계기로 '후성유전학epigenetics'이라는 전혀 새로운 과학 연구의 장이 펼쳐졌다. 덕분에 지금은 유전자 쌍이 특정 분자 스위치에 반응하며 상상 이상으로 훨씬 복잡하고 정교한 방식으로 연결된다는 사실을 알게 되었다. 그래서 이제는 DNA보다 한층 더 신비스러운 이 분자 스위치를 연구하는 중이란다.

신생분야인 후성유전학은 음식과 분자 스위치 간의 흥미로운 관계를 밝혀 가고 있다. 실제로 음식은 여러 세대에 걸쳐 영향을 미치기 때문이다. 당신이 이번 달에 먹는 불량식품이 훗날 증손녀의 지능지수IQ나 알레르기 또는 유방암 발생 확률에 영향을 미칠 수 있다는 말이다. 난해한 말이다! 인간이 감당할 수준을 훨씬 뛰어넘는다.

인간게놈 프로젝트는 오히려 의문만 더 많이 남겼다. 물론 이제는 나

흙 속에는 눈에 보이지 않는 무수한 미생물이 살고 있다

노기술이라는 새로운 세상이 과학자들의 총애를 받고 있다. 나는 현대 과학자들을 중남미대륙에 침입한 옛 에스파냐 정복자에 비유하고 싶다. 자신이 지금 다루는 상대의 정체에 대해 전혀 모르면서, 그게 누구든 무엇이든 무조건 정복하려 덤벼든 그들은 모두 하나님의 이름으로 덤벼들었다! 잠깐, 오해는 금물. 내가 과학적 발견과 탐구에 반대한다는 뜻이 아니다. 오히려 나는 이런 것을 아주 좋아한다.

하지만 내가 경멸하는 부분은 거의 알지도 못하면서 무모하게 덤벼드는 자세이다. 몸에 좋을지 아닐지 묻지도 않고 트랜스지방을 만든다. 식품 피라미드를 개발하여 하단에 탄수화물을 배치해 놓고서, 30년이 지나자 과도한 탄수화물 섭취 때문에 비만과 제2형 당뇨병이 유행하게 된 현실을 깨닫다니! 그러니 정부가 우리에게 어떻게 먹어야 한다고 말하지만 않았어도 훨씬 더 건강한 우리가 되었으리라고 잠시 멈춰 생각해 보게 된다.

실제로 우리가 그냥 우리 조상들처럼 믹되 조금만 더 자주 목욕을 하기만 했어도 서구 유행병에 시달리지 않으면서 위생 생활이 주는 혜택을 모두 누릴 수 있었을 것이다. 어째서 기독교인들은 코카콜라를 자녀의 입으로 들이부으면서도 아무 생각이 없을까? 흔히 '액상과당'이라 불리는 '고과당 옥수수시럽'은, 아무리 옥수수 업계의 압력 단체가 뭐라 하든, 설탕과는 전혀 다른 물질이다.

자연보호론자와 미식가들이 살충제, 화학비료, 제초제, 그리고 발음하기도 힘든 각종 식품이 몸에 해로울 수도 있다며 경고하기 시작했지만, 종교적 우파는 이들 생태주의 전도자들의 말에 귀 기울이기는커녕 '빨갱이 공산주의자', '미친 진보주의 광신자'로 몰아세웠다. 그러나 이들이야말로 눈에 보이지 않는 세계가 얼마나 정교하고 복잡한지를 미리 알아차린 친구들이었다.

남용과 그 결과 간에는 시차가 존재한다. 불량식품과 화학물질 혼합물이 대중에게 치명타를 입히기까지는 시간이 다소 걸린다. 뭔가를 접하자마자 바로 쓰러지지만 않으면 일단 아무 문제가 없는 거라고 생각하는 사람들이 너무 많다. 그러다 보니 하나님이 창조하신 생물망life web과 그 정교함을 폄하하기에 이른다. 하지만 이 보이지 않는 세계 앞에 경건함과 경외심을 품고 겸손히 나아오는 자세가 훨씬 더 믿음이 깊은 자세이다. 하나님을 위한 지배라는 명목으로 주절주절 헛소리를 하며 머리를 뎅겅뎅겅 베어 버리며 덤벼드는 가무잡잡한 정복자보다 말이다. 먼저 보이지 않는 주변 세계에 대해 경건함과 경외심을 품도록 하여 영적 실재에 대한 경건함과 경외심을 고양시키는 방법을 두고 기독교인들이 가장 최근에 논의한 게 도대체 언제인가?

도리토스Doritos 과자가 장내 세균 사회를 어떻게 망치는지 알아보자며 젊은이들을 독려하는 청년부 목사의 모습을 상상이나 할 수 있는가? 청년부 성경공부 주제로 성적 금욕을 1순위로 삼으면서 왜 질편한 불량식품 탐닉은 전혀 문제시하지 않을까? 신기할 따름이다.

우리는 보이지 않는 미지의 몸속 세계에 우쭐대며 공격적으로 덤벼들듯 영적 우주에도 그렇게 덤벼들고 있지 않을까? 많이 알면 알수록 우리가 모른다는 사실만 더욱 깊이 깨닫는다. 그러므로 우리는 우리 몸속 세계로 다가갈 때에 성숙한 청지기 정신을, 어쩌면 더 두렵고 떨리는 자세를 보여야 마땅하다. 하지만 너무 안타깝게도 이런 관점을 지지하는 이들은 대부분 창조와 하나님과 영적 우주 전체를 부정하는 사람들이다. 나는 그런 모순을 잘 알고 있기에 정말 슬프다.

생명의 복잡성을 깊이 존중하는 그분들을 생명의 설계자, 창조주를 모르는 비기독교인이라는 이유만으로 비웃는 행위는, 그만큼 기독교인들이 심히 미성숙하다는 사실만 보여 줄 뿐이다. 우리가 사는 세상은 거룩하다. 우리가 품고 있는 생명도 거룩하다. 아버지는 "우리에겐 모든 나무가 모세의 가시떨기나무란다."라고 말씀하시곤 했다. 우리 삶속에서 보이지 않는 세계에 대한 존중과 배려심을 갖출 때 우리는 비로소 눈에 보이지 않는 것들, 즉 천국, 지옥, 하나님, 사탄, 천사, 귀신 등이 실은 가장 현실적인 세계임을 인정하는 사고방식과 양식을 갖추게 된다.

보이지 않는 몸속 세계의 중요성에 집중하여 어떻게 돌보고 존중하며 경의를 표할지 고심하다 보면, 보이지 않는 영적 세계에 대해서도 동일한 자세를 취해야 하는지를 알게 된다. 이는 철없고 어리석은 창조물 숭배가 아니라, 우리 눈에 보이는 것보다 더 큰 무언가가 진행 중이라는 사실을 깊이 인정하는 자세이다. 이를 통해 우리의 분수를 알고, 우리보다 더 큰 존재와 올바른 정신적, 영적 관계를 맺을 수 있다. 이 얼마나 좋은 일인가!

5 —
망가뜨리지 않으면
망가지지 않는다 강함 vs 약함

> 너희가, 주 너희 하나님인 나의 말을 잘 듣고, 내가 보기에 옳은 일을 하며,
> 나의 명령에 순종하면, …… 어떤 질병도 너희에게는 내리지 않을 것이다.
> 나는 주 곧 너희를 치료하는 하나님이다.
>
> **출애굽기 15장 26절**

분명 하나님은 이스라엘 백성을 약속의 땅으로 이끄시고, 잘 먹고 잘 쉬고 잘 입게 하실 계획이셨다. 하나님의 거룩한 지시를 잘 따르기만 한다면 말이다. 인간이 타락한 이후에도 자연은 재생하는 방식으로 작동하도록 되어 있다. 물론 지진, 홍수, 화산폭발, 가뭄 등이 발생하긴 하지만 물, 대기, 토양 조성 등 전반적인 건강 상태는 정상이다.

병든 사슴을 몇 번이나 보았는가? 병든 얼룩말을 몇 번이나 보았는가? 당연히 병든 동물은 있기 마련이지만 그리 오래 버티지 못한다. 하지만 대체로 다람쥐는 건강하고 코요테는 힘이 세며 거대한 사슴 무스는 포식자에게 잡아먹히지 않는 한 죽지 않는다. 자연 생태계를 연구하다 보면 마치 잘 짜인 안무처럼 꽤 잘 돌아가는 공생의 움직임이 보인다.

대증요법이 우세한 요즘 의학계 입장과 정반대로, 모든 의료 전통이 건강에 대해 가정하는 대전제는 신체의 기본상태는 건강한 상태라는 것이다. 척추지압법에서 침술에 이르기까지 전통적 관점에서는 질환이나 질병을 정상에서 벗어난 상태, 즉 뭔가 어긋나거나 균형을 잃어 나타나는 증상으로 가정하는데, 이는 증상 자체를 문제시하는 대증요법과 정반대되는 입장이다.

대부분 기독교인들은 침술, 척추지압법, 접골요법, 동종요법, 영양요법과 같은 대체의학을 비웃는다. 분명히 말하지민 나는 정신적 외상과 특정한 신체적 증상에 대해서는 대증요법이라는 대안이 있어서 기쁘다. 하지만 사실 대부분의 질병은 우리가 우리 스스로에게 행한 짓의 결과이다. 웨스턴 프라이스Weston A. Price 박사는 20세기 초에 전 세계를 여행하면서 가공식품 일색인 서구식 식단에 아직 오염되지 않은 사람들은 만성질환을 앓는 경우가 거의 없다는 사실을 발견했다.

초기 식민지 개척자들이 제임스타운Jamestown 지역의 북미 원주민들을 그린 그림들을 보라. 그리고 스페인이 남미의 잉카족을 정복한 후에 퀴노아 재배를 금지한 일을 기억하라. 이 에스파냐 정복자들은 잉카 원주민들의 건강한 체격이 바로 이 우스운 이름의 곡물 덕분이라고 생각했던가 보다. 이스라엘 사람들은 하나님의 계획에 담긴 위생과 윤작의 원칙을 따르면 주변 문명들이 앓는 질병에 걸리지 않는다는 약속을 받았다.

그럼에도 기독교 공동체는 마치 굵은 붓으로 무심히 쓱쓱 칠해 버리듯, 건강 유기농 운동에 세세한 관심을 기울이기보다는 의구심에서 출발하여 적의의 눈초리로 끝내 버린다. 왜 이렇게 생각하게 되었는지 돌이켜 봐야 한다.

파스퇴르의 질병세균설과 베샹의 생체환경설

내 형 아트는 15년간 인도네시아에서 새 부족 선교회New Tribes Mission 선교사로 활동했다. 형은 그곳 원주민들이 쌀의 신과 비의 신을 노하게 할까 두려워하면서 매일같이 어떤 공포에 시달리는지 생생하게 설명해 주었다. 새가 어떤 방향에서 날아오면 이는 불길한 징조다. 새가 날고 동물이 울 때마다 매번 행운 혹은 불운의 의미를 생각한다. 그야말로 두려움과 억눌림으로 가득 찬 삶이다. 그들은 부분적으로 이해되면서도 또 다른 부분은 이해되지 않는, 하나님의 웅대한 설계를 깨닫기보다는 삶의 가장 일상적인 사건들조차 영적 세계의 영향을 받아 일어난다고 생각한다.

지금은 흑사병이 쥐에 기생하는 벼룩을 통해 전파되었다는 사실이 잘 알려졌다. 영국과 프랑스 간 무역이 급증한 데다, 소小빙하기까지 겹쳐 사람들이 실내에서 지내는 시간이 늘어나면서 흑사병은 불난 데 기름 붓듯 걷잡을 수 없이 퍼져나가 유럽 전역을 휩쓸었다. 개방 하수와 끔찍한 위생상태로 유럽은 인구 4분의 1이 죽음에 이를 만큼 흑사병에 대패하였다. 그 당시 사람들은 이 유행병에 대한 온갖 영적인 해석을 내놓으며 집에 액막이 부적을 붙이고 행운과 액운을 둘러싼 민습을 만들어 냈다.

흥미롭게도 흑사병은 세계무역이 시작된 새로운 시대와 함께 발병했다. 조선술의 혁신으로 더 크고 더 안전한 선박들을 만들게 되면서 무역의 규모도 더 커졌다. 그 당시에 동양은 흑사병의 타격을 받지 않았다. 어느 정도의 고립은 건강에 유리한데, 이는 생태계가 일반적으로 외부의 영향을 좋아하지 않기 때문이다. 자연생태계는 대부분 자족하는 공동체 안에서 작동한다. 개구리는 연못으로부터 멀리 벗어나지 않는다. 일부 예외도 있지만 대부분 태어난 곳에서 살다가 죽는다. 나는 현대사회에서 확대되고 있는 세계화가 앞으로 어떤 뜻밖의 결과로 이어질지 궁금하다.

1800년대 중반, 루이 파스퇴르Louis Pasteur가 현미경을 들여다보다가 물질을 지닌 존재들의 세계를 발견하였다. 이 존재는 영혼이 아니라 생물체였다. 지금이야 우리도 알지만, 당시 파스퇴르는 이들 생물체가 실제로 서로 소통하고 반응한다는 사실을 미처 몰랐다. 동시대 인물 앙투안 베샹Antoine Béchamp도 동일한 생물체를 발견했다. 흥미롭게도 두 과학자는 이러한 새로운 지식을 바라보는 시각이 사뭇 달랐다.

파스퇴르는 특정 세균이 질병을 옮긴다는 질병세균설germ theory을 고안하고 이 생물체들을 죽일 방법을 세안했다. 그는 자연이 본질적으로 불완전하며 따라서 인간의 개입과 교정이 필요하다고 보았다. 이는 1837년에 모든 생명은 질소, 칼륨, 인 성분의 재배열이라 결론지은 독일 화학자 유스투스 폰 리비히Justus von Liebig의 생각과 별반 다르지 않은 관점으로, 생명을 살아 있는 존재가 아니라 본질적으로 살아 있지 않은 존재로 보는 기계적 시각이었다.

그러나 베샹은 같은 현미경으로 같은 세균을 바라보면서도 파스퇴르와 매우 상이한 결론에 도달했다. 베샹은 현미경 아래 보이는 새로운 생물체들을 건강이 넘쳐 날 수도 질병이 넘쳐 날 수도 있는 생체환경의 일부로 판단했다. 그리고 질병의 원인을 면역력, 위생, 스트레스 등에서 찾는 생체환경설terrain theory을 파스퇴르의 질병세균설에 대한 대안으로 제시했다. 대체로 대중들은 질병세균설을 선호했는데, 이 이론이 악마 같은 존재가 두루 다니며 사람들을 아프게 만든다는 관념에, 즉 '악마가 나를 아프게 했다'는 피해의식에 더 잘 들어맞기 때문이다.

실제로 파스퇴르의 질병세균설이 인기를 끌 수 있었던 이유는 이러한 신학적 해석이 대부분의 사람들 생각보다 훨씬 더 강력하게 작용했기 때문이었다.

물론 우리 인간은 자신의 세계관에 부합하는 주장을 믿고 싶어 하며, 그 시대에도 별반 다르지 않았다. 파스퇴르의 이론에 따르면 세균을 파괴하고, 없애고, 그 결과 인류를 향한 악마의 공격을 제거하는 일은 훌륭한 행위였다. 정의로운 열정 덕분에 이 개념은 더욱 널리 확산되었다. 게다가 그의 이론은 '내 책임이 아니라는' 관점과도 잘 맞았다. "내가 병에 걸린 건 내 책임이 아니야. 이 세균들을 보낸 사탄 책임이다! 그러니 사탄을 타도하자." 이런 식이었다.

반면 베샹의 이론은 받아들이기가 훨씬 어려웠다. 대부분의 세균은 사실상 건강에 도움이 되고, 단순히 생체환경에 따라 승자와 패자로 갈린다. 그래서 제기된 질문. "어떻게 하면 유익균이 유해균을 이기는 생체환경을 만들 수 있을까?" 베샹은 이 질문에 대한 답을 찾기 위해 광범위하게 연구했고, 수면부족, 위생, 식품 품질까지 연구했다. 특히 위생과 관련하여, 그 당시는 의사들이 절단수술에 사용한 도구를 끓여서 소독할 필요가 있는지 논쟁하던 시기였다.

베샹은 건강을 부르는 생체환경 연구에 남은 생을 바쳤다. 전해지는 이야기에 따르면, 파스퇴르가 임종 자리에서 자신의 주장을 철회하며 이렇게 외쳤다고 한다. "베샹이 옳았어! 결국은 생체환경이야!" 물론 실제로 이런 일이 있었는지 알 수는 없지만, 어쨌든 베샹은 말한다. "생체환경이 문제의 핵심이라면, 책임은 나에게 있다. 하지만 질병세균설이 맞는다면,

나는 나쁜 균을 죽일 혼합물만 찾아내면 된다."

우리들의 삶에서도 이와 동일한 갈등을 겪는다. 그렇지 않은가? 우리는 사탄이 "우는 사자 같이 삼킬 자를 찾아" 두루 다닌다는 것(벧전 5:8)을 안다. 동시에 우리는 "하나님이 주시는 무기로 완전무장" 해야 한다. "그래야만 여러분이 악한 날에 이 적대자들을 대항할 수 있으며 모든 일을 끝낸 뒤에 설 수 있을 것이다."(엡 6:13) 이런 갈등 속에서도 우리는 단순히 사탄의 공격을 분쇄한다거나 아예 공격을 못하게 할 수 있다고 간주하기보다는, 사탄의 공격에도 끄떡없는 면역력을 갖춘 가정, 학문, 그리고 삶의 모델을 만드는 데 대부분의 시간을 쏟으려 한다. 공격을 분쇄하는 태도와 공격에 대한 영적 면역력을 키우는 태도 사이에는 중요한 차이가 있다.

우리는 자녀들에게 어찌됐든 영적으로 건강한 환경에 머무르는 것이 영적으로 건강하지 않은 환경으로 들어가는 것보다 훨씬 지혜로운 행동이라고 가르친다. 사람들 사이에 있거나 비노녁석인 행동을 서지르기 힘든 환경에 있을 때는 유혹을 견디기가 한결 쉽다. 부모들은 "위태로운 상황에 빠지지 않게 주의하렴."이라고 자녀들을 가르치며 "나쁜 패거리와 어울리지 말아라" 하고 가르친다. 지혜로운 충고다.

생각해 보면 파스퇴르와 베샹이 살던 시절, 세계는 한창 산업화가 진행 중이었다. 도시 확장과 공장의 증가, 산업혁명이 서로 맞물리면서 식물과 동물과 사람에 일련의 새로운 질병들이 등장했다. 더 심도 있는 분석은 필자의 저서 중 《여러분, 이건 정상이 아닙니다*Folks, This Ain't Normal*》를 참고하기 바란다. 간략히 요약하자면, 사람들이 도시에 바글바글한데 마땅한 냉장시설도, 실내 수도시설도, 스테인리스 철제도 없다 보니 최악의 상황이 펼쳐졌다.

집들은 연기로 가득하고, 거리에는 분뇨가 가득하며, 젖소에게는 양

조장 찌꺼기를 먹여 대니, 발병에 이보다 더 좋은 조건이 어디 있겠는가? 그 결과 결핵, 백일해, 파상풍, 천연두가 모두 급증했다. 마찬가지로 농장도 플라스틱 배수관, 나무 분쇄기, 값싼 콘크리트, 전기 울타리가 널리 보급되기 전에 산업화가 진행되다 보니 돼지 콜레라, 소 브루셀라병, 가금류의 마레크병 발병에 완벽한 환경이 갖춰지고 말았다.

파스퇴르의 질병세균설을 받아들이면서, 백신이 구원투수로 나섰다. 약물 사용이 급증하고, DDT[10]가 제2차 세계대전과 함께 등장했다. 이 모든 약들이 질병 없이 살 수 있는 황금시대를 약속했다. 기독교 공동체는, 이전 세대의 기독교 공동체가 저온 살균법을 수용한 것과 마찬가지로, 이들 신개발품을 수용했고, 인간의 창의력과 지배권을 찬양하면서 악마의 질병을 격파하려 했다. 새로운 해결책들은 유목농업과 목축농업, 약초로 만든 약이나 침술을 비롯한 동양의 어떤 '자가치유법'보다도 훨씬 극적인 효과를 약속하는 듯했다.

사실 모든 질병은 자연의 패턴을 따르지 않아 자초한 결과이다. 동물은, 심지어 돼지도 같은 오물구덩이에 오래 있지 않는다. 조류는 감금형 축사에 머물지 않으며, 소는 발효된 술 찌꺼기를 먹지 않는다. 쓰레기는 동네 바깥으로 치워야지 아이들이 뛰놀 만한 개방 하수에 버려서는 안 된다. 사방에 파리와 쥐가 들끓었다.

분뇨가 거리를 뒤덮었다. 1900년 무렵, 도시에서 발간되는 여러 신문들이 산더미 같은 말똥으로 도시가 자체붕괴할지 모른다는 편집증적 사설을 앞다투어 실었다. 사람들이 남긴 분뇨 자국이 빵집으로, 극장으로, 이발소로, 정육점으로 이어졌다. 교회도 신도들의 신발에 묻은 똥 냄새로

---

[10]___ DDT: Dichloro-Diphenyl-Trichloroethane. 유기염소 계열의 살충제. 농약으로도 사용한다.

가득했다. 단순히 비위생적이었다는 말만으로는 그 세기의 상황을 설명하기에 턱없이 부족하다.

한창 그런 와중에, 메이오 클리닉[11]이 병원 이름을 걸고 자연방목한 젖소의 우유, 다시 말해 바로 살균하지 않은 생우유는 치료 효과가 있다고 주장하고 나섰다. 당시 일반적인 생우유는 품질이 좋지 않았는데, 이유가 무엇이었을까? 농부들이 발효된 맥주 찌꺼기를 소에게 먹이고, 우유를 냉장보관하지 않았고, 착유소를 청소하지 않았기 때문이다. 인간이 부주의하게 자연의 법칙을 위반한 결과, 우유는 유독성 혼합물이 되어 버렸다. 생활과 농업의 산업화가 실내 수도시설, 냉장시설, 스테인리스 철제, 전기 등의 기반시설이 채 준비되기도 전에 진행된 탓이다.

그러나 여기서 핵심은 자연방목한 젖소의 생우유는 살균처리하여 손볼 필요가 없다는 데 있다. 아직 망가진 상태가 아니니까. 사실 자연 자체는 망가지지 않는다. 그러니 손볼 필요도 없다. 자연의 기본상태는 그야말로 건강한 상태이지 병든 상태가 아니기 때문이다.

기독교인들은 선행을 베풀기 좋아한다. 그리고 사람을 쇠약하게 하는 질병들을 근절하는 일은 선행 같다. 하지만 왜 이런 질병들이 급증했을까? 악마가 나쁜 균이 든 흙먼지를 닥치는 대로 뿌리고 다녀서? 당연히 아니다! 이유는 관리소홀 때문이며, 부분적으로는 도시화를 감당하기에 부족한 기반시설 때문이고, 또 부분적으로는 무지 때문이며, 부분적으로는 오만함 대신 겸손한 해결책을 배척하는 철학적 편견 때문이기도 하다. 우유를 매개로 하는 병균은 우리가 겸허히 돌이켜 소에게 풀을 먹이고 우유

---

11   메이오 클리닉Mayo Clinic. 미네소타 주 로체스터에 위치한 병원으로 미국 양대 병원 중 하나로 꼽힌다.

통을 뜨거운 비눗물로 꼼꼼히 문질러 닦으면 예방할 수 있었다. 이제 와 생각해 보니 아주 간단한 해결책 같지만, 당시 분위기로는 세균에 관한 이해와 기반시설이 부족했기에 그저 우유를 끓이는 편이 더 쉬웠다. 결국 식품과 생명이 근본적으로 기계와 같다면 우유를 끓이든 말든 무슨 차이가 있겠는가? 둘 다 똑같아 보이니까 말이다.

하지만 당시 사람들은 인간 내장에 서식하는 3조 개의 세균을 고려하지 않았다. 이 몸속 공동체에게 살균이란 우유의 영양소가 상당 부분 파괴된다는 의미였다. 우유는 질병을 유발하니 해결책, 즉 살균이 필요한 식품으로 여겨졌다. 그것이 바로 인간이 지배권을 행사하는 방식이요, 문제를 해결하는 방식이었다.

사실 이 모든 질병은 적절한 영양섭취와 위생, 기반시설로 해결가능했고, 이제는 그렇게 해결하고 있다. 그 시대의 문제들은 실은 지금으로서는 문젯거리도 아니었다. 병균성 질병은 단순히 불균형과 부적절한 처리에서 비롯한 결과였으니까. 하지만 이 시기를 거치면서, 자연은 본질적으로 결함이 있고 따라서 인간이 혁신을 통해 이를 고쳐야 한다는 생각이 많은 사람들 머릿속에 자리 잡고 말았다. 그런데 실상은 인간의 부적절한 행동으로 인해 애초에 절대 일어나지 말았어야 할 문제들이 벌어졌다.

레이첼 카슨Rachel Carson이 《침묵의 봄Silent Spring》을 통해 과도한 기술발전으로 인한 환경오염의 심각성을 고발하면서, DDT 때문에 생식불능 개구리와 다리 셋 달린 도롱뇽이 생겨나고 멕시코 만에 뉴저지 주 크기의 데드존이 형성되었다는 사실을 명확히 밝혔는데도, 이를 두고 농담을 던지는 기독교인들의 행위는 창조물을 돌봐야 하는 청지기 사명에 비추어 볼 때 그야말로 비양심적이라 할 수밖에 없다. 이 땅은 주님의 소유이지 우리의 소유가 아니다. 우리가 하나님의 물질적 재산을 다루듯이 우리고용주의 물질을 다룬다면, 당연히 해고는 물론이고 아마 감옥까지 갈 수도 있겠다.

오늘날에도 우리는 여전히 같은 길을 걷고 있다. DDT와 유기인산염, 화학비료에서 동물 밀집사육 시설과 저용량 항생제, 글루탐산일나트륨MSG으로 옮겨 갔을 뿐이다. 아버지가 하시던 말씀대로 결국 같은 배가 같은 강을 건너가고 있는 셈이다.

자연은 원래 강하다

우리 기독교인들은 우리가 할 줄 아는 일은 무엇이든지간에 하나님께서 자랑스러워하실 거라며 우쭐댄다. 마치 하나님께서 우리가 이룬 성취를 미소 띤 얼굴로 내려다보시며 우리가 뭔가 알아냈다는 사실에 혼자 만족하신다는 듯이 말이다. 우리는 하나님을 바라볼 때, 태초에 정하신 법칙을 경건히 따르도록 요구하시는 지극히 완벽한 설계자로 생각하기보다는, 우리가 이만큼이나 해내서 기특하다며 맹목적으로 응원하는 치어리더쯤으로 생각한다.

우리 기독교인들은 영리한 재간을 부려 하나님께 점수를 따려는 것 같다. 행위중심 구원은 감히 받아들이지도 못하면서, 하나님의 창조물에 인간중심 태도로 개입하는 일에는 전략까지 짜며 즐거워하니까! 하나님께서는 그분이 지으셨지만 지금은 타락한 창조물들과 우리가 상호작용하기를 바라시지만, 그런 행위는 어디까지나 절대불변의 설계 안에서만 허락된 일이다.

우리는 100년 동안 주변의 자연을 훼손할 것들을 발명하고, 유독성 물질 폐기장과 방사능오염 지역을 만들어 내고는, 지배권을 아주 멋지게 행사했노라고 기뻐한다. 그러나 우리는 기뻐하는 대신, 베옷을 입고 재를

자연의 기른상태는 건강한 상태이다

덮어쓰며 회개해야 한다.

나는 50세가 넘은 분들에게 수없이 물어봤다. "자라면서 '음식 알레르기'라는 표현을 들어 보신 적이 있습니까?" 아직 한 번도 "네."라는 답변을 듣지 못했다. 불과 얼마 전까지만 해도 존재하지도 않던 말이었다. 캄필로박터균, 리스테리아균, 대장균, 살모넬라균은 또 어떤가? 1960년대까지만 해도 아무도 들어 본 적이 없다. 1990년대 초반 무렵, 우리 농장 뒤뜰에 있는 가금류 야외도축장의 문을 닫게 하려고 정부에서 식품검사관들이 찾아왔다. 우리 농장 닭에서 검출된 세균은 2차 순열까지 1밀리리터 당 133집락형성단위CFU: Colony-Forming Unit였는데(나도 무슨 말인지 모르겠지만 그 사람들은 이런 식으로 측정했다), 연방 정부에서 슈퍼마켓 판매용으로 승인한 닭들의 평균 CFU 수치는 3,600이었다. 우리 농장 닭이 25배나 더 깨끗했다. 이 꼬불꼬불한 라틴어로 된 용어들에 대한 해답을 우리는 갖고 있다.

이제 사람들은 이런 용어가 곧 어휘집에 포함되어야 할 것처럼 사용하고 있지만, 절대 우리들 어휘집에 넣어서는 안 된다. 이는 하나님의 창조물들이 "이제 그만! 그만 우리를 학대하라! 그만 무시하라!"라고 울부짖는 증상들이니까. 이것은 '문제'가 아니라 건강의 원칙을 인간사에 전례 없을 정도로 오용한 결과가 신체에 나타나는 현상이다. 하나님께서는 만물을 향한 바람과 계획이 있다고 나는 진심으로 믿는다. 하나님이 다 계산해 놓으셨다. 자연은 우리가 망가뜨리지 않는 한 망가지지 않는다.

미국의 식품소비 실태를 보라. 제2형 당뇨병과 비만 확산이 정부의 식단 지침, 즉 식품 피라미드와 정확히 겹친다. 식품 피라미드를 기억하는가? 탄수화물이 가장 하단을 차지하는데, 팝타르트Pop-Tart 과자와 프루트룹스Froot Loops 시리얼을 신선한 새싹 발아 호밀빵과 구분하지 않고 한데 몰아넣었다. 정부가 어떤 음식을 먹으라고 말하지만 않았어도 우리 사회는 훨씬 더 건강했을 것이다.

심지어 지렁이도 슈퍼마켓 중앙 통로에 놓인 식품 대부분을 먹지 않을 것이다. 치리오스Cheerios 시리얼과 트위즐러Twizzler 젤리를 지렁이에게 먹여 보라. 먹지 않는다. 그런데 우리가 왜 먹어야 하는가? 우리 몸은 "성령의 성전"(고전 6:19)이 아닌가?

몇 년 전 조지아 주 애틀랜타에서 열린 카탈리스트 컨퍼런스[12]에서 한 청년부 목사를 만나 대단히 흥미로운 이야기를 나눈 적이 있다. 행사 주최 측의 초청으로 지금 우리가 함께 다루고 있는 내용 일부를 발표했는데, 강연이 끝나자 고도비만인 목사가 다가와 물었다. "전 맥도날드 음식이 너무 좋습니다. 제가 영적으로 문제가 있나요?"

나는 그를 쳐다보고 이렇게 반문했다. "목사님이 담당하는 청년부 소속 청년이 찾아와서, 같은 부 여자들과 자는 게 너무 좋다며 자신이 영적으로 문제가 있는 거냐고 물으면, 목사님께서는 뭐라고 하시겠습니까?

젊은 목사는 울기 시작했고, 굵은 눈물방울이 뺨을 흘러내렸다. "감사합니다. 제가 제 자신에 대해 해야 할 일이 있네요." 목사는 이렇게 말하고 걸어 나갔다. 사랑하는 친구여, 이처럼 우리가 영적인 것에 대해 말할 때도 육적인, 혹은 창조물 중심적인 것에 대해 말할 때와 동일한 방식으로 말한다면, 큰 슬픔과 충격에 빠질 것이다. 회개의 채찍을 우리 자신에게 내려칠 것이다.

하나님의 설계를 자연에 나타난 대로 따르는 일이야말로 혁신의 첫 번째 순서이다. 마지막 순서가 아니다. 관습적 사고 때문에 시간과 감정과

---

12 ____ 카탈리스트 컨퍼런스Catalyst Conference. 차세대 교회 지도자 양성을 위한 집회. 매년 미국 애틀랜타에서 개최.

돈을 탕진한 후에야 비로소 대체의학, 대안식단, 대안교육, 대안농업으로 발길을 돌리는 사람들이 너무도 많다는 사실이 놀랍다. 우리는 마치 "여러 의사에게 보이면서, 고생도 많이 하고, 재산도 다 없앴으나, 아무 효력이 없었고, 상태는 더 악화"되었던(막 5:26) 혈루병 여인과 같다. 그 여인은 예수님의 옷 끝자락을 만지자 즉시 나았다.

사랑하는 친구여, 질병 대다수의 해독제를 세상의 방법, 관습적 사고, 인본주의적 혁신으로 찾을 수 있다고 사탄이 하나님의 백성들을 믿게 만들 수 있다면, 우리들 몸을 쇠약하게 하는 체계의 노예로도 만들 수도 있다. 기독교인들이 약품, 질병, 토지 침식에 중독되게 할 수도 있다. 자격을 갖춘 전문가가 내놓는 과학정보는 절대 틀릴 리가 없다고 믿는 기독교인들을 얼마나 많이 만났는가!

이들의 질문에 답하다 보면 나는 어김없이 예수님의 부활사건으로 되돌아간다. 내가 보기에는 성경 전체를 통틀어 가장 가슴 아픈, 징치적이며 전략적인 진술이 등장하는 장면이다. 사흘째 되는 날, 예수님은 무덤에서 일어나셨다. 이것만 기억하라! 천사와 번개와 지진이 일어나 로마의 (내 방식대로 표현하자면) 비밀 요원들이 모두 "죽은 사람처럼" 되었다(마 28:4). 잠시 후, 이들은 성으로 달려 들어가 무슨 일이 벌어졌는지를 윗사람들에게 고했다.

여자들이 가는데, 경비병[정예병] 가운데 몇 사람이 성 안으로 들어가서, 일어난 일을 모두 대제사장들에게 보고하였다. 대제사장들은 장로들과 함께 모여 의논한 끝에, 병사들에게 은돈을 많이 집어 주고 말하였다. "'예수의 제자들이 밤중에 와서, 우리가 잠든 사이에 시체를 훔쳐갔다' 하고 말하여라. 이 소문이 총독의 귀에 들어가게 되더라도, 우리가 잘 말해서, 너희에게 아무 해가 미치지 않게 해 주겠다." [총독은 로마의 비밀 요원들이 자신의 임무를 수행하지 않고 잤다는 생각이 달갑지 않았을 것이다.] 그들은 돈을 받고서, 시키는 대로 하였다. 그리고 이 말이 오늘날까지 유대인들 사이에 널리 퍼져 있다. (마 28:11-15)

이는 분명 인류 역사상 가장 심각한 은폐 공작이었다. 특별히 엄선했을 이 로마 정예병들은 번개와 천사와 권능과 더불어 부활하신 예수님, 성육신하신 하나님을 목격했다. 어떤 상황에서도 용감하고 대담하게 대처하도록 훈련받은 자들이었겠으나 죽은 사람처럼 그 자리에 고꾸라졌다. 방금 저들이 목격한 장면을 생각해 보라. 한 사람만 본 것도 아니고, 저들 모두가 함께 보았다. 본 대로 이야기해도 미친 사람 취급할 이들은 아무도 없었을 것이다. 오히려 가장 믿을 만하고 신뢰 가는 증인들로, 아침 뉴스 프로그램에 초청되고 〈뉴욕타임스〉 1면을 장식했을 것이다.

그런데 이들은 단돈 몇 푼에 넘어갔다. 사랑하는 여러분, 예수님의 부활을 목격한 로마 정예경비병을 돈으로 입막음할 수 있다면, 진실 여부와 상관없이 무엇이든 돈으로 입막음할 수 있다. 나는 보수 기독교인들이 생명권, 동성혼同性婚, 세금인상, 큰 정부 같은 사회적 안건에는 어김없이 반대투쟁에 나서면서 왜 농업, 식품, 의료 같은 사회적 안건에는 그저 괜찮겠거니 하고 어물쩍 넘어가는지 도무지 이해할 수가 없다. 이야말로 지적 정신분열증 아닌가.

이것은 아무리 좋게 보려 해도 미성숙한 사고이고, 나쁘게 보자면 악마같이 일관성 없는 태도이다. 관건은 우리 기독교인들이 하나님의 계획을 신뢰하지 않는다는 데 있다. 정말 그렇다. 아, 물론 영적인 문제로 다가오면 신뢰한다. 하지만 물리적인 문제로 다가오면 우리 시대 주류 과학자들과 마찬가지로, 하나님의 계획이 망가졌다고 생각한다. 그 결과 우리 기독교인들은 '생명의 존엄성' 집회에서 행진하면서 동시에 하나님의 창조물을 더럽히는 데 혈안인 다국적 기업에 취직시키려고 자녀들을 대학에 보내 교육시킨다.

그러나 나는 하나님께 경의를 표하는 농장은 약함보다 강함을 드러내는 농장이라고 생각한다. 수의사 청구서가 없는 농장. 식물과 동물이 건강한 농장. 사람들을 더욱 건강하게 해 주는 식품을 생산하는 농장 말이다. 이는 단순히 건강과 부유함에 관한 이야기가 아니다. 궁극적으로 겸손과 의존에 관한 이야기이다. 하나님의 설계는 작동을 한다.

동물은 움직인다. 소는 풀을 먹으며, 절대 죽은 소를 먹지 않는다. 토양은 화학비료가 아닌 바이오매스를 원한다. 소화를 촉진하는 장내미생물은 이질적인 인공 혼합물이 아니라 발음하기 쉬운 물질을 원한다. 식품은 길게 나열된 인공원료들이 아닌 단순한 원료로 만들어야 한다. 지하수가 흐르는 대수층帶水層이 형성되어야 하고, 침하沈下되면 안 된다. 이것이 바로 하나님의 설계이며, 이런 설계를 따르면 저들이 우리를 약함이 아닌 강함으로 이끈다.

우리가 위대하신 하나님을 진정으로 섬긴다면, 마주치는 사람들이나 우리 농장을 방문하는 사람들이 우리의 강함과 건강함을 보고 깜짝 놀라야 한다. 눈앞에 펼쳐진 실물교육을 보고 그 비결을 물어보면 우리는 그 모든 것의 원천이요, 궁극적으로 강하시며 완벽한 설계자이신 하나님이심을 가르쳐 주리라.

6—
땅을
구원하라 관여 vs 방임

나는 참 포도나무요, 내 아버지는 농부이시다. 내게 붙어 있으면서도 열
매를 맺지 못하는 가지는, 아버지께서 다 잘라버리시고, 열매를 맺는 가
지는 더 많은 열매를 맺게 하시려고 손질하신다.

요한복음 15장 1-2절

몇 가지 경우를 제외하면, 문명의 역사는 곧 환경파괴와 약탈의 역사이
다. 태평양 남동부에 있는 이스터 섬에서부터 사하라 사막에 이르기까
지, 한때 풍요로웠던 지역도 인간의 손만 닿으면 예전만 못하게 된다. 대
체로 그렇다.

여기에 오듀본Audubon, 레오폴드Leopold, 소로Thoreau, 뮤어Muir 등 대표

적인 자연문학 작가들의 낭만주의까지 더해 보면, 극단적 환경주의자들의 '자연방임주의' 사고방식은 완벽하게 정당화된다. 이 개념의 핵심은, 인간의 손이 닿지 않는 이상, 자연은 완벽하다는 주장이다. 인간의 손은 대개 파괴, 약탈, 착취를 의미하기에 가장 안전한 길은 자연을 그냥 내버려 두는 길이다. 어쨌든 자연은 인간의 숨결로 더럽히기에는 너무도 신성하다.

물론 나는 이런 사고방식을 충분히 이해한다. 현재 미국 전역 하천 가장자리에 약 700개에 달하는 데드존이 있고, 토양손실도 숨 막히게 심각하다. 관개구역 땅속에 있는 대수층이 급격히 감소하고, 사막화도 확대 일로이다. 자연을 향한 인류의 진정성 있는 태도는 오로지 그냥 내버려 두는 길뿐일까?

이런 식의 사고방식은 많은 극단적 환경주의자들로 하여금 서부 목장들을 폐쇄하여 들소를 위한 공유지로 되돌려 놓자는 주장을 하게 부추긴다. 야생보호구역과 공원의 확대가 환경을 염려하는 이들의 죄책감을 덜기 위해 토론의제가 된다. 이들에게는 공원과 야생보호구역 부지확장 반대가 "나는 자연이 정말 싫소!"라는 외침과 동일하다. 실제로 이런 사고방식을 농지보호 운동에서도 볼 수 있는데, 농부를 보호하는 데는 조금도 관심이 없으면서 농지보호만 강조하고 있다.

고백하건대, 인간이 토지를 이용하고 남용한 역사의 궤적을 돌이켜 보면 꽤 실망스럽다. 거울에 비친 나의 커다란 머리 그리고 자유롭게 도구를 사용할 수 있는 손을 들여다보면, 나 자신이 자연과의 상호관계에서 필연적으로 가장 능숙한 약탈자요 파괴자가 아닌가 하는 생각도 든다. 나는 조상들이 저지른 수많은 약탈을 대신해 회개한다.

혹시 이 뛰어난 두뇌와 자유로운 손의 복을 누리며 이 땅에 구속의 능력을 가져다주는 치유자가 될 수 있지 않을까? 토지를 어루만지는 안마사가 될 수도 있지 않을까? 그러려면, 우리가 자연에 어떻게 관여해야 궁극적인 치유와 회복을 불러올 수 있는지를 알아내야 한다.

자연에 여러 패턴과 원칙이 있지만, 하나님께서는 우리가 뛰어난 두뇌와 도구사용이 자유로운 손을 통해 혁신을 이루고 관리자, 양육자, 청지기로서 창조물에 관여하기를 원하신다. 아브라함은 롯과 갈라선 후 더 척박한 땅에 머물렀는데도 양 떼와 소 떼를 거느린 부자가 되었다. 이삭은 우물을 팠고, 이는 선한 일로 묘사되어 있다. 겐 족속은 우거진 목초지와 비옥한 땅을 남겨 하나님께 칭찬받았다.

예수님은 사람과 창조물 사이의 상호작용을 보여 주시기 위해 목자의 비유를 여러 차례 사용하신다. 목자의 역할이란 울타리로 개울에 둑을 쌓아 양이 먹을 잔잔한 물을 확보하는 일로부터 맹수를 물리쳐 양이 안전하게 풀밭에 머물도록 하는 일에까지 이른다. "주께서 내 원수의 목전에서 내게 상을 차려 주시고"(시 23:5)라는 구절은 양들이 풀을 뜯으러 가는 풀밭에 사나운 짐승과 구덩이와 뱀이 있음을 말해 준다. 구덩이는 물웅덩이, 즉 인공 저수조를 의미하는데, 저수조를 채우고 있는 물의 양이 하나님이 내리신 축복과 형벌을 구분 짓는 기준이 되었다.

하나님의 심판 아래 처한 땅을 묘사한 이사야 34장 말씀에 귀를 기울여 보라.

에돔의 강들이 역청으로 변하고, 흙이 유황으로 변하고, 온 땅이 역청처럼 타오를 것이다. 그 불이 밤낮으로 꺼지지 않고 타서, 그 연기가 끊임없이 치솟으며, 에돔은 영원토록 황폐하여, 영원히 그리로 지나가는 사람이 없을 것이다. 펠리컨과 고슴도치가 그 땅을 차지하겠고, 부엉이와 까마귀가 거기에서 자리를 잡을 것이다. 주님께서 에돔을 '혼돈의 줄'과 '황무의 추'로 재실 터이니, 에돔을 창조 전처럼 황무하게 하실 것이다. 거기에는, 나라를 세울 통치자들이 없을 것이며, 백성을 다스릴 지도자도 없을 것이다. 궁궐이 있던 곳마다 가시나무가 돋아나고, 그 요새에는 쐐기풀과 엉겅퀴만 무성할 것이다. 그곳은 승냥이 떼의 굴이 되고, 타조들의 집이 될 것이다. 거기에서는 들짐승들이 이리 떼와 만나고, 숫염소가 소리를 내어 서로를 찾을 것이다. 밤짐승이 거기에서 머물러 쉴 곳을 찾을 것이다. 부엉이가 집을 만들어 거기에 깃들고, 그 알을 낳아 까서, 제 몸으로 그늘을 만들어 덮을 것이다. 솔개들도 제 짝과 함께 그리로 모일 것이다. (사 34:9-15)

이 황폐한 야생의 광경은 하나님의 심판을 보여 주는 장면으로, 긍정적으로 보이지 않는다. 돌봄도 없고 사람도 존재하시 않는 이 땅은 하나님이 심판하시면 어떻게 되는지를 여실히 보여 준다. 이와 대조적으로, 바로 이어지는 이사야 35장에서는 하나님이 주관하시는 땅의 모습을 아래와 같이 묘사한다.

그때에 다리를 절던 사람이 사슴처럼 뛰고, 말을 못하던 혀가 노래를 부를 것이다. 광야에서 물이 솟겠고, 사막에 시냇물이 흐를 것이다. 뜨겁게 타오르던 땅은 연못이 되고, 메마른 땅은 물이 쏟아져 나오는 샘이 될 것이다. 승냥이 떼가 뒹굴며 살던 곳에는, 풀 대신에 갈대와 왕골이 날 것이다. 거기에는 큰길이 생길 것이니, 그것을 '거룩한 길'이라고 부를 것이다. 깨끗하지 못한 자는 그리로 다닐 수 없다. 그 길은 오직 그리로 다닐 수 있는 사람들의 것이다. 악한 사람은 그 길로 다닐 수 없고, 어리석은 사람은 그 길에서 서성거리지도 못할 것이다. 거기에는 사자가 없고, 사나운 짐승도 그리로 지나다니지 않을 것이다. 그 길에는 그런 짐승들은 없을 것이다. 오직 구원받은 사람만이 그 길을 따라 고향으로 갈 것이다. 주님께 속량받은 사람들이 예루살렘으로 돌아올 것이다. 그들이 기뻐 노래하며 시온에 이를 것이다. 기쁨이 그들에게 영원히 머물고, 즐거움과 기쁨이 넘칠 것이니, 슬픔과 탄식이 사라질 것이다. (사 35:6-10)

하나님은 인간을 사랑하신다. 사람들이 땅에 거하는 모습에 기뻐하신다. 사람들이 하나님의 창조세계 안에서 그리고 그 위에서 일하는 모습에 기뻐하신다. 여기 묘사된 땅의 치유 장면은 기적적인 신의 개입이라기보다는 선량한 사람들이 와서 땅을 가꾸고 연못을 파고 목초지를 조성한 결과이다. 풀을 심고 야생을 길들이면서, 궁극적으로 안전하고 평안하며 비옥한 거처를 만들어 간 결과이다.

셰넌도어 밸리를 치유하다

예수님은 나무 둘레를 파고 거름을 주어 더 풍성한 열매를 맺게 하고, 포도나무를 가지치기하며, 이방 작물과 접붙이는 등 여러 상호작용의 원리를 사용하신다. 성경을 많이 읽지 않아도 하나님께서는 우리가 그분의 창조물에 적극적으로 관여하기를 원하신다는 사실을 안다. 말이 나온 김에 덧붙이자면, 노아의 장기간 건축 프로젝트와 야곱의 아롱진 양과 점 있는 양의 경우도 마찬가지다. 족장이던 두 사람은 자연에서 벗어나 빈둥거리지 않았고 자연을 더욱 생산적으로 만들었다.

아담과 하와가 에덴동산에서 쫓겨난 후, 대지가 달라졌다. 노아의 홍수 이후에는 훨씬 더 많이 달라졌다. "얼굴에 땀을 흘려" 가며 (창 3:19) 생계를 유지한다는 것은 산꼭대기의 힌두교 지도자, 구루마냥 평생 종교생활만 한다는 뜻이 아니다. 그보다는 창조물을 돌보는 청지기로서 적극적인 역할을 감당한다는 의미이다. 청지기직의 가장 중요한 목표는 아마도 맡은 소유물을 처음보다 더욱 가치 있게 만드는 일이다. 어떻게 하면 하나님의 땅을 더욱 가치 있게 할 수 있을까?

매우 간단하게도, 태양에너지 포집의 효율을 높여 바이오매스의 양을 늘리면 된다. 바이오매스 양이 늘면 탄소 양도 늘고, 그 결과 토양이 조성되며 사람들의 먹거리가 풍성해지고 산소 발생량도 증가한다. 생태환경의 기본 주기와 동력은 그리 복잡하지 않다. 문제는 인간이 장기적 회복을 위해 활용하기보다는 단기적 이익을 위해 착취하려는 유혹을 느낀다는 데에 있다.

그동안 만나 온 수많은 기독교인들이 지구 회복이라는 개념 자체를 비웃었다. 어차피 언젠가 다 불타 없어질 게 아니냐고, 대부분의 성경 해석이 그렇더라고 말이다. 바로 이런 사고방식 때문에 "마음 놓고, 먹고 마시고 즐겨라."(눅 12:19)라고 생각한다. 그러나 주인이 먼 길을 떠나면서 종들에게 은화를 주고 자신이 돌아올 때까지 장사하도록 했던 비유에서 보듯이, 그리스도께서 내린 명령의 취지는 "내가 올 때까지 이것으로 장사를 하여라."(눅 19:13)이다. 지구를 돌보는 청지기 사명의 핵심은, 우리의 믿음을 보여 주고, 이를 물리적이고 원초적인 방식으로 올바르게 표현하는 데서 나오는 순전한 힘과 능력으로 사람들을 하나님께로 이끄는 데에 있다.

자, 이론은 여기까지! 실제 모습은 어떤가? 예를 하나 들어 보자.

내가 사는 버지니아 주 셰넌도어 밸리는 원래 수많은 나무와 거의 2.5미터 높이의 풀이 무성한 알파토alpha soil층이 토양 깊은 곳까지 발달한 곳이었는데, 유럽인들이 정착하면서 그 층이 상당히 얇아졌다. 말 그대로 약 1미터에서 1.5미터 가량의 표토가 침식되면서 체사피크 만이 혼탁해졌고, 이제 이곳은 병들고 구부러진 잡목으로 가득하다. 토양이 대량으로 침식되면서 땅속의 석회암이 드러나고 산비탈도 변형되었다. 대부분 혹은 꽤 많던 논밭도, 유럽인들이 도착하던 당시의 모습은 흔적뿐이다. 또 하나 사라진 생물이 바로 비버이다. 요즈음 자연에서는 비버의 활동범위를 짐작하기 힘들다.

비버는 북아메리카 전역에 분포하며 말 그대로 풍경을 바꾸었다. 원래는 유속이 빨랐을 강물이 비버가 쌓은 댐 때문에 그 흐름이 늦춰지고, 이곳에 토사를 떨어뜨리면서 계단식 지형을 형성했다. 시간이 흐르며 이 침전물이 실제로 강물의 방향을 바꾸어 일직선이 아닌 구불구불한 형태로 흐르게 했고 이 구불구불한 강은 물살이 느리기에 그만큼 침식이 줄어든다. 또한 직류 하천보다 더 많은 물을 보유할 수 있어 홍수 피해도 감소한다. 물 보유능력이 증가한다는 말은 강둑이 무너지지 않고 더 많은 물을 운반할 수 있다는 의미이다.

1700년대 초까지 셰넌도어 밸리로 유럽인들이 쏟아져 들어왔고, 비버를 죽이고 풀을 갈아엎으며 나무를 베어 냈다. 급격히 달라진 환경으로 이 지형은 물을 보유할 길이 없어졌다. 자신의 무게보다 네 배나 많은 물을 보유하는 토양 유기물은 1킬로그램이 약 4킬로그램을 머금는데, 경작으로 인해 완전히 소진되고 말았다. 토양 유기물이 고갈되고 토양의 흡수력과 보유능력도 감소하자, 빗물이 토양에 흡수되는 대신 지표면을 따라 흘렀다. 토사는 비버 댐에 쌓이는 대신, 물살이 더 빠른 강물로 곧장 흘러내려 갔다. 비버들은 자취를 감춰 버렸고, 강이 비버들의 댐을 무너뜨리면서 더욱 빨라진 물살이 강둑을 깎아 내고 지표를 파내 지하수면을 낮춰 버렸다.

이런 식으로 전체 생태환경이 급격히 악화하였다. 1700년대 말부터

1800년대 초만 해도 버지니아 주 내 토양조합 규모는 엄청났다. 토머스 제퍼슨Thomas Jefferson, 제임스 매디슨James Madison, 존 테일러John Taylor, 토머스 마시Thomas Massie는 모두 부유한 농장 소유자로, 반드시 땅을 비옥하게 만들어야 한다는 내용의 편지를 서로 수차례 주고받았다. 이들은 새로 경작할 미답지未踏地를 끊임없이 찾아다녔고, 노예들을 보내 풀과 나무를 베고 불태워 그 땅을 더욱 비옥하게 만들어 보려 했다.

1870년 즈음에 이르러 셰넌도어 밸리는 중서부에 있는 새로 착취할 옥토로 가는 길목이 되었다. 대륙횡단 철도가 등장하면서 곡물을 수송할 길이 열리자 이제 더 이상 곡물 생산지와 곡물 소비지가 일치할 필요가 없었다. 셰넌도어 밸리는 과수지가 되었다가 다시 목초지로 바뀌었고, 경작지는 상대적으로 얼마 남지 않았다. 안타깝게도, 농부들은 들소가 풀을 뜯는 방식을 따라 주기보다는 나름의 안이한 방식, 즉 연속방목법continuous grazing을 택했다. 낭연히 토지는 더욱 황폐해지고 치유와는 거리가 멀어졌다. 하지만 농부들의 입장에서 생각해 보면, 그 당시에는 울타리가 터무니없이 비싸서 목초지를 옮겨 다니는 윤환방목rotational grazing을 시도하기가 어려웠다.

석유를 발견하면서 인류 역사상 처음으로 값싼 에너지를 만들어냈다. 미국, 호주, 뉴질랜드에도 정착민이 가득하던 1900년 즈음 세계적으로 미답지가 사라져 갔다. '황진 시대'[13]가 바로 앞에 도사리고 있었다. 도시화하고 급증하는 세계인구를 먹여 살릴 생각에 세계지도자들은 두려워 죽을 지경이었다. 과연 문명은 어떻게 살아남을 것인가!

---

13   황진dust bowl. 1930년대 미국 중서부에 막대한 피해를 입힌 거대한 모래폭풍으로, 가축 방목과 식량증산을 위해 무리하게 토지를 사용한 결과 표토가 드러나면서 발생하였다.

내가 보기에 값싼 에너지를 발견한 사건은 인류 역사상 위기의 순간에 하나님께서 광맥을 선물로 주신 것이다. 석유와 석유동력 기계를 전략적으로 사용하여 우리 셰넌도어 밸리 주변 언덕과 계곡에 연못을 만들었다면, 오늘날 이곳은 거의 에덴동산처럼 재창조되고 홍수나 가뭄에도 끄떡없었을 텐데. 이사야 35장 말씀에 묘사된, 하나님이 주관하시는 풍요로운 땅이 되었을 것이다. 이런 일이 어떻게 가능할까?

우리 농장에서는 작은 언덕들에 수많은 연못을 만들었고, 지금은 중력을 이용해 농장 전체에 물을 공급하는 약 8킬로미터 길이의 플라스틱 배수관을 갖추었다. 건조한 시기에는 이 배수관을 이용하여 가축에게 물을 먹이고 밭에 물을 댄다. 연못물은 여름이면 점차 줄어들다가 겨울 동안 다시 차오른다. 우리는 돈이 몇천 달러 정도 모일 때마다 새 연못을 팠다. 이런 연못들 덕분에 샘과 대수층에 물이 가득 차고, 주변 대지가 촉촉하게 물기를 머금는다. 물론 대규모로 조성하면 증발 작용으로 구름이 활발하게 형성되어 계절별 강우량이 비슷해지는 효과도 낳는다.

지난 세기 동안 석유와 석유동력 기계 경작에 온 힘을 쏟아붓는 대신 수분공급 프로젝트에 투자했더라면, 토양을 고갈시키지 않고 오히려 조성하여 '용서하는' 대지와 극적인 화해를 했으리라. 자연애호가들은 화창한 날씨에 등산하기를 좋아하지만, 날씨가 매일 좋을 리 없다. 바람, 가뭄, 홍수, 더위, 추위는 타락한 지구의 일부이다. 그렇다. 지구도 다른 모든 만물과 마찬가지로 죄의 저주 아래에 있다. 우리의 영적 저주를 풀 해결책은 무엇인가? 바로 회개! 심기가 불편해질 수도 있겠지만, 마음을 새롭게 하려면 회개가 선행돼야 한다.

뒷마당에서 채소를 기르는데, 그저 어깨너머로 씨앗을 대강 뿌리기만 한다고 비트나 당근이 저절로 자라는 게 아니다. 그렇다. 가래와 삽을 가져와야 하고 이리저리 '간섭'하고 파헤쳐야 한다. 잔디밭을 생산적인 정원으로 바꾸려면, 번식하며 계승하는 새로운 생태계를 만들기 위해 잠시 파헤치는 '간섭'이 필요하다.

땅을 새롭게 만들려고 역사상 가장 자주 사용된 '간섭'의 방법이 바로 불이다. 불은 관목과 검은딸기나무를 제거하여 땅을 활성화하고, 바이오매스를 광물질로 전환하여 토양과 동물 모두를 이롭게 해 왔다. 디즈니 영화 〈밤비Bambi〉에서는 불이 공포의 대상으로만 그려졌지만, 사실 실제 야생동물은 불탄 자리를 좋아한다. 숯에 미네랄이 풍부하여 원기를 회복시키는 기능이 있기 때문이다. 아메리카 원주민들은 야생동물을 유인하려고 종종 불을 지폈다. 이런 '간섭'은 자연순환의 일부다. 화산과 폭풍이 땅을 이동시키기 위한 중요한 '간섭' 현상이듯 말이다.

자연현상이 두서없이 '간섭'하는 것과는 달리 인간은 계획적으로 집중하여 간섭할 수 있다. 이것이 바로 극난적 환경주의자들이 주상하는 자연방임주의와 대척점에 있는 영속농업의 묘미다. 영속농업에서는 땅을 그대로 놔둘 때보다 인간이 전략적으로 손을 댈 때 실제로 생산성이 훨씬 더 좋아진다고 가정한다. 마음에 든다. 땅의 형세가 반드시 최상의 상태로 조성된다는 가정은, 어리석은 가정일 뿐 아니라 방향 자체가 잘못된 믿음이다.

우리에게는 더 이상 비버가 없다. 비버가 한 일이 땅에 큰 영향을 미친 주요한 '간섭'으로 꼽히는데 말이다. 수백만 마리 들소와 늑대, 나그네비둘기로 가득한 주인 없는 땅도 없다. 그러나 우리에게는 이제 돼지와 전기울타리와 소와 가금류가 있다.

2012년 7월, 우리 지역은 폭풍 드레초로 큰 피해를 당했다. 여름에 자주 발생하는 이 폭풍은 실제로는 '드레이초'로 발음되는데, '직선'이라는 뜻의 스페인어를 딴 명칭으로서 시간당 최고 150여 킬로미터의 풍속으로 직선이동한다. 당시에 우리 지역은 며칠간 정전 사태에 빠지고 사망자도 22명이나 생길 정도로 엄청난 타격을 입었다. 가축에게 물탱크에 저장된 물을 주던 농부들은 가축을 살리느라 엄청나게 고생했다. 중력을 이용해 배수관으로 물을 공급하는 우리 농장은 폭풍의 영향을 전혀 받지 않았다. 배수관이 연결된 언덕 위 연못에서 물이 끊임없이 흘러내렸기 때문이다. 나는 중력이 없어지면 이곳을 떠야겠다고 농담처럼 말했다.

값싼 석유 에너지라는 광맥을 토지 치유를 위해 사용하는 대신에 경작지를 확장하고 밭에서 식탁까지 평균 2,500여 킬로미터나 이동하는 식품체계를 형성하는 데 사용한 사실은, 하나님의 선물을 경시하는 태도가 우리 문화에 만연해 있음을 보여 준다. 석유 사용이 하나님이 주신 다른 자원을 사용하는 것보다 더 잘못된 일이라고는 생각하지 않는다. 잘못은 마치 술 취한 선원마냥 흥청망청 쓰고 있다는 점, 그리고 이를 여러 세대에 걸친 대지 회복을 위해 활용하기보다는 부적절한 목표를 위해 사용한다는 점에 있다.

하나님이 내게 주신 임무는 그 구원의 영역을 자연 풍광에까지 확장하는 것이다. 우리 농장에서는 구원의 역량을 사람들에게 보여 주고, 질문을 이끌어 내야 했다. "이곳에서는 무슨 일이 벌어지고 있는 거요? 이 땅은 어떻게 이 힘겨운 시기에도 여전히 푸르고 비옥한가요?" 물질적 실체는 영적인 모호함을 이해하기 위한 '도약판'이 되어 주기에, 나는 이렇게 답한다. "건강한 우리 땅을 보면 원칙에 따라 농사지을 때 구속의 능력이 땅에 임한다는 사실을 알 수 있습니다. 우리가 이렇게 땅을 치유하는 것과 마찬가지로, 하나님께서는 우리가 죄에서 구원받아 건강해지고 결실을 맺길 원하십니다."

정의로운 간섭, 약탈과 방임 사이

1980년대에 우리는 삼림 35평방미터와 약 5킬로미터 길이의 전천후 도로를 맞바꾸기로 했다. 눈비에도 지장 없이 산 위쪽으로 드나들기 위해서였다. 작업은 석 달이나 걸렸는데, 마침 이 기간에 심각한 가뭄이 닥쳤다. 벌목작업반이 산 정상에 도착해 아래를 내려다보니 주변 지역과 달리 우리 농장만 푸르렀다. 그날 작업반장이 퇴근하다 말고 마당에 멈춰 서서 어떻게 우리 농장만 푸르냐며 내게 물었다.

당연히 나는 활짝 미소 지으며 힘주어 말했다. "우리는 땅을 구원하는 작업을 하고 있거든요!" 작업반장은 호기심과 의구심이 섞인 묘한 표정을 지었다. 나는 '떼몰이 방목 – 초식성 태양전환 – 목질화 탄소격리 – 비옥화' 원리를 설명했다. 다품종화, 수분공급, 탄소축적에 대해서도 이야기했다. 모두 하나님께서 우리를 청지기로 삼아 돌보라고 맡겨 주신 이 농장에 마치 정성스럽게 짠 안무에 따라 춤을 추듯 권여하는 상호작용의 일부였다. 그리스도께서 요구하시는 우리 마음의 풍광 상태를 설명하기 위한 참으로 멋진 '도약대'가 아닌가!

'못 쓰게 된 농장worn-out farm'이라는 표현을 들어 본 적이 있는가? 분명 하나님께서 가슴 아파하실 표현이다. 하나님께서 근사하고 재생가능하게 만드신 것을 그분의 형상을 따라 지으신 영리하고 기민하며 용의주도한 인간들이 파괴해 버린 농장을 가리키는 말이기 때문이다. 땅을 못 쓰게 만드는 행위는 영적 심장을 내다 버리는 짓이나 마찬가지이다. 회개라는 개념은 그분의 길이 옳다는 하나님 뜻에 동의하는 행위이다. 그리고 그 결과는 영적 열매이다.

하나님의 창조물을 돌보는 청지기로서 내 임무는 똑똑한 두뇌와 자유로운 손을 주변으로 펼쳐 그것들을 어루만지고, 자연상태로 그대로 놔두기만 하는 것이 아니라 태양에너지가 더 활발히 바이오매스로 전환되도록 돕는 데에 있다. 이런 자세야말로 진정한 지배권 행사이다. 기독교인들은 흔히 지배권을 마치 최단기간 동안 약탈하고 파괴해도 되는 허가증처럼 사용한다. 이는 땅을 다스리라는 지배명령을 완전히 변질시킨 태도이다. 지배명령은 우리 재능을 발휘하여 하나님의 창조물이 장기간 잘 기능하며 풍성한 결실을 맺도록 도우라는 명령이다.

하나님께서 우리 삶에 관여하지 않기로 하셨다면 어떻게 됐을까? 우리가 너무 특별하니 그분의 아들을 보내지 않아도 되겠다고 결정하셨다면? 솔로몬은 잠언에서 여호와께서 그 사랑하시는 자를 징계하시기를 마치 아비가 그 기뻐하는 아들을 징계함 같이 하신다고 말한다. 좀 불편해지는 말씀이다. 그러나 앞으로 나아가려면 바로 여기에서부터 출발해야 한다.

나는 이러한 간섭을 생태학적 훈련이라고 부른다. 사람이 육체적으로나 영적으로나 훈련이 필요하듯이 토지도 훈련이 필요하다. 그러나 간섭이 너무 오래 혹은 너무 공격적으로 행해지면 본 의도가 변질되고 오히려 모욕이 된다. 문제는 대체로 기독교인들이 어느 정도까지 관여 혹은 간섭해야 적절한지를 알지 못하고 있다는 데에 있다.

학대하는 부모는 당연히 간섭한다. 사이비 종교도 간섭이 심하다. 올바른 간섭인지 아닌지를 어떻게 알 수 있는가? 그 열매를 통해 알 수 있다. "성령의 열매는 사랑과 기쁨과 화평과 인내와 친절과 선함과 신실과 온유와 절제입니다. 이런 것들을 막을 법이 없습니다."(갈 5:22-23)

다양한 품종의 식물이 자라는 정원을 떠올려 보라. 그리고 단품종 작물재배를 위해 끝없이 넓은 땅을 파헤쳐, 종국에는 멕시코 만 지역에 뉴저지 주 크기의 데드존을 만들어 낸 저 거대한 경작지와 비교해 보라. 홍수와 가뭄을 막고자 연못을 파는 일과는 간섭의 결과가 사뭇 다르다. 다품종 가축 서식지를 만들기 위해 전기 울타리를 설치해 지형에 간섭하는 일은, 배설물 입자로 뒤덮인 축사를 짓고 배설물 구덩이 라군lagoon을 지어 놨다가 허리케인이 올 때마다 거대한 똥물을 토해 내 강으로 넘쳐 흘러가게 하는 간섭과는 차원이 전혀 다른 간섭이다.

자연방임주의가 부적절하다는 사실을 기독교인들은 쉽게 알아본다. 그래서 벌목반대 운동가들을 조롱하며 농담을 던진다. 하지만 그렇다고 그 대척점에 있는 인간의 지배권이 자연을 남용해도 된다고 정당화해 주지도 않는다. 기독교인들은 내가 자연에 관여하자고 주장하면 "아멘!"을 외치다가, 지배권을 행사할 때 넘지 말아야 하는 선이 있다며 균형을 잡으려 하면 놀란 토끼 눈을 한다.

지배권은 무제한 허가증이 아니다. 우리가 그리스도 안에서 자유롭다고 해서 형세를 실족하게 하는 자유가 허락되지 않듯이 말이다.

우리가 지금 논의하는 주제의 성격이 이렇다 보니, 나는 농장 투어를 위해 찾아온 방문객들에게 종종 말한다. "제가 아주 묘한 재주가 하나 있는데, 보수주의자와 진보주의자 양쪽을 모두 거슬리게 하는 재주랍니다. 몇 사람만 아니라 모든 사람을 화나게 만들거든요."

지배권에 도취된 기독교인들에게 나는 '간섭'은 반드시 '의로운 동기'에서 비롯되어야 한다고 경고하고 있다. 극단적 환경주의자들이 대체로 기독교인들에게 동의하지 않는 이유 하나가 바로 기독교인들이 아무 거룩한 기준도 없이 간섭만 하려 들기 때문이다. 기독교인들은 무엇을 하든 하나님께서 허락하시고 축복하신다는 태도로, '할 수 있으니 하겠다'는 식의 오만한 사고방식을 드러낸다.

그리고 이를 음주, 섹스, 도둑질, 혹은 거짓말 같은 사회적 죄악에까지는 절대 확대 적용하지 않는다. 그러나 자연환경에 대해서는 무슨 짓을 해도 괜찮다고 믿는다. 또다시, 마치 뇌 손상을 입은 환자처럼, 우리 삶을 세속적인 것과 영적인 것, 또는 육적인 것과 영적인 것으로 구분하고 분리한다. 이건 하나님이 일하시는 방식이 아니다. 하나님은 모든 것을 아우르는 영역에서 일하신다. "무슨 일을 하든지, 모든 것을 하나님의 영광을 위하여" 하라는(고전 10:31) 명령, 바로 이 말씀이면 거의 모든 설명이 가능하다.

기독교인들이 불의한 간섭을 삼가고 하나님의 설계에 경의를 표하는 의로운 간섭만 행한다면, 방임주의자들에게 건설적 대안을 제시할 수 있을 것이다. 방임을 주장하는 사람들과 꽤 많은 시간을 함께 보내 봐서 자신 있게 말하는데, 이들은 기독교인들이 지배권을 자제하기를 간절히 원한다. 아니, 아예 기독교인을 전혀 신뢰하지 않는다. 십자군 전쟁부터 에스파냐 정복자 침입, 아메리카 원주민 말살까지, 종교의 이름으로 자행된 일들을 보라면서! 역사수업에서 배운 '명백한 운명Manifest destiny', 다시 말해 서부로 계속 진출하여 아메리카 대륙 전체를 차지하는 것이 신이 정하신 미국의 '명백한 운명'이라는 주장은 이스라엘 민족의 가나안 통치에 비유된다. 비밀을 하나 말해 드리겠다. 하나님께서는 아브라함과 맺으신 언약, 즉 가나안 땅 정복과 번영을 약속하신 그 언약을 영국 식민지 개척자들과 맺은 적은 없으시다. 유럽인들의 북아메리카 정복으로 불리는 이 간섭에서 만일 유럽인들이 지혜와 생명존중 사상을 발휘하여 토착문화를 보존했다면 어떻게 되었을까? 아마 미국은 지금보다 훨씬 좁고, 덜 거들먹거릴 테고, 개신교 정착민들은 토착민들을 존중하는 자세로 지역에 간섭하는 길을 보여 줄 수 있었을지도 모른다.

자연과 토착민들을 대하는 우리의 태도로 인해 "여러분이 좋다고 여기는 일이 도리어 비방거리가"(롬 14:16) 되게 되었다. 어쩌다 보니 정치적으로 논쟁이 뜨거운 영역에 들어왔는데, 그래도 나는 우리가 "예수님이라면 어떻게 하실까?"로 대변되는 사고에 우리 삶을 일치시키려고 분투, 그야말로 '분투'할 때, 단순히 해야 할 일과 하지 말아야 할 일을 제한적으로 나열한 행동수칙 목록 작성으로 그친다면, 우리의 '분투'를 헛것으로 만드는 거나 다름없다. 우리 중에 과연 온전히 일관성 있는 삶을 사는 이가 있을까? 없다. 그래도 우리, 더 노력은 해 볼 수 있지 않을까?

감사하게도, 상업적 영농은 생태환경을 개선하는 방식으로도 가능하다. 기독교인들이 자연에 한없이 간섭하는 행위나 환경주의자들이 생태계의 완전무결함을 유지할 유일한 방법이라며 한없이 방임하는 행위 모두 잘못이다.

누구든지 참여하는 먹거리

관여의 원리를 식품체계에 적용하지 않고 논의를 마치면 무성의한 결론이 되리라. 탁월한 기술력 덕분에 오늘날 우리 문화는 가정에서 요리의 기교를 펼칠 기회를 철저히 포기했다. 정직한 식품체계를 구축하려면 사람들이 직접 참여하여 정보를 제공받아야 한다. 부엌에서 물러나 더 이상 집에서 음식을 준비하고 조리하고 포장하고 보관하는 일을 하지 않으면, 이는 책무를 저버리는 일이다. 한 사안에 무지한 사람들이 많을수록, 파렴치한 관여자들이 성공하기도 쉬워진다. 기독교인들이 대체로 파렴치한 식품회사보다는 파렴치한 은행원들을 더 맹비난한다는 사실, 놀랍지 않은가?

살 중의 살, 뼈 중의 뼈가 될 식품보다 말썽 많은 할리우드 유명인사들과 야구 리틀리그에 더 많은 관심을 갖다 보면 우리는 기업의 식품정책 속으로 스스로 걸어 들어가고 만다. 그 정책은 분명 영양결핍과 부당한 가격과 반反공동체에 근거하며 중앙집권화와 소비자의 무지를 부추기고, 생명을 기계적 관점으로 바라보도록 장려한다.

비록 교회가 용인한다 할지라도 종교적 우파들조차 질색할 만한 일들을 식품체계에서는 대환영하며 끌어안는다. 설교자들은 TV, 인터넷, 음란서적을 통해 쓰레기를 집에 들이는 행위를 호되게 질타하면서도, 집에 액상과당, 감자칩, 팝타르트를 쟁여 두는 행위에는 눈 하나 깜짝하지 않는다. 실제로 좀 더 값싼 음식을 먹고 더 많은 돈을 헌금함에 넣어야 한다고 말하는 설교자도 있다. 심지어 자녀를 잘 돌보려면 자녀가 무엇을 먹는지에 관심을 기울여야 한다는 이들을 폄하하기까지 한다.

이스라엘 모든 절기의 중심에는 음식이 있다. 예수님도 자신의 초림과 재림을 본능적으로 떠올리게 할 기념물을 정하셔야 할 때가 오자, 빵과 포도주를 택하셨다. 그 당시 문화에서는 빵과 포도주가 현대 미국에서의 감자튀김과 콜라만큼 흔한 음식이었다. 그럼 만일 그 시절에 감자튀김과 콜라가 있었다면 과연 예수님이 빵과 포도주 대신 그것을 택하셨을까? 나는 그러지 않으셨으리라 생각한다.

아직 냉장시설이 없던 그 시절, 빵은 연약함을 암시했다. 현대 미국에서 먹는 신선함과는 거리가 먼 대부분의 빵과 달리, 그 시절 빵에는 곰팡이가 피었다. 만든 당일에 먹지 않고 놔두면 다음날 곰팡이로 뒤덮여 상한 맛이 났다. 우리가 잘 아는 주기도문에서, 예수님은 "우리에게 일용할 양식our daily bread"을 달라고 기도하신다. 한 주, 혹은 한 달이 아니라 '하루'에 먹을 빵, 그리고 다른 사람이 아니라 '우리'가 먹을 빵이다. 왜일까? 하나님께서는 매일 관여하기를 원하시기 때문이다. 하나님께서 우리를 버려두고 싶지 않으시듯이, 또한 우리로 하여금 하나님을 버려두게 하고 싶지도 않으시기 때문이다.

하나님께서는 우리와 교류하기를 바라시며, 또한 그만큼 우리가 그분과 교류하기를 원하신다. 우리는 하나님을 잠시 떠남으로 인해 위험에도 빠지고 하나님으로부터 완전히 떠나 아픔을 겪는 일을 자초하기도 한다. 빵은 우리와 하나님과의 관계가 얼마나 연약하고 순간적인지 상기시킨다. 하나님께서는 우리가 주님을 끊임없이 생각하기를, 절대로 우리의 영적 빵에 곰팡이가 피도록 놔두지 않기를, 하루하루 날마다 일용할 그 빵을 먹기를 원하신다.

냉장시설이 없던 그 시절, 포도주는 오래 보관해도 변하지 않는 아마도 가장 안정적인 음식을 대표했을 것이다. 포도주는 쉽게 부패하는 음료와 달리 변질되지 않았다. 그렇다. 빵이 예수님의 몸을 상징하듯 포도주는 예수님의 피를 상징하되, 그 특성이 매우 안정적이라는 면에서 늘 변하지 않는 예수님 피의 능력과 또한 우리와 그분과의 관계를 잘 보여 준다. 빵이 연약함을 나타내듯, 포도주는 강력한 지속력을 나타낸다. 바로 이것이 우리와 하나님과의 관계이다. 연약하면서 강력하고, 순간적이면서 또한 영원하다.

빵과 포도주 둘 다 그 당시 평범한 음식이었다. 낯설거나 값비싼 음식이 아니었다. 이는 '누구든지' 정신을 명백히 보여 준다. 예수님을 믿기만 하면 '누구든지' 영생을 얻는다는 요한복음 3장 16절 말씀처럼 말이다. 하나님은 특정 민족, 특정 수준의 교육을 받은, 혹은 경제적으로 부유한 사람만 참여하기를 원하지 않으신다. 우리가 음식을 준비하고 조리하고 포장하고 보관하기 위해 부엌에 들어갈 때, 이는 곧 우리가 하나님이 바라시는 영적 행보에 참여하는 일이며, 또한 그에 못지않게 거룩한 창조 과정으로 들어가는 실천이라고 믿는다. 왜 우리는 하나님이 손짓하여 부르시는 원초적 부분에서의 '관여'는 일상적으로 무시하면서, 지적이고 영적인 영역은 중시해야 하는가? 나는 이 둘이 경쟁관계가 아니라, 오히려 본질적으로 그리고 전적으로 공생관계라고 생각한다.

다시 말해서, 우리가 교회 포틀럭 모임에서 나눠 먹으려고 KFC 치킨을 집어 드는 행위는 영적으로 우리들이 혐오하는 원리이면서도 육적으로는 행하고 있는 경우라고 보면 된다. 이는 우리 자녀뿐만 아니라 우리가 복음을 전하려 애쓰는 이웃과 친구들까지 혼란스럽게 한다. 가정 안으로 들어오는 식품을 꼼꼼히 살피는 일 만큼 자녀들을 향한 헌신과 관심을 잘 드러내는 일이 또 있을까! 식탁에 양질의 음식만 올릴 만큼 신경 써 주는 부모의 모습을 통해 자녀들은 본능적으로 하나님을, 즉 우리의 영적 건강을 살피시고 우리가 마음과 영의 양식을 잘 분별하기를 간절히 원하시는 하나님의 모습을 본다.

'먹거리 풍경'의 건강함이나 예법의 영역에도 우리의 영적 영역의 경우와 동일한 원리를 적용해야 하고 실천해야 한다. 우리가 이쪽에는 관심을 가져야 하지만 저쪽에는 그럴 필요가 없다거나 하나님이 이쪽에는 관심이 있으신데 저쪽에는 관심이 없으시다는 식의 말은 곧 우리 믿는 이들 삶의 특징이어야 할 일관성을 포기하는 행위이다. 먹거리 풍경에서 영적 영역과 동일한 원리를 드러내지 못하면, 다른 사람들 눈에 우리는 당연히 상습적으로 규칙을 위반하는 무리로 비칠 수밖에 없다.

이렇게 질문해 보자. "영적 관여의 능력을 발휘하여 먹거리와 영농을 의롭게 변화시키려면 어떻게 해야 할까?" 우리가 그리스도께 동참할 때 아름다운 영적 열매를 맺듯이, 육체라는 것에 관여할 때도 그와 같은 아름다운 열매를 맺는가? 나는 이 질문과 씨름하는 것이 곧 "두렵고 떨림으로 자기의 구원을 이루어 나가십시오."(빌 2:12)라는 말씀이 뜻하는 의미라고 믿는다. 그저 공원에서 산책하듯 쉽게 이루어지는 일이 아니기에 말이다.

끊임없는 탐색이 필요하다. 의견이 다른 이들의 도전에, 그렇다, 저 공산주의 빨갱이인 진보 환경주의자들에게도 우리의 마음을 열어야 한다. 프란시스 쉐퍼가 늘 묻던 질문에 대한 답을 간절히 찾아야 한다. "그렇다면 이제 우리는 어떻게 살아야 하는가?"

7 —
더욱더
많은 열매를
맺는 땅 풍요 vs 결핍

나는, 양들이 생명을 얻고 또 더 넘치게 얻게 하려고 왔다.

요한복음 10장 10절

기독교인의 삶과 경험에서 나타나는 가장 뚜렷한 특징 하나는 모든 영역
을 아우르는 풍요함이다. 풍성한 은혜, 풍요로운 영생, 그리고 영광의 처
소에 이르기까지. 오두막도 방갈로도 아닌 저택, 그것도 아주 많은 저택
이 있다.

그런데도 실제 현실에서는 많은 기독교인들과 훨씬 더 많은 비신자
들이 기독교인의 삶을 우선은 금욕과 결핍의 삶으로 바라본다. 그런데 집
도 없고 머리 둘 곳도 없으셨던 예수님을 생각하면서, 신기하게도 우리는

가난을 떠올리지 않는다. 바리새인과 격렬히 싸우시고, 죽은 나사로를 다시 살리시며, 혼인 잔치에서 아주 좋은 포도주를 만드시고, 안식일에 밀 이삭을 자르시는 예수님. 우리 머릿속에 떠오르는 예수님의 모습은 현대의 노숙자 이미지가 아니라 활기차고 행복하며 원기왕성하시고 한 치의 오차도 없는 완벽한 의로움을 갖추신 인격체이시다.

예수님은 유머감각이 뛰어나신 분이다. 하나님은 확실히 그러하시다. 나 같은 괴짜를 지으신 것만 봐도 알 수 있지 않은가. 믿어도 좋다. 하나님은 유머감각이 있으시다. 솔로몬은 말한다. "즐거운 마음은 병을 낫게 하지만, 근심하는 마음은 뼈를 마르게 한다."(잠 17:22) 예수님은 오늘날 우리의 생각처럼 궁핍하지 않으셨다. 그보다는 사명에 집중하시느라, 우리 대부분이 인생 최고의 가치로 여기는 자랑거리들에 연연하지 않으셨을 뿐이다. 예수님은 삶을 초월하셨으나 우리는 그렇지 않다. 그분은 결혼하시 않았고 사녀도 없었다. 한 소년의 점심 도시락으로 수천 명을 먹이신 예수님은 육신의 한계를 초월하신 분이지만, 우리는 그렇지 않다.

타락하여 육신의 한계에 갇혀 있는 우리에게조차 하나님은 가장 좋은 것을 주시고 싶어 하신다는 사실을 우리가 기억하길 바라신다. 떡 대신 돌을 주거나 물고기 대신 뱀을 주시지 않는다. 우리가 그분을 '아빠'라 부르며 아버지와 자녀의 관계로 지내기를 원하신다.

하나님께서는 이스라엘 민족에게 명확히 표시된 지역을 주시고, 그 경계 내에서 보호해 주시기로 약속하셨다. 그런 다음 생육하고 번성하며 땅에 충만하라고 말씀하셨다. 분명 하나님께서는 인류가 점점 더 많은 결실을 거두는 지구로 계획하셨다. 그렇지 않으면 한정된 땅에 인구는 계속 늘고 결핍과 종국에는 기아에 시달릴 테니 말이다.

우리가 사는 시대는 대부분의 사람들이 결핍에 집착한다. 전 세계 어느 대학 어느 환경과학 수업에 가 봐도, 수업시간의 최소 절반은 결핍 문제를 다루는 쪽에 할애한다. 에너지, 돈, 광물, 식량, 물, 종種, 공기를 소진하고 있으면서 말이다. 1970년대, 많은 극단적 환경주의자들이 1980년대가 되면 석유가 고갈된다고 예측했다. 대부분 석유가 더 이상 생성되지 않는다는 의견에 동의하고, 그 결과 '화석연료'라는 용어도 생겼다. 많든 적든 남아 있는 석유 보유량에 상관없이 현명하게 사용해야 한다. 고갈된다는 이전 예측이 과장되긴 했어도 석유를 있는 대로 펑펑 쓰면 안 되는 건 맞다.

자유주의자들은 자원을 사용하고 고갈시키는 속도를 늦춰 보려고 도전하는 환경주의자들에게 비난을 쏟아낸다. 한 저명한 자유주의자는 미국의 유명 환경보호단체 어스 퍼스트Earth First!를 비웃으면서 당연히 지구가 먼저이며, 지구 자원을 다 써 버리고 나면 다른 행성으로 넘어가면 된다고 말한다. 도대체 무슨 정신으로 그런 말을 하는 걸까? 그야말로 고삐 풀린 오만이요, 터무니없는 헛소리다. 이래서 나는 나 스스로를 자유주의자이며 환경주의자라고 부른다. 칼럼니스트 로드 드레허Rod Dreher는 자신의 훌륭한 저서《크런치 보수Crunchy Cons》에서 보수주의자이면서 환경에도 관심 있는 나 같은 사람을 가리켜 '그래놀라 보수granola conservative'와 비슷한 의미로 '크런치 보수'라고 부른다. 우리는 기후온난화가 심해 그래프가 하키 스틱처럼 올라가고 있는 시대에 살고 있다. 급격히 치솟은 이런 그래프가 계속 지속되도록 놔둘 수는 없다. 이전에도 그랬고 앞으로도 그렇다. 적어도 영원의 이쪽 세상에서는 말이다.

이 때문에 국가가 국내총생산GDP: Gross Domestic Product으로 국가의 성공 정도를 계산하고 미국금융계가 영구적으로 지속성장 가능하다고 예측하는 소리에 이성적인 사람들은 피가 거꾸로 치솟는다. 교도소 수를 늘리고 싶은 사람이 어디 있겠나? 자폐증이나 암을 늘리고 싶은 사람은? 땅을 망치는 찔레나무나 광우병은? 사막은? 오염수나 스모그는? 보다시피, 늘어나서는 안 되는 것들이 아주 많다. 죄, 죄는 어떤가? 죄도 늘어나야 하는가?

날카로운 눈을 가지라

우리는 사람들, 토론의제, 사회운동을 선수 쳐서 독차지하고 싶어 한다. 정신이 번쩍 드는 예수님 말씀을 담은 성경구절이 있다. "이 세상의 자녀들이 자기네끼리 거래하는 데는 빛의 자녀들보다 더 슬기롭다."(눅 16:8) 기독교인이라면 누구나 이 말씀에 간담이 서늘해져야 한다. 무슨 뜻인가? 사회나 정치 문제, 그리고 데이터를 분석하여 동향을 파악하는 작업에, 대체로 하나님의 사람들보다 비기독교인들이 더욱 날카롭고 더욱 총명하며 보다 더 뛰어나다는 의미이다. 동시에 우리는 종교의 이름으로, 기독교의 이름으로 아주 멍청한 짓을 한다는 뜻이다. 우리는 십자군 선생을 벌여 놓고 아직 사과도 제대로 하지 않았다. 아프리카인들을 노예로 사고 팔았으면서 그들이 고국에서라면 듣지 못했을 복음을 우리 덕분에 접하게 됐다며 잘못된 과거를 정당화했다.

우리는 아메리카 원주민들이 알고 있는 생태환경과 약초와 장기적 토지보호 방법과 지식을 무시하면서, 오히려 저들을 학대하고 학살했다. 모든 원주민이 다 좋은 청지기였다는 말은 결코 아니지만, 그래도 개신교 정착민들에게 보탬이 될 유용한 지식을 꽤 알고 있었다. 우리가 출범시킨 여성기독인금주연합Woman's Christian Temperance Union이 주류 제조와 판매를 완전히 금지하는 금주법을 이끌어 내는 바람에, 소기업들이 무너지고 자립적 에너지 산물, 즉 농장을 기반으로 한 알코올 생산방식이 허물어지고 말았다. 이 일로 정부가 우리에게 무엇을 먹거나 먹지 말아야 할지 이야기할 권리를 행사하는 문화의 선례가 생기고, 현재의 마약 전쟁이 시작된 단초인 정신적 합리화와 법적 훈련까지 마련되었다. 국민에게 마시지 말아야 할 것까지 말할 수 있는 정부라면 생우유도 금지할 수 있다. 보호한다는 명목으로 당신의 자녀에게 백신주사를 접종하도록 하거나 자폐증 아동에게 소위 정통 약물요법을 적용하도록 강력히 요구할 수도 있다.

기독교인 친구들에게 경고하는데, 무엇을 향해 의로운 분노를 품을지 극도로 신중하기 바란다. 입법화를 통해 해결하자고 요구하다 보면 전혀 의도하지 않은 결과를 낳는 법이 제정될 수 있다. 우리는 종종 독선에 눈이 가려 이를 알아보지 못하지만, 이 세대의 자녀들은 벌거벗은 임금님의 가짜 새 옷을 보듯 꿰뚫어 본다. 도대체 언제부터 우리 자녀들에게 무엇을 먹고 무엇을 보고 살아야 하는지 정해 주는 특권이 정부에 있었는가? 한 개 영역에 더 개입해 주기를 요청하면, 선례가 되어 정부가 다른 영역에도 개입하는 계기를 주는 셈이다.

하나님이 주신 선물을 보호하려는 환경주의자들을 비웃으며 조롱하는 일은 유정油井 하나하나가 발전을 의미하는 대기업 무리에 합류하는 일 못지않게 기독교인답지 못한 행동이다. 나는 유정을 파는 일이 무조건 지구를 해치는 일이라고 생각하지는 않지만, 그렇다고 해서 최대한 많은 곳에서 최고로 빠른 속도로 석유를 뽑아내는 방식이 지배권을 성공적으로 행사하는 잣대라는 생각도 하지 않는다.

자원을 늘리는 생태농업

하나님은 결핍을 원하시지 않는다. 레위기 26장 5절 말씀을 생각해 보라. "너희는, 거두어들인 곡식이 너무 많아서 포도를 딸 무렵에 가서야 타작을 겨우 끝낼 것이며, 포도도 너무 많이 달려서 씨앗을 뿌릴 때가 되어야 포도 따는 일을 겨우 끝낼 것이다. 너희는 배불리 먹고, 너희 땅에서 안전하게 살 것이다." 풍성함이 넘치는 그림이 아닌가?

이런 말씀도 있다. "그러면 주 당신들의 하나님은 당신들이 하는 모든 일에 복을 주시고, 당신들 몸의 소생과, 가축의 새끼와 땅의 소출을 풍성하게 하실 것입니다. 주님께서, 기쁜 마음으로 당신들의 조상이 잘 되게 하신 것처럼, 기쁜 마음으로 당신들도 잘 되게 하실 것입니다."(신 30:9)

영적 풍요를 약속하는 다음 구절과 매우 유사한 말씀이 아닌가? "나는, 양들이 생명을 얻고 또 더 넘치게 얻게 하려고 왔다."(요 10:10) 바울 서신에 담긴 이 말씀은 어떤가? "하나님께서는 여러분에게 온갖 은혜가 넘치게 하실 수 있습니다. 그러하므로 여러분은 모든 일에 언제나, 쓸 것을 넉넉하게 가지게 되어서, 온갖 선한 일을 얼마든지 할 수 있습니다."(고후 9:8) 한 구절만 더 살펴보자. "또한 여러분은, 우리의 주님이시며 구주이신 예수 그리스도의 영원한 나라에 들어갈 자격을 충분히 갖출 것입니다."(벧후 1:11)

믿거나 말거나, 산업형 식품과 농업은 광물질과 토양, 물, 에너지 자원을 전례 없는 속도로 고갈시키는 반면, 생태농업ecological farming은 오히려 그런 자원의 보유량을 늘려 준다. 신기술을 이용하여 새로운 방식으로 토지를 관리하면 실제로 결핍에서 풍요를 창조해 낸다. 이스라엘은 건조지대 녹화사업과 적극적 물 관리 분야에서 세계 선두를 달리고 있다. 우리 농장에서 사용하는 가금류 급수기도 이스라엘에서 왔다. 미세한 플라스틱 튜브로 물방울을 똑똑 떨어뜨려 원하는 부위에만 소량의 물을 지속 공급하는 점적관수點滴灌水 기술도 이스라엘에서 시작했다. 토지에 수분을 공급하는 일은 성경식 축복이자 청지기 사명이다. 그렇다면 어떻게 토지에 수분을 공급할까?

생태농업은 자연의 보유량을 늘려 준다

© cheeseslave, Flickr

교회 건물과 주택 지붕에서 흘러내려오는 빗물을 저장하는 일부터 시작할 수 있다. 빗물 저장용 저수조를 설치하면 하류하천 범람 문제를 방지하고, 기반시설 구축을 위한 공공사업과 유지보수 작업과 비용을 절감할 수 있다. 저수조에 모은 빗물을 집에서 사용하면, 즉 샤워도 하고 샤워한 물은 화장실 변기 물로 재사용하면, 기반시설 구축과 유지보수 작업이 줄어들고 운반비용까지 감소할 수 있다. 정부 서비스에 대한 의존도는 양방향으로 줄어드니 덜 내고 덜 받게 된다. 주변의 물을 끌어다 쓰거나 넘치도록 물을 쏟아 붓지 않으니 이웃에게도 도움이 된다.

빗물을 모아 집에서 사용하고 정원과 화단에 물 줄 때도 사용하면, 물이 서서히 토양으로, 그리고 대수층으로 스며 들어가 지하수와 샘과 개울에 물이 마르지 않고 강물은 온전히 유지된다. 교회에서도 관리위원회가 잔디밭에 뿌릴 비료를 사는 대신, 저수조를 설치하여 전체 시설에 필요한 물을 자급자족하고, 저수조에 담긴 물의 양을 공개하여 모든 사람이 생태 의존성과 생태적 수용용량carrying capacity을 이해하도록 이끌면 어떨까?

이미 논의했듯이, 농부들은 농작물재해보험을 알아볼 일이 아니라 연못을 만들어야 한다. 가장 좋은 농작물보험은 회복력을 갖춘 수분공급 계획이다. 보수주의자들은 농작물보험이라는 새로운 이름의 정부 보조금이 농장 자산을 보호하는 유일한 방법인 양 압력을 행사한다. 하지만 이는 완전히 잘못된 방법이다. 우리가 폭력을 기반으로 하는 자선과 보호를 논의에서 제외해야 농부들이 풍성함을 기반으로 하며 회복력을 갖춘 원칙들을 억지로라도 실행에 옮기리란 생각이다. (정부 프로그램이 폭력에 기반한다는 데 동의하지 않는가? 그렇다면 1년 동안 세금을 내지 말고 지켜보라. 폭력을 휘두르는 주체가 누구인지 알게 되리라.)

땅과 협력하는 법

탄소중심 모델이 필요한 이유는 앞에서 이미 살펴보았다. 이번에는 같은 주제를 패턴이 아니라 풍요의 관점에서 바라보자. 지구가 더워지든 추워지든 상관없다. 지구의 변화가 인간 때문이든, 화산 때문이든, 하나님 때문이든, 대지의 여신 가이아Gaia 때문이든 상관없다. 풍요를 누리려면 탄소중심 계획에 동참해야 한다.

땅은 비협조적인 동반자라서 생산물을 얻으려면 강압적으로 다뤄야 한다는 생각이 현대 미국 문화를 지배하는 사고방식이다. 성적 비유를 들어가며 너무 자세히 묘사하고 싶지는 않지만, 내가 보기에 땅은 보듬어 주기를 기다리는 연인과도 같다. 그리고 다정하고 애정 어린 손길에 아낌없이 내어 주며 응하는 연인처럼, 땅도 동일한 방식으로 반응한다. 아름다운 상호주의를 보여 주는 온전한 그림이다.

우리는 왜 하나님을 사랑하는가? "우리가 사랑하는 것은 하나님이 우리를 먼저 사랑하셨기 때문"이다(요일 4:19). 왜 어떤 이의 포도원은 무성한가? 포도나무를 심고 주위에 흙을 파 거름을 주며 애정을 주었기 때문이다. 왜 우리 소 떼는 살찌고 윤기가 흐르는가? 퇴비로 토양에 애정을 주고 연못을 만들어 수분공급을 해 준 덕에 힘겨운 시기에도 변함없이 소가 양껏 먹을 수 있는 목초를 풍성히 길러냈기 때문이며, 가장 좋은 가축을 선별하여 더 좋은 품종으로 개량하고 초식동물과 다년생식물 사이의 상호작용에 애정을 쏟았기 때문이다.

보통 산업형 농부는 자신이 토지와 동식물에 애정을 쏟은 대가로 보상 받는다고 생각하지 않는다. 성질머리 고약하고 비협조적인 상대와 씨름한 대가로 보상받는다고 생각한다. 영리하게 조작하고 제어해서 토지를 괴롭혀 생산물을 얻어 낸다고 생각한다. 두 사고방식의 차이를 알겠는가? 하나는 사랑하는 상대를 주제로 삼고, 다른 하나는 강압을 주제로 삼는다. 관점의 차이가 실로 엄청나다.

이 주제는 농업학회에도 등장하는데, 실제로 꽤 심오하게 다뤄진다. 지속가능농업 학회 워크숍에서는 주로 생산적 측면의 실용기술을 다룬다. 질병에 관한 논의는 거의 듣지 못한다. 최대 관심사는 어떻게 하면 호의적인 친구로 자연과 함께 일할 수 있는가이다. 이는 농업 관련 산업계에서 개최하는 산업형 농업학회의 주제와는 정반대이다. 산업형 농업학회에서는 거의 모든 논의가 질병 중심으로 진행된다. 최대 관심사는 어떻게 하면 자연을 이기고 승리하느냐이며, 자연을 마치 군사적 정복 대상처럼 복종시켜야 할 적군으로 본다. 믿기지 않으면 학회 두어 군데만 참석하여 직접 눈으로 확인할 수 있다. 아니, 학회 발표주제와 제목들만 봐도 내 말이 옳다는 것을 알게 된다.

산업형 식품 옹호자들은 툭하면 '전 세계를 먹여 실려야 한다'고 호소하며 하나님의 자원을 약탈하는 행위를 정당화한다. 세계는 필요한 양보다 훨씬 더 많은 식량을 생산하고 있다. 하지만 산업계는 사람들이 두려움에 빠지면 어떤 해결책이든 거의 무조건 받아들인다는 사실을 잘 안다.

생명은 생명을 낳는다

또 다른 관점에서 풍요와 결핍 문제를 살펴보자. 많은 사람들이 지역농산물 중심 체계로는 부족하다고, 겨울철에도 먹어야 하는데 동절기에는 작물재배가 어려운 지역이 많다고 말한다. 그러니 지역농산물 공급은 포기하고, 대신에 기본적으로 전 세계로부터 장거리 수송에 의해 실어나르는 방식을 수용하는데, 이 체계는 소비자와 생산자가 단절되고 계절이나 기후의 제약을 받지 않는다. 이는 겨울철에 미네소타 주 미니애폴리스가 결핍에 시달린다는 사실을 근거로 세워진 체계이다. 미네소타 주민들은 남부에서 수입한 수분이 가득한 상추를 골라 슈퍼마켓 카드 단말기에 신용카드를 긁으면서도 머릿속에는 그저 집에 가서 시트콤이나 봐야겠다는 생각뿐이다.

상추를 운송하는 데 드는 시간과 노력으로 차라리 집 한쪽에 플라스틱으로 일광욕실을 만들어 온실로 활용하는 노력을 해 보면 어떨까? 첨단기술 열 저장체와 열전지 환풍기를 이용하면 적정 장소의 온도를 일정하게 유지하여 모든 사람이 저마다 상추를 기를 수 있다. 태양 에너지가 현장에서 직접 식품으로 전환되고, 남은 에너지로 간접 난방까지 가능하다.

이를 하나님께 경의를 표하는 체계라고 감히 말해도 될까? 이 체계를 통해 우리 삶 주변에 참되고 활기 찬 풍요가 임하고, 우리가 참여할 때 한겨울 미네소타에서 하나님께서 어떻게 채워 주시는지를 알려 주는 통합적 실물교육이 이루어지니 말이다. 알다시피, 우리는 게으르지 않다. 단지 잘못된 일을 하느라 바쁠 뿐이다. "여기서는 할 수 없어."라는 생각보다는 풍요를 기반으로 하는 체계를 선택하는 순간, 갑자기 기독교인에게 실물교육의 기회, 즉 하나님의 한없는 축복을 주변 사람들에게 보여 줄 수 있는 기회가 생긴다.

자, 시금치와 근대, 상추, 사탕무우, 그리고 (확실히 추위에 강한 채소인) 당근이 가득 자란 미니애폴리스의 일광욕실에 환경주의자이자 무신론자인 이웃이 방문한다고 상상해 보자.

이웃이 묻는다. "안녕하세요, 집 한쪽이 온통 푸르네요. 어떻게 된 겁니까?"

"보여 드리지요." 여러분은 친절하게 답한다. "여기 일광욕실로 와 보시죠. 상추랑 사탕무랑 시금치 좀 보세요. 우린 남으니까 여기 봉투에 싸서 집에 가져가셔도 됩니다. 네, 진짜예요! 저기 구석에 닭 다섯 마리 보이시죠? 요리하고 남은 음식을 먹여서 키우는데, 알도 낳아요. 나가실 때 말씀하시면 달걀도 좀 챙겨 드릴게요. 닭 분뇨는 채소 키우는 통에 비료로 넣어 줘요. 그리고 채소가 뿜어내는 산소 덕분에 집안 공기가 얼마나 맑은지 숨을 평소보다 반 정도만 쉬어도 된다니까요."

아, 인정! 마지막 말은 과장이 좀 심했다. 흥분해서 좀 멀리 갔지만, 무슨 뜻인지 아시리라 믿는다.

"와, 대단하네요. 정말 놀라워요. 어떻게 이런 생각을 다 하셨습니까?" 이웃이 감탄해 마지않으며 관심 있게 물어본다.

"요즘 풍요에 대해 생각해 보고 있는데요. 하나님은 은혜가 풍성하시고, 또 풍족하게 채워 주시는 분이시잖아요. 그러니 여기에 작은 일광욕실을 만들어 놓고 이렇게 추울 때 하나님의 창조물을 이 안에서 돌보다 보면, 하나님이 정말 얼마나 풍요한 분이신지 눈으로 직접 확인하는 기쁨을 누릴 수 있겠다고 생각했어요." 물론 이쯤에서 이웃은 포옹할지, 도망갈지, 웃을지, 동의할지 망설이며 눈만 동그랗게 뜬다. 어쨌든 하나님이 은혜가 풍성하시고 풍족하게 채워 주시는 분임을 소개할 멋진 방법이 아닌가?

친애하는 기독교 형제자매 여러분, 장담하건대 만일 우리 각자 모두가 이를 사명으로 여기고 깐깐한 환경주의자, 공산주의자, 그리고 벌목반대 운동가의 치기 어린 생각으로 치부하지 않는다면, 상상도 못하던 사람들과 꿈에도 생각 못하던 이야기를 나눌 수 있을 것이다. 나는 사람들의 가슴에 가닿으려면 기초적인 삶의 행로를 통해 다가가야 한다고 믿는다.

하나님께서는 창조물을 하나님의 패턴과 풍성함의 증표로 보내 주신다. 하나님께서는 원하시는 뜻과 일을 성취하시기 위해 우리의 손과 발을, 우리의 육신을 사용하신다. 우리는 남들과 단절되어 눈에 띄지 않는 외진 곳에 갇혀 지내서는 안 된다. 그렇다. 하나님께서는 우리가 여기저기 안팎을 드나들며 이웃을 살피고 동참하며 반갑게 맞이하길 원하신다.

우리는 지성과 기계조작 능력으로 계절의 한계를 극복하고 수분을 공급하며 탄소중심의 통합체계를 구축하여 겨울에도 사막에 꽃을 피울 수 있다. 그리고 이를 통해, 생명력을 잃어 메마르고 싸늘해진 희망 없는 영적 삶도 하나님께서 풍성히 채워 주신있다는 진실을 주변 이웃들에게 드러내는 실물교육이 가능하다.

우리에게는 식물을 기를 수 있는 옥상과 테라스, 그리고 식물 재배용 통이 있으며, 뒤뜰과 주간州間 고속도로 중앙분리대와 공원과 앞뜰이 있다. 놀랍게도, 농부이자 작가인 마이클 에이블먼Michael Ableman은 캐나다 밴쿠버에 있는 폐쇄된 다목적 경기장 주차장에서 수송용 상자와 버섯 찌꺼기 퇴비를 활용하여 농장을 운영하고 있다! 점적관수로 물을 대고 사회봉사명령을 받은 범법자들이 채소를 재배하면서 대도시 빈민가 농장이 완성되고, 직접 먹거리를 기르는 묘미와 고귀함을 젊은이들이 깨닫게 되면서 결과적으로 범죄와 갱단 활동도 줄어들고 있다.

생명은 또 다른 생명을 낳는다. 그것이 생명이 작동하는 방식이다. 땅을 제압해야 할 적군으로 보지 말고 구애해야 할 연인으로 보기 바란다. 이 연애에서 우리는 땅의 본질이 바뀌기를 원하지 않는다. 우리가 매료된 그 아름다움과 기능은 타고났기 때문이다. 우리가 하는 일은 이곳에서는 칭찬을 해 주고, 저곳에서는 안내를 해 주는 일이며, 그럴 때 땅은 상상 이상으로 풍성히 보답한다.

땅은 독극물을 원하지도 않고 필요로 하지도 않는다. 땅은 광물질과 자원을 기꺼이 내주지만, 대체할 수 없는 소중한 자원의 진가를 깨달아 최대한 전략적으로 활용해야 한다. 땅을 고갈시키고 약탈하고 마구 채굴하는 대신, 손상 없이 점차 생산성을 늘려가는 방식으로 말이다. 청지기 사명의 핵심은 하나를 넷으로 불리고 불모지를 옥토로 바꾸는 일이다.

농장을 고갈시키거나 주변 풍경을 황폐하게 만드는 생각은 하나님이 계획하신 설계와 바람과는 전혀 무관하다. 우리는 하나님의 손과 발이 되어 어르고 보듬어 준다. 그렇게 해서 우리가 찾은 것 이상을 만들어 낸다. 이런 자세가 바로 청지기 사명의 본질이다. 더 많이 만들어 내기 위해 피해를 입히고 추함과 상처를 남기는 방식은 하나님의 창조 방식이 아니다. 우리는 풍요를 이끌어 내는 일을 통해, 하나님께서 얼마나 놀랍게 채워 주시는지를 보여 줄 수 있다. 이 얼마나 멋진 임무인가!

8 —
약품, 설비,
시장에서 해방되기 자유 vs 속박

그러므로 아들이 너희를 자유롭게 하면, 너희는 참으로 자유롭게 될 것
이다.

요한복음 8장 36절

하나님께서 자신의 백성에게 주신 약속에는 해방과 자유라는 주제로 충
만하다. 기근으로부터 자유, 가뭄으로부터 자유, 전염병으로부터 자유를
비롯한 모든 축복을 통해 가나안에서 순종의 삶을 사는 이스라엘 백성들
을 향한 하나님의 약속을 분명히 하신다. 하나님의 신실하심은 이웃 나라
의 정복자에게 당하는 속박 그리고 굶주림, 헐벗음, 그리고 거처할 곳이
없는 등 일상의 속박으로부터 백성들을 근본적으로 보호하시는 모습에

서 드러난다.

흥미롭게도 레위기의 율법은 이웃 문화권이 의례적으로 겪는 질병과 골칫거리로부터 이스라엘 사람들을 해방하는 삶의 방식을 규정한다. 가볍게 읽으면 땅이나 가축, 음식에 관한 규정들이 부담스럽겠지만, 사실 이 율법은 골칫거리로부터 사회를 해방했다.

약속의 땅으로 들어가는 이스라엘 백성들에게 과실나무를 찍어 내지 말라고 하신 하나님의 말씀을 생각해 보자. 말씀 자체로는 부담처럼 여겨지지만 실제로는 이스라엘 백성들이 생계를 지속 유지할 수 있도록 이끄신 말씀이었다. 제자 된 삶에는 비록 자기희생이 따르지만, 예수님이 "내 멍에는 편하고, 내 짐은 가볍다."(마 11:30)라고 하셨듯이, 또 "자기 목숨을 얻으려는 사람은 목숨을 잃을 것이요, 나를 위하여 자기 목숨을 잃는 사람은 목숨을 얻을 것이다."(마 10:39)라고 하셨듯이 단기간의 고난은 장기적인 성취를 위한 대가이다.

하나님의 계명에 순종하는 이들에게는 장기적인 뿔라의 땅, 즉 회복되어 다시 하나님의 신부가 되는 영광의 땅이 기다리는데, 이 순간 가장 중요한 계명은 메시아께서 화목제물 되신 사실을 받아들여야 하는 것이다. 그리스도 안에서 누리는 자유의 의미를 이해하는 성도는 이 자유가 육신의 정욕을 만족시키는 자유가 아니라는 것을 안다. 이 자유는 사단의 권세, 정욕의 올가미, 미움이 낳는 정서의 황폐화로부터 우리를 해방하는 자유이다.

어떤 종류의 영농과 식품체계가 속박이 아니라 이러한 자유를 보여 줄까? 성경에 기록된 애굽은 이 세상 체계의 속박, 죄, 불의를 보여 주는 한 사례이다. 애굽이 아닌 가나안의 모습을 보여 주는 농장은 어떤 농장인가?

나는 네브래스카 주에서 방송되는 농업 관련 라디오 프로그램 진행자 둘과 대단히 흥미로운 대담을 한 적이 있다. 나를 인터뷰한 사람들은 대부분 친절했다. 언론인들은 일반적으로 진보적 환경보호론자들인지라 보통 '돼지의 돼지다움'이라는, 동물농장 보드게임 필리밀리Feely Meely처럼 아기자기하고 따뜻하면서도 모호한 나의 농사 방식 아이디어를 좋아한다. 진행자들은 돼지의 돼지다움, 퇴비, 방목가축, 지역식품 체계, 다품종화 농업에 관해 쏟아 놓는 나의 열변을 듣고 싶어 한다. 내 별명이 된 이런 주제들은 대부분의 방송 진행자들 사이에서 긍정적인 반응을 얻고 있었다.

하지만 이 네브래스카 방송국 사람들은 달랐다. 어휴, 정말! 그들은 나를 상대로 만반의 전투태세를 갖추고 왔다. 실제로 복병의 기습 같은 질문에 한동안 쩔쩔매기도 했다. 그들이 물었다. "닭이 닭다움을 표현한다는 말은 무슨 뜻입니까?"

나는 여느 진행자들을 늘 열광시키던 상투적인 대답을 꺼내 놓았다. "닭들이 밖에서 뛰어다니고, 운동도 하고, 풀도 먹고, 흙을 파헤칠 수 있다는 뜻입니다."

진행자들은 눈 하나 깜빡 안 하고 응수했다. (사실 라디오였기 때문에 실제로 눈을 깜빡였는지는 모른다.) "닭의 닭다움을 지키는 가장 좋은 방법은 닭을 포식자나 비, 악천후로부터 보호하는 일 아닐까요? 닭이 매에 먹히거나 차가운 비를 맞아 폐렴으로 죽는다면 닭의 능력을 부인하게 된다고 생각하는데요, 닭이 안전하지 않다면, 닭이 죽는다면, 표현할 닭다움이 무슨 소용이겠습니까."

우습게 들릴지도 모르겠지만, 이 공장식 영농업과 산업형 식품체계의 대변자들은 아주 진지했다. 일단 나를 궁지로 몰아넣은 다음 완전히 쓰러뜨릴 틈을 노릴 작정이었다. 여태까지 닭의 지상낙원에 방목하는 우리 닭들을 두고 감히 불쾌해하는 방송사회자를 만난 적이 없었다. 공책 한 장보다 좁은 철장에 가두어 놓지 않고 살아 있는 동안 자유롭게 뛰어다니며 벌레를 찾도록 하는 환경이 닭을 더욱 힘들게 하는 행위라며 심각하게 시비를 걸어온 언론인들을 만난 적은 여태껏 없었다.

순간 나는 산업형 업계의 프로를 상대하고 있다는 사실을 깨달았다. 그들은 미국 공영라디오방송NPR: National Public Radio 같은 내 지지자가 아니었다. 타이슨과 몬산토와 함께하는 거대 산업형 농장연합의 대변자들이었다. 문득 이 사람들의 관점에서는 안전한, 또는 위험부재의 상황이 닭의 개성을 가장 잘 표현하는 방식이겠구나 하는 생각이 들었다.

이 보수진영 토크쇼 진행자들은 공화당에 투표하고, 개입이 적고 작은 정부를 지지하며, 개인의 자유를 중시할 것이 확실하다. 사회주의자, 진보주의자, 관료제도 지지자는 확실히 아니다. 싱황이 달랐다면 위험이 따르는 자유가 구속이 따르는 안전보다 우선이라고 찬양했을 그들이다. 그들의 사고방식에 맞춰 예를 들어 보면, 철수의 철수다움을 가장 잘 표현하기 위해서는 그를 어떤 실패도, 질병도, 물리적 폭력도 절대로 일어나지 않는 고치 속에서 살게 해야만 한다.

하지만 무엇이 궁극적으로 사람의 개성을 정의하는가? 말하자면 우리 각자에 안성맞춤인 최선은 뭘까? 우리의 개별성은? 답은, 우리가 각자의 은사와 달란트를 어떻게 발휘하는지에 있지 않을까? 실패할 수 있는 자유 말이다. 자아실현에 따르는 위험은 또 어떤가? 루이지애나를 탐험한 메리웨더 루이스Meriwether Lewis와 윌리엄 클라크William Clark가 어떤 위험도 없는 안전한 생활을 해야 개별성을 제대로 표현할 수 있다는 생각에 얽매여 있었더라면 미국 역사에서 영웅으로 존경받을 수 있었을까? 대서양 무착륙 단독비행에 최초로 성공한 찰스 린드버그Charles Lindbergh는 어떤가? 사상 최대의 군사작전 노르망디 상륙작전을 성공시킨 드와이트 아이젠하워Dwight D. Eisenhower, 그리고 77세의 나이에 우주왕복선에 승선하여 최고령 우주비행사가 된 존 글렌John Glenn이나 다른 우주비행사들은 다 안전한 곳에서만 살았나?

자유에는 늘 위험이 따른다. 자유를 지켜 가기 위해 위험을 완전 제거한 상태란 없다. 자녀에게 나무를 타도 좋다고 한다면 위험이 따르는 자유를 주는 것이다. 위험이 걱정되어 아예 나무타기를 못하게 하려는가? 평소라면 미국의 자유와 해방을 찬양했을 그 보수파 토크쇼 진행자들이 닭에 대해서는 꽤나 다른 관점을 보인다는 사실이 무척 흥미로웠다. 방목하여 기르는 우리 닭 중 한 마리가 매의 공격을 받는 그날까지, 우리 닭들은 다리에, 부리에, 허파에, 그리고 삶에 경의를 표하는 삶을 산다. 들판에 닭을 풀어놓으면 위험할까? 당연하다.

장담하는데 이 보수파 산업형 영농업 옹호자들은 십중팔구 다른 상황에서라면 위험을 감수하고 얻은 자유에 갈채를 보낼 것이다. 심지어 총기를 소지하고 주치의도 마음대로 고르려 하리라. 무엇이 이보다 위험할까. 그러면서 이들은 가축에 관한 한, 선택 없는 삶이 곧 자유라고 정의했다. 흥미롭게도 그들은 소위 안전하다는 우리 안에 닭을 가두어 놓는 방식에서 다가올 어떤 위험도 전혀 인지하지 못했다.

이들은 암묵적으로 밀집사육 시설이 안전하다고 전제한다. 밀집사육 시설에는 어떤 위험도 없다고 한다. 절대 사실이 아니다. 자연방목한 우리 닭들은 고병원성 살모넬라균에 감염되지도 않고 조류독감에 걸리지도 않는다. 오늘날까지의 모든 표본과 연구를 근거로 내가 알기로는, 자연방목한 가금류는 이러한 산업화에 따른 세균감염 질병에 면역력이 있기 때문이다. 여기서 나는 고병원성 균주菌株만을 논하며, 오랜 옛날부터 있었던 균주는 다루지 않겠다. 그러나 그 차이는 결코 작지 않다. 마치 방목한 닭이 낳은 달걀과 안전한 공장식 농장의 닭이 낳은 달걀 간의 영양성분 차이를 측정했을 때 보이는 차이와 비슷하다.

차이는 어마어마하다. 둘 사이의 비교표를 필자의 저서《여러분, 이건 정상이 아닙니다》에도 실었지만, 여기에도 한 번 더 싣겠다. 〈어머니 지구 뉴스〉 잡지는 앞장서서 자연방목형 달걀 생산업체 열두 곳과 농무부 표준 달걀 영양성분을 분석 비교했다. 다음은 우리 폴리페이스 농장 달걀의 영양분석 결과의 일부이다.

	미국 농무부	폴리페이스 농장
비타민 E	0.97 mg	7.37 mg
비타민 A	487 IU	763 IU
베타카로틴	10 mcg	76.2 mcg
엽산	47 mcg	1,200 mcg
오메가 3	0.033 g	0.71 g
콜레스테롤	423 mg	292 mg
포화지방	3.1 g	2.31 g

전문영양사가 아니더라도 둘 사이의 천문학적인 차이를 알아볼 수 있다. 그렇다. 여기서 핵심은 엽산의 수치다. 오타가 아니다. 혹시 궁금해하실까 봐 덧붙이면, 엽산은 임산부에게 매우 중요한 지방산이다. 자, 산업형 슈퍼마켓에서 파는 빈혈기 있고 창백한 저 싸구려 달걀에 여러분은 얼마를 낼 의향이 있으신가?

나는 방목형 모델이 닭을, 그리고 달걀을 자유롭게 하여 본연의 모습을 드러낼 수 있게 한다고 이야기하고 싶다. 방목은 닭을 생리적으로 완벽하면서도, 닭이 지닌 최고의 모습을 온전히 표현할 수 있게 한다. 닭들이 목초지를 뛰어다닐 자유와 포식자에게 잡아먹힐 위험을 부정하면, 곧 온전한 영양소가 함유된 달걀을 먹는 사람을 부정하는 셈이다. 달걀을 먹는 우리가 닭의 안전과 부실한 영양소를 걱정해 참고 살아야만 하는가? 인간으로서 가능한 한 풍부한 영양소를 섭취해 몸을 튼튼히 할 우리의 자유는 어디에서 찾으려는가?

안전이라는 이름의 속박

이 논의 주제는 참으로 흥미로운데, 바로 근본적으로 통제를 추구하는 산업형 식품 운동의 위선을 폭로하기 때문이다. 산업형 식품 운동은 통제를 추구하며, 결국 이를 위한 속박의 체계를 만들고 있다. 어디에 속박되는가? 바로 약품! 그리고 콘크리트를 붓고 환풍기를 돌리고 분뇨를 운반하는 데 필요한 에너지에 속박된다. 공장이 유독물질을 배출하고 피해가 표면화된 결과로 제기되는 공해와 오염에 대한 소송으로부터 그들을 보호해 줄 변호사들에게도 속박되고, 불쾌한 악취와 오염물질 때문에 메스꺼움과 심적 고통에 시달리는 이웃으로부터 그들을 보호해 줄 농장권리법[14]을 통과시켜야 하는 로비스트들에게 속박된다. 그리고 이 파렴치한 공장의 불결한 모습과 학대의 현장을 폭로할 의도로 사진 찍는 행위를 불법화해야 한다고 입법부를 설득하고 있는 더 많은 로비스트들에게 속박당한다.

어느 공장식 양계장이든 차를 타고 가보면 출입금지 표지판을 만난

---

[14]   농장권리법Right to Farm laws. 농장의 생산 활동에서 악취나 소음 등 주변에 피해를 주는 요소가 발생하더라도 농장에는 책임을 물을 수 없다는 법.

다. 어느 산업형 도축시설이든 걸어가 보면 보안요원이 있는 경비실을 만난다. 심지어 그 주변은 철조망으로 둘러싸여 있다. 사업가들이 자유롭게 자신의 성향에 따라 세계를 먹여 살리는 사명을 실천가능하게 해 준다고 그들은 주장한다. 그러나 현실적으로 철조망과 경비원, 표지판은 그 안에서 일어나는 일들을 투명하고 정직하게 밝힐 수 없다는 사실, 곧 속박이 있음을 의미하는 표지이다.

우리 농장은 365일, 모든 요일, 24시간 내내 전 세계 어디서나 누구든지 무엇이든 보러 올 수 있도록 문을 열어 둔다. 누군가에게 들킬까 두려워할 만큼 비난받을 만한 행동을 하지 않는 삶이 얼마나 자유로운지 아는가? 피해를 본 이웃으로부터 우리를 보호해 줄 변호사도 그다지 필요하지 않은 삶, 우리 가축의 면역력이 뛰어난 덕에 붉은깃찌르레기가 병을 옮겨서 생계수단을 모조리 쓸어버리지 않을까 걱정하지 않아도 되는 삶이 우리를 얼마나 걱정으로부터 해방시켜 주는지 아는가?

보통 공장식 양계장 농부는 캐나다에서 온 거위가 농장에 배설을 해 수백 마리의 닭을 질병에 감염시키지는 않을까 극도의 공포를 느끼며 살아간다. 나는 절대 이런 걱정을 할 일이 없다. 공장식 양계장 농부는 어떤 방문객이 신고 들어온 가죽 작업화의 주름 사이에 낀 세균 때문에 농장에 질병이 옮지 않을까 매일같이 걱정한다. 그래서 그는 의무에 충실하느라 유독성 신발 살균소독제를 사고 방문객들이 드나들 때 씻을 수 있는 욕실까지 설치한다. 그리고 쥐 한 마리, 파리 한 마리, 제비 한 마리조차 시설 안에 들어오지 못하게 막으며 기도가 배설물 먼지가루에 막히다시피 되어 버린 허약한 닭들의 안전을 위해 필사적으로 노력한다. 그에게 면역체계란 대학과 업계 가금류 과학자에게서 들은 대로 언제라도 무너져 내릴 가능성이 있는 것이다.

우리 농장에서는 손님을 두 팔 벌려 환영한다. 자기가 먹을 음식을 보는데 살균소독제를 뿌릴 필요도, 드나들면서 샤워할 필요도, 방호복을 입을 필요도 없다. 우리는 두려움, 독성물질, 취약성으로부터 자유롭다. 대신 우리는 항생제 없이 키운, 면역체계 튼튼한 닭들을 보며 즐거워한다. 산업형 영농업계와는 다르게 제약회사들의 담합에 속박당할 필요도 없다. 권력을 추종하는 언론과 이중성을 가진 대중에게 편집증적인 소리를 늘어놓는 업계의 앞잡이들 신세를 지지도 않는다. '보호', '안전', '보안'이 그들의 표어이다. 그들은 그 표어를 들고 우리 농장과 식품체계를 숨 막히게 속박하고 있다.

잠시 다른 동물에게로 시선을 옮겨 초식동물을 초식동물답게 살게 하면 어떤 자유가 찾아오는지 살펴보자. 초식동물은 곡물을 먹어서는 안 되며 썩은 고기는 더더욱 먹으면 안 된다. 그런데 여전히 농민들은 둘 다 먹이고 있을 뿐이다. 실상은 정부가 보조금을 지급하면서 이러한 관행을 장려한다. 초식동물에게 곡물을 먹이려면 우선 기계, 에너지, 씨앗, 보관창고, 유통체계에 과다하게 의존해야만 한다.

수송아지에게 곡물을 먹이려면, 우리는 동화《빨간 암탉*Little Red Hen*》속 암탉처럼 쉴 새 없이 일해야 한다. 땅을 갈고, 씨앗을 심고, 잡초를 제거하고, 곡물을 수확하고 저장하며, 사료탱크로 운반해야 한다. 그리고 비가 딱 알맞은 시기에 씨앗 위로 내리지 않으면 싹이 트지 않는다는 사실을 기억해야 한다. 또 계절이 바뀌어 식물 주기가 끝날 무렵 시기에 맞지 않는 비가 뒤늦게 내리면, 수확할 수가 없다.

자, 이런 방식을 소에게 풀을 먹이는 방식과 나란히 두고 비교해 보자. 우선 풀은 다년생식물이라 계절마다 심지 않아도 된다. 또 다년생식물은 일년생식물과 완전히 다른 에너지 흐름이다. 에너지를 씨앗(보리, 밀,

옥수수)에 저장하는 대신 뿌리에 저장한다. 다시 말해 다년생식물은 토양을 더 비옥하게 만들고, 실은 토양을 조성하는 데 일년생식물보다 더 효율적이다.

여기에는 아주 큰 강점이 있는데, 바로 소는 스스로 곡물을 수확한다. 콤바인을 몰고 나가 곡물을 걷어 엘리베이터나 사료탱크로 옮기고, 말리고, 다시 동물에게로 되가져 올 필요가 없다. 대신, 풀을 뜯은 동물들이 몇 가지 영양소를 취한 뒤 대부분을 배설하니, 토양은 더 비옥해지고 풀은 더 잘 자란다. 미시시피 주를 대표하는 목축업자 고든 해저드Gordon Hazard는 픽업트럭 한 대만 있으면 수송아지 3,000마리를 키울 수 있고, 형편이 안 좋으면 트럭 없이도 할 수 있다며 큰소리를 쳤다.

어떤 사람들은 소가 바이오매스를 통해 햇빛을 사람들이 먹는 영양소로 전환하는 과정이 비효율적이라고 불평한다. 세상에! 바로 그 비효율성 덕분에 소들이 토양을 그토록 비옥하게 해 주는 건네! 소가 풀 속에 있는 좋은 성분을 몽땅 흡수하고 또 그 대부분을 배설하지 않는다면, 토양은 그만큼 비옥해질 수 없다. 소에게는 비효율성이지만 토양에는 이득이다. 그리고 생태계 전반에 큰 자산이다.

생각해 보면, 시간을 들여 의미 있는 관계를 맺는 일도 별로 효율적이지는 않다. 무슨 말인가 하면, 몇 년 후에 해를 끼칠지도 모르는 사람에게 미리 투자를 해야 한다는 뜻이다. 마음을 느긋하게 먹고, 시간을 들여 이야기하고 경청하고 돌보고 알아가야 한다. 그렇다. 친애하는 여러분, 관계 맺는 과정의 바로 그 비효율성이 우리 삶을 전반적으로 더 나아지게 만든다. 삶의 토양, 감정의 토양, 생각의 비옥함은 우리가 관계 맺기의 비효율성을 받아들일 때 더욱 좋아진다는 말이다. 암소가 지구상에서 가장 효율적인 존재라고까지 할 수는 없겠으나, 토양만큼은 가장 효과적으로 비옥하게 조성하는 존재라 해도 과언이 아니며, 그렇기에 그 가치는 충분하다.

우리가 소를 소답게 놔두면, 즉 암소가 누려야 하는 아주 소박한 영광을 누리며 살도록 놔두면 소는 오히려 우리를 값비싼 기반시설의 노예가 되지 않도록 해 주리라. 미국의 평범한 농장에서는 연간 총매출액 1달러를 올리기 위해 건물과 장비에 4달러를 투자해야 한다. 우리 농장은 그 비율이 1달러 당 50센트이다. 자본비용이 800퍼센트나 차이가 난다. 게다가 이 계산에 땅은 들어가지도 않았다. 높은 자본비용 때문에 농민들은 결국 장비업체, 은행, 주택자금대출 회사의 노예가 되고 만다. 그러니까 이런 속박의 방식에서 해방된 농민은 대출기관에 무릎 꿇고 애걸복걸하느라 시간을 쓸 필요가 없다. 사실 이런 속박으로 인한 값비싼 부담 때문에 농민의 발걸음에 힘이 빠진다.

화학물질은 또 어떤가? 현재 보통 농민들은 우리 아버지가 늘 말씀하시던 심각한 약물중독에 지독하리만치 속박당하고 있다. 아플 때 먹는 약 말고 화학비료, 농약, 제초제, 살충제, 유충용 살충제, 구충제 등 악마의 곳간에서 나오는 온갖 유독물질 말이다. 화학업체를 맹목적으로 신봉하는 농민들은 쳇바퀴를 돌듯 독성과 효능이 더 강한 물질을 지속적으로 필요로 하지만, 그 비용을 감당할 길이 없다. 이런 상황을 돕기 위해 우리를 애태우려고 매달아 놓은 당근 같은 기술이 등장하는데, 바로 부지맞춤형 프로그램이다. 화학물질을 측정하고, 비용절감이 가능한 GPS 패키지 상품을 사라는 소리를 하는데 제법 그럴 듯하게 들린다. 측정계와 소프트웨어 모두 같은 업계에서 설계했다는 사실을 깨닫기 전까지는 말이다.

당연히 이 패키지 상품에는 결함이 있고, 고장이 난다. 그리고 비싸다! 비용이 더 드는데 속박도 더 당한다. 돌고 도는 회전목마처럼 화학물질 사용은 결국 악순환의 고리이다. 화학비료는 미생물들로 하여금 서로 잡아먹게 만들어 토양을 파괴시키며, 제초제는 슈퍼 잡초가 자라게 한다. GMO는 돌연변이 슈퍼 잡초가 자라게 해 온 나라의 농토를 난장판으로 만드는데, 사람이 직접 벌채용 칼을 휘둘러 베어 내야만 이런 잡초가 퍼지는 일을 막을 수 있다. 기술산업의 성공을 기약한다던 '성배聖杯'가 남긴 결과가 30만 달러짜리 콤바인으로 곡물을 거두려면 일단 우선 사람 손으로 잡초를 뽑아내야 하는 상황이라니, 이건 도대체 뭔가?

우리는 우리 땅을 사서 1961년 이래로 화학비료를 단 한 봉지도 사용한 적이 없다. 제초제도, 살충제도 전혀 쓰지 않는다. 우리는 이동식 닭장을 타고 자유로이 돌아다니는 닭들. 맞다, 바로 그 위험에 노출된 안전하지 못한 조류들과 함께 소들을 따라다니며 기생충과 유충을 통제한다. 독성물질에 돈을 쓰는 대신, 그저 자연방목 위생체계의 부산물로 수천 달러어치의 날샬을 모을 뿐이다.

우리 농장에는 땅을 비옥하게 하는 퇴비가 무진장 나오는데, 값비싼 퇴비 제조기를 쓰지 않고 돼지 덕을 본다. 겨울이 남긴 무산소 상태의 소갈짚에 돼지가 좋아할 발효 옥수수를 넣어 두면 돼지들이 알아서 갈아엎으며 산소를 공급하니, 기계를 켜거나 사거나 작동시키지 않아도 된다. 멋지고 또 참으로 자유로운 광경이다.

나는 농약살포 면허를 취득하거나 강의를 듣거나 요금을 내지 않아도 되니 자유롭다. 이런 독성물질을 뿌리는 데 필요한 방호복을 입지 않아도 되니 자유롭다. 내 자녀들은 토양에 뿌린 무엇이든 먹어도 되니 자유롭다. 나는 내 자녀나 손주들이 분뇨 웅덩이에 빠지거나 제초제를 마시지는 않을까 조마조마하지 않아도 되어 해방감을 느낀다. 퇴비침출수 유출로 죽은 사람 이야기는 아직 들은 적이 없다. 나는 평범한 농민들의 마음을 흐리는 두려움과 걱정으로부터 자유롭다. 참으로 편안한 멍에요, 가벼운 짐이다.

기반시설로 인한 값비싼 구속 체계, 프로그램, 투자의 문제는 우리를 정서적인 노예로 만든다. 사서 가지고 노는 장난감들은 생각을 제한한다. 세계적인 물 전문가 대런 도허티Darren Doherty가 말하는 "마음의 풍토"the climate of the mind를 제한한다는 말이다. 기반체계에 철저히 종속되기 때문이다. 아직 값도 다 치르지 못한 건물과 기계는 또 어떻게 버리겠는가? 이는 나쁜 구매이며 잘못된 투자이고, 수익성도 없으며 정서적 보상도 없는데도 계속 쓸 수밖에 없으니 문제이다.

낙농가 자녀들이 풀농사 학회grass farming conference에 참가하고 돌아와, 소들을 먹일 옥수수를 길러 저장고를 채우지 말고 소들에게 풀을 뜯게 해 풀밭에서 변을 보게 하자고 열심히 설득하면, 콘크리트를 붓고 철근을 구부리며 빌린 돈을 협상하면서 평생을 살아온 아버지와 할아버지는 큰 위협을 느낀다. 이런 일을 단박에 그만둘 길이 없으니 말이다. 경제적으로 매여 있지 않더라도 정서적으로 매여 있기 때문이다. 그 결과 자녀들, 젊은 세대들은 족쇄에 매인 기분이 든다. 매였다 싶으면 어떻게 하고 싶은가? 당연히 도망가고 싶다. 친애하는 여러분, 바로 이런 일이 지금 미국 전역의 수천 개 농장에서 벌어지고 있다.

청년들은 농장으로 돌아오지 않는다. 이는 자유가 낳은 결과가 아니라 속박이 낳은 당연한 결과이다. 이러한 속박은 안전이라는 가면을 쓰고, 안전이라는 이름으로 팔린다. 온갖 약품, 감금형 축사, 콘크리트, GPS 안내 시스템, 화학물질, GMO 등등. 모두 안전의 이름으로 팔리고 있다. 농장에서 자란 아이들은 실제로는 심각한 약물, 화학물질, 기반시설 속박 체계 중독인 곳에 잡혀, 끝이 안 보이는 쳇바퀴를 돌며 살고 싶어 하지 않는다. 이는 해방의 모습도, 자유의 모습도 아니요, 속박, 고역, 막다른 길의 모습이기 때문이다. 농장이 자유와 해방의 황홀한 감정을 표출해야 하는 곳일진대, 이거 분명 잘못돼도 뭔가 한참 잘못됐다.

우리 농장이 기반시설 속박 체계로부터 해방된 탁월한 사례가 바로 방목형 가금류 쉼터이다. 이 쉼터는 3 곱하기 3.6미터 넓이에 60센티미터 높이의 바닥이 없는 단순한 닭장으로 육계 75마리 수용 크기인데, 우리 는 매일 아침 이 쉼터를 손에 들고 목초지를 가로질러 다른 곳으로 옮긴 다. 저렴하고 간편하며 운반하기도 쉽다. 이 말은 새로 사업을 시작하고 접기도 쉽다는 뜻이다. 사업을 축소하거나 확장하기로 한다면 철회나 추 가에 발생하는 비용을 스스로 만든 자금으로 충당할 수 있다. 이렇게 융 통성도 생긴다.

사업을 시작하고 접는 능력은 자유지향형 모델의 대표적인 특성이 다. 시작하거나 접는 일이 어렵다면 경직되고 제한된 모델이기 때문이다. 융통성에는 유동성이 필요하다. 생각해 보자. 통합적인 거대 육계업체를 차리기 위해 닭을 기르고 싶다면, 우선 40만 달러 규모의 축사부터 지어 야 한다. 닭을 키워 본 경험이 없다는 점은 아무 상관없다. 닭을 좋아하는 지 몰라도 아무 상관없다. 계약하려는 회사가 믿을 만한 곳인지 전혀 알지 못해도 아무 상관없다. 사정을 살피기 전에, 사업모델을 시험해 보기 전 에, 어떤 무엇도 시도하기 전에, 무엇보다 먼저 절대 옮길 수 없는 거대 건 물부터 지어야만 한다.

과연 여기에 자유가 있다는 생각이 드나? 놀랍게도 육계업체는 계약 을 변경하거나 이 시설에 단 한 마리의 닭이라도 들어온다는 보장을 거절 할 수도 있다. 엄청난 자금을 차입해서 건물은 지었는데 말이다. 그래서 가금류 산업에는 종종 이런 식으로 계약을 취소당해 자포자기는 물론 자살하는 농민들이 생긴다. 과연 여기에 해방이 있는 걸까? 이 농민들의 진술서를 읽다 보면 이들이 분명 식민지가 연상되는 경제·경영 체계 속의 현대판 농노 신세라는 사실을 곧바로 알 수 있다. 기독교인들이 어떻게 이런 계약에 서명하고 이런 사악한 계획 아래 사육한 닭을 먹을 수 있는지 나는 도무지 이해를 못하겠다.

해방된 농장은 화학업체의 속박, 그리고 숨 막히고 제멋대로인 업계의 계약, 약품처방, 자본집약적으로 '한 가지 목적'에만 사용가능한 기반시설로부터 자유로워야 한다. 해방된 농장은 다년생식물, 농장에서 직접 만드는 퇴비 시스템, 생산 다각화, 제대로 기능하는 면역체계, 또한 '여러 목적'에 사용이 가능하며 가볍고 경제적인 이동식 체계에 집중해야 한다.

도매상품 시장에서 자유로운 가격결정자

마지막으로 해방과 속박에 관한 논의는 마케팅 영역을 다루지 않고는 완전하다 할 수 없겠다. '중개인만 수익을 내고 있다'며 한탄하는 농부의 말을 들어 본 적이 있는가? 당연히 있다. 이 주제에 대해 바꾸어 말해 보면, '농부는 유일하게 소매로 사서 도매로 파는 사업체이다.' 다시 말해 농부들은 가격 결정자가 아닌 가격 수용자라는 말이다.

도무지 종잡을 수 없는 물가에 시달리는 농민들은 크게 오르락내리락하고 예측하기 어려운 가격결정 구조에 속박된 자신을 끊임없이 발견한다. 가격이란 어떨 때는 납득이 가지만, 어떨 때는 아니다. 농민들은 가격변동이라는 채찍의 말단에 있기 때문에 수요와 공급이 아귀가 맞지 않으면 아주 불쾌하다. 마치 롤러코스터를 타고 있는데, 딱 그 안에서 느끼는 만큼만 자신에게 통제력이 있다고 느껴지는 기분, 아시는가?

가격 계약과 생산 할당량이라는 속박이 노리는 하나의 목표, 곧 농민

비중의 감소가 농경의 나라인 이곳에서 실제로 이루어지고 있다. 호황과 불황의 순환은 마치 요한계시록의 말 탄 네 명의 기사처럼 농민을 괴롭힌다. 농민들은 가격의 재앙이 언제 밀어닥칠지 전혀 알 길이 없다. 올해는 가격이 높다가도, 내년에는 폭락할지 아무도 모르니까.

20년 전에 우리 농장을 찾아온 실습생 타이 로페즈Tai Lopez는 인근 농장을 대여하자고 우리를 설득했다. 우리는 그 농장에 전기 울타리와 수도관을 놓아 방목할 수 있도록 개발했다. 봄에는 가축 경매장에서 수송아지 60마리를 사서 가을에 같은 곳에서 되팔 심산이었다. 전형적인 상품기반 여름 방목 계획으로, 풀이 충분히 자라 방목하기 좋을 때 가축을 사서 풀이 성장을 멈출 때 팔아 치우는 방식이다.

우리는 수송아지 두당 150달러를 벌었고 계획이 대성공했다고 생각했다. 어려워 봐야 얼마나 어렵겠는가? 식은 죽 먹기! 봄에 사서 가을에 팔기. 순식간에 부자가 되어 돈 좀 만지는 길이다.

이듬해에 우리는 같은 계획을 되풀이했다. 전부 순조로운 듯 했는데, 수송아지를 팔려는 순간에 가격이 폭락해 버렸다. 그해 여름 동안 수송아지들의 체중이 평균 113킬로그램 가까이 불었는데도, 우리가 냈던 두당 금액만큼만 간신히 받고 되팔 수 있었다. 우울했다.

다행히도 우리는 이미 지역 주민들과 직거래를 시작한 다음이라, 가격수용자가 아닌 가격결정자가 되는 장점이 얼마나 큰지를 깨달았다. 소매판매를 통해서 우리는 높은 매출이익을 올리고, 한층 안정적인 소매가로 가격을 고정시킬 수 있었다. 수송아지 매매가 대실패로 끝난 이후로 다시는 이 판에 손을 대지 않겠다고 단단히 마음먹었다. 이후에도 나는 항상 소매로만 팔았다.

우리 스스로를 도매상품 시장에서 완전히 해방시켰더니 고객을 더 많이 끌어들이려는 동기가 생겼다. 자칫하면 피해의식으로 1년 내내 우울해할 뻔했지만 우리는 그 실패를 경험으로 삼았고, 대여한 농장에서 생산한 소고기만큼 더 많은 새 고객을 찾아 나섰다. 그만큼 사업을 확장하는 데까지 한두 해가 걸리긴 했으나 확실히 그만한 가치가 있었다.

직거래는 우리를 상품시장의 속박에서 해방한다. 하나의 구매자 대신에 수천 명의 고객이 생긴다. 우리 매출에는 회복탄력성이 생겼는데 판로가 하나뿐이었다면 절대 불가능했을 일이다. 믿거나 말거나지만, 농민 대다수는 판로가 하나뿐이다. 간혹 선택권이 있는 경우도 있지만 대개는 그렇지 않다. 수확하기도 전에 소출이 이미 계약되는 경우가 많다.

시장의 속박으로부터 자유로운 농장을 장려하는 길 한 가지를 기독교 공동체에 권하라면, 인근 직거래 농장을 애용하라고 말하고 싶다. 형태와 규모는 다양하다. 길거리 판매를 하는 경우도 있고, 파머스마켓에서 판매를 하는 경우도 있다. 공동체지원농업CSA: community supported agriculture 계획을 제공하여 고객이 농산물의 일정 몫을 사는 경우도 있다. 우리는 농장에 가게가 있어 우리만의 대도시 구매클럽MBC:metropolitan buying clubs에 물건을 배송한다. 무엇을 선택하든 관심을 갖고 이런 정직한 인근 농장을 찾아 구매하라.

많은 농장이 말 그대로 고객 대여섯 명만 더 있으면 전업농부로 전환할 수 있을 정도의 매출을 내고 있다. 나는 전업농부 옹호자이다. 왜 농부들이 농사일을 향한 애정을 유지하기 위해 다른 일까지 해야 하는가? 농사를 천직으로, 직업으로 삼기 원하는 사람이 있다면, 우리는 그 농부를 직접 후원하고 수익을 올리도록 도울 수 있다. 소매판매를 선택해 이미 시장의 속박에서 해방된 농장운영의 요령을 보여 준 그 농부를 이제 저소득과 통근거리의 속박에서 벗어나도록 도울 수 있다. 비록 작긴 하지만 이렇게 하여 우리는 이름도 얼굴도 없는 기업의 대형 식품조직에 의존하는 우리 자신을 해방하고, 지역공동체를 자유롭게 하여, 그 고유한 풍속에 따라 식량을 확보할 수 있게 돕는다.

역사적으로 식량을 자급하지 못하는 사회는 결국 소멸하였다. 인접한 곳에서 나오는 풍부한 자원으로 식량을 자급하면 할수록 공동체는 더욱 활기차고 안정된다. 이런 주도적인 후원은 그리스도 안에서의 자유를 잘 보여 주는 아주 좋은 근거이며 해방의 감동 사례라고 생각한다. 우리가 후원하여 개발한 식품체계와 영농체계인데 오히려 우리를 구속하고 부담을 주는 좌절의 체계라면, 영적 자유를 누리는 우리 삶의 실물교육은 어디서 찾겠는가? 기독교인으로서 우리의 존재는 이성적이며 학술적인 교리 문답 논의에만 국한되지 않는다. 오히려 영적 진리를 밖으로 활발하게 드러내는 삶을 살아야 하지 않나? 우리 그렇게 해 보자.

9—
동식물과
교감하는 삶 _{통합 vs 분리}

그러므로 여러분은 먹든지 마시든지, 무슨 일을 하든지, 모든 것을 하나
님의 영광을 위하여 하십시오.

고린도전서 10장 31절

'분리segregation'라는 단어는 '인종분리 정책' 같은 표현에서 보듯이 다소
강한 어조이나, 오늘날 미국 영농과 식품체계에 횡행하는 구분과 차별의
정도를 잘 드러내는 표현에 꼭 맞아서 이 단어를 선택한다. '단절disconnec-
tion'이라는 단어를 쓸 수도 있지만, 이 말에는 '분리'만큼 부정적인 함의
가 없다.

아마도 우리 시대에 분리적 사고방식이 가장 추하게 고개를 쳐드는

곳이 특히 영농 분야이며, 식품 분야도 거의 마찬가지다. 미국 제3대 대통령 토머스 제퍼슨은 지성인들이 이끄는 농업기반 국가를 목표로 삼을 만큼 농업을 중시했었는데, 도대체 무슨 일이 벌어진 걸까? 이제는 똑똑하고 창의적인 백인은 손에 더러운 것을 묻히지 않는다는 사고방식이 보편적인 생각이다. 특히 농업 분야에서 두드러지긴 하지만, 배관공, 전기기사, 석공, 목수, 정비공, 용접공 등 사실상 모든 직업군에서 동일한 현상을 볼 수 있다. 뭐가 됐든 똑똑한 백인 아이들이 해서는 안 되는 일이라는 생각.

내가 보기에, 입신양명을 꿈꾸는 종교 우익 공동체가 이미 오래전에 이런 사고방식을 곧이곧대로 덥석 받아들였다. 기독교 명문학군 학교에 자녀를 보내는 학부모들은 자녀에게 뒷마당에 토마토나 당근을 기르라고 권하지 않는다. 천만의 말씀! 뒷마당은 축구 골대와 라크로스[15] 채를 두는 곳이다. 집안일? 무슨 집안일? 아이들은 비디오 게임에서 눈을 뗄 줄 모른다. 귀에 이어폰 줄을 매달고서 어떻게 텃밭을 만들 수 있겠는가? 새? 무슨 새? 새 소리는 전혀 들을 수 없다. 아는 유일한 새라고는 게임 캐릭터 '앵그리버드angry birds'뿐이다.

우리 농장에서는 실습생들과 함께 이러한 편견에 맞서 싸우고 있다. 많은 젊은이들, 석사학위 젊은이들까지도, 식품과 영농 분야에서 무언가 해 보고 싶다는 소망을 불현듯 자각하는 경우가 있다. 질겁한 부모들은, 마치 자녀가 하려는 일이 은행털이나 마약거래라도 되는 양, 농장 일을 수상쩍게 여기며 내게 전화를 걸어 온다. "출세하라고 그 많은 돈을 대학교육에 투자했는데 말입니다." 부모들은 한탄한다. "이제 다 허사가 되려 합

---

15 ___ 라크로스lacrosse. 기다란 망이 달린 스틱을 사용하는 구기운동.

니다. 도와주십시오!"

글쎄, 창조물을 만지는 일처럼 고귀하고 신성한 일을 하려는 자녀를 못하게 말려 달라니, 내게서 도움받긴 틀렸다. 사실 대부분의 기독교 대학에 농학 관련 전공학과가 없다. 심지어 환경학 관련 전공도 없다. 환경 따위에 누가 신경을 쓰나? 어차피 다 불타 버릴 텐데. 진보 민주당 빨갱이들이나 환경에 대해 이러쿵저러쿵 떠들어 대는 거지. 아니, 정말 왜들 이러나!

콘퍼런스에서 강연해 달라고 초청받아 가면 늘 이런 일을 겪곤 한다. 내 강연료는 적게 책정되는데, 난 어쨌든 그저 농부일 뿐이니까. 똑똑하고 유능한 사람은 의사, 공학자, 변호사, 컴퓨터 기술자, 뭐가 됐든 화이트칼라다. 부디 육체노동이나 하는 블루칼라는 되지 말기를. 그렇게 되면 당신 어머니와 나는 실패자로 전락하고, 친구들은 우리 가족을 의심의 눈초리로 볼 테니까.

그래서 나는 이렇게 질문한다. "우리 각자의 집과 가족과 땅은 무엇을 위한 곳인가?" 하나님께서 과연 신경을 쓰시나? 우리 집, 우리 가족, 우리 땅은 저기 어딘가 사무실이나 학교, 교회 건물, 문화체육센터에서의 삶 중간중간에 잠시 쉬었다 가는 곳에 불과한가? 우리의 일상은 하나님께서 바라시는 활동에서 분리된 채 홀로 떠다니는 섬인가? 통합된 영적 삶을 제대로 보여 주는 통합된 육신의 삶은 어떤 모습인가?

집에서 키우는 닭 이야기로 논의를 시작해 볼까? 이 주제에 대한 가장 믿을 만한 연구서는 패트리샤 포맨Pat Foreman을 현대 최고의 닭 '교감' 전문가로 확실히 자리매김해 준 유쾌한 책《도시 병아리City Chicks》인데, 여러분에게도 일독을 권한다. 패트리샤와 나는 도시에서, 그리고 뒷마당에서 닭을 기르는 일을 적극 지지한다. 닭은 개나 고양이만큼이나 정서적으로 큰 즐거움을 주며 개나 고양이와 달리, 아침 식사로 즐길 달걀까지 낳아 준다.

게다가 닭은 주방에서 나오는 음식물 찌꺼기를 먹이로 삼으면 된다. 음식물 찌꺼기를 그야말로 비윤리적 장치인 분쇄기에 넣어 갈아 버리거나 쓰레기통에 버려 매립지로 보내는 대신에, 닭에게 먹여 보라. 배설물과 살모넬라균에 오염된 슈퍼마켓 달걀 대신 훨씬 영양가 높은 훌륭한 달걀을 가족에게 선사할 것이다. 집에서 닭을 기르면 주방에서 생성된 바이오매스를 폐기물로 끝내 버리는 처리과정에서 건져내고 여러분의 삶을 닭처럼 창의적이고 멋진 대상과 통합하는 기회를 얻는다.

선교나 여타 값진 명분거리에 더 많이 기부하기를 바라마지 않는 기독교 가정들이 애완동물 먹이와 병원비에는 아무 거리낌 없이 수백 달러를 지출하는 모습을 보면 정말 신기하다. 그러면서 정작 돈도 아끼고 더 잘 먹을 수 있는 간난한 방법, 즉 닭 두어 마리를 기르는 일은 한사코 주서한다. 제발, 애완용 쥐 저빌gerbil과 수족관, 뱀과 도마뱀은 치워 버리고 부엌에 닭 두어 마리를 들여놓는 게 어떤가! 닭 사육을 통해 여러분은 훨씬 더 큰 즐거움을 누리고, 삶을 '육의 양식'과 통합할 수 있으며, 결과적으로 삶을 '영의 양식'과 통합하는 데서 얻는 기쁨과 결실을 맛볼 수 있다.

예수님과 구약의 선지자들이 비유와 가르침의 일례로 농사의 교훈을 사용했듯이, 분명 여러분도 닭을 기르며 영적 진리를 배울 수 있다. 개와 마찬가지로, 닭도 조건 없는 사랑을 보여 줄 테니까 말이다. 여러분이 힘겨운 날을 보냈든 배우자에게 화가 나 있든 상관없이 녀석은 여러분을 사랑하고, 마치 삶의 하루하루가 여전히 소풍이라는 듯이 자기 할 일을 계속 해 나간다.

우리는 반려동물을 농장 동물과 구분한다. 마치 농장에서 기르는 동물은 어쩐지 더럽고 냄새 나고 우리와 격이 맞지 않는다는 듯이 말이다. 개와 고양이, 저빌, 뱀, 말 등의 반려동물을 화이트칼라들이 인정하는 이유는 농사처럼 저급한 일로 우리 존재를 깎아내리지 않기 때문이다. 실제로, 혹시나 '저들'의 직업이 뭔지 표시 날까 싶어 장미화단에 토마토를 기르는 간단한 농사나 심지어 옥외 빨래건조대나 빨랫줄조차 금지하는 입주자 협의회가 얼마나 많은가? 잠시라도 이런 생각에 취해 떠들어 대는 기독교인은 하나님의 본질과 우리의 신앙에 먹칠을 하는 존재로 취급한다. 쯧쯧. 설령 그런 말을 하지 않는다 해도 그런 생각을 품는다는 자체만으로 부끄러워해야 한다.

식용식물 재배와 정원조경을 통합하면 어떨까? 사과나무 심는 일이 정원수보다 손이 더 많이 가지는 않는다. 이번에도, 우리 머릿속에 떠오르는 것은, 사과란 사과 전문 과수원에서 나기 마련이고, 사회와 분리된 멀리 떨어진 농원에서 재배되어 가공공장, 트럭, 창고, 슈퍼마켓에 이르는 유통망을 거쳐 우리에게 도착한다는 개념이다. 슈퍼마켓에서 현금 대신 카드를 긁고, 사과를 사서 봉지에 담으며, 출처가 어딘지 아무도 모르는 연료를 자동차에 주입하며, 또한 출처가 어딘지 아무도 모르는 에너지를 이용해 어딘가에서 주워 모은 자재로 지은 집으로 차를 몰고 가는 우리……. 여러분, 내 말을 이해하시는가?

가장 가까이에서 하나님을

우리가 자연과의 관계를 그저 머릿속으로만 그리다 보면, 먹는 음식도 우리 삶과는 분리해 생각하는 태도로 계속 살아갈 것이다. 그렇다. 개구리와 도롱뇽과 들꽃은 참으로 멋지고, 모든 사람이 자연환경 속에서 이를 보고, 만지고, 감상해야 한다. 그리고 이들을 즐길 수 있다는 것은 우리가 무언가를 먹고, 어느 곳에선가 영양분을 섭취했기 때문이다. 그런데 자연과 교감하려면 비행기를 타고 몇 천 킬로미터를 날아 특별한 장소로 가야 한다고들 생각한다.

천만에! 하나님께서는 장소가 아니라, 우리가 어디에 있든 무엇을 하든 하나님을 위한 공간을 마련하는 것이 중요하다고 말씀하신다. 딱히 특정 지역으로 순례여행을 떠날 필요가 없다. 어디에 있든, 지금 당장 하나님을 예배하고 하나님과 교제할 수 있으니까. 영적 양분과 하나님의 풍성하심은 서로 인접하여, 분리되지 않고 통합되어 있다. 실제로 성경은 이렇게 말한다. "또 '보아라, 여기에 있다' 또는 '저기에 있다' 하고 말할 수도 없다. 보아라, 하나님의 나라는 너희 가운데에 있다."(눅 17:21) 우와!

식품을 육신의 삶에 통합하면 이러한 영적 진리를 더 잘 이해할 수 있다고 제안해도 진리의 품격이 떨어지지 않는다. 우리가 식품과 영농에 의지하고 함께 통합하는 일은 우리가 매일 매 순간 하나님의 품에 안겨 있고, 그 안에 깃들어 거하고 있는 사실을 원초적으로 보여 주는 실물교육이다.

제안하건대, 축구나 발레, 영화 감상 일정으로 달력을 빼곡히 채우기 전에 우리 삶에 식품을 통합할 비전을 세우기 위해 농장을 방문할 시간부터 먼저 내보면 어떨까? 바로 이것이 내가 지역식품체계를 강력히 주창하는 이유 중 하나이다. 다시 한번 말하지만, 나는 식품의 장거리 무역 자체를 죄라고 생각하지는 않는다. 향신료 무역의 경우는 확고부동하니까. 그러나 어떤 공동체든 그 근간은 바로 현지중심의 식품체계다.

현지중심 식품체계를 근간으로 하지 않으면, 우리 인간이 대지에 얼마나 의존하는지, 그리고 어떤 식으로 그 안에 깃들어 살아가는지를 꾸준히 알려 주는 가장 중요한 장치를 잃는다. 어디에서 어떻게 온 식품인지

출처를 알지 못하면 함부로 다루기 쉽다. 신용카드를 긁을 때마다 마법처럼 짠-하고 나타나는 식품이라면 그 고마움도 잊기 쉽다. 농부의 이마에 맺힌 땀을 보지 못하면 식품을 당연하게 여기기 마련이니까. 무엇보다도, 풍족히 공급되는 양식에 둘러싸여 살아간다는 안도감을 놓치게 된다. 이 말 어딘가에 영적 의미가 함축된 것 같지 않은가?

당연하다! 한 마디 한 마디에 영적 의미가 있다. 분명히 말하자면, 나는 식품을 자동차나 컴퓨터, 그리고 인정하기 정말 힘들지만 심지어 책과도 다른 범주로 본다. 에덴동산에서부터, 끊임없이 열매를 맺는 새 예루살렘의 과실나무에 이르기까지, 분명 하나님께서는 육적 양분을 실물교육 삼아, 영적 양분에 대해 가르치기를 즐겨하신다. 우리는 자동차와 컴퓨터 없이 살 수 있다. 많은 사람들에게 상상하기 힘든 생활이겠지만, 스마트폰 없이도 살 수 있다. 심지어 책 없이도 살 수 있다. 하긴, 이제는 그렇게 사는 게 또 무슨 가치가 있나 싶긴 하지만 말이다.

그러나 음식 없이는 살 수 없다. 반드시 필요하다. 그리고 하나님께서는 우리가 영적 양분도 그만큼 중요하고, 그만큼 꼭 필요하다는 사실을 알기를 바라신다. 우리는 영적 양분을 구하고 열심히 받아들여야 한다. 뿐만 아니라 이를 공급하시고 우리의 생명을 유지하도록 하시는 분이 바로 하나님이심을 알아야 한다. 하나님은 멀리 계시지 않는다. 내 생각에, 식품이 정신적으로든 육체적으로든 멀리 떨어져 있으면, 하나님께서 얼마나 가까이 계시는지 또 얼마나 특별한 분이신지 인지할 역량도 줄어든다고 본다. 식품을 더 많이 알아 가려는 관심은 영적 이해를 가로막는 우상이 아니라, 오히려 하나님과의 관계를 더 분명히 이해할 수 있는 길로 열려 있는 문이다.

우리의 삶을 동식물과 통합하면, 우리는 실물교육의 장으로 풍덩 뛰어들어 책임, 관계, 성실, 기대, 인내, 근면, 그리고 조건 없는 사랑을 배울 수 있다. 이런 배움은 비닐 포장한 전자레인지용 1인분 식품으로는 절대 얻을 수 없다. 비디오 게임으로도 얻을 수 없다. 예수님은 비유를 들어 말씀하실 때 주로 동물이나 식물, 농사 이야기를 많이 하셨다. 당시에 금속 세공인, 도예가, 목수를 비롯해 제조업 기술자도 많았는데, 왜 이들은 비유에 별로 등장하지 않았을까? 왜냐면 동물과 식물은 살아 있는 매개체이고 공격성과 소심함, 담대함과 두려움, 생과 사를 분명히 보여 주는 존재들이기 때문이다.

삶이 소란할수록, 집중을 방해하는 일들과 활동이 많을수록, 세밀한 음성을 듣기가 더욱 어렵다. 우리는 따로 시간을 내어 한적한 장소로 가야 한다. 심지어 예수님도 아버지 하나님과 함께하기 위하여 무리를 떠나셨다. 예수님도 떠나야만 하셨다면 우리는 어떻겠는가? 여러분은 소란한 삶으로부터 벗어나 식품에 대해 배우러 다니는가? 농장을 방문하거나 야생 식용식물 관련 세미나에 참석하는가?

바쁜 일정 중에 시간을 쪼개 우리가 먹는 음식의 출처를 알아보기 위해 떠나는 여정을 통해 자녀들은 무엇을 배울까? 우리 자신과 자녀들이 하나님께서 베풀어 주시는 영적 공급에 깊이 감사하는 마음을 기르려면 어떻게 하면 좋을까? 가장 좋은 방법 하나가 바로 식사의 활용이라 믿는다. 이 말은 아무 계획 없이 아무데나 들러 이름도 얼굴도 없는 식사를 하지 않는다는 의미다. 물론 예외가 있고, 우리를 옭아매거나 불행하게 만드는 엄격한 규정을 만들자는 뜻도 아니다. 나도 이따금씩 초콜릿 바를 즐긴다. 하지만 정말 아주 가끔 그렇다. 어쩌다 한번 즐기는 정도야 하나님께서도 '그래라!' 해 주실 테니까.

나는 축구도 좋아한다. 하지만 우리 가족은 농장도 방문한다. 인근 과수원에서 사과주스를 대량으로 구매한다. 소량으로 구입하는 모든 식품의 출처와 세세한 뒷이야기까지 다 알지는 못하지만, 그래도 그저 편리하다는 이유로 구입하는 대신에 신중하게 따져 보고 구매를 결정하려 노력한다. 통합은 생각과 계획을 요구한다. 출처뿐 아니라 재고처리와 준비과정에 대해서도 생각해야 한다. 그렇다. 이 말은 식사도 미리 계획해야한다는 의미다.

우리는 제철 음식과 철이 지난 음식을 알고 있다. 혹시 같은 지역 농부들이 지금 이 순간 무슨 일로 걱정을 하는지도 아는가? 토마토 혹은 사과가 너무 많아서 남아돈다? 살짝 흠집 난 상품을 농부에게서 직접 사서인정도 베풀고, 통조림으로 만들거나 냉동보관하거나 살사소스나 사과소스를 만들면 어떨까? 통합이란 자발적으로 우리 자신을 대지의 공급에맡기고 의존하는 것을 의미한다. 곡물을 재배하기 위해 콜로라도 주의 대수층을 고갈시키거나, 군사적 힘을 휘둘러 구매한 석유를 이용해 공기와물을 오염시키는 가축사육장으로 곡물을 실어 나르거나, 매연 내뿜는 냉장트럭에 무자비하게 도축된 육류를 싣고 직장 근처 햄버거 가게까지 국토를 횡단해 우리가 아무 생각 없이 편리하게 먹을 수 있도록 누군가가 일해 주기를 바라면 안 된다. 설령 그런 편리함 덕분에 성경 읽을 시간이 더생긴다고 해도 말이다.

방금 내가 성경보다 식품이 더 중요하다고 우긴 것인가? 아니, 전혀아니다! 아무 생각 없이 그 편리한 식품을 집어 들어야만 성경 읽을 시간이 나는 삶을 살고 있다면, 이건 훨씬 더 중대한 문제에 직면한 것이다. 나는 이를 "여러분이 좋다고 여기는 일이 도리어 비방거리가" 되도록(롬 14:16) 방치하는 일이라고 표현한다. 이보다 훨씬 더 나은 방법은 남은 음식을 직장에 싸 가는 일이다. 물론 이 음식도 아무데서나 생각 없이 산 게 아니라 하나님을 영예롭게 하는 농장에서 생산한 것으로 신경 써서 고른 음식이다. 나는 믿는다. 우리가 이같이 계획하고 숙고하는 일을 하나님께서 귀하게 여기신다. 이는 우리 삶을 하나님의 통치하에 온전히 내어 드리기 위한 근면함이다.

로마서 13장 말미에서 바울은 우리에게 잠에서 깨어나라고, 어둠의 일을 벗고 "빛의 갑옷을" 입자고(12절), "정욕을 채우려고 육신의 일을 꾀하지" 말자고(14절) 권고한다. 다시 말해, 계획하고, 준비하고, 대비하라는 말씀이다. 정신을 바짝 차리라. 졸거나 잠들어 패스트푸드나 먹어야 하는 사람들처럼 방심하지 말라. (또 한 번 말하지만, 어쩌다 예외적인 날은 있다.) 하지만 시대와 당신이 처한 상황을 생각해 보고, 준비하라.

신경을 써서 현지산 농산물로 먹거리를 준비하면, 우리는 좋은 먹을거리로 둘러싸이게 되는 셈이다. 밤에 사랑하는 가족과 함께 누워서도 가까이에 있는 풍성한 먹거리로 든든하기에 식량 보급로 문제나 화물차 파업, 에너지 파동으로 골치 아픈 싸움이 벌어지진 않을지 두려워할 필요가 없다. 간단히 말해서, 집안의 식품저장실을 채워 놓는 일은 의존과 신뢰에서 비롯하는 본능적인 행위다. 날마다 이러한 의존과 신뢰의 대상에 근접하여 살아간다면 걱정과 편집증에서 벗어날 수 있다.

살면서 먹는 일만큼 우리 삶에 친숙한 행위가 또 있을까! 없다. 하나님께서는 우리가 이 친숙한 행위를, 마치 결혼생활과 마찬가지로, 신중하게 계획하고 조심스럽게 다루며 정성 들여 통합하기를, 즉 하나가 되어 온전히 누리기를 원하신다. 하나님께서는 이 실물교육에서 우리가 스스로를 속이기를 원하지 않으신다. 하나님께서는 향연과 축제와 친밀한 교제를 원하신다. 하나님께서 베풀어 주신 영적 생명과 자양분에 대한 감사를 몸으로 표현하는 행위, 바로 여기에서부터 감사가 자란다.

10—
어린아이가
머물고 싶은 농장 아름다움 VS 추함

놀랍고도 반가워라! 희소식을 전하려고 산을 넘어 달려오는 저 발이여!
평화가 왔다고 외치며, 복된 희소식을 전하는구나. 구원이 이르렀다고
선포하면서, 시온을 보고 이르기를 "너의 하나님께서 통치하신다" 하는
구나.

이사야 52장 7절

추한 뭔가로 아름다운 뭔가를 만들어 내는 순간만큼 하나님의 손길에 대
해 풍성하게 정의할 수 있는 순간이 또 있을까? 이런 개념은 단순한 시각
의 차원을 뛰어넘어 모든 감각에까지 적용된다.

　　만지고 보고 냄새 맡고 듣는 매력적인 행위들은 하나님의 선물이다.

반대로 사탄의 목표는 하나님의 아름다운 작품을 추하게 만드는 데 있다. 일부일처 관계의 아름다운 성적 친밀함이, 아동 성추행자나 포르노물 유포자, 성범죄자의 마음속에서는 음란으로 변한다.

태초에 에덴동산에서 하나님과 교제하던 아담의 일상이 사탄의 속임수로 인해 두려운 일이 되고 말았다. 금지된 열매를 먹고 나서 아담은 숨으려고 애를 썼다. 이전에는 분명히 아름다운 관계였는데 이제 어떤 차이가 생겼는가? 죄로 인해 인류는 창조주와 단절되고 친밀한 관계를 잃고 말았다.

오직 메시아의 구원 계획을 통해서만 이 친밀한 관계를 회복할 수 있다. 적대감을 관계 회복으로, 그리고 소외감을 낙원에서의 영원한 삶으로 바꾸시는 하나님의 창조 능력은 얼마나 심오한가! 당연히 성경은 이렇게 말한다. "보내심을 받지 않았는데, 어떻게 선포할 수 있겠습니까? 성경에 기록한 바 '기쁜 소식을 전하는 이들의 발걸음이 얼마나 아름다우냐!' 한 것과 같습니다."(롬 10:15)

기독교 공동체는 매력이 있어야 한다. 우리 가정들은 제대로 기능해야 하고, 교회 친교 모임들은 사랑 넘치는 관계의 모범이 되어야 한다. 열심히 일하고, 청구서 요금대로 지불하고, 사랑하는 사람과 결혼하며, 서로를 돌보아야 한다. 이런 삶이 하나님께서 우리에게 바라시는 삶이며, 성경의 수많은 가르침을 통해 하나님께서는 우리에게 어떻게 살아야 하는지를 일러 주신다.

십 대 시절, 가끔씩 나는 대규모 산업형 기업 상표명을 걸어 놓고 폐쇄형 칠면조 축사를 운영하는 농가에 가서 일을 거들었다. 안으로 걸어 들어가면 거의 숨을 쉴 수가 없었는데, 지금이야 호흡기 보호장비를 써야 한다는 걸 알지만 그때는 그러지도 못했다. 그야말로 참을 수 없을 정도로 악취가 심했다. 축구경기장 절반 규모의 축사에 1만 5,000마리나 되는 칠면조를 수용했는데 온통 먼지로 자욱했다. 축사 가장자리를 따라 직경 1미터도 넘는 대형 송풍기들이 돌아가고 있었지만 아무 소용없는 일이었다.

송풍기 날과 환기창살 위에 먼지가 2~3센티미터나 쌓여 딱딱하게 굳어 들러붙어 있는 모습이 영락없이 공포 영화 속, 무너져 가는 폐가와 같았다. 아무도 살지 않지만 누군가가 사는 곳. 과연 생명이 존재하는 곳인지 아니면 소멸의 끝자락인지를 알 길이 없었다. 칠면조들은 물론, 먹이통, 급수기, 벽, 천장, 그리고 내 옷까지 온통 먼지로 뒤덮였다. 마치 먼지 흩날리는 비포장도로에서 쌩쌩 달리는 트럭 뒤를 바짝 쫓아가는 형국이었다. 이 먼지바람에는 흙먼지 외에 더 심각한 물질도 들어있었는데, 바로 분뇨 입자였다.

'배설물 입자'로도 불리는 이 먼지바람이 동물의 호흡기를 뒤덮어 연약한 세포막을 사포로 문지르듯 사정없이 갈아 댄다. 이렇게 해서 발생하는 찰과상과 갖가지 손상이 공장식 축사 가축들의 건강을 해치는 가장 큰 위협이다. 아름다워야 하는 호흡의 과정이 더럽고 불결한 환경에서 살아남기 위해 몸부림치는 가축들에게는 얼마나 끔찍한 일이 되고 말았는지! 탁월하신 창조의 권능으로 하나님께서 손수 빚으신 호흡계의 기능에 감탄해 본 사람이라면 이 소중하고도 정교한 세포막을 인간이 설계한 체계가 얼마나 철저히 공격하고 손상시키는지 충격을 받지 않을 수 없다.

인간이야 이런 시설에 들어갈 때 호흡기 보호장비라도 착용하면 되고, 또 실제로 그렇게들 많이 하지만, 가축은 그럴 수도 없다. 게다가 가축이 숨 쉬고 생활하는 공간은 가축들 사이를 걸어 다니는 키 큰 인간에 비해 훨씬 낮은, 바로 먼지가 가장 심한 바닥과 발 근처이다. 이런 체계에서 무슨 아름다움을 찾아보겠는가. 칠면조에게도 끔찍한 삶이요, 농부에게도 끔찍한 삶이다. 매일매일 악취를 견뎌야 하는 이웃들에게도 끔찍한 삶이다.

어린 시절 4-H 클럽[16]에서 개최한 육계 품질평가 대회에 참가했었다. 실제로 주州 경진대회에서 우승한 해도 있었는데, 아마도 건강한 닭과 병든 닭, 싱싱한 달걀과 상한 달걀, 고품질 육계와 저품질 육계를 구분하는 실력이 우리 주 4-H 회원들 중에서 가장 뛰어났던 모양이다. 우리는 대회 준비연습을 하러 산업형 양계 축사로 갔다. 그곳에서 목격한 달걀 생산공정, 저 악명 높은 '배터리 케이지' 체계가 지금도 눈에 선하다.

보통 닭장 한 칸의 크기는 가로 50센티미터, 세로 75센티미터 정도로, 칸마다 대략 아홉 마리의 암탉이 들어 있었다. 닭들은 평생 날갯짓 한번 못 해 보고 다리나 고개도 제대로 뻗어 보지 못한 채 한 마리당 공책 한 장 넓이도 안 되는 공간에 갇혀 있었다. 천장, 측면, 바닥까지 온 사방이 막힌 우리에 갇혀 한 줄기 햇빛도, 한 포기 풀도 못 보고, 바닥 한번 긁어 볼 기회도 없다! 참을 수 없을 만큼 심한 악취! 이미 죽어서 부패 단계까지 간 닭의 사체가 같은 칸 다른 닭들에게 밟혀 철망 바닥 사이로 서서히 삐져나온 닭장도 많았다. 그곳은 음울하고 불행하며 먼지로 가득한 곳. 동물복지 옹호자들이 '닭 강제 수용소'라고 부르는 것이 당연하다.

여러분, 이는 결코 보기 좋은 그림이 아니다. 비열한 모습이다! 뒷마당이나 초지에서 자라는 산란용 암탉을 본 적 있는가? 산란용 암탉은 기민하고 분주할 뿐더러 애완용으로 키워도 될 정도로 깨끗하다. 배설물 입자로 뒤덮일 일도 없다. 산업형 농장 내에서 사진촬영 행위를 불법화하

---

16   4-H 클럽. 19세기 말 농촌생활의식 함양을 목적으로 세워진 세계적 청소년 육성 단체. 단체 이름은 'Head', 'Heart', 'Hand', 'Health'에서 왔다.

는 법안을 통과시키는 주 정부들이 많은 이유는 당연히 그 추함을 목격하는 순간 현 체계의 잘못이 드러나기 때문이다. 나는 우리 농장에 견학 온 방문객들을 안내하면서 자주 '에그모바일eggmobile'이나 '밀레니엄 페더넷 millennium feathernet' 같은 이동식 닭장 앞에서 걸음을 멈추고, 산란용 닭들의 아름다움과 향취를 충분히 느낄 수 있도록 몇 분 동안 기다린다. 그런 후 모든 방문객들이 머릿속에 떠올리는 생각을 말한다. "정말 아름답네요." 다들 동의한다는 듯 고개를 끄덕이는데, 이때야말로 농장 견학에서 가장 감동적인 순간이다.

아름다운 농장

비영리 기독교 교육기관 블레스드 어스Blessed Earth의 창립자 매튜 슬리스Matthew Sleeth는 심오한 질문을 던진다. "예수님이라면 공장식 축사에 태어나실까?" 예수님은 마구간에서 태어나셨다. 분명 여러 종의 동물들이 함께 있는 꽤 작은 마구간이었다. 작은 동굴 혹은 어느 집의 일층 공간이었을지도 모른다고 주장하는 사람들도 있다. 잘은 모르겠지만, 당시 히브리인들의 생활상을 감안할 때 분명 바닥에 짚이 깔린 꽤 작은 공간에 당나귀, 양, 염소, 어쩌면 소 한 마리와 닭 몇 마리까지 함께 지내는 마구간이었을 것이다. 조용한 곳. 마음을 끄는 곳. 분명 허름했으나, 현대의 산업형 가축 공장과는 아주 다른 곳이었다.

그렇다면 이런 의문이 든다. 아름다운 영농과 식품체계란 어떤 모습일까? 만일 기독교인들이 위대하신 하나님이 주신 탁월한 창의적 재능이 넘치는 아름다운 솜씨로 세상을 어루만진다면, 그러한 영농과 식품체계는 과연 어떤 모습일까? 공장식 양계장 내부와 비슷할까? 아니면 다른 모습일까?

폐쇄형 낙농장이나 소 사육장 혹은 소독약 뿌린 딸기밭 같은 냄새가 날까? 아니다. 제안하건대 경건한 농장, 강건한 농장이라고 불러도 될 농장은 향이나 미적인 측면에서 그리고 감각적인 면에서도 낭만이 흘러야 한다. 우리를 쫓아내는 곳이 아니라 불러 모으는 곳이어야 한다. 혐오스러움으로 감각을 공격하는 곳이 아니라 참여하고 싶은 마음을 불러일으키며 묘한 매력으로 감각에 손짓하는 곳이어야 한다. 피하고 싶은 곳이 아니라 끌어안고 싶은 곳이어야 한다. 이처럼 창조의 아름다움을 하나님의 백성을 통해 우리 공동체 구석구석으로 확장하는 일이야말로 하나님께서 품으신 열망이 아닐까?

성경에서는 신자를 은유적으로 묘사하며 매력적인 장점을 지닌 존재로 표현한다. "이와 같이, 너희 빛을 사람에게 비추어서, 그들이 너희의 착한 행실을 보고, 하늘에 계신 너희 아버지께 영광을 돌리게 하여라." (마 5:16) 분명 우리는 보기에도 좋고 더불어 실기에도 좋은 싱대여야 한다. 사도 바울의 의견도 같다.

형제의 사랑으로 서로 다정하게 대하며, 존경하기를 서로 먼저 하십시오. 열심을 내어서 부지런히 일하며, 성령으로 뜨거워진 마음을 가지고 주님을 섬기십시오. 소망을 품고 즐거워하며, 환난을 당할 때에 참으며, 기도를 꾸준히 하십시오. 성도들이 쓸 것을 공급하고, 손님 대접하기를 힘쓰십시오. 여러분을 박해하는 사람들을 축복하십시오. 축복을 하고, 저주를 하지 마십시오. 기뻐하는 사람들과 함께 기뻐하고, 우는 사람들과 함께 우십시오. 서로 한 마음이 되고, 교만한 마음을 품지 말고, 비천한 사람들과 함께 사귀고, 스스로 지혜가 있는 체하지 마십시오. 아무에게도 악을 악으로 갚지 말고, 모든 사람이 선하다고 생각하는 일을 하려

닭들의 아름다움과 청결을 느낄 수 있는 이동식 양장

고 애쓰십시오. 여러분 쪽에서 할 수 있는 대로 모든 사람과 더불어 화평하게 지내십시오.

사랑하는 여러분, 여러분은 스스로 원수를 갚지 말고, 그 일은 하나님의 진노하심에 맡기십시오. 성경에도 기록하기를 "'원수 갚는 것은 내가 할 일이니, 내가 갚겠다'고 주님께서 말씀하신다" 하였습니다.

"네 원수가 주리거든 먹을 것을 주고, 그가 목말라 하거든 마실 것을 주어라. 그렇게 하는 것은, 네가 그의 머리 위에다가 숯불을 쌓는 셈이 될 것이다" 하였습니다. 악에게 지지 말고, 선으로 악을 이기십시오. (롬 12:10-21)

공동체 정신을 지닌 삶에 대해, 아름다운 관계에 대해 이보다 더 잘 쓴 글이 있을까? 이런 방식으로 살고 싶지 않은 사람이 어디 있겠는가? 참으로 아름다운 모습이다.

기본적으로 농장이란 아이들이 머물고 싶은 곳이어야 한다고 생각한다. 농장은 아름다운 그림, 아름다운 음악, 부드럽게 어루만지는 손길처럼 아이의 마음과 어른의 상상력을 사로잡아야 한다. 이런 농장의 특징들을 살펴보자.

다양성의 아름다움

한 가지 색깔로만 그린 그림을 상상할 수 있나? 산업형 영농은 단일종 재배와 단일성을 좋아한다. 옥수수만. 콩만. 젖소만. 사과만. 닭만. 인상적이긴 한데, 아름답지는 않다. 흔히 다양함이 인생의 묘미라고들 하지 않는가. 하지만 산업형 영농은 다양성을 경시하고 동일성을 찬양한다.

실제로 이제 많은 영농 전문가들은 배설물 감염 때문에 농장에서 동물과 식물을 함께 키우면 안 된다고 주장한다. 심지어 야생동물을 감염 원인으로 의심하기도 한다. 야생동물을 자산이 아닌 부채로 보면서 누릴 수 있을 만한 아름다운 풍경이란 도대체 어떤 풍경일까?

다채로운 풍경이야말로 아름답고도 제대로 기능하는 풍경이다. 하나님께서 얼마나 많은 종을 창조하셨는지 생각해 보라. 이토록 오랜 시간이 흘렀는데도 여전히 새로운 종이 발견되고 있다. 식용가능한 종은 또 얼마나 많은가. 그럼에도 현대 서구식 식단은 확실히 점점 더 단순해지고 있다. 미국 초대 영부인 마사 워싱턴Martha Washington이나 4대 영부인 돌리 매디슨Dolly Madison 같은 식민지 시대 사람들의 식단을 살펴보면, 퀸스와 커런트 등 요즘 사람들은 거의 구별하지 못하는 온갖 흥미로운 식품들로 가득하다. 우리가 슈퍼마켓에서 볼 수 있는 사과는 겨우 두어 종류지만, 우리 선조들은 서로 다른 수십 종의 미묘한 차이를 구별했다.

단일종 재배 농장, 특히 대규모 농장은 자만심을 채우는 데 보탬이 될지 모르지만 확실히 심미적 예술성에는 도움이 되지 않는다. 우리 농장에서는 소, 돼지, 닭, 칠면조, 토끼, 오리, 양, 식물, 과일, 꿀벌, 숲이 모두 한데 어우러져 숨을 죽일 만큼 아름다운 안무로 늘 춤을 춘다. 시너지 효과를 내는 공생관계가 단순한 동일성보다 더 흥미롭다.

현대 우리 문화의 사고방식은 단일종 재배 농장이 가장 효율적이라고 결론지었다. 다양한 종을 재배하려면 농부가 알아야 할 정보가 더 많아지는데, 종마다 특성이 다르기 때문이다. 돼지 떼를 소 떼 몰고 가듯 할 수는 없으니까. 닭은 토끼처럼 행동하지 않으며, 토마토는 자두나무와 사뭇 다르다. 다방면에 걸쳐 두루 아는 사람을 폄하하고 특정 분야만 깊이 아는 전문가를 칭송하는 일이 얼마나 흔한가! 그러나 자연은 다방면에 걸쳐 기능할 때 가장 효율적이다. 단일종만 자라는 환경이 어디 있나? 아무 데도 없다. 그런 곳은 존재하지 않는다.

최근에 콜로라도 주에 있는 한 대규모 방목장을 방문했다. 1910년에는 스물다섯 가족이 살았다는데, 현재는 단 한 가족만 남았다. 대초원에 넘실대던 다양한 종류의 목초가 이제 불과 몇 종으로 감소하고, 침식이 진행되면서 비옥함도 사라졌다. 지나치게 많은 가축을 방목한 결과, 사람도 식물도 동물도 감소하여 풍경의 다양성을 잃었다. 이제는 1억 2,000만 평의 단순하기 짝이 없는 지루한 지역이 되고 말았다.

농장은 최대한 다양한 종의 동식물로 토지를 채우려고 노력해야 한다. 다양할수록 즐거움도 커지니까. 아름다운 그림이란 흥미를 끄는 그림이다. 대충 훑어만 봐도 한눈에 다 들어오는 그림은 훌륭한 작품이라고 보기 어렵다. 예술적 가치를 지닌 훌륭한 농장은 복잡한 생물망을 발전시켜 야생에서 누리는 다양함을 농장 내에 재창조하기 위해 노력한다. 다양함이 제대로 기능하는 눈부신 장면을 마주하기 위해 왜 굳이 인간의 손이 닿지 않은 오지까지 가야 하는가? 이러한 장엄한 장면이 바로 국내 농장풍경의 중심이며, 농부는 정교하고 다양한 자연의 아름다움을 마주하도록 돕는 지역사회 버팀목인데 말이다.

목가적 풍경의 아름다움

가장 가 보고 싶은 풍경에 관해 묻는 다수의 설문조사에서 '깊은 숲', '대초원', '정원'을 제치고 '목가적 풍경'이 일순위로 꼽힌다. 당연하다. 문화나 기후와 상관없이 인간의 영혼을 가장 잘 달래 주는 풍경은 단연 목가적 풍경이다. 꽤 많은 이론들이 있긴 하지만 이유는 아무도 모른다.

진화론자들은 호모 사피엔스가 나무에서 내려와 땅에 살기 시작하면서 정글 밀림보다는 탁 트인 환경을 선호하게 되었는데, 이런 환경이 잠재된 위험을 쉽게 감지하게 해 주어 더욱 안전하다고 느끼기 때문이라고 설명한다. 역사 애호가들은 목가적 풍경이 문명의 토대, 즉 수렵·채집 생활을 접고 공동체를 이루어 정착하게 된 요인인 '가축'에 가장 근접한 풍경이기 때문이라고 주장한다. 성서학자들은 우리가 땅을 일구고 곡물을 생산하기 이전에는 아벨과 같은 목동이자 아브라함과 같은 유목민이었기 때문이라고 말할 것이다.

어쨌든 가축과 아름다운 초장과 드문드문 서 있는 나무들만큼 우리의 눈길을 사로잡는 풍경은 거의 없다. 이렇게 마음이 끌리는 이유는 어쩌면 본능적인 안도감 때문이 아닐까. 채소나 과일과 달리 동물은 이동이 쉽고 안정적으로 영양분을 공급해 준다. 대부분의 원시문화에서 여전히 가축을 필수품으로 꼽는 이유는 냉동고나 냉장트럭 없이도 실시간 영양공급이 가능하기 때문이다.

다른 식품들은 운반해야 하거나 또는 쉽게 상하거나 아니면 양쪽 모두에 해당한다. 반면에 젖을 내는 낙타, 물소, 젖소, 염소, 양은 실시간 영양공급원이다. 언제나 신선하고 언제든 이용이 가능하다. 또한 가뭄이나 사회불안, 경제적 궁핍으로 갑자기 이동해야 할 경우 동물은 사람과 함께 걸을 수 있으니 견과류나 사과, 밀가루처럼 들고 운반할 필요가 없다. 이런 이유로 현대 자급자족 운동에 동참하는 가정들은 정원과 벌집은 물론 토끼와 닭에도 큰 관심을 보인다. 전기가 나가서 냉장고에 든 음식을 하나도 못 먹게 된다 해도, 닭이 내일이면 알을 낳아 줄 테고 토끼를 저녁 식사 재료로 손질할 수도 있으니 말이다.

목가적 풍경은 초식동물과 다년생목초와 인간의 돌봄이 중심이 되어 형성된다. 절대로 자연발생적으로 생기지 않는다. 야생 상태에서는 볼 수 없으며, 생산성을 염두에 두고 장기간 동안의 신중하게 조성되는 결과물이기 때문이다. 다년생식물이 주를 이루기에 인간이 잘 설계하고 공을 들이면 회복력을 잃지 않는다. 오래 가는 풍경이야말로 아름다운 풍경이다.

이러한 풍경을 동물 밀집사육 시설의 추함과 비교해 보자. 배설물 먼지를 들이마셔야 하고, 투약기로 분사하는 온갖 약품을 맞아야 하는 실내에 감금된 동물들! 이런 풍경은 아름다운 그림이 아니다. 저들은 자만심에 취해 목가적 아름다움과 힘을 내버리고, 그 대신 배설물 입자로 뒤덮인 가축을 약물에 의존해 사육하며, 햇빛 아래서 마음대로 움직이지도 못하게 가둬 놓아 다 허약하게 만드는 길을 택하고 있다.

초지에서 뛰노는 동물들의 모습은 정말 아름다운 풍경이다. 우리 사회가 이 아름다운 발레 공연장을 배설물 입자로 뒤덮인 축사의 경직되고 비좁은 공간과 맞바꾸다니, 무릎 꿇고 탄식할 일이다.

무취의 아름다움

악취가 나는 농업은 좋은 농업이 아니다. 다큐멘터리에서 한 양계장 농부가 농장의 불쾌한 냄새를 "저한텐 돈 냄새 같은데요!" 하며 기발하게 표현하던 장면이 기억난다. 즉흥적으로 불쑥 튀어나온 말에 웃음이 나지만, 사실 개울에 독성물질을 버리면서 '돈 냄새'인 척하는 화학회사와 마찬가지다. 우리는 이러한 오염을 그저 묵살해야 하는가?

어째서 악취 문제가 생길까? 두 가지 원인이 있다. 첫째는 규모다. 토마토든 돼지든 한곳에서 너무 많이 생산하면 그 환경의 수용용량을 초과한다. 둥지에 새가 너무 많으면 둥지는 더러워지게 마련이다. 당연하다. 바람직한 농업은 보금자리, 즉 지역 생태계에 주의를 기울여야 한다.

우리 농장에서는 매일 장소를 바꿔 가며 닭을 방목하여 토양이 닭의 배설물 속 영양분을 분해하는 데 문제가 없도록 닭의 개체 수를 세심히 조절한다. 농장 방문객들을 안내하면서 수천 마리 닭들로 가득 찬 들판 한

가운데 멈춰 서서 나는 이렇게 질문하기를 즐긴다. "무슨 냄새가 나나요?" 방문객들은 코를 킁킁대며 냄새를 맡아 보고는 대답한다. "아무 냄새도 안 나는데요. 공기가 깨끗하고 상쾌하군요." 닭 수천 마리 속에 서 있으면서 어떻게 이런 일이 가능할까?

우리 농장에서는 토양의 수용용량을 넘지 않도록 주의하면서 전날 머물렀던 곳, 이제는 배설물로 더러워진 곳을 벗어나, 날마다 새로운 땅으로 가축을 이동시키기 때문이다. 이렇게 하기까지 수많은 훈련이 필요한데, '훈련'은 성경의 또 다른 원칙이기도 하다. 사도 바울은 달음질치며 자신의 몸을 훈련한다고 말한다.

경기장에서 달리기하는 사람들이 모두 달리지만, 상을 받는 사람은 하나뿐이라는 것을 여러분은 알지 못합니까? 이와 같이 여러분도 상을 받을 수 있도록 달리십시오. 경기에 나서는 사람은 모든 일에 절제를 합니다. 그런데 그들은 썩어 없어질 월계관을 얻으려고 절제를 하는 것이지만, 우리는 썩지 않을 월계관을 얻으려고 하는 것입니다. 그러므로 나는 목표 없이 달리듯이 달리기를 하는 것이 아닙니다. 나는 허공을 치듯이 권투를 하는 것이 아닙니다. 나는 내 몸을 쳐서 굴복시킵니다. 그것은 내가, 남에게 복음을 전하고 나서 도리어 나 스스로는 버림을 받는, 가련한 신세가 되지 않으려는 것입니다. (고전 9:24-27)

사랑하는 여러분, 아시다시피 할 수 있다고 해서 무엇이든 해도 되는 것은 아니다. 때로는 할 수 있다는 이유만으로 해서는 안 되는 일도 있다.

둘째, 악취 문제는 탄소 부족에서 비롯된다. 가축사육에서 가장 뚜렷하게 나타나는 현상이지만 채소나 과일 생산에서도 마찬가지다. 이제는 전통적 입장을 취하는 농학자들조차 인정하듯이, 건강한 식물의 핵심 비결은 건강한 토양이고, 건강한 토양의 핵심 비결은 부엽토다. 유기물, 그리고 탄력성과 흡수성. 이는 바이오매스, 즉 탄소가 분해되어야 생성된다.

가축의 문제점은, 분뇨에 포함된 혼합물이 토양을 기름지게는 하지만 휘발성이 매우 강하다는 데 있다. 소중하고 값진 양분이지만 불안정하여 유지하기가 어렵다. 값진 것은 무엇이든지 다 그렇지 않은가? 잘 지키고 유지하려면 정말 열심히 노력해야 한다. 가축 분뇨에 든 값진 양분도 마찬가지다. 저 고약한 냄새는 주로 대기 중으로 증발하는 양분이다. 이 양분들은 물에 닿으면 물속으로 퍼져나가 금세 우물과 대수층을 오염시키면서 서서히 유해물질을 퍼뜨린다.

탄소가 해결책이 될 수 있다. 탄소는 특유의 분자 구성 때문에 모든 것을 끌어들여 결합하는 성질이 있다. 탄소 정수필터도 바로 이런 성질을 이용한다. 중금속중독 치료법인 킬레이트화 요법Chelation therapy은 본질적으로 숯 성분을 정맥에 주입하여 순환계를 치료하는 방법으로, 마치 배관 회사 로토-루터Roto-Rooter사가 막힌 배관을 뚫어 주는 것과 같은 원리이다. (의사 여러분, 그럴 듯한 비유가 아닌가?) 탄소는 정말 대단한 물질이다. 우리 농장 같은 가축 사육시설에서는 톱밥, 나무 조각, 나뭇잎, 지푸라기, 옥수수 잎과 줄기, 온갖 마른풀, 땅콩 껍질 등 탄소공급원이 될 만한 것은 뭐든 열광적으로 환영한다. 이유는 짐작할 수 있으리라. 축사 바닥에 탄소성분 물질을 충분히 깔아 주면 이 깔짚이 휘발성 양분을 안정시키며 흡수하여 비옥함이라는 놀라운 예금계좌를 만들어낸다.

날씨가 궂을 때는 가축과 가금류를 실내에 들여 편안한 환경에서 생산활동을 계속하도록 돕는 일이 매우 중요하다. 내가 비록 가축방목 신봉자이긴 해도 한겨울에는 가축의 안락함을 위해 그리고 우리 자신의 안락함을 위해 가축을 축사에 들인다. 이때는 바닥에 엄청난 양의 탄소물질을 깔아 내가 '탄소로 만든 기저귀'라고 부르는 이 깔짚을 통해 값진 양분을 안정화하고 훗날 퇴비로 활용한다.

냄새나는 거름이 산더미처럼 쌓인 모습은 아름답지 못하다. 분명 탄소중심 체계를 실행하려 한다면, 농장은 이용가능한 탄소의 수용용량을 초과하지 말아야 한다. 석유를 동원해 만든 화학비료가 아니라 좀 일찍부터 농부들이 탄소에 더 투자했다면, 더 건강한 토양과 농장뿐 아니라 더 건강한 숲, 그리고 활기 넘치는 시장주도형 탄소거래 환경까지 구축할 수 있었을 텐데.

불쾌한 냄새는 감염의 신호다. 악취 나는 상처가 신체 감염의 신호이듯이 악취 나는 농장은 대지 오염의 뚜렷한 신호다. 우리는 겨울에 소, 돼지, 닭 수백 마리를 농장 축사에 수용하지만, 말 그대로 그 안에서 소풍을 즐겨도 된다. 아주 깨끗하고 즐길 만한 소풍! 이미 수백 번 말했지만, 이 정도면 확실히 상업화도 가능한 규모이다. 닭 수천 마리까지도 가능하니까. 그러나 소 수천 마리나 닭 수백만 마리는 불가능하다. 항상 규모는 이렇게 아주 중요하다.

기능이 원활한 대형 교회들이 소규모 셀 모임을 유지하는 이유가 뭘까? 아름다운 관계란 좀 더 작은 규모에서 형성되기 때문이다. 이것이 지혜다. 그리고 지혜는 종교적 사고에만 국한하지 말고 식품과 영농체계에도 스며들어야 한다. 닭 5만 마리까지 수용이 가능한 대형 건물을 지을 수 있다고 해서 꼭 그렇게 하라는 의미가 아니다. 과연 어느 정도가 적당할까? 냄새! 냄새가 나기 시작하면, 보금자리의 수용용량을 초과했다고 확신해도 된다.

우발성의 아름다움

꼼꼼하게 계획하고 준비하는 사람들을 비난하려는 건 아니고, 놀라움과 새로운 발견의 소중함은 인식해야 한다. 뭐 하나 빠짐없이 전부 다 알면 지루하다. 뭐든 다 아는 체하는 사람이 싫은 것도 이 때문이다.

갑자기 유쾌한 사건이 일어나거나 그런 일을 발견하면 기뻐하지 않을 사람이 누가 있겠는가? 어미 야생 칠면조와 솜털 보송보송한 새끼들이 잽싸게 도로를 건너가는 장면을 본다거나 친구에게 뜻밖의 선물을 받으면, 예기치 못한 즐거움에 빠진다. 우리가 계획을 세우는 이유는 주로 예상치 못한 두려움으로부터 스스로를 보호하기 위함이니, 뜻밖의 즐거움이 온다면 얼마든 환영이다.

믿음의 행로는 우발성의 여정과 같다. 하나님의 섭리에 따른 돌보심과 우리를 지탱해 주시는 은혜를 발견하는 일, 주님이 베풀어주시는 샘물을 날마다 마시는 일은 영적 성장의 아름다움을 선명히 보여 준다. 그렇지 않은가? 하나님은 날마다 새로우시다. 우리를 어떻게 이끄실지, 어떻게 보호하실지, 어떻게 가르치실지, 내일은 또 어떤 가르침을 주실지 우리는 아무도 모른다. 그렇기에 오히려 더 큰 기쁨으로 다가온다.

따라서 농장은 우발성과 발견으로 가득해야 한다. 수년 전, 근처에서 농사짓는 친구가 저녁 늦게 우리 농장에 찾아왔다. 함께 연못가를 건는데 문득 친구가 걸음을 멈추더니 감탄하며 경외심이 담긴 차분한 어조로 말했다. "저 청개구리 소리 좀 들어 봐. 우리 농장엔 한 마리도 없는데." 친구의 농장에는 풍경을 빛내 주는 연못이 단 한 곳도 없었다. 오리가 날아와 내려앉을 곳이 전혀 없었다.

우리 농장은 연못을 많이 만들어 놓았다. '연못 중독자'인 나는 농장에 물이 많으면 많을수록 좋다고 생각한다. 연못은 생명의 원천이고, 물이 많으면 주변 풍경도 아름다워지니까. 연못은 주로 계곡과 골짜기 사이에 위치하지만, 다른 곳에서도 찾아볼 수 있다. 반복되는 농장 일 속에서 연못은 놀라운 감동을 끊임없이 선사한다. 조용히 알을 품은 거위와 오리. 허둥지둥 날아가는 잠자리. 저녁이면 갑자기 요란한 울음소리를 내며 물에 첨벙 뛰어드는 황소개구리까지.

숲과 평야와 강기슭이 만나는 지점에는 동식물군이 가장 다양한 만큼 우발성을 경험할 기회도 가장 많다. 이와 비교해서, 옥수수나 밀만 끝없이 펼쳐진 수천만 평의 들판, 혹은 닭으로 빈틈없이 가득 찬 축사는 어떤가? 예측가능하고 비슷하며 반복적이다. 우리 농장에서는 숲가로 가면 소 떼가 있다. 둔덕 위에는 이동식 닭장이 있다. 골짜기에는 손짓하며 환영하는 연못이 있다.

놀라움과 새로움이 깃든 곳, 구석구석마다 "아하!" 하고 놀랄 일이 기다리는 곳이다. 반면에, 보통 산업형 양계농장에서 아이들이 처음으로 맡는 일은 배설물 입자로 가득한 축사 안을 힘없이 돌아다니며 죽은 닭을 끄집어내는 일이다. 자녀들이 친구를 초대하고 싶어 할 만한 장소도, 함께하고 싶어 할 만한 놀이도 절대 아니다. 이런 농장에서는 죽은 닭을 한 마리도 찾아내지 못하는 일이 가장 크게 놀랄 일일지도 모른다. 하지만 그럴 가능성은 매우 낮다.

분명 어느 농장에든 규칙적인 일과가 있다. 소소한 잡일들이 늘 있기 마련이다. 그러나 다양한 모습의 풍경 속에서 다양한 종류의 동식물을 돌보며 이런저런 다양한 일을 하다 보면 예측할 수 없는 데서 생기는 아름다움이 있다. 듣기로는, 대규모 식품가공 시설에서의 작업은 대개 20분이면 배울 수 있다고 한다. 그곳에서는 우발성은 전혀 찾아볼 수 없기 때문이다. 치즈 장인이 치즈를 만들 때 장인의 솜씨가 관건이듯이, 정해진 틀에 따른 작업만으로는 불가능하다. 게다가 방목가축이라면 목초지 풀의 종류에 따라 날마다 우유 맛이 당연히 달라진다.

실제로 교회 잔디밭을 식용식물 재배공간으로 바꾸면 훨씬 더 아름다운 풍경이 될 수 있다. 과실수를 심고 텃밭을 가꾸고 물고기를 키우면 교회 경내가 더욱 빛이 나고, 또한 우리의 영적 행로에 동행하시며 날마다 때를 맞춰 도우시는 하나님의 손길을 눈으로 직접 보고 되새길 수도 있다. 근사한 그림이 아닌가?

야생생물로부터 판매용 생산물에 이르기까지 농장 풍경 속을 거니는 일은 경탄과 경외심, 신비로 가득해야 한다. 초원에 자라는 나무들도, 들판을 숲으로 조성하는 일도 마찬가지다. 연못도 잊지 마시기를. 연못은 어느 곳에나 잘 어울리니까.

끌어당기는 아름다움

농장은 사람들이 방문하고 싶은 곳이어야 한다. 산업형 농장은 입구에 '출입금지' 표지판부터 건다. 방문객을 원하지 않으니까!

아름다움에 끌리지 않는 사람이 어디 있을까? 나는 항상 농장이란 아이들이 머무르고 싶은 곳이어야 한다고 생각한다. 예수님은 "어린이들이 내게 오는 것을 허락하고, 막지 말아라."(마 19:14) 하고 말씀하셨다. 예수님은 모든 면에서 사람들을 따뜻하게 맞아 주신다. "수고하며 무거운 짐을 진 사람은 모두 내게로 오너라. 내가 너희를 쉬게 하겠다."(마 11:28) 예수 그리스도는 모든 면에서 매력적이시다.

악취, 동물 사체, 살충제가 우리의 감각기관을 공격하는 농장이 과연 매력적인가? 아니다. 농장은 우리의 자녀가 정말 멋진 곳이라며 친구들에게 자랑하는 곳이어야 한다. 다양한 종류의 수많은 야생 생물과 놀라움이 곳곳에 자리한 농장은 자석처럼 사람들을 끌어 모은다.

산업형 농장은 외부 노출을 제한하고 인간의 접촉을 제한한다. 들어갈 때도 서명하고 나올 때도 서명하고, 샤워하고 들어가고 또 샤워하고 나와야 하고, 신발 살균용 소독제를 통과하고 방호복까지 입어야 비로소 접촉이 가능한 체계가 산업형 농장이다. 바로 이런 곳이 우리의 먹을거리와 아주 밀접한 곳이라니! 출입을 위해 거쳐야 하는 이 모든 절차는 참여에 도움이 되기보다 참여를 방해하는 장애물일 뿐이다.

심지어 업계가 오염과 질병의 위험을 최소화한다는 이유로 농장 견학을 불법화하려고 한다는 기사를 읽은 적도 있다. 우리 영농체계란 도대체 어떤 식이기에 먹을거리 생산물을 먹을 사람이 방문할 수도, 볼 수도, 만질 수도, 연결될 수도 없단 말인가? 좋은 농장이란 사람들이 모이기 좋아하는 장소여야만 한다. 불쾌한 곳이 아니라 지역사회 내에서 가장 마음이 편하고 가장 매력적인 곳. 생명과 발견과 영감이 가득한 곳. 생명과, 창조주께서 빚으신 창조물들과 더 깊은 관계를 맺자고 우리에게 손짓하는 곳이어야 한다. 우리의 농장은 농촌 풍경 속에서 두 팔을 활짝 벌리고 서서 판단 없이 받아들이고, 보여 주되 생색내지 않고, 자라나는 모든 생명체가 과민성 불안에 시달리지 않는 곳, 그런 곳이어야 한다.

보금자리의 아름다움

이를 '균형'이라고 불러도 되겠지만, 나는 '보금자리nested'라는 단어가 조금 더 마음에 든다. 생산의 본질이 더 넓은 주변 경관의 품에 제대로 안기는 것임을 잘 포착한 표현이기 때문이다. 오늘날 식품과 영농이라면 우뚝 솟은 기반시설부터 생각난다.

대규모 산업형 가공공장, 각종 기계, 건물들이 머리에 떠오르는 이미

지다. 이런 기반시설들은 풍경 속에 소박하고 겸손하게 보금자리를 틀기보다는 풍경을 장악해 버린다. 거대한 건물과 기계가 가장 중요한 특징이자 가장 뚜렷한 지형지물이기 때문이다. 나무도 들판도 개울도 골짜기도 없다. 그저 구조물들뿐이다.

수 킬로미터 밖까지 악취를 풍기는 산업형 농장은 흉물스런 외관부터가 보는 이들을 압도해 버린다. 잡지 〈에이커스 유에스에이〉 창간자 찰스 월터스Charles Walters가 '인간의 어리석음을 기리는 기념비'라 부른 이런 구조물을 마주할 때마다 솔직히 늘 놀란다. 나는 평생 작은 헛간과 이동식 축사를 많이 지었다. 저들은 고용인 5,000명에 시간당 소 100마리를 처리할 수 있는 대규모 도살장을 지었다. 생각만 해도 정신이 아득해지고 숨이 막힌다. 그런 위업을 달성하는 데 필요한 노동력과 설계, 준비 자체는 존중한다.

그러나 이렇게까지 큰 규모라면 풍경 속에서 침략적이고 이질적이며 심지어 자연 풍광을 모욕하는 존재일 뿐이다. 구조물 이면에 인간의 모략과 술수로 가득한 현실을 숨기며 이러한 거대한 자본을 들인 기반시설은 공동체와 풍경을 노예로 삼는다. 부유함으로 이끄는 입장권이 되기보다는 (아, 물론 특정인을 위한 부유함은 되고 있는지 몰라도, 주변 지역사회를 위한 부유함은 분명 아니다.) 마치 주인이 노예를 부리듯 토지와 공공정책을 좌지우지한다.

농장 내 폐쇄형 사육시설도 마찬가지다. 이런 시설들은 이런저런 단점에 그치지 않고 풍경을 추하게 만든다. 우리는 주변 풍경의 굽이치는 지형과 자연 특성 대신에 지평선에 절로 관심이 쏠린다. 인간이 만든 거대시설에 시선과 마음을 거칠게 빼앗긴다. '지배권을 차지'하는 능력과 성취감에 우쭐대며 자기만족에 도취되어 가슴을 탕탕 두드리며 으스대고 싶어진다.

성경은 "여러분 쪽에서 할 수 있는 대로 모든 사람과 더불어 화평하게 지내십시오."(롬 12:18)라고 권고한다. 바울은 자신이 로마에 있을 때 로마인과 같이 되었다고 말했다. 그는 사회에 충격을 주고 싶지 않았다. 그의 메시지 자체가 충분히 충격적이기에, 어설프게 자랑하는 말을 설교 말씀에 덧붙이지 않았다. 요점은 풍경 속에 균형 잡힌 보금자리를 트는 일이 농부의 겸손함과 만족을 보여 주는 길이라는 데에 있다.

우리의 영농과 식품체계는 은혜롭게 또 균형 있게 주변환경과 어우러져야 한다. 아무것도 짓지 말라는 뜻이 아니다. 자연 특성과 어우러질 만한 규모와 행동 원칙을 갖춘 체계여야 한다는 뜻이다. 이런 곳은 방목가축들이 진정으로 노래하는 곳이다. 생태계와 진정으로 하나가 되는 길이 있다면 바로 적절한 규모로 가축을 방목하는 것이다. 우리 농장에서는 이동식 차양막을 사용하여 소와 칠면조와 돼지와 양을 돌본다. 기반시설은 거의 전부 이동식이어서 동물과 함께 옮겨 다닌다.

양계용 축사시설이라면 방향을 오른쪽으로 틀어 보라고 할 수는 없다. 그러나 우리 농장의 양계장은 오늘은 이곳에 머무르다가 내일은 다른 곳으로 이동한다. 계절 변화, 풀의 성장, 방목지 순환을 고려하여 언제든 기반시설의 위치를 결정할 수 있다. 규모가 작아서 이동하기에도 편리하다. 보금자리에 어울리는 적당한 크기의 차양막 축사를 여기저기 설치한다. 우리 농장에서는, 예를 들면 거대한 비닐하우스 한 채를 세우는 대신 작은 규모로 다섯 채를 설치한다. 차양막 축사들 사이에는 과일나무를 심고 정원 테라스를 꾸민다. 이런 방식으로 황량한 구조물 모서리를 걷어내고 풍경을 부드럽고 푸르게 만들어 생태계 품 안에 보금자리를 틀게 한다.

이는 광적인 지구숭배자의 말이 아니다. 사람들을 끌어들이는 아름다움에 관한 진리이다. 단순히 크다는 이유로 눈길을 끌고 강한 인상을 주는 형상에 솔직히 나는 별다른 감명을 받지 못한다. 하지만 눈에 보이지 않는 형상, 인간이 얼마나 보잘것없는지 그리고 하나님께서 얼마나 위대하신지를 깨닫게 하는 형상, 이런 형상에는 가슴이 벅차오른다.

풍경에 보금자리를 튼 기반시설은 '의존성'이라는 주제를 자연스럽게 드러내, 그 또한 아름답다.

대규모 산업형 기반시설은 창조물의 면전에 주먹을 휘둘러 대며 사실상 이렇게 말하는 듯하다. "나는 네게 의지하지 않아. 나는 인간이 만들고, 인간이 섬기고, 인간이 발전시키지. 주변 지역의 수용용량, 공기, 토양, 물의 흐름 따위는 걱정할 필요 없어. 이 모든 자원보다 내가 더 대단하니까." 생태계와 잘 어울리고 주변환경과 잘 어울리는 농장이야말로 고마움과 감사를 깨닫게 하는, 또한 인간의 영리함보다 더 위대한 존재에 철저히 의지해야 함을 깨닫게 해 주는 실물교육 현장이 아닐까?

날마다 아침에 눈을 떠 일하러 나설 때마다, 나는 우리 농장에서 누리는 아름다움에 감동한다. 방문객들의 말을 들어 봐도 그렇다. 나뿐 아니라 다른 이들도 느끼는 감정이다! 우리 농장에는 독극물 경고 표시가 붙은 문이 하나도 없으니까! 우리가 '무엇을' 했는지가 아니라, 하나님의 창조물 속에 둥지를 튼 이 아름다운 곳을 '어떻게' 어루만져 생산적이고 깊은 영감을 주는 장소로 만들었는지에 방문객들이 감명을 받으면 좋겠다. 물론 하나님은 우리가 이 일에 충실할 수 있도록 도와주신다!

11—
수백 년 전
초원처럼 장기적 관점 vs 단기적 관점

> 너희는 자기를 위하여 보물을 땅에다가 쌓아 두지 말아라. …… 그러므
> 로 너희를 위하여 보물을 하늘에 쌓아 두어라.
>
> **마태복음 6:19-20**

기독교인들이 다른 신앙공동체와 공유하는 관점 하나는 장기적 관점이
단기적 관점보다 우월하다는 생각이다. 편의주의는 순간의 만족과 편리
를 추구하는 세상의 특징이다. 도박꾼과 사기꾼, 강도는 모두 이러한 특성
을 가장 잘 보여 주는 인물들이다.

    오늘의 결정에 뒤따르는 영원한 결과에 대해 성도들에게 권면을 주
는 설교가 얼마나 많은가? 심은 대로 거둔다는 말씀만으로도 우리 성도

들은 즉각 하나님 앞에서 마음을 바로잡는다. 구원받은 이후의 수고와 그에 따른 보상에 관한 말씀을 통해 곧바로 근면성을 회복한다.《웨스트민스터 소요리 문답》에 따르면 우리의 본분은, 내 방식대로 풀어 말하자면, 하나님과 함께 영원히 살기 위해서 지금 하나님을 기쁘게 해 드리는 것이다. 즉 기독교인들은 장기적 결과가 오늘의 결정에 근거한다는 관점을 널리 수용하고 있다. 장기적 관점은 기독교인들이 취하는 삶의 근본 원리이다. 흥미롭게도 이는 또한 환경주의자들의 근본 관점이기도 하다. 왜 환경주의자들은 착취 기업을 혐오하는가? 이들 기업이 오늘의 편의라는 제단 위에 내일을 희생제물로 바치고 있기 때문이다.

'내일은 없을 테니 먹고 마시고 즐기자'는 사고방식은 신앙인의 언어 속에는 없다. 우리는 하나님의 대사이자 대리인으로서 전능하신 그분을 세상 가운데 드러낸다. 좀 더 멀리 말해 보자. 하나님의 계획은 우리의 순종을 통해 실현되며, 이러한 순종은 우리가 장기적 결과를 염두에 둘 때만 가능하다고 할 수 있겠다. 우리가 더러운 육체의 정욕에 빠지지 않는 이유는 금욕주의를 따르거나 유희를 싫어해서가 아니다. 고린도전서 9장 23~27절에 담긴 바울의 생각을 풀어 쓰자면, 승리하게 될 삶의 경주를 위해서 그리고 자격 없다 하시는 위치에 서지 않기 위해 육체의 욕심을 자제하기 때문이다.

성경적 세계관은 오늘보다 내일을 더 생각하라고 요구한다. 그래서 우리는 멸망으로 가는 넓은 문 대신 구원에 이르는 좁은 길을 선택한다. 이런 면에서 아이와 어른 사이에는 큰 차이가 있다. (혹은 적어도 그런 차이가 있어야 한다.) 아이들은 머릿속에 떠오르는 대로 말을 한다. 하지만 어른은 생각나는 대로 불쑥 말하거나 '솔직히 있는 그대로' 말하기 전에 장기적 결과를 고려한다. 아이들은 당장의 만족을 원하지만, 성숙한 어른이라면 만일의 어려운 때를 대비해 저축하고, 소유할 가치가 있으면 기다릴 가치도 있다는 점을 자각한다.

기독교인들은 천국에 보물을 쌓아야 한다는 사실을 안다. 모래 위에 집짓기가 빠르고 효율성이 있다 해도 결국은 반석 위에 집을 지어야 더 좋다는 사실을 안다. 왜 우리는 고난과 화형과 야유와 조롱을 견디는가? 끝까지 견디는 자들에게는 생명의 면류관이 기다리고 있기 때문이다. 영원에 중점을 둔 생각과 행동과 영적 성장을 칭송하는 데 긴 시간을 할애하지 하지 않는 설교자가 있는가? 장기적 관점은 우리의 모든 행동과 생각을 점검해 주는 리트머스 실험과 같다. 또 마땅히 그래야 한다.

이는 사람이 아니라 하나님을 기쁘시게 하는 길이다. 기쁘게 할 대상을 골라야 한다면 우리는 하나님을 택한다. 어째서? 눈에 보이지 않는 장래가 오늘 당장의 일이나 생각보다 훨씬 더 중요하기 때문이다. 부활에 관해 바울은 "그리스도께서 살아나지 않으셨다면, 우리의 선포도 헛되고, 여러분의 믿음도 헛될 것"이라고 주장한다(고전 15:14).

방탕한 식품체계

자, 그렇다면 이런 이야기가 식품과 영농에 무슨 관련이 있는가? 산업형 기계식 농업의 모든 것, 말 그대로 정말 모든 것은, 빠른 지름길과 오늘 당장의 편의에만 초점을 맞춘다는 사실을 깨닫기 바란다. 오로지 신경 쓰는 부분은 더 빨리 더 크게 더 기름지게 더 저렴한 비용으로 키우는 일 뿐, 그래서 전 세계를 먹여 살려야 하는데 다른 데 신경 쓸 시간이 어디 있겠는가.

생선과 새우가 넘쳐 났던 멕시코 만 해수는 이제 어떤 생명도 살 수 없는 데드존이 되고 말았다. 미국 농업의 심장부인 미시시피 강 유역 농장들에서 유출되는 화학비료가 강물을 오염시켰고, 그 바람에 미시시피 강 하류와 만나는 멕시코 만이 죽음의 바다가 되었다. 얼마나 많은 기독교인 농민들이 이러한 죽음에 기여했을까? 하나님의 창조물이 이런 식으로 죽어 가는데 하나님께서 기뻐하시리라 생각하는 사람이 있나? "예수님이라면 어떻게 하실까?"라는 문구를 새긴 팔찌를 찬 채, 세상을 병들게 하는 이런 반反생명 농업체계에서 생산된 식품을 구입하는 사람은 또 얼마나 많은가? 으으음?

이 점에 대해 숙고하면서 나는 다시 한번 환경주의자들의 의견에 동조하게 되는데, 이들이야말로 지구를 위해 장기적 관점을 취하고 있기 때문이다. 급진파 환경주의자를 가리켜 뭐라 하든 당신 맘이지만, 심지어 빨갱이라고 부를 수도 있겠으나, 오늘의 옥수수나 콩 한 자루가 내일의 데드존을 초래하는 만큼의 가치라고 여기는 사람은 본 적이 없다. 나는 최근에 사막화를 해결하기 위한 총체 관리holistic management의 주창자 앨런 세이버리Allan Savory의 이름을 딴 세이버리 재단 콘퍼런스에 참석해 이런 권고를 들었다. "외부요인 운운해서는 안 됩니다. 그런 건 존재하지 않아요. 모든 일은 바로 여기, 다른 곳이 아닌 바로 이곳 지구에서 일어나고 있습니다. 전부 내부요인입니다."

아, 얼마나 급진적인 생각인가! 마치 청년들을 향해 경고하는 설교처럼 들린다.

"여러분이 말하고 행동하는 모든 것이 여러분의 삶에 영향을 미칩니다. 여러분 행동이 다른 사람에게 해를 끼치지 않는다고 말할 수 없어요. 여러분과 관련 있는 모든 사람에게 실제로 영향을 미치니까요."

지난 수십 년간 농작물 연구는 맛이나 질감, 영양밀도가 아닌 운송능력에 집중했다. 유전자 선택은 대형 트레일러 화물차 짐칸에 실려 이리저리 흔들리며 1,500킬로미터를 달려도 끄떡없는 품종을 만드는 데만 치우쳤다. 장거리 운송에 적합한 토마토는 밭에서 재배해 한입 베어 물면 팔꿈치까지 과즙이 흘러내릴 정도로 달콤한 품종이 아니라 유전자 면에서 마분지에 가까울 정도로 질긴 품종이어야 한다. 우리의 식품체계는 인간의 건강을 철저히 무시하고 대신에 빠른 성장과 편리한 유용성을 택해왔다. 영양밀도와 맛, 부드러운 질감이 운송에 유리한 단단한 질감보다 더 낫다고 주장할 사람이 과연 있기나 한가?

왜 우리 기독교인들은 이런 일들에 무심한가? 아니, 왜 우리는 우리 식비로 이런 일들을 장려하는가? 심지어 이런 질문을 던지기만 해도 보수파 토크쇼 진행자들에게 골수 환경주의자라고 낙인찍히는 이유는 무엇인가? 영양가 없는 질긴 토마토가 당신의 건강을 담보로 도박을 벌이고 있다고 성도들에게 과감히 경고할 목사는 어디에 있단 말인가?

지금 들리지 않는가? "집에 가서 냉장고를 들여다보십시오. 악마의 토마토가 있습니까? 내다 버리세요! 지난주에 제가 여러분께 버리라고 했던 포르노물과 함께 당장 쓰레기통에 처넣으십시오. 얇게 썰지도, 네모나게 썰지도 말고 으깨서 끓이지도 마세요. 쳐다보지도 만지지도 먹지도 마십시오. 압니다, 먹음직스럽지요. 하지만 그건 세상 욕망과 영적 방탕을 대표하는 음식입니다." 상상이나 할 수 있는가?

모든 기독교 공동체에서 당연히 정죄하는 포르노물의 문제는 결혼을 통해 성스럽게 이루어져야 하는 신성한 행위를 당장 간편한 만족감으로 대체하려한다는 데 있다. 그렇다면 방종에 빠져 죽음을 유발하고 질병을 부추기며 창조물을 파괴하는 질펀한 잔치판에서 흥청거리는 이 포르노 같은 식품체계를 과감히 밝혀낼 기독교인은 어디에 있단 말인가? 말이 지나치다고 생각하는가? 혹시 최근에 공장식 밀집형 양계장에 들어가 보았는가? 공장식 밀집형 양돈장에는 가보았는가? 포르노물이 하나님께서 주신 신성한 성의 특별함을 훼손하고 그 가치를 떨어뜨리듯이, 공장식 축사도 하나님께서 빚으신 돼지의 특별함을 훼손하고 그 가치를 떨어뜨린다.

내 책장에는 창조, 결혼, 신학에 관한 기독교 서적들과 더불어 산업형 식품업계 거물들의 악행을 기록한 두꺼운 책들이 셀 수도 없이 꽂혀 있다. 뇌물로 매수하여 입법을 청탁하고, 인근 주민에 피해를 끼치며, 저임금 노동착취로 공동체 전체를 병들게 하는 등 악행의 목록은 끝도 없다. 그러나 기독교 공동체는 대체로 이러한 정보와 조사결과를 통째로 무시한다. 안 그랬다가는 진보주의자라는 철학적 오명을 뒤집어쓸 테니까. "오, 저기 노동자의 권리, 닭의 권리, 돼지의 권리를 옹호하는 진보주의자들이 가시는구먼. 맙소사, 다음엔 강에 사는 물고기도 권리가 있다고 주장하시겠네." 그러면 장로와 집사들은 이런 비꼬는 말에 동조하며 크게 웃어 버린다. 이들은 헌법을 쓰고 배심원을 선임할 수 있는 존재들에게만 권리가 있다는 신조에 깊이 빠져, 개울 물의 물고기는 해당되지 않는다는 등 이러쿵저러쿵한다. 이런 대화를 인용하는 일이 내겐 쉬운데, 바로 이런 분들이 나와 같은 곳에 속한 사람들이기 때문이다.

하지만 필사적으로 물고기를 대변하려는 친구들 역시 나와 같은 곳에 속한 사람들이다. 이런 나의 세계에 오신 여러분을 환영한다!

'생명의 존엄성' 가두행진에 나서는 참가자들은 언제쯤이나 깨달으려나? 아무리 인간 배아에 대해 장기적 관점을 갖고 있어도 총체적으로 식품과 생명의 신성함에 무심하다면 결국 위선일 뿐이라는 사실을 말이다. 혹여 내가 이런 혼돈과 정반대로 '동물은 인간과 같다'고 믿는다는 오해를 하지 않기 바란다. 동물은 인간이 아니다. 그러나 이는 동물을 대하는 방식에 하나님께서 개의치 않으신다는 뜻도 아니다. 오히려 우리는 동물을 대하는 방식을 통해 일관된 윤리 틀을 형성하고 궁극에는 인간 생명의 존엄성 원칙을 확립할 수 있다. 동물보호 개념을 수용하면 인간 존엄성 개념을 촉진하기가 훨씬 더 쉬워지지 않겠는가? 우리의 행동과 신념이 공허하게 울리지 않기를 바란다면 이 두 가닥의 논점이 서로 어떤 관련이 있는지를 잘 살펴 알아야 한다.

선한 장로교인, 감리교인, 루터교인들이 한 세기도 넘는 지난 세월 동안 농장에 배수로를 만들도록 허용할 때 과연 장기적 관점을 취했는가? 해외선교나 새 성전 건축을 위해 헌금을 하면서 장기적 관점을 취했는가? 도대체 왜 원초적 청지기 사명을 우리의 영적 사역에 맞춰 조정하기가 이렇게도 거의 불가능하게만 느껴질까?

잡초 그리고 장기적 재생체계

지금까지는 그렇지 않았다 치고, 이제 정말 구체적으로 들어가 보자. 만일 여러분 마당에 민들레가 피었다면, 여러분은 그걸 괭이로 파내겠는가 아니면 화학약품을 사용하는 조경회사를 불러 제초제 폭탄을 퍼부어 달라고 하겠는가? 물론 이런 식으로 질문하면 답변은 아주 뻔하다. 하지만 장담하는데, 기독교인들은 생각과 행동에 있어서 괭이보다는 제초제로 먼저 손을 뻗는다. 이제 괭이 이야기에서 한발 더 나아가 잠시 철저히 환경문제에 집중해 보자.

민들레는 곧은 뿌리 식물이다. 식물의 뿌리에는 온갖 종류가 다 있어, 넓게 옆으로 퍼지는 유형이 있는가 하면 곧은 유형, 즉 당근처럼 가운데의 굵은 뿌리가 아래로 깊숙이 뻗어 내려가는 유형도 있다. 이러한 곧은 뿌리는 하층토를 깊이 뚫고 내려가면서 광합성으로 생성된 당을 아래로 끌어내려 보낸다. 이 당은 수십억 마리의 박테리아와 미생물의 먹이가 되고, 이들 박테리아와 미생물은 무기질을 용해하여 식물의 뿌리로 운반한다. 우리의 이해를 넘어서는 놀라운 공생과정이다. 물론 우리는 이런 관계에 대해 많이들 알고 있지만, 앞으로 알아야 할 내용을 비교해 보면 여전히 우리는 꽤 무지한 편이다.

흥미롭게도 민들레는 특히 칼슘을 끌어모으고 합성한다. 잡초 속에 민들레가 있으면 토양에 칼슘이 부족하다는 뜻이다. 민들레는 식물의 주요 필수 무기질인 칼슘의 공급이 부족한 곳에서 잘 자란다. 창조주께서 칼슘 결핍을 해결하기 위해 칼슘이 부족한 땅에서 잘 자라는 길고 곧은 뿌리를 가진 식물을 고안하셨다는 사실이 놀랍지 않은가? 다시 말해, 민들레는 자기 주변에 칼슘을 집중적으로 끌어모아 토양의 칼슘 결핍을 서서히 개선해 나간다는 말이다. 기독교인으로서, 이제 당신 눈에 민들레가 어떻게 보일까? 최대한 효과적으로 제초하고 박멸해야 할 잡초인가? 아니면 장기적으로 건강하고 균형 잡힌 집 뒷마당을 꾸며 주는 정교하고 아름다운 계획의 일부인가? 어떤가. 완전히 달리 보이지 않나?

야생 초원 1에이커(약 1,200평) 당 평균 40종 이상의 식물이 살고 있다는 사실을 안다면, 이 아름다운 장기적 재생체계를 옥수수와 콩만 단일재배하는 풍경으로 바꾸어 버린 우리 문화에 대해 진지하게 생각해 보게 된다. 한때는 푸르른 다년생식물이 거대한 융단처럼 뒤덮고 대규모 들소 무리와 이리 떼가 이리저리 뛰어다니던 곳이 이제는 화학물질과 괴물 같은 장비를 동원해 일년생식물을 단일재배하는 곳으로 퇴보하고 약화되었다. 보수주의 종교 우파는 이를 '발전'으로 여긴다. 정말 그럴까?

이런 변화를 긍정적인 변화로 보게 하기 위해 주로 다음과 같은 가설들이 동원된다.

· 초원의 다년생목초보다 일년생 옥수수가 더 생산성이 높다.

· 전 세계를 먹여 살리려면 화학농업이 불가피하다.

· 야생생물의 확산과 인간의 지배권은 양립할 수 없다.

· 초식동물은 흥미롭긴 하지만 비효율적이다.

· 식물이 동물보다 생산성이 높다.

· 생태계에 동물은 필요 없다.

이제 이 가설들을 조목조목 반박해 보자. 시작하기에 앞서, 위와 같은 가설이야말로 산업형 농업단지가 여러분에게 믿게 하려는 내용이라는 점을 기독교인 독자들은 깨닫기 바란다. 다시 말해, 이러한 가설을 받아들이면 여러분은 농무부를 비롯해, 이들과 골프로 친교를 맺으며 정부 보조금과 이권을 챙기고 싸구려 식품시장에 상품을 공급하는 무리들 세계관에 동조하는 입장이 된다. 그렇다. 기독교인들이 더 많은 돈을 헌금함에 넣기 위해 애용하는 바로 그 싸구려 식품시장 말이다. 자, 그럼 이제 시작해 보자.

가설1: 초원의 다년생목초보다 일년생 옥수수가 더 생산성이 높다? 우리가 건생 옥수수 200부셸 수확이 가능한 일리노이 주 캔카키에 있다고 가정해 보자. 부셸당 56파운드(약 25kg)로 계산하면 옥수수 1만 1,200파운드(약 5,000kg)를 수확할 수 있다는 얘기다. 사육장의 수송아지에게 옥수수 7파운드(약 3kg)를 먹이면 무게가 1파운드(약 0.45kg) 증가하는데, 이는 토지 1에이커에서 생산되는 옥수수의 양으로 수송아지의 무게를 약 1,600파운드(약 730kg) 늘릴 수 있다는 뜻이다.

이제 다년생목초가 피는 동일 면적의 초원에 대해 생각해 보자. 어림셈하여 옥수수 100부셸(약 250kg)을 생산하는 토지에서는 소에게 먹일 사료 400일치가 나온다. 우리의 가정대로 아주 기름진 토지 1에이커에서 옥수수 200부셸(약 500kg)을 생산할 경우, 소에게 먹일 사료는 800일치가 나온다. 수송아지들은 암소보다 크기가 작으므로, 동일 면적의 초원에서 일반 소의 3분의 2 크기인 수송아지들이 풀을 뜯는다고 가정해 보자.

그러면 (송아지는 소가 먹는 사료 800일치의 3분의 2를 먹으므로) 해당 면적의 초원에 송아지들이 먹을 풀이 약 1,050일치 자라야 한다. 여유 있게 계산하여 송아지들이 하루에 1.6파운드(약 700g)씩 무게가 증가한다고 하면(송아지들은 상태가 좋으면 하루에 2.2 파운드, 약 100g까지도 자라고, 앞서 옥수수도 좋은 상태에서 자란다), 1에이커 당 1,600파운드(약 730kg)의 무게가 증가하는 셈이다. 1,600파운드라고? 그렇다. 바로 옥수수를 먹일 때와 동일한 수치이다.

그렇다면 일년생 옥수수 대신 초원의 다년생목초를 활용할 때의 희소식은? 정말 반갑게도 초원을 활용하면 송아지를 동일한 무게만큼 살찌우기 위헤 따로 풀을 심거니 거름을 주거니 화학비료를 쓰거니 에너지 의존도가 높은 장비를 쓰지 않아도 된다. 거름을 주는 일도 수확도 모두 동물들의 몫이다. 필요한 것은 플라스틱 배관과 간단한 전기 울타리뿐! 반면에 옥수수 사료를 먹일 때는 옥수수를 수확한 이후에도 천연가스로 말려 금속 통에 저장했다가 사육장으로 운반해서 먹이고, 나중엔 그 많은 분뇨를 사육장 밖으로 끌어내 어딘가로 치우는 일을 우리가 다 해야 한다. 그러니 초원에서 생산성이 더 높지 않은가? 당연히 더 높다!

그런데 왜 사람들은 그렇지 않다고 생각하는 걸까? 그 이유는 바로 농부들이 초지grassland를 잘 관리하지 못하기 때문이다. 그러니 생산성이 나쁠 수밖에 없다. 내가 요즘 구상하고 있는 관리계획은 수백 년 전 들소 떼와 이리 떼가 초원을 가로질러 이동하던 방식에 가깝다. 고고학과 인류학의 최신 연구에 따르면 흥미롭게도 유럽인들이 아직 건너오지 않았던 시대에 북아메리카에 살던 동물들의 몸집이 요즘 동물보다 훨씬 더 컸다고 한다. 오늘날에는 공장식 축사, 잡종 종자, 존 디어사社[17]의 각종 농기계, 화학비료, 석유, 게다가 수많은 농부까지 동원하는데도 말이다! 세상에!

1889년 윌리엄 T. 호너데이William T. Hornaday가 쓴 《아메리카 들소의 몰살 The Extermination of the American Bison》의 한 부분을 인용해 보자.

아칸소 [강] 주변을 통과하다가 목격한 그 거대한 들소 무리는, 내가 볼 때 폭이 적어도 25마일(40km)은 되었고, 사냥꾼들과 다른 목격자들의 말에 따르면, 특정 지점을 지나는 데 대략 닷새 정도 걸렸으며 길이가 최소 50마일(80km) 정도였다고 했다.

포니 록[18] 정상에서는 사방으로 거의 6마일(9.7km)에서 10마일(16km) 정도까지 내려다보였다. 멀리서 보면 들소들이 마치 하나의 촘촘한 덩어리처럼 이 방대한 공간 전체를 덮고 있어서 땅이 보이지 않을 정도였다. 전에도 이런 광경을 수없이 봤지만 이렇게 큰 규모는 처음이었다.

정말 장엄하고 생생한 묘사 아닌가! 길이 50마일(80km) 폭 25마일(40km)의 들소 떼, 너무 꽉 들어차서 몸통들 사이로 땅바닥도 보이지 않는 그 어마어마한 무리를 상상해 보라. 들소 떼가 우르르 지나가면서 서부로 향하던 마차 행렬을 다 짓밟아 버려 오늘날 네브래스카 주와 캔자스 주의 인구가 500년 전보다 더 적다는 이야기가 나올 만도 하다. 우리는 믿을 수 없을 만큼 근시안적이지만, 역사의 이러한 단편들은 균형 잡힌 시각을 갖

17 _____ 존 디어John Deere. 미국의 대표적 농기계 제조업체.
18 _____ 포니 록Pawnee Rock. 캔자스 주 바턴 카운티에 위치한 도시.

게 해 준다.

장기적 관점은 이처럼 재생력이 강하고 땅을 비옥하게 하며 생산성이 높은 체계로 되돌아가라고 명한다. 이는 고도로 복합적이고 다종적인 통합 체계이며 비옥한 토양을 조성하는 체계인데, 오늘날 우리는 이런 토양을 파괴하고 있다. 우리는 그동안 정복자의 모자를 쓰고, 자연환경을 욕보이는 사고방식으로, 창조물을 심각하게 경시했다.

가설2: 전 세계를 먹여 살리려면 화학농업이 불가피하다? 또다시 편의에 기댄 단기적 인식체계가 그 흉측한 고개를 쳐든다. 이런 말을 하는 사람은 지나치게 근시안적이고 무지하거나 아니면 정유회사에서 봉급을 받는 사람이거나 둘 중 하나이다. 그렇다면 일반 사람들은 바이오매스 분해와 토양의 작용에 대해 아는 게 거의 없다는 말인가? 불행히도 그렇다.

광물이든 석유든, 채굴은 토양 건강에 결코 장기적 재생 해법이 되지 못한다. 오랫동안 채굴해 왔다는 걸 나도 알지만, 사실 워낙 매장량이 많았다. 역사를 돌이켜보면 위대한 문명은 하나같이 깊고 비옥한 토양 위에 세워졌고, 토양을 잃으면 아무리 위대한 문명이라도 어김없이 파괴되었다. 그런데 이런 비옥한 토양은 석유와 인공비료로 만들어진 것이 아니었다. 정성스럽게 짠 안무에 맞춰 춤을 추듯 태양에너지가 절묘하게 바이오매스로 전환되는 과정에서 만들어졌다.

땅은 제대로 기능하면 계속해서 풍요로워지도록 프로그래밍되어 있다. 날마다 더 비옥해지도록 말이다. 햇빛을 잡아 보려고 해 본 적 있는가? 네 살짜리 딸아이에게 밖에 나가 햇빛을 좀 가져다 달라고 하면 아이는 달려 나가 햇빛을 움켜쥐려 애쓸 테고 그 천진한 모습에 당신은 웃음을 터뜨리리라. 햇빛처럼 너무나 확실하게 실재하며 강력하고 에너지 넘치는 존재를 우리 손으로 결코 붙잡을 수 없다는 사실이 놀랍지 않은가?

하지만 하나님은 햇빛을 붙잡을 방법을 찾아내셨다. 바로 광합성이다. 햇빛처럼 손에 잡히지 않는 비물질이 무게를 잴 수도, 손으로 잡을 수도 있고, 거래하고 사용할 수도 있는 바이오매스로 전환된다. 이보다 더 멋진 일이 있을까?

햇빛, 즉 태양광을 포집할 때는 잔디나 사료용 풀이 관목이나 나무보다 훨씬 효율적이다. 잔디를 생각해 보라. 가지가 거의 없으니 마치 탁 트인 고속도로 같다. 반면에 관목이나 나무는 가지들이 그물처럼 엉켜 있다. 구불구불한 가지를 거치다 보면 아무래도 처리속도가 느려지기 마련이다. 따라서 좋은 토양을 개발하려면 풀을 이용해야 한다. 풀은 신진대사율이 높아서 빨리 자라고 빨리 죽긴 하지만, 풀이 노년기에 접어들었을 즈음 초식동물이 뜯어먹으면 풀의 생장과 빠른 신진대사 과정이 다시 시작된다. 세상의 모든 깊고 풍부한 토양은 산림지가 아닌 초지에서 만들어진다. 바로 이러한 초지가 초식동물들을 먹여 살린다. '태양 – 바이오매스 – 분해(또는 소화) – 재생'이라는 순환주기는 생명주기life cycle를 놀랍도록 잘 표현해 준다. 장기적인 비옥함과 토양발달은 이 주기에 따라 결정된다.

안타깝게도 현대 문화는 이 패턴을 버리고 채굴이라는 단기적 사고방식을 택하고 있다. 바이오매스 주기를 역사상 어느 때보다도 더 효율적으로 활용할 수 있는 기술을 갖추고 있는데도 말이다. 현대식 호기성 퇴비화 방식, 나무 분쇄기, 대형 삽이 달린 트랙터, 전기 울타리, 저에너지 탄소중심 설비체계까지 모두 우리 손 안에 있다. 이젠 정말로 화학비료를 쓸 필요가 없다. 미국 내 쓰레기 매립지를 가득 메우고 있는 물질의 75퍼센트 이상이 바이오매스, 즉 하나님이 옥토로 전환하기를 원하시는 포집 태양광이라니! 우리 모두 무릎 꿇고 회개하며 죄를 자백해야 한다.

가설3: 야생생물의 확산과 인간의 지배권은 양립할 수 없다? 이는 집약농업이 야생생물과 공존할 수 없다는 오랜 주장이다. 이 역시 결코 사실이 아니다. 그렇다면 야생생물 확산을 장려하는 집약농업체계가 가능할까? 당연하다!

아마 가장 연약한 야생생물일 꿀벌 이야기부터 시작해 보자. 식량과 미래에 관심이 있는 사람이라면 벌집군집 붕괴 현상이 꿀벌 산업을 망가뜨리고 있다는 사실을 알고 있으리라. 생물학자들은 꿀벌을 '탄광 속 카나리아'처럼 위험징후를 보여 주는 존재로 본다. 꿀벌이 사라지면 문명도 사라진다. 다시 말해, 꿀벌이 어려움을 겪고 있다면 인간은 얼마나 더 버틸 수 있겠는가? 그런데 현재 꿀벌이 어려운 상황에 처해 있다. 인간이 섭취하는 음식물의 4분의 1이 꿀벌에게 달려 있는데 말이다. 이는 심각한 문제로, 우리는 기아로 죽어 가는 아프리카 아이들에게 관심을 기울이는 만큼 창조물 관리자로서 꿀벌 소멸에 대한 해법을 찾는 데도 반드시 관심을 기울여야 한다.

꿀벌이 꿀을 만들려면 꽃가루가 필요하다. 꽃가루는 꽃이 피는 식물, 즉 모든 종의 식물에 있다. 원래 초원에는 1에이커당 평균 40종의 식물이 자라고 있어서 어느 계절이든 꽃가루를 구하기가 쉬웠다. 식물마다 꽃을 피우는 시기가 서로 달랐기 때문이다. 꽃을 피우고 수분을 통해 수정을 마친 성숙한 식물들은 들소 같은 초식동물에게 뜯어먹히면서 가지치기하는 과정을 거쳤다.

이렇게 솎아진 식물은 곧바로 새로운 성장주기를 시작하여 결국 한 식물이 한 계절에 여러 번 꽃을 피우는 일이 종종 일어났다. 따라서 두 가지 현상이 벌어졌는데, 먼저 1에이커의 초지에 매우 다양한 종류의 꽃이 핀다는 점, 그리고 그 꽃들이 1년 내내 다시 자란다는 점이다. 결과는? 1년 내내 꽃가루가 충분히 일정하게 공급되고, 덕분에 꿀벌이 행복하고 벌집에는 꿀이 가득하며, 활기차고 건강한 군집이 겨울에도 멀쩡히 살아남았다.

우리 농장은 가축들을 매일 새로운 방목장으로 이동시킨다. 그 결과 다 자란 식물, 덜 자란 식물, 그리고 부분적으로 자란 식물이 누비이불처럼 펼쳐진다. 어떤 식물은 항상 꽃이 피어 있는데, 주로 클로버가 그렇고 그 외에 다른 식물들도 많다. 자연의 생물체를 모방한 이런 방식으로 사시사철 끊임없이 꽃가루를 공급한 결과 건강하고 행복한 벌을 키우고 있다. 이와 반대로 옥수수, 콩 사료를 먹이거나 계속 한곳에서만 방목하는 방식을 살펴보면, 이런 간소화한 식이방식이야말로 현대농업 관행 대부분을 통제불능에 빠뜨린 원인으로 드러난다.

단일작물은 한꺼번에, 아주 짧은 시기 동안만 꽃을 피웠다가 그대로 끝이 난다. 옥수수와 콩뿐 아니라 과일나무와 견과류 등도 마찬가지다. 결국 한꺼번에 피는 방대한 양의 꽃을 다 수정하기에 벌의 수가 너무 적고, 따라서 이제는 작물생산을 위해 벌집을 대형 운송트럭에 실어 이곳저곳으로 수송하는 전담 산업이 필수불가결하다고 여겨진다. 늘 그렇듯 이것 역시 돈벌이 사업일 뿐이다.

만일 농업을 다각화하고, 재배종을 다양화하며, (소고기와 알코올을 생산하는 데 필요하지 않으므로) 옥수수와 콩을 현재 재배하는 양의 절반만 키운다면 어떤 일이 벌어질까? 이런 농장 풍경 속에서라면 연중 내내 훨씬 더 많은 벌들이 살아갈 수 있고, 이곳저곳 수송될 필요도 없으니 훨씬 더 건강하게 되리라. 계속해서 새로운 장소로 이동시키면 벌들은 줄곧 혼란을 겪게 되어 질병에 더 취약해진다.

우리의 혁신 역량을 농업체계에 적용해 야생생물을 감소시키기보다 번식하도록 촉진하고 장려하는 길이야말로 인간의 지배권을 가장 잘 발휘하는 길이다. 야생생물을 감소시키는 농업체계는 지배권 행사를 통해 우리의 창의성을 심각하게 위배한다. 야생생물과 공존하고 더 나아가 이들이 번성하도록 돕는 집약농업체계를 설계하는 일만큼 인간의 우월성을 잘 표현할 수 있는 방법이 있겠는가? 이는 실행가능하며, 실제로 지금도 실행하고 있다. 단일종만 찍어 내는 동물공장은 이 세상에 필요 없다.

가설4: 초식동물은 흥미롭지만 비효율적이다. 맞는 말이다. 하지만 나름대로 다 목적이 있다. 초식동물과 땅의 치유, 그리고 토양 조성이 서로 밀접하게 연관된 이유는 바로 초식동물의 대사량이 섭취한 음식물의 30퍼센트 정도에 그치기 때문이다. 나머지는 배설물로 나오는데 정말 놀랍게도 이 배설물이 바로 만병통치약이다.

초식동물 한 종류만 예로 들어 보자. 암소는 사료 28파운드(약 13kg)를 섭취하고 50파운드(약 23kg)의 값진 배설물을 배출한다. 영구 농력기관 같지 않은가? 게다가 물도 마시니 그만큼 배설물 양도 증가하는데, 엄청나게 쏟아낸 암소의 배설물은 질소와 그밖에 여러 자원으로 가득하다.

암소의 뼈에는 칼슘이 풍부하다. 암소는 피혁이라 불리는 탄력 있고 내구성 있는 외피도 제공하는데 이를 손질하여 가죽제품으로 만들 수 있다. 가죽은 유연하면서도 모양 잡기가 편해서 플라스틱이 개발되기 전까지 즐겨 사용되던 재료였다. 이처럼 되돌려 줄 것들을 너무나 많이 품고 있기에 비효율성이 곧 암소의 묘미다. 영양소가 부족한 풀을 먹고 영양이 풍부한 분뇨로 바꿔 주니 암소는 실로 변신의 귀재요, 문자 그대로 전문 연금술사다.

바이오매스를 솎아 주는 암소는 다른 어떤 방식보다도 훨씬 더 많은 생산을 촉진하고 결국 더 많은 태양에너지를 초목으로 전환하여 분해와

증산, 탄소격리 과정을 북돋운다. 아차, 깜박했다. 우리 기독교인들은 탄소격리에 대해선 언급하지 말아야 하는데! 탄소격리란 말은 골수 환경주의자들과 벌목반대 운동가들이나 사용하는 언어 아닌가! 그래, 그 촌사람들 말이다.

하지만 이번에도 장기적 관점은 탄소주기에 주목하게 한다. 탄소주기는 실재하며, 작동하게끔 되어 있기 때문이다. 탄소는 산소에 붙어 이산화탄소를 이루는데, 식물은 이산화탄소를 들이마신 후 탄소를 분리해 흡수하고 산소는 내뿜는다. 장기적인 안목으로 보면 식물 건강이 결국 지구 건강에 영향을 미치니 이에 관심을 갖지 않을 수 없다. 친애하는 여러분이여, 땅과 사람과 바다와 대기, 모두 다 하나님의 작품이다.

가설5: 식물이 동물보다 생산성이 더 높다 그리고 가설6: 생태계에 동물은 필요 없다 이 두 주장은 서로 연관되어 있으므로 이 둘을 한데 묶어 반박하겠다. 동물이 없는 생태계를 아는가? 모른다. 왜냐면 동물 없는 생태계는 존재하지 않으니까.

이 주제를 가장 잘 다룬 책 중 하나를 꼽는다면 아마도 사이먼 페어리Simon Fairlie의《육류: 친절한 낭비Meat: A Benign Extravagance》일 것이다. 저자는 작물재배와 가축사육을 결합한 유축농업有畜農業 문제를 수술 칼을 든 외과의처럼 날카롭게 해부하면서, 동물이 매우 다양하고 긍정적인 방식으로 기능한다는 사실을 일말의 의심도 남지 않도록 명백히 밝혀냈다. 음식물 찌꺼기 재활용부터 거름으로 토양을 기름지게 하기 등등 동물의 역할은 폭넓고 다양하다.

내 생각에는 이 문제를 제대로 보려면 우선 토양을 비옥하게 하기 위해 동물이 필요하다는 사실을 깨달아야 한다. 농사를 짓는 사람이라면 누구나 알겠지만 분뇨 거름은 마력을 발휘한다. 실로 놀라울 정도이다. 지렁이를 이용하는 방법도 효과가 있는데, 특히 동물의 배설물을 채소와 섞어서 함께 넣어 주면 지렁이가 더욱 잘 자란다.

중력은 기름진 영양성분을 아래쪽으로 끌어내린다. 그 결과 골짜기는 비옥하지만 언덕 꼭대기는 척박해진다. 잠깐, 가장 비옥한 토양이 언덕 꼭대기에 있는 경우도 많지 않은가? 그건 어떻게 된 일인가? 초식동물들은 비옥한 골짜기에서 풀을 뜯고 나면 되새김질하려고 느릿느릿 언덕 꼭대기로 올라간다. 왜 언덕 꼭대기일까? 바로 고약한 포식자들을 경계하기 위해서다. 초식동물과 풀, 포식자와 먹이의 관계는 바이오매스를 저장한 태양광을 주변 지역 이곳저곳으로 옮겨 주는 기반이 된다. 중력에 반하여 위로 이동하는 이런 현상은 동물이 없으면 불가능하다. 포식자 없이는 힘든 일이다. 참으로, 이 생태계 전체는 두려울 정도로 경이롭게 만들어졌다.

이 모든 요소들은 다 함께 작동하도록 창조주가 설계하셨기에 어느 요소 하나만 빠져도 결국엔 생태계 전체가 비틀거리고 기능을 상실하게 된다. 게다가 지구의 땅 대부분은 곡물경작에 유용하지 않다. 곡물경작에 적합한 땅은 지극히 일부에 지나지 않는다. 초원은 그야말로 지구의 허파이기에, 동물을 활용해 초원을 복원하는 일은 반드시 필요할 뿐 아니라 물과 탄소의 주기를 회복하는 데도 가장 효과적이다. 바로 지금, 무너진 생태계를 가장 빠르고 가장 완벽하게 치료하는 길은 총체적, 혹은 장기적 관리를 통해 예전처럼 대규모 동물 떼가 풀을 뜯게 하는 방법뿐이다.

세대를 잇는 농장

이 장을 마치기 전에 장·단기 사고방식과 관련해 한 가지 주제를 더

동물은 생태계를 회복하는 데 필수적이다.

다뤄야겠다. 바로 농장 계승, 즉 여러 세대로 전수되는 농장 문제로, 내가 요즘 매우 관심 있게 살피는 분야이다. 현재 미국 농부의 평균 연령이 약 60세이다. 농가인구 보험통계를 추적해 온 토지공여대학들에 따르면, 15년 후 전체 미국 영농 자산의 약 50퍼센트 정도만 다른 사람 손으로 넘겨질 전망이다.

살펴보면 원인은 단순하다. 젊은이들이 들어오지 않아 노인들이 은퇴할 수 없기 때문이다. 장기적 농업체계를 설계하려면 세대 간 유동성을 장려하는 모델이 필요하다. 젊은이들이 들어오고 노인들이 나가는 일을 용이하게 하는 체계가 필요하다. 교회, 경제 분야, 지역사회가 역동성을 유지하려면 젊은이와 노인 사이에 건강한 균형이 필요하다. 일이 이뤄지도록 젊은이들은 힘과 열정을 제공하고 노인들은 저들의 힘과 열정에 지혜와 맥락과 방향을 제공한다.

이 주제는 필자의 서서《농부들의 들판*Fields of Farmers*》에서 폭넓게 나누었기에 여기에서는 주요 내용을 일일이 되짚는 대신, 여러 세대 간에 유동성과 협력을 유지할 방안이 실재한다고 언급하는 정도로 그치겠다. 예컨대 이동식 농업 기반시설을 활용하고, 토지를 임대하여 개인이 책임지고 운영하며, 직거래 시장을 통해 부가가치를 창출하는 등의 방식을 택하면 기존 토지를 바탕으로 추가소득을 올릴 수 있다.

농장에 계속 남기를 바라는 농가 아이들은 대개 이웃의 땅을 탐내며 자라난다. 어째서인가? 다음 세대가 추가소득을 올릴 유일한 길이 바로 농업의 기반인 토지를 늘리는 일이기 때문이다. 그래야 더 많은 소, 더 많은 나무, 더 많은 곡물 등, 뭐라도 더 추가할 수 있으니까. 농부들은 평소 수평 확장, 즉 농토를 늘릴 생각을 한다. 그러나 이 세상 어느 농장도, 물론 버지니아에 있는 내 가족 농장도, 완벽하게 다 채워진 곳은 없다.

어느 농장이든 그동안 활용하지 못한 자원에 잠재소득이 숨어 있다. 일단 기반이 되는 토지에 보완사업들을 마련하고, 젊은이들이 토지를 임대해 직접 사업할 수 있도록 소유권과 운영권을 허용한다면, 한 구획의 땅에 무수히 많은 추가소득을 올릴 수 있다. 어떤 경우에는 생산량 자체는 그대로이더라도, 기존 생산물을 이용해 부가사업을 펼칠 수도 있다.

예컨대 체리 농장에 상업용 주방시설을 추가 설치하여 와인, 주스, 파이를 생산할 수 있다. 나무가 많은 농장에서는 휴대용 띠톱 기계를 추가 설치하고, 이어서 대패와 가마爐를, 그 다음에는 가구점이나 목공소를 추가할 수 있다. 이런 모든 일들을 통해 기반 토지 위에 추가소득을 수직 확장하고 그 결과 장기적이고 성공가능한 사업을 창출할 수 있다.

단기적 관점에서 결정하다 보면 농부들은 어김없이 당장 눈앞의 재화나 화학비료 쪽으로 손을 대고 결국 크나큰 위기에 빠진다. 농부들에게 불필요한 상품을 팔아 수익을 올리는 기업들은 뻔한 미봉책만 제시한다. 무거운 빚을 지게 된 농부들은 당장 내일까지 갚아야 할 상환금이 눈앞에 어른거리다 보니 자연히 장기적 관점에서 좋은 결정을 내리기가 더욱 힘들어진다. 발등에 떨어진 불만 보면 현재의 순간이라는 제단 위에 영원이라는 가치를 희생하게 된다.

반면에 장기적 관점을 취하는 농장은 생태학적으로 건전하다. 다시 말해 산업형 협동조합이 지지하는 농장과는 아주 다른 모습을 띤다. 이곳에서는 공장식 축사도, 단일종 재배도, 독극물 경고표시가 붙은 창고도 찾아볼 수 없다. 이는 모두 장기적인 문제를 일으키는 단기적 방향설정의 문제다. 그리고 장기적 관점을 견지하는 농장은 계속 살아남을 수 있는 명확한 사업계획을 갖추고 다양한 세대를 아우른다.

우리가 이러한 원리들에 대해 생각해 보고, 이 원리를 실천하는 농부들에게 우리의 식비를 지불한다면, 이는 곧 장기적 관점으로 창조주께 영광을 돌리는 농업체계에 기쁘게 참여하는 자세이다. 그렇다. 나는 이런 행동이 다른 어떤 장기적 관점만큼이나 틀림없이 하나님을 영화롭게 하는 길이라 믿는다.

12—
알면
겁나지 않는다 믿음 vs 두려움

의심을 하면서 먹는 사람은 이미 단죄를 받은 것입니다.

로마서 14장 23절

믿음이 자라려면 어떻게 해야 할까? 성경은 이렇게 말한다. "그러므로 믿음은 들음에서 생기고, 들음은 그리스도를 전하는 말씀에서 비롯됩니다."(롬 10:17) 성도라면 누구나 알다시피 믿음이 자라려면 말씀 안에 거하는 시간을 통해 믿음대로 살며 실천해야 한다. 소위 믿음의 삶을 살며, 우리만의 안전지대 밖으로 걸어 나와 주변을 돌보고 쉽사리 하기 힘든 대화를 시작하는 일을 실행에 옮기면, 하나님의 관여하심과 돌보심을 누릴 수 있다.

예수님은 제자들에게 이르시기를, 그들이 재판장과 법관 앞에 끌려갈 때 성령께서 할 말을 일러 주시고 하나님의 말씀을 기억나게 하신다고 약속하셨다. 겁에 질릴 만한 상황이지만, 하나님께서 도우시니 걱정하지 말라고, 두려워하지 말라고 명하셨다. 다음 비유는 두려움에 관한 교훈으로 가득하다.

> 어찌하여 너희는 옷 걱정을 하느냐? 들의 백합화가 어떻게 자라는가 살펴보아라. 수고도 하지 않고, 길쌈도 하지 않는다. 그러나 내가 너희에게 말한다. 온갖 영화로 차려 입은 솔로몬도 이 꽃 하나와 같이 잘 입지는 못하였다. 오늘 있다가 내일 아궁이에 들어갈 들풀도 하나님께서 이와 같이 입히시거든, 하물며 너희들을 입히시지 않겠느냐? 믿음이 적은 사람들아!
> 그러므로 무엇을 먹을까, 무엇을 마실까, 무엇을 입을까, 하고 걱정하지 말아라. 이 모든 것은 모두 이방사람들이 구하는 것이요, 너희의 하늘 아버지께서는, 이 모든 것이 너희에게 필요하다는 것을 아신다. 너희는 먼저 하나님의 나라와 하나님의 의를 구하여라. 그리하면 이 모든 것을 너희에게 더하여 주실 것이다. 그러므로 내일 일을 걱정하지 말아라. 내일 걱정은 내일이 맡아서 할 것이다. 한 날의 괴로움은 그날에 겪는 것으로 족하다. (마 6:28-34)

신자로서 참으로 위로가 되는 약속이 아닌가? 특히 하나님께서 당신 백성을 위해 최우선으로 그리고 끊임없이 공급해 주시는 구약의 여러 이야기들을 떠올려 보자. 노아의 방주, 이삭 대신 제물로 준비된 수풀 속 어린 양, 모세를 실은 갈대 상자 등 구약에서 놀라움과 영감을 주는 부분은 대부분 하나님께서 관여하셔서 공급해 주시는 이야기이다. 실제로 히브리서 12장은 역사적 기록을 되짚어 가며, 하나님께서 우리를 위해 공급하신다는 사실을 분명히 보여 주고 믿음을 촉구한다.

수상한 음식과의 동거

믿음 성장을 위해서는 하나님께서 원하시는 일들을 그냥 행하면 된다. 부드러운 대답이 분노를 잠재운다는 말씀이 실제로 맞는지 실천해 볼 수 있다. 그럼, 그렇고말고. 당연히 효과가 있다. 굉장하다. 원수에게 선물을 주는 연습을 할 수도 있다. 그럼, 그렇고말고. 당연히 효과가 있다. 감사하라는 말씀을 실천해 볼 수도 있다. 와우, 이번에도 효과가 있다. 이렇게 실천하고 참여하면서 믿음의 삶에 흠뻑 빠져들 때 두려움은 점차 줄어든다.

이제 이 교훈을 식품에 적용해 보자. 미국인들은 식품을 두려워한다. 많은 기독교인들이 식품을 두려워한다. 어째서인가? 정말 많은 사람들이 식품에 대해 아무것도 모르기 때문이다. 식품안정성을 관리하는 식품의약국FDA과 농무부의 공식정책은 '식품을 두려워하라'이다. 그 이유는? 실제로 산업형 식품은 원래 무서운 것이니까.

캄필로박터, 리스테리아, 살모넬라, 대장균, 광우병. 새롭게 등장한 이 어휘들이 불과 20여년 만에 일상용어가 되고 말았다.

그러니까 전에는 식품 알레르기가 있는 사람을 만나 본 적이 없었다. 그런데 이제는 글루텐 문제, 장누수증후군, 제2형 당뇨병에 신종 전염병이라 불리는 비만도 폭발적으로 증가하고 있다. 넘치게 먹는데도 영양은 부족하다. 제2차 세계대전 이후로 미국 농무부는 우리에게 먹어야 할 식품들을 알리기 시작했는데, 예를 들면 경화유지, 탄수화물, 마가린을 권했다. 한편, 대형 식품제조업체들은 우리가 점차 부엌을 떠나 메뉴 결정권을 그들에게 위임해 주자 아주 기뻐했다.

부엌을 인생의 실패자나 무능한 무직 여성이나 들어가는 어두컴컴한 곳으로 철저히 비하한 결과, 식품에 대한 무지가 사회 전반에 퍼져나갔다. 소득증대로 주머니가 넉넉해지자 특별한 날에만 외식을 하던 예전과 달리 날마다 패스트푸드와 가공식품을 먹게 되었다. 요리의 예술적 기교는 사라지고 부엌은 그저 즉석 식품을 데우는 장소가 되었다. 실로 이전의 어떤 사회도 이토록 심각하게 음식과의 관계를 포기하는 사치를 부린 적이 없었다.

맛과 질감과 냄새가 주는 묘미가 사라져 버렸다. 보존, 살균, 위생 처리를 위해 첨가물을 넣고 깔끔하게 포장한 전자레인지용 가공식품이 통감자, 오븐으로 쪄 낸 고기찜, 집에서 직접 구운 빵을 대체해 버렸다. 식품을 가공하는 과정에서 염소chlorine 처리가 필요해졌는데, 이는 산업형 농가에서 생산된 농산물과 육류가 단시간 내에 성장, 도축하기 위한 각종 기술들을 사용하다 보니 더욱 불결해졌기 때문이다. 배설물로 인한 오염은 다량의 염소약품으로 소독할 수 있었고, 요즘에도 염소는 아주 자유롭게 사용되고 있다. 쇠고기 다짐육에 싸구려 충전물과 함께 넣는 핑크 슬라임[19]은 전혀 다른 새로운 유형의 식품을 만들어 냈다.

청량음료가 생우유를 대체했다. 베이컨과 달걀 프라이는 달고 기름진 과자 트윙키Twinkies가 대체했다. 스티로폼 일회용 포장용기에 담긴 음

19　핑크 슬라임Pink slime. 소의 살과 지방을 분리하고 남은 찌꺼기에 박테리아 증식을 막기 위해 분홍색 점액 성분의 암모니아 화학물을 첨가하여 만들며, 주로 햄버거용 다짐육으로 재가공됨.

식으로 끼니를 때우다 보니 가정에서 요리 솜씨를 발휘할 필요가 없게 되었다. 음식을 준비하고, 조리하고, 포장하고, 보관하는 일은 더 이상 가정의 몫이 아니었다. 집에서 행하던 이런 기술들은, 실험실을 갖추고 액상과당과 글루탐산일나트륨MSG과 발음하기도 힘든 수많은 첨가물들을 사용하는 전문 식품제조업체들에 위탁되었다. 미국 문화가 생태계의 탯줄을 끊고 박차고 나오면서 우리는 엄청나게 무식해졌다. 그리고 알 수 없는 것들에 대한 두려움이 시작됐다.

나는 만물을 유지하시는 하나님의 능력을 가장 완벽하게 보여 주는 물질의 본체가 바로 음식이라고 믿는다. 돈이나 의복, 집, 일자리도 음식에 미치지는 못한다. 성경에 등장하는 모든 기념 의식에서 가장 중요한 중심요소가 바로 음식과 연회이다. 식품을 두려워하는가, 아니면 식품에 대해 잘 알기에 깊이 신뢰하고 즐기는가? 제철 음식을 알고 있는가? 인근 지역 농부들이 재배하는 농작물 중 올해 풍작 또는 흉작인 작물이 무엇인지는 아는가? 아니, 이런 데 관심이나 있긴 한가?

음식은 성경의 각종 주요 사건, 기념 의식과 매우 밀접히 연관되므로 마땅히 이를 두려워하지 말아야 한다. 그렇다면 식품에 대한 두려움을 어떻게 극복하는가? 비결은 영적 믿음을 얻을 때와 마찬가지로 실천하는 데 있다. 그렇다. 음식을 직접 요리해 봐야 한다. 그렇다. 부엌에 들어가야 한다. 텃밭에 들어가야 한다. 농부들을 만나고 지역 상인에게서 직접 사야 한다. 만져 보고 냄새 맡고 살펴보고 관련 자료도 읽어 보고, 준비하고 절이고 저미고 썰어야 한다. 꿍꿍이가 수상한 사람들이 뽑아낸 수상한 추출물로 만든, 이름도 없고 얼굴도 없고 어떤 연결고리도 알 길이 없는, 식품처럼 보이는 가짜 물질은 이제 그만 사야 한다. 우리가 먹는 음식과 우리 자신이 육체적 동반 관계라는 사실을 인정해야 한다.

우리가 자신과 음식과의 관계를 어떻게 바라보느냐에 따라서 우리를 위한 하나님의 공급하심을 알고 진정으로 감사드리려는 열망의 깊이와 너비도 결정된다고 생각한다. 단지 허기를 달래려 가짜 식품을 삼키는지 아니면 우리가 아는 거룩한 음식을 실제로 함께 나누는지에 따라 결과는 달라진다. 흔히 영적 성장을 측정하기 위해 하나님을 인격적으로 얼마나 잘 아는지를 따져 본다. 그렇다면 이제 하나님의 신비롭고 놀라운 풍성하심에 대한 감사를 측정하는 방식으로 식품에 대해 얼마나 잘 아는지를 따져 보면 어떻겠는가?

설교단에서 청중을 향해 '믿음'을 보고 듣고 훈련하는 일에 동참하고 실천하라며 그토록 부르짖으면서, 훨씬 더 하기 쉬운 '식품'에 대해서는 동일하게, 즉 보고 듣고 훈련하며 실천하여 영적 이해를 위한 틀을 만들자고 권하지 않다니, 정말 놀랍지 않은가? 식품은 그저 휴게소에서 대충 배를 채우기 위한 것이 아니라, 하나님께서 베푸시는 신성한 공급이다. 주님께서도 이렇게 기도하지 않으셨는가? "날마다 우리에게 필요한 양식을 내려 주십시오."(눅 11:3)

집 식료품 저장실에 보관되어 있는 식품이 어떤 식품인지 아는가? 일일이 전부는 아니라도 적어도 몇 개라도? 그 식품에 관해 떠오르는 기억이나 지식이나 경험이 있는가? 식품에 대한 지식과 경험은 하나님의 섭리와 돌보심을 진정으로 이해할 수 있는 틀을 마련해 준다. 식품을 직접 다뤄 봐야 그 효능과 의미를 깨닫게 되며, 더 이상 당연하게 여기지 않는다. 또한 식품의 생산지와 생산방식, 생산자가 누구인지를 알기에 두려워하지도 않는다. 식품의 안전과 넉넉함은 우리의 영적 믿음에 비례하며, 삶속에서 영적 믿음이 자라나는 방식도 이와 동일하다.

출처나 처리과정이 불투명한 식품체계에 의존하고 간편식만 애용하면 육신의 건강을 해친다. 마찬가지로, 성경의 진리를 스스로 구하고 찾고 발견하려 애쓰는 대신 짧은 설교나 '오늘의 말씀' 같은 간단한 성경구절에만 의지하다 보면 영적으로 병약해진다. 오늘날 교회들이 인터넷과 웹사이트의 위험성을 경고하는 청소년 세미나는 정기적으로 열면서, 청량음료나 과자의 위험성을 경고하는 세미나는 전혀 열지 않다니, 정말 기막히지 않은가?

분명히 기록하지만, 어쩌다 한번쯤 청량음료를 마시는 것을 죄라고 생각하지는 않는다. 가끔 특별하게 즐기는 정도야 어떠랴. 하지만 매일 한 병씩 마신다면 이야기가 달라진다. 현대 미국인들의 식단으로 알려진 식품들, 사실상 하나같이 화학비료로 척박해진 토양에서 재배하여 고도로 가공한 설탕범벅 식품들을 계속해서 섭취한 결과 현재 수많은 사람들이 아주 심각한 질병에 시달리고 있다. 미국은 전 세계 주요 5대 질병 만성질환자 인구수에서 단연 선두를 달리고 있다. 1등이라서 좋아할 분야는 전혀 아니다.

다시 한번 강조하지만 우리 문화에는 식품을 두려워하는 시각이 만연하다. 이는 무지의 산물이다. 모르면 믿을 수 없는 법이니까. 어떤 대상에 대해 지식이 부족할수록 두려움은 더 커지니까 말이다. 하나님을 아는 지식이 부족할수록 믿음도 약해진다. 물론 마땅히 하나님을 두려워해야 하며 이때의 두려움은 경외심이지 걱정이 아니다. 경건한 두려움은 건강한 감정으로, 하나님을 기쁘시게 하고픈 열망을 품도록 우리를 몰아간다.

'보이는' 식품에 대한 믿음이 '보이지 않는' 영적 믿음에 대한 은유라면, 지식과 참여를 제시하는 식품체계를 우리는 적극적으로 받아들여야 한다. 오늘날 산업형 슈퍼마켓 식품체계는 무지, 그리고 참여 결여의 소치이다. 식품이 두려울 때 우리는 정부의 보호를 요구한다. 두려움은 불안감을 유발하고, 불안감은 우리를 편집증으로 몰고 간다. 편집증은 규제 당국이 권력증대를 위해 사용하는 아주 기막힌 수단이다.

정부 개입을 반대하는 보수 기독교인들은 깨달아야 한다. 우리가 무지와 불투명함과 두려움에 근거를 둔 식품체계를 애용할 때마다 실은 부지불식간에 두려움이 우리의 삶 속으로 기어들어 오도록 부채질하는 셈이다. 만약 정부 개입 없이는 식품의 안전성을 믿을 수 없다면, 정부 개입 없는 교육은 믿을 수 있을까? 정부 개입 없이 의사를 믿을 수 있나? 정부 개입 없이 은행가를 믿을 수 있나? 정부 개입 없이 집사와 장로를 믿을 수 있을까?

두려움 위에 자라난 식품체계는 여러모로 우리 건강에 좋지 않다. 이런 식품체계가 음란 사이트나 알코올 중독 못지않게 해롭다는 사실을 왜 인식하지 못하는가? 도대체 왜? 우리 기독교인 자녀들이 연봉 높은 직장에 취직해 사회에 기여하는 훌륭한 국민이 되고 애국심 강한 시민이 되게 해 달라고 우리가 기도하기 때문이다. 그래서 자녀들에게 파괴적인 식품체계를 만드는 연구소와 식품 제조업체에 지원하도록 권면하고, 자녀들이 '트윙키 최우수 영업사원'이 되면 이를 아주 자랑스러워한다.

엔지니어링 능력을 발휘해 발암성 페놀을 핫도그 안에 좀 더 효율적으로 주입하는 장치를 고안해 내도 자랑스러워한다. 제발 다들 정신 좀 차리시라. 예수님이라면 그런 식품을 드시겠는가? 그럴까? 만일 우리 기독교인 자녀들이 근무하는 회계법인이 금융 관련 불법행위를 저지른다고 의심되면, 자녀에게 당장 그 부도덕한 회사를 떠나라고 조언할 것이다. "네 평판에 금이 가니까!"라고 경고하면서 말이다.

"아니, 너! 그런 사기행각에 연루되려고 거기 있는 건 아니지?" 거들

먹거리며 훈계한다. "악마의 일터를 당장 떠나거라."

그렇다면 생식불능 개구리와 다리 셋 달린 도롱뇽을 만들어 내는 화학물 개발 연구소는 어떤 종류의 일터라고 생각하는가? 농부는 원하지도 않는데, 논밭을 온통 잡탕 곡물들로 난장판을 만들려고 GMO를 퍼뜨리는 회사의 불법행각은 어찌 생각하는가? 축산 농민들에게 죽은 소를 소 사료로 삼으라는 기업과 정부기관 전문가들의 사기행각은? 이런 행위들은 불법행위가 아닌가? 사기행각이 아닌가? 이런 곳들이 바로 악마의 일터가 아닌가?

함부로 입을 열었다가는 대규모 군산복합체를 비판하는 반反자본주의자, 골수 진보 환경주의자, 벌목반대 운동가와 동급으로 취급 받을까 봐 우리 기독교인들은 이러한 문제들에 대해 아무 말도 하지 못한다. 교계에서는 이런 주제 자체가 금기다. 분열을 일으키고, 듣는 사람을 불편하게 만들기 때문이다. 무엇보다 우리가 보다 자연스러운 식품체계를 믿을 만큼 충분히 알지 못해서이다. 정부 보고서를 살펴보라. 경제전문지 〈포춘 Fortune〉 선정 500대 미국 기업의 과학자들이 하는 말을 들어 보라.

이들이 얼마나 웃기는 소리를 하고 있는가? 여러분은 어떤 주장의 신뢰도를 판단할 때 정부 보고서나 기업 백서의 보증을 척도로 삼는가? 천만에! 우리는 하나님의 말씀을 척도로 삼아, 믿음에 합당한지를 따진다. 나는 기계화한 산업형 식품체계 전체가 두려움에 뿌리를 두고 있다고 확신한다. 이 식품체계는 정부가 이를 지원하고 보조하고 보증하고 보호하고 정당화하기를 바라는 소비자들의 두려움 위에서 잘도 자라난다. 또한 자연 생물계가, 즉 박테리아에서 소에 이르기까지 여러 복합적 관계가 아름다운 시너지를 발휘하도록 하신 하나님의 설계가 사실 제대로 작동할 리 없다는 바로 그 두려움 위에 이런 식품체계는 번창한다. 종에 따라 열매 맺는 씨앗이라는 자연 패턴에 의존할 수 없다는 데 두려움이 있다. 그리하여 우리는 아예 열매 맺지 못하거나 또는 예측불가능한 종류의 열매를 맺는 씨앗에 의지하게 된다. 자연 그대로의 식품에 의존할 수 없다면, 압출가공하고, 방사능을 쬐며, 혼합하고, 물을 부어 되살리고, 염소처리하고 불순물을 탄 가짜 식품에 의지할 수밖에 없다.

하나님이 그분의 방식대로 우리를 먹이신다고 믿을 수 없다면 하나님이 그분의 방식대로 우리를 구원하신다고 믿을 수도 없을 것이다. 만일 하나님이 사람의 영리함으로 바로잡아야 하는 대상이라면 하나님은 신학자들이 바로잡아야만 하는 존재가 된다. 농업을 중시하시는 하나님의 뜻이 수정되어야 한다고 믿는 주일학교 교사라면, 곧 창세기 기록 내용도 수정되어야 한다고 믿게 되리라.

믿음이 아닌 두려움에 사로잡혀 우왕좌왕하다 보면 필연적으로 영적 무기력 상태에 빠지게 된다.

혁신이 일어나는 믿음의 농장

믿음과 식품에 관한 문제는 여기까지 다루고, 이번에는 농장으로 화제를 바꿔 보자. 두려움의 농장과 대척점에 있는 믿음의 농장은 과연 어떤 모습일까? 믿음의 농장에도 백신과 각종 약으로 가득 찬 냉장고가 있을까? 아니면 뭔가 다른 것을 의지하나? 아직도 이런 질문이 수사학적 질문에 불과하다는 사실을 짐작하지 못한다면 이 책을 건성건성 읽은 것이니 당장 멈추고 처음부터 다시 읽어 보길 권한다.

대체로 농부들은 아침에 눈을 뜨면 겁부터 난다. 오늘은 또 어떤 가축이 병들었을까? 밤새 몇 마리나 죽었을까? 반면에 믿음의 농장은 말한다. "내가 창조주의 패턴을 따르면 면역력과 건강은 자연스럽게 따라올 것이다." 맞다. 단순한 믿음이지만 이런 믿음을 대신해 선택할 수 있는 대안은 오직 값비싼 약품들을 무기처럼 잔뜩 쟁여 놓는 길뿐이다. 제약회사 없이는 가축들의 건강을 유지할 수 없다고 생각하기 때문이다.

탄소중심 체계가 작동하지 않으면 어쩌나 두려워서 화학비료에 의존하기보다는, 퇴비와 바이오매스의 효과를 믿어 보면 어떨까? 동물들의 면역체계를 신뢰하고 방문객들이 자유롭게 농장을 거닐어도 괜찮다고 믿어 보면 어떨까?

맙소사! 어디든 산업형 농장을 한번 방문해 보시라. 하나같이 신발 살균용 소독제, 출입구 샤워 시설, 비닐 방호복이 갖춰져 있다. 우리 농장에 과학자들을 초대하면 우리 농장이 방역위생 문제에 너무 무사태평해 보인다며 꼭 한마디씩들 한다. 업계는 자신들이 키우는 동식물이 워낙 약하다 보니 방역위생에 편집증적이다. 만일 우리 농장의 동식물들도 다른 산업형 시설의 동식물들처럼 면역체계 기능에 문제가 있다면 나 역시 마찬가지 반응을 보일 것이다. 업계의 편집증적인 태도를 비난할 생각은 없다. 오히려 현명한 처사이다. 하지만 과연 이런 태도를 믿음이라고 할 수 있을까? 아니다. 이건 극도의 두려움이다.

아들 대니얼을 키우면서 경험했던 일들 중 내가 가장 좋아하는 일화 하나를 소개하겠다. 대니얼이 열세 살 때 버지니아 공대에서 열린 4-H 청소년 경진대회에 처음으로 참가했다. 발표 주제는 '토끼 사육에서의 공생과 시너지 효과'로, 당시 대니얼은 이미 5년째 토끼를 길렀고 토끼 사육에 관한 한 준전문가였다. 토끼 사육 관련 전문서적들은 하나같이 단품종 사육만 소개하지만 우리는, 우리 농장에서 자주 하듯이, '토닭장'을 개발했다. 널찍한 철망 우리를 눈높이 정도 높이에 매달아 그 안에 토끼를 넣고, 철망 우리 아래로는 닭들이 자유롭게 돌아다니게 했다.

그러니까 '토끼'와 '닭'을 결합한 '토닭장'을 만든 것이다. 이해가 되는가? 먼저 철망 우리에 탄소성분 물질인 짚을 두툼하게 깔아 주어 토끼의 오줌을 흡수하게 했다. 철망 아래를 어슬렁거리던 닭들은 짚을 쪼아 댔고, 덕분에 오줌이 잘 섞이면서 탄소가 분해되고 벌레 배양액이 만들어졌다. 벌레가 많아지자 닭들은 더욱 열심히 짚을 쪼아 댔고, 그 과정에서 산소가 들어가면서 오줌과 섞이고, 또 다시…… 꼬리에 꼬리를 물고 돌림노래 동요처럼 무한반복!

좀 더 솔직히 말하자면, 대니얼에게는 당연히 훌륭한 스피치 코치가 있었다. 대니얼은 바로 내가 가르쳐 준 대로 거울 앞에서 연습해 가며 발표 준비를 완벽히 마쳤다. 유일한 걱정거리는 버지니아 공대 수의대 소속의 수의사 세 명이 심사를 맡았다는 점, 게다가 발표 후에 무슨 질문을 할지 모른다는 점이었다. 사실 심사위원들은 모든 발표자에게 질문을 한 가지씩 하기로 되어 있었는데, 발표자가 자신의 주제를 실제로 이해하고 있는지 아니면 알지도 못하면서 그냥 외우기만 해서 발표한 것인지를 알아보기 위해서였다.

우리는 몇 가지 가벼운 질문에 대비해 연습했고, 대니얼이 충분히 준비가 되었다고 판단했다. 어쨌든 아내도 나도 십대 때 4-H 주州 경진대회에서 수상한 경험이 있어서 어떤 질문이 나올지를 예상할 수는 있었다. 대회가 열리는 날, 열세 살짜리 신동 대니얼과 순둥이 여동생을 뒤에 태운 채 우리 부부는 지성인들의 전당인 그 훌륭한 학교로 차를 몰고 갔다. 대니얼의 발표는 나무랄 데가 없었다. 마침 우리 가족은 심사석 맞은편에 앉은 덕분에, 심사위원들이 미소 띤 얼굴로 좌중을 휘어잡는 대니얼의 발표에 완전히 집중하고 있는 것을 볼 수 있었다. 객관적으로 봐도 전체 참가자 중 단연 최고였다. 우리 가족은 대니얼이 자랑스러웠다.

대니얼이 발표를 마치자 먼저 가벼운 질문이 들어왔다. "토끼를 키운 지 얼마나 되지요?" 쉬운 질문이었다. "5년 됐습니다." 미리 가르쳐 준 대로 대니얼은 공손하게 대답했다. 어쨌든 우리는 여덟 살이면 일을 시작할 적기라고 생각하니까.

두 번째 심사위원도 부담 없는 질문을 던졌다. "토끼를 어떻게 파나요?" 역시 쉬운 질문. "네, 예쁘게 꾸며서 우리 마을에서 오는 손님들에게 직접 팝니다."

세 번째 심사위원이 꽤 어려운 질문을 던졌다. "토끼 바로 옆에 닭이 돌아다니면 병에 걸릴까 걱정되지는 않나요?" 순간 정적이 흘렀다. 나는 숨이 턱 막혔다. 비난조의 질문이었다. 꼴찌도 상을 받을 수 있는, 최고상까지는 아니어도 어떤 상이라도 받을 수 있는 이 호의적인 대회와는 어울리지 않는 질문이었다. 진정한 패자가 없다는 스웨덴식 체계로 진행한다던 대회에서 이런 질문이 나올 줄이야!

대니얼은 눈 하나 깜짝하지 않았다. 주저하지도 움츠러들지도 않았다. 대니얼은 수의학 박사를 똑바로 바라보며 확고하게 대답했다. "대부분의 병원균은 서로 다른 종들 간에는 전염되지 않아 문제가 없다고 배웠습니다." 심사위원들은 말 그대로 고개를 뒤로 젖혀 가며 웃었고 대니얼에게 최고 점수를 주었다. 그러지 않았다면 대회장에 소란이 벌어졌으리라. 그 후로도 몇 년 간 대니얼은 기존 영농체제에 대한 반론으로 심사위원들에게 감명을 주었고 매번 1등을 차지했다. 앗, 잠깐! 이 일화의 핵심은 수의사들이 토닭장에 대해 우려했다는 데 있다.

그들은 다양성이 공존하는 공간이 스스로 점검을 통해 균형을 유지할 수 있다는 사실을 믿지 못했다. 모든 생명체가 저마다 다양한 재주와 능력을 지녔고 여러 종의 생명체들이 어우러져 스스로 교정하고 스스로 감시하면서 생산물을 낼 수 있다고 확고히 믿는 농장은, 서로의 차이에도 불구하고 같은 목적을 위해 한 몸을 이루는 신자들과 같은 관계를 가시적으로 보여 주는 좋은 실례이다. 재주도 능력도 서로 다르지만, 이러한 차이들이 공동체를 분열시키고 파괴하기보다는 그 안에서 갈고 다듬고 바로잡고 도전하며 격려한다. 각 부분이 독특한 특징을 발휘하며 다 함께 참여할 때, 아름답게 작동하는 하나의 완전체를 이루게 된다.

> 이와 같이, 우리도 여럿이지만 그리스도 안에서 한 몸을 이루고 있으며, 각 사람은 서로 지체입니다. 하나님께서 우리에게 주신 은혜를 따라, 우리는 저마다 다른 신령한 선물을 가지고 있습니다. 가령, 그것이 예언이면 믿음의 정도에 맞게 예언할 것이요, 섬기는 일이면 섬기는 일에 힘써야 합니다. 또 가르치는 사람이면 가르치는 일에, 권면하는 사람이면 권면하는 일에 힘쓸 것이요, 나누어 주는 사람은 순수한 마음으로, 지도하는 사람은 열성으로, 자선을 베푸는 사람은 기쁜 마음으로 해야 합니다.
>
> (롬 12:4-8)

하나님이 왜 이렇게 많은 다양한 종류의 생물을 만드셨을까 궁금했던 적 있는가? 진균, 사상균, 박테리아, 선충류, 야생동물, 가축, 식물, 어류, 산호. 정말 놀랍지 않은가? 기독교인들조차 이런 다양성에 감탄하곤 하는데, 직관적으로 그 아름다움에 압도되기 때문이다. 이런 존재들이 주변 곳곳에 자리 잡고 있다. 소란을 떨고 싶진 않지만 정말이지 이들 생물체 각각의 독특한 아름다움에 경의를 표하지 않을 수 없다. 또한 저마다 어쩌나 특이한지, 숙명처럼 그냥 저절로 발생했다기보다는 창조주가 각각 뿔과 입술과 비늘과 미토콘드리아를 갖추도록 설계하셨다고 믿을 수

밖에 없다.

크게 보면, 생물의 다양성은 서로 다른 존재에 대한 믿음을 가르쳐 준다. 인간은 편견에 빠지기 쉽다. 비슷하게 생기고 비슷하게 생각하고 비슷하게 말하는 사람들끼리 무리를 이뤄 가며 남들과 구별되고 싶어 한다. 글쎄, 이런 모습이 잘못되었다고 할 수 있을지는 모르겠으나, 우리 내부 구성원이 아니라는 이유로 누군가를 두려워하는 일은 분명 잘못이다. 우리 무리에 속하지 않는다는 이유로 누군가를 배척하면 분명 잘못이다.

단품종 재배가 가장 효율적이라고 믿는 농축산업 체계를 후원하는 행위는 똑같은 사람들끼리 어울려야 가장 효율적이라는 생각을 부추기는 행위이다. 그렇게 하면 안전하기야 하겠지만, 아무 일도 이룰 수 없다. 내 말은 동일한 목적을 추구하지 말라는 이야기가 아니다. 동일한 배경과 피부색, 그리고 동일한 성향끼리만, 즉 의사소통 도구로 말을 선호하는지 기계를 선호하는지, 앞에 나서는 걸 좋아하는지 뒤에서 따르는 것을 좋아하는지, 외향적인지 내향적인지 구분지어 같은 성향의 사람들끼리만 어울리려고 하면 문제라는 말이다. 우리는 혁신을 두려워한다. 우리가 세운 가설에 의문을 제기하는 사람이 있을까 봐 두려워한다. 사실 나도 마찬가지다.

하나님이 꼭 이렇게 다양한 생물을 만드셔야 했을까? 과연 정말 이렇게까지? 우리에게 웜뱃[20]이 정말 필요했을까? 캥거루는? 주머니쥐는? 스컹크는? 정말 필요했을까? 경이롭게도 하나님은 열성을 다하시는 창조주이시다. 어떤 일을 작정하시면 곧장 열정적으로 뛰어드신다. 대충 시간을 낭비하지 않으신다. 지구를 만드실 때는 금성이나 화성을 만드실 때보

---

20 _____ 웜뱃wombat. 오소리처럼 생긴 동물.

다 훨씬 더 많은 열정을 쏟으셨다. 이해할 수 없을 정도로 큰 축복이다. 식물을 창조할 때는 또 얼마나 다양하게 만드셨는지! 동물은 또 얼마나 다양한가! 하나님은 전력을 다하셨다. 하나님은 우리도 전력을 다하기 바라신다. 여러분도 어떤 일을 하기로 하면 열정적으로 뛰어들라.

식물과 동물도 이렇게 다양한데 하물며 사람은 어떻겠는가? 하나님이 얼마나 다양한 사람들을 만드셨는지, 각양각색의 기묘한 옷차림들과 피부색과 배경을 모두 끌어안으시는 그 품은 또 얼마나 넓은지 설명한들 우리가 어찌 다 이해할 수 있겠는가? 다양성을 두려워하는 농부들의 특징은 신뢰하는 대상이 지극히 제한적이라는 점이다. 반면 믿음의 농장에는 수많은 다양성이 존재하며 수많은 혁신이 일어난다. 어느 농장을 방문하고 돌아오는 길에 "와, 창의적인데! 멋진 일들이 많이 일어나고 있네!" 하고 감탄한다면, 이는 믿음을 실천하는 농장에 다녀왔다는 증거다.

공동체에서 실천하기

이쯤에서 교회 자산에 대한 이야기를 잠시 해 봐도 될까? 우선 여러분 교회 바로 아래층에 있는 근사한 주방 이야기부터 해 보면 어떨까? 레게머리를 한 사람이 찾아와 근처 도시농장에서 왔다며 교회 주방을 빌려 채식주의자용 고기파이를 만들어도 되겠냐고 묻는다면 어떻게 하겠는가? 잠깐, 채식주의자용 고기파이라? 허, 이런. 고기 없는 고기파이!

어쨌든 정말 이런 상황이라면 뭐라고 대답하겠는가? 다른 사람이 주방을 사용하겠다니 겁나는가? 당연하다. 하지만 마음을 열고 창의력을 발휘해, 적절한 감독하에 주방이 어떤 식으로 활용될 수 있는지 알아보라. 내가 보기에 교회의 가장 졸렬한 처사 중 하나는, 스테인리스 철제 조리도구와 주방시설을 주야로 개방하고 지역 농산물을 이용하는 정직한 식품체계를 강화하자는 요청을 거부하는 일이다. 여러분이 나서서 모두에게 알리면 어떻겠는가? "주방에서 지역 농산물로 요리합시다. 시설은 완비되어 있어요. 공장에서 찍어 내는 산업형 식품 말고 이제 신성한 음식을 먹읍시다." 이렇게 권유하는 대화가 어떤 결과로 이어질지를 짐작해 보라. 상상 못할 놀라운 복음전파와 봉사활동의 기회가 눈앞에 펼쳐질 것이다.

교회 잔디밭은 어떤가? 크고 널찍하고 탁 트인 단일재배 공간이다. 에너지를 펑펑 써가며 엘리트주의와 특권의식을 과시하는 공간! 내 말은 아이들을 위한 놀이터나 배구 코트, 놀이기구를 설치해선 안 된다는 뜻이 아니다. 과연 우리에게 정말 2,000평이나 되는 골프장 규모의 잔디밭이 필요하냐는 뜻이다. 잔디가 잘 자라도록 화학비료를 뿌리고, 다음에는 그 잔디를 깎기 위해 더 많은 석유를 써가면서? 정말 필요한가?

잔디밭 대신에 공동텃밭을 조성하면 어떨까? 구획을 나눠 주고, 원하는 사람들은 와서 직접 채소를 재배할 수 있게 해 보자. 잔디 깎는 기계는 창고에 넣어 두고 비료와 제초제도 잊자. 대신, 거기 모인 상상하기 힘들 정도로 다양한, 동화에서나 등장할 법한 각양각색의 사람들과 대화를 나눠 보자. 정말 재미있지 않겠는가? 어쩌면 지역신문 1면에 그 기사가 실릴지도 모른다. 진정 짜릿하고도 엄청난 변화가 아니겠는가? 그런데 친구여, 바로 이런 일이야말로 예수님이 하시던 사역이다.

세상에나! 여러분은 곧 고리대금업자 삭개오와 우물가에 있던 여인과 함께 대화를 나누고 있게 될 것이다. 이웃 마을 건달들과 외국인 고위인사를 함께 대접할지도 모른다. 어떤 관계로 발전할지 누가 알겠는가?

대화에 대해 생각해 보라. 지역사회의 정서적 평등에 대해 생각해 보라. 교회 현관에 설치된 수거함에 통조림 가공식품을 가져다 놓고 푸드뱅크[21]가 '그 사람들'에게 전달하도록 하는 대신에, 우리가 직접 참여하고 상호작용하여, 하나님의 성품과 체질 그리고 풍성하심을 세상 무엇과도 비교할 수 없다는 우리의 믿음을 실천해 보자. 여러분의 믿음은 이런 혁신적 행동이 몰고 올 소동을 이겨 낼 만큼 큰가? 장로들과 당회가 이런 변화를 감당할 수 있을까, 아니면 한둘은 심장마비로 쓰러질까? 과연 '우리의 믿음'이란 무엇을 의미하는가? 만일 우리가 엘리트 집단에 속한다고 스스로 자부하면서 궁핍한 자들을 위해 가공 통조림을 기부하지만 실은 마음 속 깊은 곳에서는 그들과 접촉하고 냄새를 맡으며 서로 접촉하기를 두려워하고 있다면, 우리는 믿음을 향해 달려가기는커녕 믿음으로부터 멀리 달아나고 있는 중이다.

저 거대한 교회의 석조건물 측면에 온실 같은 '일광욕실'을 설치하면 어떨까? 저 대성당 벽에 구멍을 뚫어 햇볕을 양껏 받아들이고 태양열이 빠져나가지 못하게 설계해 보자. 한겨울인 1월 아침에 흥얼거리며 그곳을 거닐면, 상추 잎에서 뿜어 나오는 산소 가득한 공기가 콧속과 폐를 신선하게 채워 주리라. 간만에 경험하는 진짜 흥겨운 일이 아니겠는가? 아이들에게 그 땅에서 직접 딴 채소로 샐러드를 해 먹이면 날마다 입에 달고 살던 청량음료를 끊게 될지도 모른다. 놀라운 변화가 아닌가?

좋다, 이 정도까지만 이야기하자. 유익한 시간이었고, 내 말이 무례하게 들리지 않았기를 바란다. 하지만 여러분, 기독교인들은 돈이며 능력이며 기반시설이며, 정말이지 많은 것들을 누리고 있다! 그렇다면 이를 활용하여 이웃에게 직접 행동으로 믿음을 보여 주면 어떻겠는가? 교회 청년들을 멕시코로 파송하여 고아원을 지어 주는 일만큼이나 직접적이고

---

21 _____ 푸드뱅크food bank. 식품을 기탁받아 소외계층에 지원하는 식품지원 복지 서비스 단체.

확실하게 믿음을 드러낼 수 있지 않겠는가? 누군가 시비를 걸기 전에 밝혀 두지만, 선교여행을 중단해야 한다는 의미가 아니다. 다만 내가 정말 염려하는 것은 기독교인들이 정작 우리 자신의 이웃들 앞에서는 믿음을 적나라하게 드러내기 두려워하면서 저 멀리 비행기까지 타고 가서야 믿음을 드러내는 일종의 편법을 너무 자주 자행하고 있다는 점이다. 이는 우리 믿음을 표현하는 올바른 방식이 아니다.

믿음은 우리가 생활하고 예배하고 놀고 먹고 즐기는 바로 이곳에서 가장 분명하게 볼 수 있어야 한다. 여기야말로 진검승부가 벌어지는 곳이다. 아주 멀리 떨어진 곳에서 우리와 비슷한 부류의 사람들과 일주일 정도 잘 지내기는 쉽다. 반면 매일 자동차에서 내릴 때마다 마주치는 이들에게 믿음을 드러내기란 어렵고 불편한 일이자 동시에 믿음을 훈련하기 위한 주요 실천사항이다. 그렇다. 전혀 다른 문제다.

당신이 속한 교인 모임이 '생명 존엄성의 달'과 '선교사 파송의 달'뿐만 아니라 '믿음 농장의 달'도 만들어 지킨다면 어떤 일이 벌어질까? 그달에는 믿음의 농장으로 견학을 가고, 믿음의 농장에서 먹거리를 산다면? 우리는 종종 기아체험 행사를 열어 젊은이들이 굶주린 사람들의 처지를 경험해 볼 수 있는 기회를 마련한다. 그렇다면 살충제 때문에 암에 걸린 환자들의 처지는? 심한 악취 때문에 구토로 고생하는 공장식 축사 인근 주민들의 처지는?

피상적인 접근은 참 쉽다. '하이브리드 친환경 자동차를 사라. LED 전구를 사용하라. 그러면 짜잔, 당신도 이제 지구 지킴이!' 이렇게 외치는 녹색주의자와 다를 바가 없다. 피상적인 수준은 괜찮지만 깊이 빠지기는 원하지 않는 우리들이다. 그러나 참된 믿음의 삶을 살려면 이런 문제들과 씨름해야만 한다. 나보고 너무 지나치다고 생각하든 말든 난 당연히 신경 쓰지 않는다. 괜찮다. 하지만 최소 이런 문제들과 우리 씨름 한번 해 봐야 하지 않겠는가?

식품체계가 믿음 또는 두려움을 드러내고, 농장체계가 믿음 또는 두려움을 드러낼 수 있다는 개념 자체가 완전히 새로운 발상일 수도 있다. 나도 안다. 그러나 한 광적인 과격주의자의 깨달음이 복음전파나 의사소통을 위한 어느 신기술 못지않게 하나님과의 첫사랑을 회복하는 데 귀중하고도 큰 몫을 할 수도 있다고 볼 수 있지 않을까? 사랑하는 기독교인 형제자매여, 우리 믿음의 공동체가 식품과 농장을 믿음과 두려움의 관점에서 통찰하는 이러한 개념을 제대로 이해만 한다면, 아마도 그 길고 긴 세월 동안 본 어떤 힘보다도 더욱 강력한 힘을 발휘하는 나라, 선한 길로 나아가는 나라가 되리라 생각한다.

그러면 창조물 숭배자들은 완전히 뒤집히리라. 어디로 가야 할지, 무슨 말을 해야 할지 몰라 자리에 주저앉은 채 말을 더듬거릴 것이다. 우리는 그들의 고정관념을 깨뜨려야 한다. 더 이상 그들이 정해 놓은 틀에 갇히지 말아야 한다. 그들은 아마 너무도 놀라 어안이 벙벙하겠지만, 이것이 바로 믿음의 강력한 역사이다. 하나님께서 미소 지으실 일이라 믿는다.

13 —
누구든지 참여하는
먹거리 포용 vs 배척

하나님께서 세상을 이처럼 사랑하셔서 외아들을 주셨으니, 이는 그를
믿는 사람마다 멸망하지 않고 영생을 얻게 하려는 것이다.

요한복음 3장 16절

그리스도의 사랑은 모든 이를 위한 사랑이다. 성경에서 가장 유명한 구절
이 바로 요한복음 3장 16절이다. "하나님께서 세상을 이처럼 사랑하셔서
외아들을 주셨으니, 이는 그를 믿는 사람마다 멸망하지 않고 영생을 얻게
하려는 것이다." 모두에게 아주 익숙한 구절인 만큼 교리 차원의 무게감
도 상당하다.

첫째, 이 구절은 인류를 향한 하나님 사랑의 보편성을 알려 준다. 하

나님의 관심은 소수 특정 인물, 특정 인종 혹은 부류, 또는 직업군에 국한되지 않는다. 모두를 아우른다.

둘째, 하나님은 사랑을 행동으로 표현하신다. 전례 없고 생각조차 못할 귀한 선물, 여러 아들 중 한 명이 아니라 단 하나뿐인 아들, 바로 독생자 예수를 보내 주셨다.

셋째, 구원은 믿음을 근거해 주심이요, 행위에 근거함이 아니다. 이 주제는 물론 성경 전반에 스며들어 있고, 마르틴 루터가 종교개혁을 이끌게 된 깨달음의 초석인 하박국 말씀에도 잘 나타나 있다. "의인은 믿음으로 산다."(합 2:4) 구원이 인간의 공로가 아닌 오직 믿음으로 말미암는다니 얼마나 다행인가! 구원받기 위해 순례를 할 필요가 없다. 구원은 물질을 요구하지 않는다. 어디서 살 수도 없고 흥정할 수도 없다. '누구에게나' 대가 없이 주어진다. 그리스도의 구원이 포용적이지 않다면 도대체 어느 개념이 그 이상 포용적이란 말인가. 대학교육을 받거나 제대로 된 가정에서 태어나야 할 필요도 없다. 선량한 사람이 되어야 한다는 조건도 없고, 유복한 집안 배경을 요구하지도 않는다. 와아!

아홉 살 때 기독교 여름캠프에서 처음 이 선물을 받은 후, 캠프 숙소 2층 침대에 누워 하나님이 정말 나를 받아 주셨을까 의심했던 기억이 생생하다. 내가 진짜 구원받았다고? 나는 좋은 가정에서 자라긴 했지만 못된 아이였다. 거짓말하고, 훔치고, 친구를 괴롭히는 아이. 하지만 의심이 들 때마다, 누구든지 구원받을 수 있다는 구절을 암송했는데, 그러면 내 안에 임하시는 성령님의 평화가 다시 새롭게 내 맘에 가득 흘러넘쳤다. 그 간단한 구절은 완벽한 확신을 불러왔다. '누구든지'에는 나도 포함된다! 얼마나 다행인지!

넷째, 요한복음 말씀은 멸망과 영생이 서로 구분된다고 약속하신다.

다시 말해 두 가지 서로 다른 길이 존재한다는 말이다. 우화도 아니요, 그 럴듯한 장광설도 아니다. 실제로 두 가지 운명이 기다리고 있다. 믿음을 어디에 두느냐에 따라 이 길인지 저 길인지가 정해진다. 모든 길이 천국으로 통한다는 명제는 진실이 아니다. 할아버지 하나님이 양팔 저울을 들고 한쪽에는 우리의 선행을, 다른 한쪽에는 우리의 악행을 올려놓고 어느 쪽으로 기우는지 살펴본다는 개념도 옳지 않다.

비록 하나님께서는 그분의 가족이 되는 규정을 분명하게 명시하고 또 그분의 가족임을 알 수 있는 방법도 명확하게 설명하고 계시지만, 이 문은 전적으로 모든 사람에게 활짝 열려 있다. 민주당원, 공화당원, 녹색주의자, 사회주의자 (이런, 너무 흥분하지는 말자. 하하!) 그 누구든 들어올 수 있도록 모두를 향해 활짝 열려 있다. 교육 수준, 출신 배경, 피부색, 사회경제적 지위와 상관없이 모든 사람이 참여할 수 있다.

"하나님께서는 사람을 외모로 가리지 아니하시는 분이시고"(행 10:34) 라는 말씀이 바로 이런 의미이다. 예수님은 늘 외모나 사회적, 재정적 측면에서 별 볼 일 없는 사람들과 함께하셨다. 인간의 다듬어지지 않은 천박한 태도를 정의해 본다면 편견, 배척, 엘리트주의, 파벌근성 등의 태도가 있겠다. 오, 예수님 승천 이후 바울과 베드로, 야고보를 비롯한 여러 사도들에게 '누구든지'에 이방인도 포함되어 있다는 사실을 이해시키기 위해 하나님께서 얼마나 애쓰셨던가!

정체성과 역사 자체가 깊게 뿌리박힌 배타적 선민의식으로 점철된 이스라엘 사람들에게 하나님께서 그 은혜와 열매를 이방인들에게까지 베푸신다는 사실은 자신들의 존재를 뿌리째 뒤흔드는 일이었다. 하나님은 늘 존재하던 분리의 장벽을 무너뜨리고 가지를 접붙이듯 이방인들을 불러 모으시고 함께하셨다. 오순절 이전에는 이스라엘인이 아닌 사람은 개종하더라도 딱 거기까지일 뿐, 여전히 이방인이었다. 그런데 갑자기 이제는 믿기만 하면, 유대인이나 헬라인이나, 이란인이나 미국인이나 누구라도 모두가 이 포용적 가족 안에서 상속자로서 동등한 지위를 누리게 되었다.

산업형 모델에서 난 달걀

이제 한 걸음 더 나아가 이 놀라운 진리의 빛으로 식품과 영농을 비춰 보자. 과연 이러한 진리를 반영하는 식품체계나 영농체계를 세울 수 있을까? 이러한 진리가 우리의 육체적 삶을 설계하는 데 영향을 미칠까? 아니면 그저 영적이고 초월적인 신학적 표현에 불과해 결국 감각의 차원에서 끝나 버릴까? 혹 우리들이 '누구든지' 차원의 식품체계를 세울 수 있다면, 어떤 모습이 되어야 할까?

먼저 현재 우리에게 주어진 양쪽을 살펴보자. 속단하지 마시길! 양쪽이라고만 했지 멸망할 쪽과 영생에 이를 쪽이라고 하지는 않았다. 적어도 아직까지는. 지금은 그저 '누구든지'라는 개념에 집중하여 논의를 지속해 보자. 달걀처럼 단순한 대상부터 시작하면 좋겠다. 오늘날 업계 정석으로 통하는 산업형 모델에서는 달걀을 교배종 암탉한테서 얻는다. 오랜 세월에 걸쳐 선별된 교배종은 몸집은 작지만 미친 듯이 알을 낳아 댄다. 산업화 이전에 뒷마당에서 기르던 재래종 암탉은 대개 무게가 약 2.7킬로그램이고 연간 150개~170개의 알을 낳았다.

오늘날 상업용 교배종 닭은 1.3킬로그램에 불과하지만 연간 300개의 알을 낳는다. 전통 방식으로 기르던 사촌 닭과 달리, 이 산업형 최신 품종 닭은 몇 가지 중대한 결점이 있다. 첫째, 극도로 약하다. 서리가 내리는 밤이나 폭우를 견디지 못한다. 둘째, 극도로 정교하게 영양소를 배합한 먹이가 필요하다. 그리고 이 교배종 닭이 먹이활동을 하느라 이리저리 뛰어다니고 운동을 하면, 오로지 알 낳는 일에만 모든 에너지를 쏟을 수가 없기 때문에, 반드시 밀집사육 시설의 비좁은 우리에 가둬 활동을 제한해야만 한다.

최대한 짧은 시간 안에 최대 생산량을 확보하기 위해 이런 밀집사육 시설들은 시간대별로 촘촘히 짜인 계획에 따라 조명을 활용하여 낮이 점점 길어만 가는 것처럼 속인다. 모든 조류는 낮이 길어지는 시기인 봄철에 최고의 산란기를 맞았다가 낮이 짧아지는 시기, 가을이 되면 생산량을 줄인다. 하지만 업계는 생산주기의 변동을 따를 수 없기에 봄과 같은 조건을 계속 유지하기 위해 어두운 양계장을 인공조명으로 환하게 밝힌다. 문제는 봄처럼 낮이 점점 길어지게 하려니 결국은 하루 종일 불을 켜게 된다는 점이다. 그리고 놀라지 마시라! 업계의 귀재들은 닭이 탈진하는 날에는 오히려 조도를 최대치로 올리는 방법까지 찾아냈다!

인공적으로 유도된 과다생산 주기에 맞춰 다산하는 닭은 달걀껍질을 만들기 위해 자신의 뼈에서 칼슘을 뽑아낸다. 양계업계는 얇고 쉽게 깨지는 달걀껍질과 또 그만큼 쉽게 부러지는 닭 뼈 때문에 끊임없이 씨름한다. 닭은 속도를 맞추기 위해 실제로 자신의 뼈를 깎아낸다. 뼈를 깎는 노력이라니, 그건 나한테나 필요한 삶의 방식 같은데 말이다.

철망 우리 속에서 평생을 서서 지내야 하는 감방 동료들은 서로를 공격한다. 그러자 업계는 어린 병아리 때 부리를 불로 태워 잘라내 버리고, 이제 닭들은 신중하게 고안된 순서대로 감방에 제공되는 사료 외에는 어떤 것도 쪼지 못한다. 하나가 죽으면 감방 동료들은 썩어가는 사체를 서서히 바닥 철망 사이로 밀어 내려 버린다. 아마 더 넓어졌다고 좋아하면서 말이다. 다음은 누구 차례지?

둥지에 앉아 알을 품고 있는 모습보다 산란계를 더 잘 묘사할 표현이 있겠는가. 하지만 산업형 축산의 표본인 이 닭들에게는 둥지가 없다. 닭장은 경사진 바닥으로 되어 있다. 평생 단 하루도, 평평한 지면은 고사하고 평평한 우리에서조차 지내 보지 못한다. 그저 엉거주춤 주저앉아, 바로 거기 공공연하게 다른 닭들이 다 보는 앞에서 경사진 바닥으로 달걀을 떨어뜨리면, 달걀은 컨베이어 벨트를 타고 굴러가 염소살균통에 푹 담가졌다가 마침내 슈퍼마켓에 진열된다.

오늘날 이런 방식으로 운영하는 농장 170여개가 미국인들이 먹는 전체 달걀의 90퍼센트를 생산한다. 슈퍼마켓에 달걀을 납품하고 싶으면 나도 이런 방식에 동참해야 한다. 왜냐고? 납품하기까지 수많은 장애물들이 기다리고 있기 때문이다. 슈퍼마켓 규모가 클수록 장애물도 더 커진다. 두어 해 전, 샘즈 클럽[22] 직속 부사장 열 명 정도를 우리 농장에 초대하는 기쁨을 누린 적이 있다. 이들은 보다 현지화한 친환경적 요소를 상품구성에 반영하는 변경이 가능한지 알아보려고 최고경영자CEO와 함께 이틀에 걸쳐 견학을 다니는 중이었다.

농장 투어가 끝난 후 농장 내 소규모 직판장에서 점심 도시락을 먹는데, 이들 중 한 명이 우리 농장 폴리페이스의 상품을 자신들의 점포에 진열하려면 어떻게 해야 하는지 내게 물었다. 나는 주저하지 않고 바로 답했다. "트레일러 화물차보다 작은 운송차로 자정부터 새벽 다섯 시를 제외한 시간대에 배송하도록 허락해 주십시오." 내가 보기엔 협상 시작점에 내놓기에 아주 적당하고 간단한 요구였다.

이들은 다들 서로를 쳐다보며 장난스럽게 피식 웃더니 불가능하다

22___ 샘즈 클럽Sam's Club. 월마트 계열의 회원제 창고형 대형 할인점.

며 내 제안을 일축했다. 끝! 그것으로 논의는 끝났다. 트레일러 화물차보다 더 작은 규모로 납품을 받는다니 이들의 사업 모델로는 상상도 할 수 없는 일이었다. 여러분, 어떻게 연결되는지 이미 알아차리셨기를 바란다. 이는 '누구든지' 기회가 있는 식품체계가 아니다. 자기들끼리 똘똘 뭉친 배타적 컨트리클럽이며, 나는 침입자 같은 존재이고, 그래서 접근하기에는 너무도 불리한 규정들이 산더미다.

당연히 운송트럭이 끝이 아니다. 산업 규모의 시장을 상대할 때 접하는 첫 번째 질문은 생산물배상 책임보험에 관한 것이다. 농부가 보상해야 하는 액수가 300만 달러에 이르는 경우도 흔하다. 진취적이고 지독한 일벌레지만 이런 말도 안 되는 보험요건 때문에 시장 접근에 난관을 겪은 농부들을 그동안 얼마나 많이 만나 왔는지, 다 기록해 놓을걸 하는 생각도 든다.

시장이 충분히 크고 보험에 들 여력도 된다고 치자. 이제 다음으로는 보험사의 위험노출 관련 규약을 통과하는 문제가 기다린다. 보험사 상사들은 회사의 이익을 보호해야 하므로 수익성을 위태롭게 할 일은 꺼린다. 그래서 규약을 만들어 낸다. 그런데 당신이라면 위험도가 낮은 규약을 어떻게 정하겠는가? 당연히 전문가들에게 물어본다.

달걀 이야기로 논의를 계속해 보자. 예컨대 여행자 보험의 경우에 양계업자에게 보장할 규약의 종류를 어떻게 결정할까? 보험사는 버지니아 공대나 펜실베이니아 주립대학교 같은 토지공여대학의 가금학 전문가들에게 연락한다. 그렇다면 그 전문가들의 신념은 무엇인가? 그들은 가격이 저렴할수록 더 좋은 달걀이라고 믿고 있다. 가장 저렴한 달걀을 생산할 방법은? 바로 밀집사육 시설. 밀집사육 시설은 워낙에 더럽고 비위생적이어서 병균이 서식하기 쉬운, 한마디로 닭의 닭다움과 정반대되는 곳이다. 따라서 전문가들은 조류 건강을 위해 당연히 항생제를 먹여야 한다고 믿는다. 그리고 모든 조류는 이런 서식환경에서 자주 발생하는 악성 질병에 대비해 백신을 접종해야 한다고 믿는다.

전문가들은 달걀이 고병원성 분뇨에 뒤덮였을지 모르니 모든 달걀을 염소로 세척해야 한다고 믿는다. 염소는 위험하고 치명적인 물질인데! 농부는 이제 위험물질을 보관하기에 적절한 공간을 짓고 허가도 받아야 한다. 공간을 마련하고 규제에 따르려면 비용이 만만치 않다.

따로 말하지 않아도 이제 요점을 알아차리셨기를. 이런 체계의 상업용 달걀 생산조합은 믿을 수 없을 만큼 배타적인 클럽이다. 이들에게서 달걀을 사면 결국 경직되고 배타적인 사고방식과 그런 체계 전체를 후원하는 셈이 된다. 빽빽한 철망 우리, 사료 컨베이어, 달걀 컨베이어, 분뇨 컨베이어, 온도조절 환기 시스템까지 갖춘 수백만 달러 규모의 공장식 고문소! 도내체 제정신인 사람이라면 어떻게 이런 걸 지을 수 있겠는가!

이 달걀을 대형 슈퍼마켓에 진열하는 데 드는 자본, 담보, 에너지 비용, 대형 우물 설치요건과 분뇨를 저장, 처리, 살포하기 위한 첨단장비 관련 이야기는 아직 꺼내지도 못했다. 이런 체계는 비집고 들어갈 틈이 거의 없다.

몇 해 전 봄, 우리 농장에 달걀 어유분이 생겨 크로거[23] 슈퍼마켓에 연락을 해 본 적이 있다. 로봇 외에 누구와도 통화할 수 없어서 결국 포기했지만 말이다. 지역 점포는 어떤 결정권도 없다. 지역 점포가 알려 준 번호로 전화하면 로봇이 응답하고 이리 돌리고 저리 돌리면서 하루 종일 도돌이표다. 사실상 접근 불가능! 이들 점포 진열대에 줄지어 놓인 달걀은 엘

---

23 ___ 크로거Kroger. 미국 최대의 슈퍼마켓 체인.

리트 업자들끼리 어울려 다니며 특별 규칙에 합의하여 이룬 고도로 배타적인 체계의 최종 결과물이다.

이들의 특별 규칙 때문에, 백신이나 약이 필요 없을 만큼 생기로 가득 찬 재래종 혹은 몸집이 큰 닭을 사육하는 업자는 처음부터 아예 배제다. 조류들이 신선한 목초를 누비고 흙을 파헤치는 일도 금지다. "뭐? 이런 닭들의 똥오줌은 고병원성 오염과는 무관하고 인간의 내장에 해롭지 않은 박테리아만 있다니, 무슨 말도 안 되는 말이야! 뭐? 염소살균이 필요 없다고? 그게 어떻게 가능해! 마지막으로 하나 더. 감히 내 하역장에 소형트럭을 몰고 오겠다고? 한번 맛 좀 보여 줘야겠군!"

방목형 모델에서 난 달걀

이번엔 그저 재미 삼아, 정반대 모델인 직거래 방목 달걀을 살펴보자. 분명히 말해 두지만, 일부러 '방목pasture'이라는 고급 단어를 사용했다. '자유롭게 뛰어노는, 우리에 가두지 않은, 유기농의, 놓아기른, 실내 방사식의, 인도적인 방식으로 기른, 동물복지 인증 목장에서 기른' 등 업계가 마구잡이로 끌어다 쓰는 다른 어떤 기발한 표현도 사용하지 않겠다. '방목'이라는 단어에는 닭의 닭다움에 대한 가히 혁명적인 믿음이 담겨 있다. 바로 닭은 조류이며, 따라서 신선한 공기, 햇빛, 자유로운 이동, 긍정적인 무리 짓기, 쪼기, 긁기, 둥지 틀기와 계절에 따른 주기를 모두 누려야 한다는 믿음이다.

미국 방목육계 생산자협회APPPA는 일종의 '교파'라고 불러야 하지 않을까 싶을 정도로, 이런 믿음을 지닌 사람들을 위한 공식 거래조직 협회이다. 좁은 길을 택한 소규모 단체이다. 아, 나도 딴 길이 없어 이 조직에 속해 있다. 실생활 곳곳에서 서로 보완이 가능한 영적 대응물이 눈에 띄고 뭐든 영과 육을 동시에 생각하게 되는데 이런 자세가 이상한가? 아니다. 양면을 동시에 생각하는 자세는 오히려 이론적 검토로 끝나 버릴 수 있는 무익하고 비현실적인 진리에 활기와 더 깊은 의미, 그리고 현실감을 불어 넣을 수 있지 않은가?

이제 방목 산란계 사업 이야기를 해 보자. 생산자로서 처음에는 닭 대여섯 마리부터 시작해도 된다. 나는 열 살 때 18마리로 시작했다. 그러나 산업형 모델로 시작하려 한다면, 첫 달걀을 팔기 전에 100만 달러는 투자하여 기반시설부터 갖춰야 한다. 반면에 방목형 모델은 자본도 보험도 당국의 허가도 필요 없고 누구나 어디서든 언제라도 시작할 수 있다.

방목에 필요한 기반시설은 자투리 목재, 가금류 그물, 판금 폐자재 정도이다. 환풍기, 굴착기, 컨베이어, 각종 기계, 다 필요 없다. 마을에서 직접 판매하면 높은 수익을 올릴 수 있다. 내 경우, 나는 교회 모임에서 만난 가족들과 우리 동네 길목에 사는 이웃들로부터 시작했다. 산업형 모델로 하면 달걀 열두 개에 반 페니를 받으니 사업 유지를 위해 수십 개를 생산해야만 하지만, 방목형 모델로 키우면 달걀 열두 개에 1달러를 받을 정도로 아주 괜찮은 순수익을 올릴 수 있다.

개별 둥지인 상자에 짚 깔개를 깔아 주면 암탉들은 둥지 안에 아늑하게 자리 잡고 앉아 지푸라기를 이리저리 흩으며 좋아한다. 달걀을 손으로 수거하는 일은 갓 네 살만 넘어도 할 수 있다. '누구든지'에 아주 근접한 방식 아닌가? 그러나 자존감이 생긴 네 살배기 아이 중에, 배설물 찌꺼기가 온통 옷에, 연약한 목구멍 점막에 붙고, 곧 피부에도 스며드는 악취 심한 산업형 양계장에 들어가고 싶어 하는 아이는 단 한 명도 없으리라.

사업이 즐겁고 성공적이라면, 이익잉여금을 이용해 사업을 확장할 수 있다. 모든 사업 확장은 시장이 확장되는 속도에 맞춰 '유기적'으로 차

방목형 모델은 지분도 보험도 당국의 허가도 필요 없다

근차근 진행된다. 처음에는 열두 마리, 다음에는 50마리, 다음에는 100마리, 다음에는 500마리, 그 다음에는 1,000마리. 이는 자연의 성장 방식을 따른 수치로, 현재 보유한 기술과 재정 상태를 무리하게 초과하지 않으면서 조금씩 늘려가는 방식이다. '누구든지' 참여하라고 초청할 만한 모델이다.

자본집약적이고 한곳에 정주하여 한 가지 목적으로만 사용하는 밀집사육 시설과 달리, 닭을 수용하고 관리하는 기반시설을 이동식으로 만들면 영농업과 토지소유권을 분리할 수 있게 된다. 영농에서 돈이 가장 많이 드는 부분이 토지 구입이니만큼 토지를 소유하지 않고도 가축을 기를 수 있다면, 큰 자본 없이도 농업을 천직으로 삼을 수 있다는 말이다. 방목 양계는 당연히 이동식 기반시설을 이용하기 때문에 이곳저곳으로 이동할 수 있다. 소유주가 있는 땅이든 아니든, 어디든 쉽게 접근할 수 있고 진입힐 수 있다. 바로 '누구든지' 영농이다.

한 걸음 더 나아가 집 뒷마당을 노니는 닭들을 상상해 보라. 뒷마당에서 가금류를 기르도록 허가해 주는 도시가 점점 늘어나고 있다. 이는 '누구든' 식품체계를 향해 놀라운 한 걸음을 옮겼다는 의미이다. 아마 가장 큰 공로자는 앞서 언급한 공식 닭 교감 전문가이자 《도시 병아리》의 저자인 패트리샤 포먼이다. 패트리샤는 널리 강연을 다니면서 살아 있는 닭을 늘 강연의 조력자로 활용한다. 어디든, 어떤 장소에 가든, 잡지 〈어머니 지구 뉴스〉 박람회에서 주 의회에 이르기까지, 항상 오프라 '헨'프리Oprah Henfree라는 이름의 닭과 동행한다.

패트리샤의 추산에 따르면, 미국에서 세 가구 중 한 가구가 닭을 몇 마리씩 키우면서 자신과 이웃들의 주방에서 나오는 음식물 찌꺼기를 먹인다면, 공장식 상업용 달걀 생산체계 전체를 완전히 대체할 수 있다고 한다. 내가 지역 중심의 투명한 식품체계에 대해 이야기하기 시작하면 마치 현실에선 절대 실현불가능한 근사한 환상일 뿐이라는 듯 미심쩍은 표정으로 쳐다보는 사람들이 많다. 하지만 들어보시라! 음식물 찌꺼기를 중심으로 닭이 최종 재활용을 담당하도록 구성된 이러한 달걀 생산모델이 현재 생산모델, 바로 불분명하고 기계적이며 악취가 고약한 소수의 달걀공장에 의존하는 모델보다 훨씬 더 안전하고 투명하며 영양가도 높다. 자, '누구든지' 정신을 가장 잘 보여 주는 모델이 둘 중 어느 쪽인가?

비록 이번 논의에서는 식품 한 종류, 즉 '달걀'을 집중적으로 분석했지만, 다른 어떤 식품이라도 동일한 분석은 가능하다.

식품안전관리 당국food police은 우리 농장의 야외 닭 가공창고가 비위생적이라며 우리가 불량제품을 생산하고 있다고 했다. 가공과정에서 파리 한 마리라도 닭 사체에 앉으면 불량제품이고, 야외는 본질적으로 비위생적인 장소라고 한다. 꾸며 낸 이야기가 아니다. 참! 이들은 방독면이나 인공호흡기를 쓰지 않은 채로 검사했다. 내가 아는 한, 이들은 나와 같은 공기를 마시고 있었다. 자신들이 비위생적이라는 공기를 말이다.

당연히 이러한 식품안전관리 당국의 활동은 '정직한 식품과 영농' 운동을 위기에 빠뜨리고 말았다. 다행히 이제 우리에게는 농장 – 소비자 법률지원 기금FTCLDF: Farmer to Consumer Legal Defense Fund이 있다. 이 단체는 1990년대 초 마이클 패리스가 시작한 홈스쿨 법률지원 연합을 본떠 만들었다. 그 당시 홈스쿨링 자녀들을 무단결석 학칙위반이라 간주하며, 실제로 주립 아동보호서비스 기관에서 그 자녀들을 데려다가 위탁보호소로 보내 제도화된 정통 교육을 시키는 현실을 홈스쿨링 학부모들은 견뎌야 했다. 오늘날 '정직한 식품과 영농'계에서도 같은 일이 벌어지고 있다.

농장 – 소비자 법률지원 기금의 법률팀은 과도한 관료주의적 조치로 고통받는 나 같은 식품 이단자 농부들에게 실시간 상담을 제공한다. 식품 선택의 자유를 소중히 여기는 사람이라면 누구라도 우리들의 훌륭한 조직에 들어오셔야만 한다. 내 목표는 이 조직이 미국총기협회NRA: National Rifle Association만큼 강력해지는 것이다. 미국인들이 총기 선택권 보호를 위해 전투적으로 나서는 만큼 식품선택권 보호를 위해서도 전투적으로 나선다면 더 건강한 나라, 그리고 분명 더 포용적인 식품체계를 갖추게 되리라 생각한다. 총기소지 권리, 홈스쿨링 권리, 식품 권리에 대해 열변을 토하다 보니 독자들의 반응이 다시 긍정적으로 돌아오는 듯하다. 감사하다. 하지만 단지 생우유를 팔고 싶어 했다는 이유만으로 농부에게 경찰력을 행사하는 현 세태를 비난하는 설교를 교회에서 들어 본 적이 있는가? 물론 없을 것이다. 왜냐하면 생우유 옹호자들은 미식가들과 한통속이고, 미식가들은 환경주의자들이며, 환경주의자들은 이단 진보 빨갱이들이기 때문이다. 걱정하지 마시라. 나는 이런 용어에는 완전 익숙한 진문가니까.

엘리트주의로 무장한 이런 체계를 비난하는 설교는 어디에서 들을 수 있을까? 찾기 어렵다. 수석 장로부터가 위생 검사관이니, 무지한 신도들에게 소위 정통 방식에 기반한 식품만 구매하게 하고, 자신은 식품 안전을 위해 하나님이 보내신 선물이라고 자부한다. 기아를 해결할 최고의 방법이 '누구든지' 식품체계로의 전환이라는 것을 언제쯤에나 이해할까? 신생 농가들을 고사시키고 높은 영양가에 치유 기능까지 갖춘 식품에 접근하지 못하게 막는 식품체계를 유지하면서 동시에 가난한 이들을 실제로 돕기란 불가능하다. 아시다시피 기아구호단체에 기부하기 위해 배타적 공장식 체계에서 구입한 식품을 가져오는 사람이 얼마나 많은가?

가난한 가족을 돕고자 한다면, '누구든지' 농업체계에서 생산된 달걀을 기부하라! 배타적 컨트리클럽 말고 '누구든지' 농가에서 구입하시라는 말씀이다.

기독교 공동체는 이민 개혁, 음란물, 거대 정부, 높은 세금, 그리고 저 반미 환경 괴짜들에 대해서는 반대의 목소리를 높이면서 왜 식품과 영농 모델을 독점하려는 배타적 엘리트주의에 대해서는 잠잠한가? 나는 기독교 공동체 전체가 '누구든지' 식품체계, 영농체계를 받아들인다면 나라 전체의 구조가 크게 바뀌고 다른 모든 쟁점들에도 상상하기 어려운 파급 효과가 나타나리라 믿는다.

지극히 사소한 부분까지 믿음에 기초한 삶을 살아야 한다고 주장하는 34퍼센트의 미국인 전체가 구매력을 발휘해 주기만 한다면, '누구든지' 식품체계, 내가 '정직한 식품체계'라고 부르는 이 체계가 선한 이들의 힘을 강화하며 악당들을 무력화하리라 믿는다. 이는 남길 만한 가치가 있는 유산이다.

먹거리에 대한 시민의 권리

마지막으로, 이 논의를 완료하기 위해 '누구든지' 개념을 식품 접근성 개념에 연결해 보겠다. 지금까지 농부로서 삶에 대해 다루었으니 이번엔 '소비자'로서 삶에 대해 살펴보자. 사실 소비자라는 단어가 썩 마음에 들지는 않지만, 아직은 더 좋은 단어를 찾지 못해서 당장은 그나마 가장 적당한 표현이란 생각이다. 생각해 보면 나 역시 소비자이고, 내가 먹는 모든 것을 다 직접 기르지는 않으니까 말이다. 물론 대부분 직접 기르지만, 아직 전부는 아니다.

'누구든지' 식품체계는 양자 모두에게, 즉 생산자에게든 소비자에게든 진입장벽이 낮다. 참여하기 힘들면 힘들수록 더 배타적인 경우가 많다. 활발한 지역 친교모임이라면 출신배경과 심지어 민족, 인종도 다양한 각

계각층의 사람들이 모여 있어야 하지 않겠는가? 우리가 실제로 누구나 경험할 수 있는 포용적 구원을 제시하고 있다면, 우리가 속한 지역 신자모임도 하나님의 은혜에 포함된 다양성을 반영하고 있어야 한다.

이런 점을 염두에 두면, '누구든지' 식품 정신을 권장하는 일이야말로 교회에 매우 합당한 사역이 아닌가? 가령 저장음식 만들기 파티canning party부터 다 함께 사골곰탕 끓이기 모임까지, 음식 중심의 모임이나 요리교실 말이다. 이런 모임이 어째서 세속적인가? 나는 이런 일들이 우리가 할 수 있는 가장 경건하고 거룩한 행동 가운데 하나라고 생각한다. 이런 일들이 잃어버린 양을 찾거나 씨를 뿌리거나 물고기를 잡거나 포도나무 가지치기와 같이 예수께서 비유로 말씀하신 일들과 아주 유사한 일들 아닌가?

할리우드에 빠져 사회적 신분상승을 갈망하는 중산층 기독교인 공동체는 영양기 없는 전자레인지용 1인분 가공식품을 섭취하도록 부추기는 경우가 너무도 많다. 그래야 복음전파에 더 많은 시간을 쏟을 수 있으니까. 그래야 경건한 청지기 정신의 핵심인 재무 포트폴리오를 더 열심히 들여다볼 수 있으니까. 그래야 사역에 투자할 시간이 더 많아지니까. 뭐하러 뒷마당의 정원, 닭, 혹은 지붕 위에 있는 벌집에 인생을 발목 잡히겠나? 요리를 왜 해야 하지? 텔레비전이나 스마트폰 없이 가족들과 함께 식사를 해야 할 이유가 있을까? 도대체 무엇 때문에?

그 이유는 음식이, 그리고 함께하는 식사가 하나님과 인간 사이에 놓인 다리에 대해 알려 주는 아마도 가장 원초적인 실물교육이기 때문이다. 육의 양식에 대해 관심을 갖고 포용하며 참여하는 자세는 영의 양식에 대해서도 동일한 철학을 지니고 있음을 보여준다. 믿음의 공동체가 만일, 그 구성원과 토지와 돈과 정치적 힘을 동원하여 현재의 배타적 산업형 식품체계에 영향력을 행사한다면, 요한복음 3장 16절 말씀을 두고 곤혹스러워하는 이 세상에 대고 '누구든지'의 실제 모습을 큰 소리로 알릴 수 있을 것이다.

빈민가 아파트에 사는 한 싱글맘이 같은 단지에 사는 어려운 이웃들을 위해 영양가 높은 파이와 수프를 만들겠다고 할 때, 시市가 이를 허용해야 한다고 믿음의 공동체 전체가 나서서 요구한다면 어떤 일이 벌어질지 상상해 보라. 싱글맘이 직접 근처 공터에서 식재료를 기를 수도 있다. 교회 모임에서 정직한 식품, 즉 지역 내에서 유기농법 혹은 방목으로 사육한 식품을 전달해 줄 수도 있다. 식품경찰, 지역 관리자, 건물 조사관과 기타 엘리트들이 그녀의 집 문을 두드리며 이런 일을 해서는 안 된다고 경고할 때, 믿음의 공동체 전체가 손을 잡고 아파트를 에워싸며 함께 구호를 외친다. "누구든지! 누구든지!"

시민권이 있어도 상업활동이나 사업체 접촉, 직접적인 시장 참여와 공동체를 섬기는 일을 위해 행사하지 않는다면 그 권리가 무슨 소용이 있을까? 빈곤과 기아에 대한 우리의 불안을 기술하는 백서 작성으로 끝나고 마는 얄팍한 전문가들의 집단토론은 이제 그만하자. 믿음을 행동으로 옮기고, 신념을 실제 물리적 변화로 연결하자.

우리의 자유를 눈으로 보고 손으로 만지고 입으로 맛볼 수 없다면 무슨 소용이 있나?

텍사스 출신의 한 여성으로부터 최근에 들은 이야기인데, 그녀가 꽃밭에 토마토 두 그루를 길렀다는 이유로 주택소유주 협회에 벌금을 내야 했다고 한다. 짐작하겠지만, 이 협회는 농사를 금하고 있다. "어쨌든 상류층 마을을 더럽히면 안 돼. 먹는 걸 기르다니, 그런 건 피부가 까무잡잡한 까막눈 문맹들이나 하는 짓이잖아. 그럼, 안 되지. 장미는 농사가 아니야.

토마토는 농사고." 쯧쯧쯧.

　식품규제에서부터 GMO 특허에 이르기까지, 소위 정통파라 주장하는 기계화된 산업형 식품과 영농체계의 핵심 주제는 어쩌면 경쟁을 거부하고, 현재의 패러다임에 질문을 던지는 혁신을 차단하며, 이단자를 화형에 처하는 일인지도 모른다. 누가 감히 함부로 닭을 붉은깃찌르레기와 어울리게 한단 말인가? 누가 감히 자신의 자녀들에게 생우유를 먹인단 말인가? 누가 감히 꽃밭에 토마토를 심는단 말인가? 누가 감히 자신의 주방에서 요리를 하고 음식을 이웃들에게 판단 말인가? 누가 감히 홈스쿨링을 한단 말인가? 누가 감히 상인단체의 권위에 저항한단 말인가? 누가 감히 죽은 고기를 직접 손질한단 말인가? 세례도 성찬도 면죄부도 커다란 예배당도 없이 오직 은혜로만 구원받는다니, 누가 감히 그 말을 믿는다는 말인가? 정말 어떻게 감히?

　우리가 하나님의 은혜에 대해 논할 때 하듯이, '포용과 배척'이라는 리트머스 시험을 식품과 농업체계에 적용해 보면, 대부분의 기독교인들이 즐겨 찾는 현 체계와는 근본적으로 다른 식품체계를 그려 낼 수도 있다. 뭐든 사다 먹는 행태에 대한 도전으로 말이다. 그게 중요한 일인가? 하나님께서 관심을 가지실 만큼?

14—
이웃을 사랑하는
농업체계 우호적 이웃 vs 적대적 이웃

> 너희는 남에게 대접을 받고자 하는 대로 남을 대접하여라.
>
> **누가복음 6장 31절**

경계는 임의적이다. 나라나 민족, 세습 영지든 사유지든 무엇으로 규정을 하든지 경계는 지형과 지세, 기후, 초목분포를 초월한다. 우리 모두는 누군가의 이웃이기에, 바로 황금률 "그러므로 너희는 무엇이든지, 남에게 대접을 받고자 하는 대로, 너희도 남을 대접하여라. 이것이 율법과 예언서의 본뜻이다."(마 7:12)라는 말씀의 권고를 받는다.

물론 예수님은 이웃 사랑이 지리적 근접성에 구애되기보다 마음에서 우러나온다고 분명히 가르치신다. 성경에서 이웃 사랑에 대해 이야기하는 가장 유명한 구절은 누가복음 10장의 선한 사마리아인 비유이다. 이 비유 속 사마리아인과 유대인의 만남은 통행이 많은 길 위에서 이루어졌다. 공공도로에서는 익명성이 강해진다.

실제로 이 비유는 강도들이 한 유대인 여행자를 공격하는 사건으로 시작한다. 강도들은 제 이익을 위해 특정한 누군가에게 속하지 않은 장소를 확실히 이용한다. 이들은 자기 집안에 있는 사람, 즉 도우러 올 친구나 가족이 가까이에 있는 사람을 공격하지 않았다. 이웃이 없어 당연히 취약할 수밖에 없는 장소를 택했다.

물론 이 비유는 우리가 잘 아는 이야기다. 유대 제사장과 레위인은 피 흘리며 죽어 가는 사람을 돕지 않고 지나쳐 버렸고, 그들 다음에 나타난 사마리아인이 가던 길을 멈추어 서서 어느 누구도 별것 아니라 할 수 없을 만큼 커다란 도움을 베풀었다. 사마리아인은 강도 당한 남자의 상처를 싸메고 치료 요양소에 데려가고 치료비까지 대 주었다. 이 비유에서는 이웃 사랑의 기준이 무척이나 높아서 우리 모두는 한두 번 정도 그 기준에 못 미친 적이 있었을 것이다.

하지만 예수님의 생각은 명확하다. "네 이웃을 아프게 하지 말고 만일 네 이웃이 너를 필요로 하거든 할 수 있는 한 그를 도우라."

침식되는 땅

우리 농장의 북쪽 경계는 남쪽을 향한 완만한 비탈과 맞닿아 있다. 농장 울타리에서부터 비탈 윗머리까지 비탈 위쪽 땅 약 3분의 1은 이웃 소유이고, 비탈 아래쪽 땅 3분의 2는 우리 소유이다. 어떤 풍경의 굴곡에도 잘 어우러지는 이 비탈의 끝자락에는 간헐하천이 흘러 습지와 같은 좁은 골짜기가 있다. 이 하천은 보통 6월 말쯤 말랐다가 초가을에 비가 땅을 촉촉하게 적시면 다시 흐르기 시작한다.

1961년 우리 가족이 이 농장으로 처음 왔을 때, 이 완만한 비탈에 커다란 도랑 두 개가 움푹 패여 있었다. 도랑이 가파른 비탈에나 생긴다고 생각할까 봐 분명히 말해 두는데, 이 비탈은 눈이 와도 썰매를 탈 수 없을 정도로 무척 완만하다. 그러니까 썰매가 미끄러지지도 않을 만큼 완만하기 이를 데 없다.

그런데 오래전, 누군가가 다년생 들풀이 무성하던 이 비탈을 모조리 갈아엎고 곡물을 심기로 마음먹었다. 비가 내리다 초목에 부딪히면, 빗방울은 지표에 닿기도 전에 산산이 흩어진다. 풍성하거나 살아 있는 초목으로 이루어진 바이오매스가 토양을 가득 덮고 있으면 세찬 빗방울이 아무리 내리친다 한들 토양이 상하지 않는다. 이때 빗물은 지표 위로 퍼져 나가다가 토양 표면 사이로, 또는 지렁이와 식물 뿌리가 만들어 놓은 토양 입단과 땅속 터널 속으로 스며든다. 덕분에 토양 입자들은 제자리를 잡고, 수분을 최대치로 빨아들이니 토양은 촉촉하게 된다.

하지만 흙을 갈아엎어서 빗방울이 떨어지기 전에 벌거벗은 토양이 드러나면, 연약한 토양 입자들이 세찬 빗물을 그대로 맞아 식물의 뿌리털에 있던 흙들까지도 떨어져 나가 버린다. 수분이 토양 위에 고여 있지 못하니 땅으로 스며들지도 못한다. 땅으로 스며들지 못한 빗물이 웅덩이를 이루고 서둘러 흘러내릴 길을 찾다가 작은 개울을 이루는데, 벌거벗은 땅의 표면 위로 빗물이 흐르다 보면 토양 위로 도랑이 움푹 파인다. 빗물의 흐름이 점점 빨라지면서 도랑에 있는 흙 입자들과 뒤엉켜 진한 흙탕물이 되면, 이제 침식이 일어나 거칠고 험하게 토양을 습격한다.

도랑은 항상 비탈 맨 아래에서 생기기 시작하는데 그곳이 물의 부피와 속도로 인해 가장 먼저 대부분의 피해를 입기 때문이다. 언덕 꼭대기에서 물줄기가 아주 미미하게 생길 때에는 간신히 눈에 띌 정도지만 비탈을 타고 내려오면서 물길은 점점 커지고 연약한 토양에 도랑이 끔찍한 형상으로 골이 팬다. 도랑은 먼저 비탈 맨 아래에서 커지기 시작해 차츰차츰 위쪽으로 올라가면서 땅을 먹어 치운다.

침식으로 인해 하층토가 파헤쳐지면 보통의 경우 도랑의 머리 부분에 계단 같은 층이 형성된다. 그대로 두면 계단층이 점차 커지면서 언덕 꼭대기까지 치고 올라간다. 도랑은 언제나 비탈 맨 아래에서 시작하지만 꼭대기까지 퍼져 나가고, 일단 계단층이 형성되면 그 오르막을 따라 가차없이 커지는데 능선 가까이에 이를 때까지는 주변에 피해를 입힐 만큼 수로에는 물이 충분히 고이지는 않을 정도다. 그런데 도랑에 물이 세차게 흐르면, 가장자리가 약하기 때문에 층이 언덕 꼭대기에 급격히 가까워지고, 일단 표토와 초목이 사라졌기에 도랑은 맥없이 터지고 만다.

도랑은 지구의 몸에 새겨진 끔찍한 흉터와 상처로 보인다. 토양의 선강과 생명력에 가한 직접적인 공격이 남긴 흔적이 도랑이다. 부모님께서 우리 농장을 구입한 1961년, 도랑 문제는 악몽 자체였다. 앞서 이야기한 이 완만한 비탈에 경계를 표시하려고 세워 둔 울타리가 이런 커다란 도랑 두 개와 서로 직각을 이루고 있었다. 어린 시절 나는 이웃집 아저씨가 나무 그루터기와 낡은 철사 뭉치, 기타 잡동사니들을 울타리 위쪽에 가져다두는 모습을 지켜보았다. 아저씨는 우리 도랑이 자기 땅까지 확장되지 않게 하려고 애를 쓰고 있었다.

경계 지점에서 도랑은 깊이가 대략 3미터 정도였는데 비탈 꼭대기 능선에서 6미터 가량 떨어져 있었다. 물론 시간이 흐름에 따라 도랑이 점점 더 깊어지면서 비탈 꼭대기 능선에도 흙이 떨어져 나가고 계단층이 형성되었다. 도랑의 형성과 확장은 끔찍한 질병과 같다. 한번 물이 바닥을 향해 세차게 흘러내리기 시작하면 둑으로 막지 않는 이상 멈추지 않는다. 그냥 내버려 두면 물이 암반에 닿을 때까지 도랑이 깊어진다.

　비탈 아래쪽이 우리 땅이니 도랑은 우리 땅에서 생겨나기 시작한 셈이다. 우리 농장의 역대 주인들을 식민지 시대 토지공여사업이 있던 시절까지 추적해 보면, 모두 개신교 교회에 다니는 선량한 농부들이었다. 매주 교회 예배에 참석하고 선교헌금을 내는 사람들이었다. 적대 세력으로부터 가족을 지켰고, 여느 훌륭한 사업가들처럼 세금도 성실하게 납부했다. 하지만 토양에 생긴 어마어마한 상처가 오르막을 따라 무자비하게 커지는 사단을 이웃집 아저씨가 막으려 애쓰던 모습을 보고 나서, 말씀을 묵상하며 나는 그 선량한 사람들이 어떻게 자신의 이웃에게는 그토록 적대적일 수 있는지 의아했다.

　확신하건대 이전의 농부들은 시대마다 처한 상황 속에서 사람들을 적대적인 인디언, 적대적인 영국인, 적대적인 멕시코인, 적대적인 스페인인, 적대적인 독일인, 적대적인 일본인, 적대적인 한국인, 그리고 적대적인 러시아 공산주의자들이라 묘사했다. 하지만 과연 자신들이 이웃을 대하는 적대적인 태도도 돌아보았을까? 사람들이 얼마나 쉽게 공동의 전투에 합류하고 부족 또는 국가 단위의 대규모 군사행동에 뛰어드는가를 보면서 매번 놀란다. 한편으로는 자기 목장에 생긴 도랑이 언덕을 침식하고 이웃의 땅까지 못쓰게 만들도록 방치하면서 말이다. 누가 감히 국경을 넘어올라 치면 한 방 먹일 태세인 위대한 우리 미국인들이지만, 집으로 돌아와 제 땅에 있을 때면 오르막에 산다는 죄밖에 없는 선량한 이웃에게 한 방 먹이고 있다.

　땅을 갈아엎고 초목을 몽땅 베어 버리고 땅을 발가벗겨 침식이 일어나게 하는 등 이전 주인들이 언덕 위쪽 이웃 땅에 가한 모든 행위에 대해

울며 회개하고 싶어진다. 침식은 저절로 일어나지 않는다. 태만하고 근시안적으로 행동한 이웃 탓에 언덕 위쪽 주인이 땅을 침식당하는 피해를 감수할 이유는 없다. 어제 땅을 훼손한 다음 오늘 돈으로 보상한들 내일은 누가 이 땅을 돌보겠는가?

아주 어린 시절 아버지와 함께 침식이 진행되지 않도록 도랑 속에 방벽을 치던 기억이 난다. 아버지는 침식에 질색하셨다. 내가 커다란 바위를 집어 들어 도랑 속으로 던지던 기억이 난다. 그렇게 하면 물이 통하는 둑이 생겨 빗물이 빠져나갈 수 있고, 그 덕에 물의 흐름이 적당히 느려져서 경사면 비탈 윗머리에 퇴적물이 쌓인다. 예상대로 딱 두 해 만에 이 석조 방벽 위로 멋진 침적토 테라스가 생겼다.

그 다음 우리는 도랑에 이런저런 잡동사니들을 쌓아 두기 시작했다. 병과 버려진 농기계, 나무 그루터기, 심지어 반쯤 썩은 통나무까지 모두 물의 속도를 늦추는 데 도움이 되었다. 마지막에는 트랙로더와 덤프트럭을 동원해 습한 골짜기에 쌓인 눅눅한 침적토를 파낸 후 경사면으로 끌어올려 움푹 팬 도랑 속에 채워 넣었다. 골짜기에는 멋진 우물이 생겼고 도랑 문제를 완전 해결했다. 오늘날에는 이전에 도랑이 존재했었다는 사실조차 전혀 알아채지 못할 정도다. 이제 이웃의 땅에도 흙이 쌓이고 있다. 이웃 사랑에는 노력이 필요하며, 친절을 베푸는 데에도 힘을 들여야 한다.

나는 침식이 하나님 소유를 도둑질하는 일이라고 생각한다. 땅의 주인은 내가 아니라 하나님이시다. 하지만 침식은 거리낌 없이 내 이웃과 공동체의 소유를 도둑질하는 행위와 같다. 모두를 피폐하게 하기 때문이다. 침식을 부추기는 식품과 농업체계는 우리 이웃에 대한 직접적인 공격일 뿐 아니라 하나님의 재산에 대한 직접적인 공격이다. 기독교인들은 으레 도덕성의 침식에 대해 애통해하면서도 아무렇지도 않게 땅을 침식하는 식품을 즐겨 먹는다. 저녁 식탁조차 제대로 관리할 줄 모르면서 어떻게 도덕성을 관리한단 말인가!

우리 기독교인들은 불우한 이웃에 대한 자선의 미덕은 극찬하면서도, 탐심과 탐욕의 전형이라 할 식품들로 바로 그 이웃들을 돕고 있다. 지구에 대한 보호 책임을 맡은 공동체가 우리를 위선자라 부르고 우리가 전하는 치유와 소망에 관한 메시지에 귀 기울이지 않는 현실도 어찌 보면 당연한 결과 아닐까? 그들은 묻는다. "치유와 소망이라고? 당장 보이는 것에 대한 파괴가 이토록 심한데, 어떻게 보이지 않는 것까지 생각하란 말인가?"

떠다니는 화학물질

침식 문제에서 한 걸음 물러나 몇몇 다른 영역을 살펴보자. 공중 분사된 농약이 공기 중에 떠돌아다닌다는 사실을 깊이 생각해 보라. 산업형 농장 인접 지역에 땅을 소유한 수천 명의 이웃과 이들의 자녀와 아내와 사유지는 반갑지 않은 화학물질을 뒤집어 써야 한다.

당신이 집을 파란색 페인트로 칠하려다가 분사기를 잘못 다뤄 당신 집 뿐 아니라 우리 집 일부까지 파란 물을 들여 놓는다면, 내가 어떻게 당신을 이웃으로 여길 수 있을까? 우리 집 벽에 묻은 파란색 페인트 자국을 발견했을 때, 어떤 대화가 뒤따를지 상상해 보자.

내가 웃으며 말한다. "이봐, 짐. 우리 집 마님과 내가 얼마나 오랫동안 간절히 우리 집 저쪽 벽면을 파랗게 칠하고 싶어 했는지 모른다네. 이렇게 쉬울 줄은 정말 몰랐어."

사람 좋은 이웃집 짐이 대답한다. "그게 말이야, 분무기가 말을 안 듣는 통에…… 페인트가 그쪽으로 날아갈 줄 몰랐지 뭔가. 어떻게 해 보기도

전에 자네 집 벽에 줄이 하나 쭉 그어지고 말았다네."

내가 말한다. "허! 우습지 않은가? 우리 집 벽에 파란색 아치 하나가 생기다니. 벽돌이 파란색이라니 참 잘 어울리네 그려. 그렇지 않은가? 아내가 어느 것을 더 좋아할지 모르겠군."

이웃집 짐이 대답한다. "나도 궁금하네. 파란색뿐인데도 무지개처럼 멋있어 보였거든. 그런데 생각해 보니, 꼭 무지개 같아 보이지는 않더라고. 어서 이 문제를 해결해야겠다는 생각을 하긴 했네. 자네가 얼마나 까다로운지 아니까 말이야. 어쨌든 원래 저 벽돌은 파란 페인트 자국이 생기기 전까지는 이렇게 눈에 띄지도 않았어."

내가 말한다. "전적으로 동감이야, 짐. 얼른 아내가 돌아와서 저 벽면에 새로 생긴 페인트 자국을 봤으면 좋겠네. 우리가 어디 사는지 친구들에게 알려 줄 때도 큰 도움이 될 거야. '한쪽만 파랗게 칠한 벽돌집으로 오라'고 하면 되니까."

이웃집 짐이 대답한다. "맘에 든다니 정말 기쁘네. 허락도 없이 페인트 자국을 남겼으니 자네가 어떻게 받아들일지 확신할 수는 없었지만, 자넨 항상 이웃을 아끼는 마음이 특별하다는 걸 알고 있으니까. 나도 마찬가지고. 알다시피 옛말에 '내 것은 내 것이고 네 것도 내 것'이라는 말이 있지 않나. 이웃 좋다는 게 뭔가!"

내가 말한다. "오, 아내가 저기 오는군. 아내는 나한테 깜짝 놀랄 만큼 창의적인 선물을 받아 본 적이 없다고 늘 투덜대거든. 친구, 오늘은 아내를 놀라게 할 수 있겠어. 정말 기대되네."

이웃집 짐이 대답한다. "도움이 됐다니 기쁘이. 부인이 나머지 부분도 파랗게 칠하고 싶어 하면 알려 주게나. 일단 사용법만 제대로 파악하면, 이 장비가 아주 유용하거든. 게다가 페인트도 넉넉하게 남았고."

내가 말한다. "고마워, 짐. 자네 제안을 받아들이지. 이제 아내가 오네. 어서 와, 여보. 이 친구 덕에 당신을 위한 깜짝 선물이 생겼어!"

여기까지! 이런 대화가 가능이나 할까? 천만에! 두 남자가 야단법석 코미디 영화에 출연한 할리우드 광대가 아니라면 말이다. 독자 여러분 중 어느 누구도 이런 대화를 떠올릴 수도 없겠지만, 바로 이런 모습은, 어쩌다 우리 자녀들을 신경독소나 호르몬 교란 물질로 피해 입힌 화학업체들이 우리에게 기대하는 반응이다.

이웃에게 함부로 굴면서도 무신경한 태도로 일관하는 식품체계에 대해 기독교인들이 불매운동을 벌인다? 수많은 기독교인들이 이런 일들을 바보들이나 괴짜 환경주의자들의 편집증으로 치부하고 웃어넘기는 현실인데? 그러니까 더더구나 우리가 속한 모임에서 가난한 이들을 돕기 위한 식품을 모은다면, 당연히 이웃을 괴롭히는 기술을 쓰지 않는 식품을 모아야 하지 않을까?

이웃 사랑을 보여 주는 식품체계

이웃의 땅과 건물과 사람들을 오염시키는 식품체계는 이웃에 우호적인 체계가 아니며, 그렇기에 성경적인 체계도 아니다. 있는 그대로 말하자면, 잘못된 체계이다.

예수 그리스도께서 탄생한 마구간 장면을 생생하게 재현하고자 하는 집단이, 타이슨사(社)의 양계장이나 스미스필드사(社)의 공장식 양돈장에 있는 구유는 묘사하지 않는다는 점이 흥미롭다. 그렇다. 언제나 짚이 가득한 구유와 깔끔한 잠자리에 누운 가축들만을 그릴 뿐이다. 암소 한 마리, 양 두 마리에다가 혹시 닭 몇 마리 더 배치하면 평화로운 장면이 완성된다. 여러 가축이 어우러진 오붓하고 평화로운 분위기의 그리스도가 탄생하신 그림을 보면 정말이지 마음이 끌린다. 태어나기에 정말 멋진 장소 아닌가.

메시아께서 어떤 농업체계 속에 태어나시기를 원할까? 성탄 그림 속의 모습처럼? 괜찮다. 초라한 환경이었고, 이는 종으로 오신 왕이 전하는 구원 메시지의 일부이기에 그 누추함을 덜어 내고 싶지 않다. 정말이다. 하지만 이야기를 오늘날의 상황에 맞게 현대적으로 각색하려는 온갖 노력에도 불구하고, 닭들이 빼곡하게 들어찬 닭장이 있는 농장에서 과연 처녀가 아이를 낳고 목동들이 경배드리는 모습을 상상이나 할 수 있을까?

과연? 하지만 이 영원한 성탄 메시지를 담대하고 굳건하게 공동체에 전하는 바로 그 사람들이 만찬 자리에서는 메시아뿐 아니라 스스로도 혐오스러워할 만한 환경에서 생산된 식품을 먹고 있을지 모른다. 공장식 축사에 들어가 본 적이 있는가? 방독면과 방호복으로 중무장하고 당신이 먹을 식품에 독성물질을 뿌려 본 적은?

차를 몰고 대형 우사牛舍가 곳곳에 있는 캘리포니아 남부 지역을 지나던 때가 기억난다. 3킬로미터 거리에서도 어찌나 악취가 진동하던지 숨도 못 쉴 지경이었다. 수 킬로미터 떨어진 곳에 있는 시설물들 위로 마치 거대한 먼지구름처럼 자욱한 배설물 입자가 걸려 있는 모습이 보였다.

정직한 식품 옹호론자들이 언급한 대로, 이 모든 게 표면화한 비용의 일부이다. 환경오염 정화대상지역superfund site부터 미국 내 700개에 이르는 하천변 데드존에 이르기까지, 하나님의 창조물을 오염시키는 독성물질 때문에, 1970년대 환경운동의 상징이던 눈물 흘리는 아메리카 인디언 원주민과 함께 하나님께서도 슬퍼 울고 계신다. 물론 눈물을 흘린 이는 인디언이지 기독교인은 아니었다.

이 상징적인 인물이 목사나 사제였다면, 얼마나 더 감동적이었을까?

혹은 침례교인인 농민이었다면? 혹은 청교도인이었다면? 유대-기독교 서적을 읽는 사람이었다면? 그러나 아니었다. 눈물을 흘린 이는 분명 아메리카 인디언 원주민이었다. 그들에게서 어떤 영광도 빼앗고 싶지 않지만, 그래도 이 눈물을 기독교인이 흘렸더라면 얼마나 멋진 일이었을까? 그랬다면 우리가 이야기하는 복음에 어떤 영향을 미칠까?

하나님을 향한 우리의 영적 의무에 대한 설교를 할 때, 하나님께 대한 우리들의 육적 의무를 통해 영적 의무를 드러내야 의미가 있다는 생각이다. 우리가 이웃사랑과 같은 하나님의 명령을 진심으로 따르면, 이를 본 사람들은 진지한 영적 회개와 의에 대한 믿음을 강조하는 우리의 권고에 훨씬 더 수용적인 태도를 보인다. 우리는 기독교 공동체에 속해 있으면서도 이러한 신성한 맥락을 이해하고 적용하는 데 무심하다. 이제 더 이상 지체하지 말고 우리의 상한 사고방식을 고쳐야 한다.

분명 사유재산권을 나만큼 열렬히 옹호하는 사람은 거의 없다. 하지만 재산권 행사의 자유가 이웃의 재산에 영향을 미치거나 이웃의 재산 소유권과 이권을 침해할 정도로 과도해서는 안 된다. 농사를 짓는 방식이 이웃 주민들 사이에서 물의를 일으키거나 마을 지하수를 오염시킨다면 이는 문제다. 노스캐롤라이나 주의 돼지 농장, 일리노이 주와 아이다호 주의 대규모 밀집형 낙농업체, 캘리포니아 주와 플로리다 주의 농약 뿌린 농산물 재배업체 등등과 같은 농장들이 이웃의 삶을 파괴한다.

암에서부터 메스꺼움, 재산가치 하락에 이르기까지, 독성물질을 사용하는 농장으로 인한 피해는 광범위하고, 이를 입증할 면밀한 증거자료도 많다. 관련업체들뿐 아니라 이들과 한통속인 정부 규제기관 담당자들과 은행가들이 연루되어 이웃에게 피해를 끼친 이런 기만행위는 이웃사랑과 정반대이며 적대적인 태도와 행동의 전형이다. '돈 냄새'가 난다고 말하면서 스스로 시궁창에서 살겠다는 이들을 굳이 말릴 뜻은 없다. 하지만 홀로 시궁창에서 지내는 것이 아니라 주변 이들에게까지 피해를 준다면, 이는 이웃 사랑에 반하는 행위이다.

퇴비 더미로 인해 중독 피해를 본 사람이 있는가? 방목한 닭으로 인한 피해는? 다각적인 유기농 농산물 생산방식으로 인한 피해는? 없다. 왜냐하면 본질적으로 이러한 농업체계는 농업활동에 지역성을 확실하게 부여하는 관용적이고 자연스러운 본보기로 작용하기 때문이다. 부적절한 생산모델을 바로잡기 위해 농약에 의존하지 않는 이들이 택하는 농사 방식은, 규모면에서든 기술면에서든, 주변 이웃들이 피해를 입지 않도록 보호한다.

현대에 만연한 농업만큼이나 이웃에 대해 공격적인 농업체계가 식품 폭력 분위기를 만들어 내고 있는 현실도 결국 당연한 결과 아닐까? 얼마 전까지만 해도 사람들은 항상 즐거운 마음으로 음식을 먹었다. 먹는 일은 극적인 연출도 필요 없고 편집증적인 의심도 필요 없는 구성원 공동의 행사였다. 하지만 오늘날에는 모든 사람이 음식에 두려움을 느낀다. 교회 포틀럭 모임이 글루텐 첨가여부, 식품 알레르기 확인이 필수인 축제로 변했다. 저녁 식사에 손님을 초대할 때는 제일 먼저 혹시 식품 알레르기가 있는지부터 물어봐야 한다.

아브라함이 마므레의 상수리 나무 아래에서 천사들을 영접하면서, 사라가 평소 만드는 밀빵을 대접해도 좋을지 묻는 모습이 상상이 되는가? 정말? 식품 알레르기는 하나님의 창조물에 폭력을 가하는 식품체계가 만들어낸 부산물이다. 뿌린 대로 거둔다는 말씀의 원리는 우리 개인의 삶에서와 마찬가지로 창조물을 돌봄에 있어서도 진리다.

대지에 파괴의 씨앗을 뿌린 대로 이 씨앗이 우리를 파괴한다. 이웃들을 괴롭히는 농업체계는 사람들 사이에 갈등을 일으켜서 점점 더 서로를 환대하기 어렵게 하는 식품체계를 만들어 낸다. 70년대를 기억할 만큼 나이가 지긋한 분이라면 누구든지, 당시 우리 문화 속에 통용되던 어휘 중에 '식품 알레르기'는 존재하지 않았다는 사실을 알고 있다.

항생제 내성 황색 포도상구균, 클로스트리듐 디피실균, 캄필로박터균, 리스테리아균, 또는 고경로 대장균 따위의 용어는 존재하지 않았다. 광우병에 걸린 소도 없었다. 성경에는 영의 양식을 설명하기 위해 음식을 비유로 드는 구절들이 많다. 하나님께서는 식품이 우리의 적이 아닌 친구가 되도록 할 작정이셨다. 식품은 생활 속에서 우리에게 우호적인 이웃이어야 한다. 농장은 우리가 살아가는 환경 속에서 우호적인 이웃이어야 하고 말이다.

식품과 관련해 이웃 사랑의 부재로 고통이 심한 상황에서, 기독교 문화가 성찬식과 성도의 교제에 닥친 위기로 고통받고 있는 작금의 현실은 당연한 결과 아닐까? 식품과 관련한 이웃 사랑의 수준이 우리가 하나님을 얼마나 신뢰하는지에 대한 물질적 척도라고 생각한다. 식품이 우리를 공격한다면, 창세기에 기록된 대로 하나님께서 공급하시는 식품, 즉 우리를 위해 만드시고 하나님 보시기에 좋았더라고 하신 이 식품이 우리를 공격한다면, 하나님께서는 항상 우리에게 유익을 베푸시는 분이라는 사실을 어떻게 믿을 수 있을까?

개량한 굵은 씨앗으로 화학업체들이 무슨 짓을 하고 있는지 생각해 보라. 죄를 짓다가 잡힌 사람들이 흔히 하듯 이웃이 당한 피해에 대해 보상하기는커녕, 적반하장 격으로 다른 곳에서 날아온 씨앗으로 품종개량 서비스를 받는 특권을 누리고도 로열티를 지불하지 않았다면서 피해 입은 농부들을 고소한다. 이는 비성경적인 태도이며, 심지어 문명인의 태도도 아니다. 차라리 야만인들이 몬산토사社보다 이웃의 재산을 제대로 더 존중한다. 과연 어떤 기독교인이 이런 악덕기업에 투자하고, 이런 악덕기업의 제품을 사며, 이런 악덕기업에서 일을 할까?

이런 기업은 불신과 무지를 조장한다. 궁극적으로 서민들, 즉 식품의 이웃들에게 매우 치명적인 식품체계를 만들어 낸다. 사람들에게 적대적인 식품체계는 필연적으로 우리의 몸에 적대적인 식단으로 발전하니까 말이다. 이 둘은 언제나 한 쌍이다.

식품가공 회사들은 철조망과 경비초소에 둘러싸여 있다. 이웃에게 우호적인 모습이 아니다. 누군가가 여러분 주방에 들어올 때 보이는 태도와 비교해 보라. 적이 아니라 친구이다. 단지 호기심 많은 탐구자이다. 산업형 닭고기 가공시설 내부를 자세히 들여다 본 적이 있나? 업계는 농장이나 가공시설 내부가 사진 찍혀 자신들의 잔혹행위가 공개되면 평판이 떨어질까 우려하여 더 많은 주들이 이를 법으로 금지하도록 로비 활동을 펼치고 있다.

우리 농장은 미리 연락하지 않아도 언제든 누구나 방문할 수 있고 농장 안에서 어디든, 무엇이든 볼 수 있다. 이웃에 대해 보안과 비밀엄수라는 망토로 몸을 가리고 뒤로는 끊임없이 감추기 바쁜 업계의 태도와 비교해 보라. 저들의 가공회사에서 생산하는 식품의 유형은 본질적으로 소비자들에게 악랄하다.

황금률을 따르는 식품체계는 사람들에게 개방적이고 포용적이다. 이웃 사랑을 보여 주는 체계이기 때문이다. 이러한 기준, 즉 황금률이 우리 농업 전반에 보편적으로 적용된다면, 미국인의 식생활에 더 나은 방향으로 근본적인 변화가 일어나리라.

15—
사람 냄새 나는
농장 관계 vs 단절

나는 너희를 친구라고 불렀다. 내가 아버지에게서 들은 모든 것을 너희
에게 알려 주었기 때문이다.

요한복음 15장 15절

성경에서 가장 중요하게 다루는 주제가 바로 '관계'라는 점에 반박할 사
람은 없을 것이다. 가서 하나님의 창조물과 가족관계를 맺으라고 성경은
명하고, 우리 인간이 어떻게 하나님과의 관계를 정립하는지, 어떻게 하나
님께서 메시아를 통하여 길을 내서서 우리가 그런 관계에 다가가도록 만
드시는지, 또한 우리는 어떻게 그런 관계를 하나님 교회 안에서 교우들 간
에 보여 줘야만 하는지를 성경은 설명한다.

예수님이 말씀하신 복음전파를 위한 최고의 도구는 뭔가? 그리고 따르는 무리들을 위한 실제 가르침이라 하신 말씀은? "너희가 서로 사랑하면, 모든 사람이 그것으로써 너희가 내 제자인 줄을 알게 될 것이다."(요 13:35)라고 예수님은 말씀하신다. '사랑하다'라는 말은 관념이 아니라 실제 행동을 나타내는 동사이다. 물체가 아니라 표현이다. 사랑은 외부와 단절된 텅 빈 곳에서는 할 수 없다. 사랑은 대상이 필요하다. 관계가 필요하다.

"모이기를 그만하지 말고"(히 10:25)라는 말씀은 하나님께서 바라시는 수평적 관계, 즉 사람들 사이의 관계를 보여 준다. 실제로 초대교회에서는 "날마다 한 마음으로 성전에 열심히 모이고, 집집이 돌아가면서 빵을 떼며, 순전한 마음으로 기쁘게 음식을" 먹었다(행 2:46). 신약의 서신서들은 남편과 아내, 부모와 자녀, 교회 지도자와 신자들, 이웃과 이웃 등 주로 사람들 간의 관계를 집중적으로 다룬다. 확실히 성경은 세상 그리고 분탕질하는 형제와 단절하고, 사탄의 계략을 끊어 내라고 경고한다.

하지만 단절은 관계 맺기에 실패한 결과이다. 하나님께서는 "아무도 멸망하지 않고, 모두 회개하는 데에 이르기를" 바라신다(벧후 3:9). 그분이 창조하신 만물과 관계 맺으시기를 바라신다. 그런 맥락에서, 잘 돌아가는 친교공동체는 공식 모임과 비공식 모임 모두를 장려하여 깊고 우정 어린 관계를 보여 준다.

자동차나 근사한 휴가 패키지여행과 사랑에 빠질 수도 있으나, 지금 하나님께서는 우리를 더 높은 차원의 사랑으로 부르신다. 우리가 사물, 즉 우상과의 관계가 아니라 사람들과의 관계 그리고 하나님과의 관계에 힘쓰기를 원하신다. 우리와 하나님과의 관계를 이야기하다 보면 우상과 엉뚱한 대상에 충성하는 문제들이 반복해서 등장한다. 하나님께서는 우리가 물질이 아니라 사람과의 관계를 키워 나가길 바라신다. 섬김의 정신은

"육체의 욕망과 눈의 욕망과 세상 살림에 대한 자랑"(요일 2:16)이 아니라 타인의 필요에 초점을 둔다.

이제 농장 이야기로 돌아가 보자. 수직으로는 하나님과, 수평으로는 사람들과 관계 맺기를 바라시는 하나님이라는 데 동의한다면, 이런 목표를 잘 드러내는 농장은 어떤 모습일까? 오후 1시에 차를 몰고 일반 산업형 농장에 가 보면, '출입금지' 팻말과 어쩌다 방명록이 있을 뿐, 사람은 전혀 눈에 띄지 않는다. 보이는 것은 코를 마비시킬 정도로 악취를 풍기는 자동 사료급여기에 윙윙 요란하게 돌아가는 환풍기 시설을 갖춘 대형 건물들뿐이다.

사람은 한 명도 보이지 않는다. 평범한 작물재배 농장에 가 봐도 사정은 마찬가지로, 사람이 전혀 보이지 않아 깜짝 놀랄 것이다. 옥수수나 콩, 사탕무나 밀이 줄줄이 끝도 없이 펼쳐져 있을 뿐이다. 평범한 중간 규모 농장에 가 봐도 역시 사람은 눈에 띄지 않는다. 모두들 도심에 가서 농장운영 관례를 지원하는 보조금 타 내는 일에 매달리고 있기 때문이다.

하지만 같은 오후 1시, 우리 농장에 와 보면 사람들의 활동에 여러분은 깜짝 놀랄 것이다. 각종 프로젝트와 일거리로 바쁜 사람들이 말 그대로 북새통이다. 웃고 땀 흘리고 들어 올리고 두드리고 운반하고 가축을 몰고 가는 등, 농장에는 사람이 필요하다고 주장하는 듯한 온갖 활동이 펼쳐진다. 우리 농장은 사람이 투입되어야 돌아가는 구조다. 산업형 농업공동체가 우리 같은 농사 형태를 향해 퍼붓는 가장 흔한 비난은 노동력이 더 많이 든다는 것이다. 이 말은 사람이 더 많이 필요하다는 의미다.

그런 비난에는, 농장에서 사람이 직접 일한다는 것이 곧 문명의 후진성을 의미한다는 전제가 깔려 있다. 결국 선진기술을 갖춘 세련된 문화라면 사람이 직접 손에 물집 잡혀 가며 일하거나 거름을 처리하거나 땅에서 일해서는 안 된다. 그런 일은 유색인종이나 바보, 낙오자들이나 하는 일이다. 굳은살 박인 손은 그저 멍청해서 로봇을 발명하지 못한다는 사실을 보여 주는 증거라는 게 저들의 전제이다.

그렇다면 무인無人 농장이 방문객에게 시사하는 특성은 무엇일까? 그곳에는 웃음이 없다. 용서도 없고, 성공적인 관계에 필요한 어떤 특성도 볼 수 없다. 삭막하고 황량하며 활기 없는 곳이다. 나는 노동집약적 농장을 운영한다는 이유로 사과할 뜻이 전혀 없다. 오히려 박수를 보낸다! 사람 중심 농장이야말로 관계를 표현하는 농장의 기본이라고 믿으니까.

기본적으로 우리 농장은 약품과 밀집사육 시설 대신 적절한 관리 방식으로 운영한다. 늘 사람들로 북적이기 때문에 농장을 아름답고 향긋하게 관리해야 할 동기가 뚜렷하다. 추하고 악취 풍기는 환경에서 일하고 싶은 사람은 없으니까. 방문객들과 고객들은 우리 농장의 물리적 환경에 매료되고, 모두가 행복헤 보이는 광경에 끝없이 감탄헌다. 다른 신업형 농장의 기계나 건물은 행복을 표현할 길이 없다.

물론 사람 대신 존 디어사社 농기계 끌어안기를 훨씬 더 좋아하는 농부도 있다. 하지만 나는 언제든 기계보다는 온기 흐르는 사람의 몸을 선택하겠다. 이런 나의 태도가 하나님을 기쁘시게 한다고 믿는다. 나와의 관계를 키워 나가기 위해 끊임없이 애쓰시는 하나님이 아니신가! 사람들로 넘쳐 나는 농장은 하나님의 거룩하신 열망을 적극 실천하는 현장이다.

그렇다면 사람들로 가득 찬 농장을 어떻게 조성하나? 첫째, 농부는 공동체를 향한 열정이 있어야 한다. 슬픈 사실이지만, 대부분의 농부는 주변에 누군가가 있는 것을 꺼려한다. 실제로 사람을 싫어하는 농부가 많다. 그래서 농부가 된 것이다. 나는 이들을 괴팍한 은둔자라고 부른다. 이런 태도가 과연 하나님 뜻에 맞는 태도일까? 우리 영역을 침범한 방문객들을 노려보며 못마땅하다는 듯 헛기침해 대는 태도를 하나님께서 원하실까?
아니면 반갑게 맞이하는 환영단 같은 태도를 원하실까?

살아 있는 관계가 생기려면

실제로 홀로 고군분투하며 일하다 보니 농부들은 다른 어떤 직종보
다도 자살률이 높다. 지나치게 독립적인 나머지, 스스로를 비롯해 가장 가
까운 사람들까지 좌절과 절망으로 몰아붙이는 경우가 너무 많다. 건강한
관계를 맺을 수 없으니 재판도 홀로 받는다. 하지만 그렇게 해야 남성답다
고, 즉 날씨와 공무원과 시장과 농기계에 맞서 싸우고 결국에 승리해 내
는 능력을 보여 줄 수 있다고 느낀다. 혼자 힘으로, 어느 누구의 도움도 없
이 말이다.

나는 지금껏 혼자인 적이 없었다. 어린 시절부터 가족과 함께 살았
고, 아내 테레사와 결혼한 후에도 농장에서 다 함께 살았다. 부모님은 우
리 아이들이 태어났을 때도 여전히 농장에서 함께 지내셨다. 그리고 지금
우리 농장에는 가족 4대가 모여 산다. 혼자서는 이런 일을 해 낼 수 없으
니, 혼자 힘으로만 성공해야겠다는 욕심도 전혀 없다. 더할 나위 없이 기
쁜 마음으로 인정하는데, 내가 거두는 성공은 결정적으로 아내와 부모님,
자녀들 그리고 이제는 농장 직원들과 실습생들 덕분이다. 나는 이들 모두
에게 전적으로 그리고 온전히 의존하며, 이 멋진 무리를 칭찬하고, 인정하
고, 지도하며, 격려하는 데에 많은 시간을 할애한다.

혼자 일한다는 것은 상상도 할 수 없다. 내 삶의 가장 큰 축복이라면,
우리가 '재기발랄한 자기주도적 사업가'라고 부르는, 젊은 농부들에게 둘
러싸여 나이 들어 가고 있다는 사실이다. 내가 앞서 그렇게 살고 있긴 하
다. 이렇게 되려면 첫째, 농부들이 많은 사람들과 더불어 서로 의존하는

태도를 길러야만 한다.

둘째, 농장은 추가급여를 제공해야만 한다. 그러나 안타깝게도 대부분의 농장이 추가급여는 고사하고 기본급여도 간신히 지급한다. 어떻게 하면 기존 농장이 이중소득을 올릴 수 있으려나? 필자의 저서《농부들의 들판》에서 매우 자세히 다루는데, 간단히 말하자면 추가소득은 다양한 상호보완적 사업개발 여부에 달려 있다. 농장은 대부분 소를 기른다거나 목초를 생산한다거나 과일 혹은 채소를 기르는 식으로 한 가지 사업만을 주로 하고 있다. 그러다 보니 거래하는 시장도 좁아서 가공업자, 곡물창고, 가축 경매 정도가 전부이다.

일반 농장은 상당히 일차원적이다. 일차원적인 것에는 당연히 관계가 잘 발달하지 못한다. 반면에 관계를 잘 표현하는 뭔가가 있다면, 그건 바로 자연이다. 우리는 자연의 복잡성과 시너지, 공생관계에 늘 매혹된다. 우리가 노대체 어떻게, 토양 위쪽은 고사하고, 토양 서 속의 관계들까지 다 밝혀낼 수 있겠는가? 토양 먹이 그물에 대한 이해가 깊어질수록, 전자현미경으로나 볼 수 있는 그 미세한 영역에서까지 함께 모이고 분담하고 먹고 먹이는 일들이 진행된다는 사실을 깨닫게 된다.

한 줌의 건강한 토양에는 지구 전체 인구보다도 더 많은 생명체가 살고 있다. 정말 매우 소중한 공동체이다. 1837년에 세계의 이목을 집중시킨 독일 화학자 유스투스 폰 리비히의 발견, 모든 생명은 그저 질소, 칼륨, 인 성분의 재배열이라는 그의 주장에 드러난 반反관계적 태도를 상상해 보라. 세상을 변화시킨 리비히의 발견과 발표에서 누락된 붕소는 어떤 기분이었을까? 요오드와 몰리브덴과 코발트는?

세상에. 리비히가 알아차리지 못한 이들은 단지 생명만 없는 무기물이다. 박테리아와 선충류, 균사체, 균사는 어떤가? 탄수화물과 단백질 입자를 교환하는 존재들의 숙주와 지렁이는? 리비히는 이들 모두를 모조리 무시하고 생명에 대한 기계적 접근법을 만들어 냈으며, 대체로 서구 세계에서는 여전히 받아들여지고 있다. 리비히가 대중화한 합성적, 화학적 접근방식은 주변과 관계를 맺는 생명의 특성을 인류의 어휘집에서 통째로 찢어내 버렸다. 진화와 낙태 문제가 한참 뒤처지는 것도 당연하지 않은가?

환경주의자들은 이러한 기계적 인식을 이미 아주 오래전에 거부했다. 생명을 생물로 이해하는 패러다임은 화학비료 대신 퇴비를 사용하고, 지구를 돌보는 공동체의 모든 모임 하나하나를 강조한다. 장담하는데, 질소와 칼륨과 인을 10 대 10 대 10으로 배합한 화학비료 한 포대보다 퇴비 한 더미 속에서 훨씬 더 많은 관계가 발생한다. 생명이 근본적으로 관계에 대한 것이라면, 우리 기독교인들은 살아 있는 관계 패러다임을 수용하는 농장과 식품체계를 수용해야 한다.

자연을 연구하다 보면 어김없이 식물과 동물, 박테리아와 탄수화물 사이의 아름답고도 정교한 관계가 드러난다. 우리가 섬기는 하나님은 이처럼 복잡한 관계를 구상하고 창조하셨으며, 또한 우리가 이 패턴을 우리 삶에까지 확장할 때 기뻐하신다. 그렇기에 다양한 사업을 진행하는 농장, 다중소득을 창출하는 농장, 토양 공동체를 존중하는 농장은 관계의 기능을 알려 주는 실물교육의 장이 된다.

이런 농장은 모자이크 같은 여러 관계가 잘 드러난다. 우리 농장에서는 닭이 소를 따라 다닌다. 돼지는 퇴비를 만드는 데 유효하고, 칠면조와 닭과 소 모두 같은 들판에 있다. 직접 판매하다 보니 우리가 길러 낸 식품을 섭취하는 소비자와 직접 연락하고 관계를 형성한다. 수많은 중간 상인이 끼어들면 이러한 관계를 단절시켜서, 우리가 길러 낸 식품을 섭취하는 사람들을 이름도 얼굴도 모르는 머나먼 곳의 무리로 전락시킨다.

사람이 중심이 되어 다품종 재배와 다중사업 운영을 추진하는 농장은 매우 복잡한 관계의 구조를 보여 준다. 우리는 토양에 존재하는 여러 관계를 존중하기에 이러한 관계를 활성화하고 증대시키는 것만 토양에 공급한다. 이러한 관계를 파괴하는 뭔가를 토양에 공급하면, 농장 내 존재하는 관계도 따라서 감소한다. 우리가 사람 대신 화학비료와 기계를 동원해 단일방식으로 단일품종만 기른다면, 잠재적 관계들이 몽땅 사라지고 만다.

각자 들고 온 음식을 다 함께 나눠 먹는 교회 포틀럭 모임에 대해 한 가지 제안하겠다. 강연하러 여러 지역식품 관련 모임에 참석해 본 경험에서 나온 제안이다. 이런 모임의 참석자들은 농장에서부터 식탁의 포크로 이어지는 관계를 유지하기 위해 대개 식품을 길러 낸 사람의 이름 카드를 각 음식 앞에 날아 놓는다. 수세대에 걸쳐 내려온 희귀 품종의 토마노라면 품종도 함께 기록한다.

직접 준비한 음식들로 가득한 긴 식탁을 따라 걸으며 각각 준비한 사람이 누구인지, 원산지와 품종은 무엇인지 확인하는 큰 기쁨을 나누면, 이름도 얼굴도 없는 광란의 먹이 쟁탈전이던 식사 시간이 관계를 인정하며 감사하는 사려 깊은 시간으로 바뀐다. 요리를 준비한 사람과 식품의 산지를 밝히면 사람들은 서로 칭찬을 하고, 자연스럽게 재배방법, 사육방법, 조리법에 관해 이야기한다. 빵을 떼는 일이, 그보다 더 중요한 업무로 정신없이 바쁘게 돌아가는 삶 속에서 그저 어쩔 수 없이 잠깐 멈추는 행위가 아니라, 어느새 관계를 맺는 훈련이 된다. 간단하게나마 이름표를 다는 행위로, 식탁은 인생길에서 그저 마지못해 정차하는 휴게소가 아니라 어느새 생기 넘치는 곳으로 변한다.

교회 포틀럭 모임을 계획하고 있는 이들에게 권하고 싶다. 각 음식에 식품정보가 담긴 카드를 달면 어떨까? 어느 지역에서 생산된 감자인지, 요리한 사람은 누구인지, 음식의 이름이 무엇인지 적어서 말이다. 닭을 기른 농부를 아는가? 카드에 적어 소개하시라. 이렇게 관심을 갖고 신경을 쓰다 보면, 우리가 몸을 유지하기 위해 서로 관계를 맺고 있다는 사실이 드러나면서, 우리가 서로와의 관계를, 그리고 우리 구세주와의 관계를 형성하고, 일구고, 키워 나가기 위해 여기 모였다는 사실을 분명히 깨닫게 된다.

찔레나무와 실물교육

잠시 이 문제를 조금만 더 깊이 다뤄 보고 싶다. 농사에 방해되는 찔레나무 같은 가시나무를 생각해 보자. 외래종인 찔레나무는 몹시 성가신 관목으로, 미국 동부 연안 지역에서 가장 싫어하는 식물 가운데 하나이다. 새가 가을에 씨를 퍼뜨리면, 기회를 엿보다가 맨흙이 드러난 자리에서 싹을 틔우는데 특히 울타리 언저리를 좋아한다.

이 나무는 서서히 땅위로 퍼져 나가 이윽고 넓은 지역에 빈틈없이 빽빽하게 들어차 땅을 사실상 쓸모없게 만들어 버린다. 들판 가장자리를 따라 나무를 타고 격자모양으로 자라나 불과 몇 년 만에 6미터 높이까지 뻗어 올라간다. 나는 이 식물을 재앙이자, 땅이 받은 저주의 일부이며, 악마의 화신으로 본다. 내가 이 식물을 좋아하지 않는다고 말했었나?

우리 지역 농부들 대부분은 늦여름이면 찔레나무를 없애 버리기 위해 차로 들판 곳곳을 꼼꼼히 누비며 제초제를 뿌린다. 대개 제초제를 뿌려도 죽지 않지만, 그래도 그해는 주춤하다가 다음 봄에 새로 싹이 돋는다. 농부는 자신의 땅에서 이 유해식물을 제거하는 의무를 다하기 위해 트랙터나 사륜구동차 안에 앉아 차에 장착한 대형 살포기를 이용해 멀찍이서 제초제를 이 식물에 조준해 뿌린다. 이렇게 운영절차 표준을 따르는 농부에게는 미국 정부가 제초제 살포비용 분담금을 제공하기도 한다.

찔레나무를 퇴치하려는 이런 전투계획과는 정반대로, 나는 평생 찔레나무를 내 손으로 잘라 냈다. 몇 년 전, 곡괭이에 긴 자루를 달아 사용해 보니 전처럼 손과 팔이 반창고로 뒤덮이지 않고도 멀찍이 떨어져 밑동을 잘라 낼 수 있게 되었다. 밑동에서부터 뻗어 나온 문어 촉수 같은 가시투성이 가지가 바르르 떨리는 게 꼭 살아 있는 것처럼 느껴진다. 낚시 바늘 모양의 가시가 피부를 사정없이 찌르고 귀를 찢으며 코에서도 피가 흐르게 한다. 정말 끔찍한 관목이다.

당연히 찔레나무와 전투를 벌일 때는 긴 셔츠를 입고 장갑을 낀다. 하지만 아무리 잘 무장해도 항상 여기저기 찔리고 피가 흐르는 상태로 집에 돌아온다. 그냥 제초제를 뿌리면 되는데 도대체 나는 왜 이렇게 하는 걸까?

첫째, 제초제 생산은 늘 위험을 수반한다. 제초제 제조사 때문에 생긴 피해자나 수질오염이 없다고 믿는 이가 있다면, 과연 우리가 같은 별에 살고 있는 것이 맞나 하는 생각이 든다. 제조공정 자체도 환경과 사회적 관점에서 볼 때 그야말로 끔찍, 끔찍하다.

둘째, 사용하려면 집에서 직접 혼합해야 한다. 자녀들과 아내 혹은 다른 누구와도 함께할 수 없는 일이다. 제초제는 매우 치명적인 물질이기에, 이런 위험물질에 가족을 노출시킨다면 아버지로서 그리고 남편으로서 책임을 다하지 못하는 일이다. 그렇다고 가족을 위험에 노출시키지 않기 위해 나 혼자 제초제를 섞다가 중독되면 하나님께서 기뻐하실까? 내가 제초제에 중독되면 어떻게 가족을 보호하고 돌볼 수 있겠느냐 말이다!

셋째, 유독성 잔여물이 환경에 남는다. 업계는 유독성 잔여물이 분해된다고 말하지만, 사실 분해되긴 하되 오히려 한층 더 치명적인 기초 화학물질로 분해되는 경우가 흔하다. "제초제 살포 후 3일간 출입금지"라는 안내문구가 무엇을 의미하겠는가? 이것이 끔찍한 물질이며, 식물, 동물, 곤충, 나비, 어떤 생명체에게든 이 약물의 섭취나 접촉은 치명적이라는 의미다.

넷째, 제초제는 이 악마 같은 식물과 원초적 관계를 맺으며 상호작용할 기회를 박탈한다. 여기에서 잠시 멈추고 자세히 살펴보자. 아담이 죄를 지은 결과가 무엇이었는가? 땅을 가득 메운 가시덤불과 엉겅퀴였다. 인류는 잡초도 없고 1년 내내 열매가 나며 날씨도 완벽한 그야말로 이상적인 정원을 더 이상 가꿀 수 없게 되었다. 그런 정원을 가꾼다는 게 어떤 건지 잘 모르겠다. 분명 잡초도 없고 어떤 유해식물도 없을 테니 말이다. 당연히 가시덤불도 엉겅퀴도 없었다. 죄가 들어오기 전이라서 아무것도 죽지 않았다. 비료도 관개시설도 필요 없고, 식물을 심을 필요도 없었다. 그러니 솔직히 그런 정원을 가꾸기 위해 할 일이 뭐가 있을까 싶다.

하지만 믿을 수 없을 만큼 즐거운 곳이고, 아담이 하나님과 긴 대화를 나누기에 좋은 장소였다는 사실은 확실히 안다. 얼마나 멋진 삶인가!

손에 곡괭이를 들고 찔레나무에 다가서면 죄가 연상되면서 가슴이 저려 온다. 죄가 물질로 구현된 이 찔레나무에 대해 내가 맺는 관계가 고작, 절대 몸으로 직접 부딪치지 않고 몇 미터 멀찍이 떨어져 제초제나 뿌리는 것이 전부라면, 나는 실물교육의 넓고도 깊은 의미를 누리지 못하게 된다.

자르고 베고 땀 흘려 일하다 보면 죄의 결과가 잊을 수 없도록 강력히 각인되기 때문이다. 찔레나무에 저주를 퍼붓지 않는다. 고함을 지르지도 않는다. 그보다는 꼼꼼히 계획을 짜고 과감히 다가선다. 약점을 찾는다. 원뿌리가 어디 있지? 밑동 왼쪽 아니면 오른쪽, 어느 쪽으로 뻗었지? 앞쪽, 아니면 뒤쪽? 모든 기지와 지혜를 총동원하여 치밀한 전략에 따라 공격한다. 곡괭이를 높이 쳐들었다가 성가신 덩굴손에 힘껏 내리치기도 한다. 그리고 결국 승리할 것을 알기에 한걸음씩 꾸준히 나아간다.

죄의 전형을 보여 주는 찔레나무는 패배한다. 쉬울 수도, 어려울 수도 있으나 어쨌든 나는 계산하고, 분석하고, 심사숙고한 후 공격에 나선다. 공격은 신중하게 진행된다. 몇 년 간의 경험으로 얻은 기술 덕분에, 이제 곡괭이로 찔레나무 밑동을 정확하게 내려칠 수 있다. 찔레나무가 흔들흔들한다. 물러날 기미가 보인다. 나무가 옆으로 살짝 기울면, 상처 난 밑동에 접근하기가 더 수월해진다. 이제 원뿌리가 보인다. 오른쪽으로 이어져 있다. 나는 홈런을 치려는 야구선수처럼 자세를 이리저리 바꾸다가 힘차게 곡괭이를 휘두른다. 뿌리가 갈라지긴 하지만 아직 완전히 절단되지는 않는다.

곡괭이를 들어 올려 다시 한번 휘두른다. 상처 난 뿌리에 곡괭이 날이 찍히면서 뿌리가 절단되고, 찔레나무가 옆으로 굴러 떨어져 나간다. 작은 뿌리 몇 개가 덩굴손처럼 땅에 찰싹 달라붙어 있긴 하지만, 원뿌리는 치명상을 입었다. 나는 다시 위치를 바꾸어 한 번 더 힘껏 내려친다. 식물의 밑동 전체가 미끄러지며 원래 자라던 곳에서 떨어져 나간다. 관목 전체가 힘없이 옆으로 쓰러지고, 나는 승리의 미소를 짓는다. 성공! 믿기 힘들겠지만, 찔레나무와 전투를 벌이면서 나는 실제로 이런 식으로 주절주절 대화를 나눈다.

이는 의로움이 악에 대항하는 이야기다. 죄를 미워하는지 그리고 거룩함에 헌신하는지 나 자신을 점검하며 이어가는 대화다. 내 삶의 가시덤불은 어떻게 처리하고 있는가? 걸핏하면 화를 내는 내 성미는? 내 편견은? 어떻게 하고 있나? 이런 영적 대화에 찔레나무와의 결투가 반드시 필요하다는 의미는 아니지만, 나는 가시덤불과의 관계에서 제초제와 곡괭이 사이의 차이는 실로 엄청나다고 믿는다.

여러분, 우리는 죄와 맞서야 한다. 결과가 어찌될지 모르는데 인간의 영리함만 믿고 까불지 말아야 한다. 죄에 대해 알아야 한다. 공격하기 위해 먼저 이해해야 한다. 계획을 세우고, 힘을 길러야 하며, 죄를 다루는 데 능숙해져야 한다. 지극히 단순한 이런 방식으로, 어쩌면 일상적인 모든 일 중 가장 일상적인 일에 대해서도, 관계를 맺기 위해 노력해야 한다. 그러면 우리가 생명을 어떻게 바라보는지, 그리고 영적 전쟁을 어떻게 바라보는지 관점이 달라진다.

청년부 목사들이여, 다음 모임을 위한 좋은 아이디어가 있다. 청년부 전체가 낡은 옷에 삽과 곡괭이를 챙겨 들고 농장으로 가서 '가시덤불 근절의 날'을 진행해 보면 어떨까? 농부는 유독성 제초제를 사용할 필요가 없고, 청년들은 죄에 대해 중요하고도 원초적인 실물교육을 받을 수 있다. 훈련도 받고 게다가 의미 있는 생산성도 거둘 테니까.

대형 놀이공원 식스 플래그로 놀러가거나 임신관리센터Pregnancy Help Center 가두행진에 참가하는 일과 비교해 보라. 왜 가두행진을 하는지 도무지 이해가 안 된다. 뭔가 하고 싶다면, 이왕이면 생산적인 일을 하는 게 어떨까? 찔레나무 한 그루를 잘라 낼 때마다 1달러씩 기부해 줄 후원자를 구해 보면 어떤가? 집 건물 남향 쪽에 일광욕실을 설치하기 위한 돈을 모으면 어떤가? 울타리를 세우기 위해 말뚝 구멍을 파는 일은? 퇴비 더미를 만드는 일은? 노인들이 사는 집 마당에 텃밭을 만들어 주는 일은 또 어떤가?

이런 종류의 활동이 영적 훈련 레이더에 잡히지 않는 이유는 우리가 근원적인 창조물 치유에 편견이 있고 또한 생명 토대와 연결되어 있지 않기 때문이다. 이처럼 무관심한 태도는 영적 이해를 저해하고, 하나님께서 간절히 바라시는 종류의 관계를 맺지 못하게 방해하며, 피상적이고 자기중심적 사고방식으로 살아가게 한다.

나는 많이 걷는다. 차를 타기보다 직접 들판을 걸어 다니면서 자연의 다양한 모습을 보다 보면 자연이 감각적으로 다가온다. 눈과 귀, 코, 피부, 그리고 의식 속으로 파고든다. 잘 관리된 목초지에는 초식동물이 먹이로 삼는 풀, 콩류, 허브, 초본식물 들이 아름다운 시너지 효과를 내며 풍성히 자라난다. 그곳에는 나비며 거미며 메뚜기며 토끼며 뱀까지, 정말이지 상상할 수 없이 많은 생명이 넘쳐 난다.

화학비료로 재배하는 단일작물 사이를 걷는 경우와 대조해 보라. 그런 환경에서는 모든 종이 상대적으로 취약해진다고 많은 학자들이 입증했다. 더 많은 종, 더 다양한 생명이 살아가는 농장 풍경은 '관계'라는 주제를 본질적으로 잘 보여 준다. 반면에 생명의 다양성과 이 모든 정교한 시너지 효과를 축소시키는 체계는 창조물이 활력 넘치는 관계의 메시지를 전달하지 못하도록 막는다. 바로 그런 체계에서는 우리 모두 패배자가 된다.

그러니 친애하는 여러분, 다음 번 교회 모임에 가시면 이렇게 질문해 보시기 바란다. 관계를 장려하는 영농과 식품체계는 어떤 모습일까? 맥도날드와 비슷할까? 다우 케미컬[24] 같을까? 아니면 활력과 다양성과 생명이 넘치는 모습일까? 여러분은 이미 답을 알고 있다!

24　다우 케미컬Dow Chemical. 미국의 종합 화학업체.

16—
주체적인 식생활을
꿈꾸다 자율권 부여 vs 자율권 박탈

그를 맞아들인 사람들에게는 …… 하나님의 자녀가 되는 특권을 주셨다.

요한복음 1장 12절

"나에게 능력을 주시는 분 안에서, 나는 모든 것을 할 수 있습니다." 빌립
보서 4장 13절 말씀은 믿는 자들이 역경을 잘 통과하도록 기운을 북돋는
진리의 말씀이다. 우리가 자주 인용하는 이 말씀은 속상해하는 이들을 위
로하고 연약한 이들에게 힘을 준다.

참으로 하나님께서는 우리에게 힘 주시기를 기뻐하신다. "그를 맞아
들인 사람들, 곧 그 이름을 믿는 사람들에게는 하나님의 자녀가 되는 특
권을 주셨다."(요 1:12) 하나님께서는 우리에게 힘을 주실 뿐 아니라 우리를

아예 자녀로 삼으셨다. 바울은 갈라디아 교회에 보낸 서신에서 이에 대해 좀 더 자세히 기록하고 있다. "그러므로 여러분 각 사람은 이제 종이 아니라 자녀입니다. 자녀이면, 하나님께서 세워 주신 상속자이기도 합니다." (갈 4:7) 상속은 바울이 초대교회에 보낸 여러 서신을 관통하는 주제이다.

하나님께서는 우리에게 하나님을 대리하여 하나님의 말씀을 전하고 하나님의 소유를 관리할 책무를 맡기실 만큼 우리를 신뢰하시며, 이는 그분과 동행하는 삶에 대해 많은 점을 말해 준다. 이로 인해 우리는 "담대하게 은혜의 보좌로" 나아가(히 4:16) "왕과 같은 제사장들"(벧전 2:9)로 쓰임 받는다. 아주 의기양양해지는 이야기다. 그렇지 않은가?

회사 사장이 직원에게 이런 방식으로 이야기하는 모습을 상상할 수 있나? 직원들을 자녀로 입양해 상속자로 삼고 사장실에 제약 없이 출입하도록 하며, 사업을 대행할 권한을 맡긴다. 그렇다. 그야말로 진정한 신뢰다. 이런 수준의 신뢰를 보여 주는 회사가 있다면 이 회사는 아주 활기 넘치는 일터이지 않을까? 불필요한 행정절차가 거의 없는, 혁신과 개개인의 재능을 끌어안아 주는 일터!

이런 모습이 바로 교회가 지녀야 하는 모습이다. 이런 공동체에서는 지도자들이 솔선하여 종으로 섬긴다. 지도자들은 사람들 위에 군림하기보다, 오히려 사람들이 저마다 지닌 다양한 은사와 재능을 최대한 발휘할 수 있도록 권면한다. 금욕적이며 생기도 없고 메마른 관료주의적 체제로 딱딱한 형식만 있는 곳이 아니라, 발견과 긍정, 몰두와 감격이 있는 곳이다. 마치 다윗 왕이 평민 옷차림으로 주님 앞에서 춤을 추었듯이 우리도 그의 본을 받아 회중예배에서 감격을 표현해야 하지 않을까? 적어도 가끔은 말이다.

저절로 우러나온 감격을 표현하는 다윗의 모습을 실제로 본다면 우리 중 얼마나 많은 이가 난색을 표할까? 같은 이유로, 우리 중 신앙적으로 좀 더 엄격한 배경을 지닌 사람들은 조용히 깊은 묵상과 사색에 잠겨 드리는 예배를 선호한다. 하나님의 백성들이 이렇듯 서로 다르게 신앙생활을 하는 모습을 지켜보면서, 여러분은 아마도 이렇게 말할지도 모른다. "기독교인들에게는 분명한 기준이 없어. 어떻게 성공회와 아미쉬 교파를 옳다고 할 수 있지? 말도 안 돼. 신자들의 동질성을 보다 더 높은 수준에서 유지하지 못하다니! 하나님은 좀 약하신 게 틀림없어. 그렇지 않으시다면 어떻게 사람들에게 스스로를 표현할 자율권을 주시며 기뻐하신다는 말인가?"

아, 이런 비난도 있다. "하나님의 명령에 대한 완벽한 순종이 무엇인지 의견이 분분한데도 하나님은 당신의 주권을 분명하게 드러내지 않으시고, 대신 백성들 스스로가 좋아하는 것을 추구하고 만들고 찾아내도록 자유를 주면서 즐거워하고 기뻐하신다는 게 가능한가?" 하지만 구원을 주시기 위한 조건은 하나님께서 찾으시는 열매만큼이나 분명하다. "성령의 열매는 사랑과 기쁨과 화평과 인내와 친절과 선함과 신실과 온유와 절제입니다. 이런 것들을 막을 법이 없습니다."(갈 5:22-23)

내가 이해하기로 하나님께서는 혁신과 개인적 신념을 장려하는 방식으로 우리에게 자율권을 주신다. 모세의 율법에서도, 모든 사회나 종교 그리고 식사의 규정에 있어서도, 하나님께서는 많은 부분을 개인의 선택에 맡겨 두셨다. 하나님께서는 율법과 은혜라는 두 가지 섭리 안에 당신의 백성들에게 자율권을 부여하셨다. 은사와 재능을 발휘할 수 없도록 하는 복잡한 규정을 정해 백성들의 자율권을 박탈하지 않으셨다.

하나님께서 우리가 무엇을 입고 머리를 어떻게 자르고 찬양대 복장은 어떻게 해야 하는지 등 사소한 일거수일투족까지 지시하신다면 우리에게 자율권은 없다. 스스로 생각할 수도 없고, 그저 이어폰에서 흘러나오는 지시에 따라 몰려다니는 로봇 병사들 같으리라. 하나님께서 이를 원하셨다면, 애초에 우리에게 어떤 자유도 주지 않으셨으리라.

최근, 어떤 변호사가 아담이 에덴동산에서 금단의 열매를 먹은 후에도 하나님께서는 아담에게 스스로를 변호할 기회를 주셨다고 주장하는 말을 들었다. 하나님의 첫 번째 질문은 "네가 어디에 있느냐?"(창 3:9)였다. 아담이 어디에 있는지 하나님이 알고 계셨을까? 물론이다! 하지만 하나님께서는 아담에게 대답할 기회를 주셨다. 아담을 존중하시고 존귀하게 대하셨다. 얼마나 귀한 일인가!

두 번째로는 "네가 벗은 몸이라고, 누가 일러주더냐?"(창 3:11)라고 물으셨다. 세 번째로는 "내가 너더러 먹지 말라고 한 그 나무의 열매를, 네가 먹었느냐?"(창 3:11)라고 물으셨다. 당연히도 아담은 하와 탓을 하려고 했지만, 하나님께서는 하와를 향해서도 "너는 어쩌다가 이런 일을 저질렀느냐?"(창 3:13) 물으심으로 하와를 존엄하게 대해 주셨다. 얼마나 각별한 대우인가!

역시나 하와는 책임을 뱀에게 전가했다. 하나님은 뱀에게는 묻지 않으셨다는 사실에 주목하라. 뱀에게는 즉각, 직접 선언하셨다. "네가 이런 일을 저질렀으니, 모든 집짐승과 들짐승 가운데서 네가 저주를 받아, 사는 동안 평생토록 배로 기어다니고, 흙을 먹어야 할 것이다."(창 3:14)

하나님께서는 아담과 하와를 대하실 때 '죄를 증명할 때까지는 무죄'라는 원칙을 기반으로 세우셨는데, 증인이나 배심원, 판사 없이도 주권자로서 모든 것을 아실 수 있으심에도 그렇게 하셨다. 이 장면을 통해 우리는 하나님께서 우리가 생각을 표현할 줄 아는 창의적인 존재가 되기를 원하신다는 사실을 깨닫는다. 정죄와 단속으로 우리를 숨 막히게 하지 않으시고, 오히려 우리가 은사와 재능을 당당히 발휘할 때 기뻐하신다.

하고 싶은 일이 모두 불법이라네

그렇다면 '자율권 부여 대 자율권 박탈'을 잘 보여 주는 식품과 농업 체계는 어떤 모습일까? 교회와 비슷한 모습이리라고 말하고 싶다. 수많은 독자적인 부서들이 수많은 다양한 일을 하고, 일하는 개개인에게는 폭넓은 재량이 주어진다.

미국의 식품체계도 이런 모습일까? 몇 년 전, 식품 및 농업 안전관리 당국에 대해 우리 농장이 어떤 투쟁을 하고 있는지 이해를 돕기 위해 《하고 싶은 일이 모두 불법이라네*Everything I Want to Do Is Illegal*》이라는 제목의 책을 썼다. 맛보기로 몇 가지 대표적 사례를 소개하겠다.

어느 날 연방과 주의 식품 검사관들이 우리 농장에 나타나서는 개방형 축사에서 가공한 닭은 법적으로 판매가 금지되어 있다고 말했다. 공기 중에 워낙 병원균이 많기 때문이라고 했다. 이들은 욕실과 차수벽遮水壁, 인공조명 설치 등을 요구했다.

재미있게도, 우리는 당시 우리 농장의 닭들과 연방정부의 검사를 거쳐 슈퍼마켓에서 유통되는 닭들 사이에 세균집락의 수를 비교하는 실험실 테스트에 방금 참여했던 때였다. 두 종류의 닭을 대상으로 몇 가지 샘플 채취와 배양이 이루어졌다. 연방정부 허가를 받은 염소처리된 닭이 평균 3,600CFU, 우리 닭이 평균 133CFU였다. 숫자만 나오면 골치가 아픈 사람들을 위해 쉽게 말하면, 우리 농장에서 기른 닭이 2,500퍼센트, 더 쉽게 말해 25배 더 위생적이라는 결론이다.

자, 여러분. 소위 식품안전을 책임진다는 공무원들이 허가된 물건보다 훨씬 위생적인 식품을 발견하고서 당연히 신이 났어야 하지 않나? 천만의 말씀이다. 기뻐하기는커녕 더 위생적인 식품인데도 퇴짜를 놓았다. 저들은 벽을 원했고, 더 밝은 조명을 원했다. 햇빛으로는 충분하지 않았다. 욕실도 따로 설치하기를 원했다. 어머니의 집이 농장에서 15미터 거리에, 우리 집도 15미터 거리에 있었고, 양쪽 집에 각각 욕실이 두 개씩이나 있는데도 말이다.

미국 식품안전 관리당국이 내세우는 숨 막히게 까다로운 규칙과 규정들은 농민들이 더 좋은 식품, 더 위생적이고 더 안전한 식품을 들고 시장에 접근할 자율권을 박탈한다. 틀림없는 사실이다. 편집증적인 사람들이 식품에 무지하기에, '정부가 관리감독을 더 강화'해서 자기들을 지켜달라 요구하는 이런 비정상적인 행태를 오히려 정부 스스로가 부추기고 있다.

오늘날 우리의 식품체계에서 볼 때, 자녀들에게 먹이기에 설탕과 지방 덩어리인 과자 트윙키와 코코아 피프 시리얼, 코카콜라 등등은 완벽하게 안전하지만, 생우유와 갓 짠 사과 주스는 안전하지 않다. 발음하기도 어려운 성분들이 잔뜩 들어 있는 전자레인지용 살균포장 식품들은 안심하고 먹을 수 있으나, 집에서 만든 음식은 안심할 수 없다. 곰팡이가 피지도 않고 썩지도 않고 마르지도 않는 벨비타 치즈는 안전해도, 곰팡이가 필 만큼 신선한 농장 치즈는 안전하지 않다.

농부가 할 수 있는 최고의 일 중 하나는 습지에 연못을 조성하는 일이다. 영속농업이라는 훌륭한 개념을 실천하는 일이자 지극히 환경친화적인 일인데, 단 한곳의 생물 서식지에 그치지 않고 훨씬 많은 생물 서식지를 만들어 내기 때문이다. 하지만 습지에 조금이라도 손을 댈라 치면, 공무원들에 붙들려 당장 감옥에 가고 말 것이다.

농민들을 압제하고 식품의 가능성을 제한하는 과잉 규정은 상상 이

상으로 많다. 관료주의적인 행정절차도 체계 밖 사람들에게는 요지부동
이다. 중수도 시스템이나 대안적 건축자재를 법으로 금지하는 건물준공
검사기준 때문에 오히려 친환경 주택을 짓기도 어렵다. 퇴비제조가 가능
한 혁신적인 화장실을 설치해 보고 검사관들이 과연 얼마나 우호적인지
두고 보라. 산재보상 기준은 지나치게 엄격해서 사람들이 갖가지 다양한
일을 하는 우리 같은 농장의 노동환경은 인정해 주지도 않는다. 산재보상
은 공장식 농장과 전문직 종사자들을 위해 설계되었다. 가내 볼로냐소시
지 제조업에 도전해 본 사람이라면 규제 수준이 얼마나 잔혹한지 증명할
수 있다. 내가 지나치게 비판적이라고 생각하나? 직접 한번 이 사업에 뛰
어들어 보시라.

　지역사회에서 대안이 될 만한 혁신적인 식품사업을 시작하려다가
정부 관료들의 규제에 부딪혀 꿈이 무산될 위기에 처한 사람들로부터 편
지를 자주 받는다. 실제 규제는 안전성과는 무관하다. 오로지 경직성, 통
념적 관행, 시장 접근성 관련 규제뿐이다.

　모임을 가정에서는 할 수 없고 허가받은 건물 안에서만 해야 한다면
어떻겠는가? 벌써 누군가가 응수하는 소리가 들린다. "1,000석 규모의 강
당이 준공 검사도 받지 않는다면 당신 역시 지지하지 않을 거잖소!" 그렇
다, 지지하지 않는다. 하지만 겨우 20명 정도 모이는 모임이라면? 비상구
와 비상구 표시등이 과연 필요한가?

　알다시피, 예수님은 제자들에게 말씀하셨다. "두세 사람이 내 이름으
로 모여 있는 자리, 거기에 내가 그들 가운데 있다."(마 18:20) 이 말씀이 얼
마나 큰 힘이 되는지 아는가? 열 명, 20명, 50명, 또는 100명 단위로 모일
필요가 없다. 하나님께서는 숫자의 많고 적음에 제한 받지 않으시며, 기드
온에게 이를 보이셨다. 하지만 미국 식품체계 내에서 대기업들은 예우를

받지만 영세업체들은 무시를 당한다. 못 믿겠다면, 주방에서 파이를 구워 이웃들에게 팔아 보라.

기존 체계 밖으로

식품 문제에 대한 해답은 양적 측면으로부터 질적 측면에 이르기까지, 꽤 쉽다. 하지만 이런 해답들은 대개 현행제도의 자율권 박탈 관행으로 인해 빛을 못 보는 경우가 많다. 이런 이유로 나는 우리가 기존 체계 밖으로 나가야 한다고 생각한다. "그러하므로 우리도 진영 밖으로 나가 그에게로 나아가서, 그가 겪으신 치욕을 짊어집시다. 사실, 우리에게는 이 땅 위에 영원한 도시가 없고, 우리는 장차 올 도시를 찾고 있습니다."(히 13:13-14)

생우유에서부터 뒷마당에서 가공한 닭과 집에서 만든 파이에 이르기까지, 현행제도의 통념석 관행은 이런 이단석인 상품의 접근 자체를 허용하지 않는다. 이스라엘 백성들이 기존과 다른 문명을 세웠고, 교회가 세상 밖으로 나왔듯이 현재의 주류 모델에서는 정직한 식품체계 및 영농체계를 찾을 수 없다고 믿는다. 대형 슈퍼마켓 업체만 제외한다면, 어떤 형태든지, 예컨대 농부들이 직접 물건을 내다 파는 시장들, 지역사회가 지원하는 영농체계, 농장 직판장, 인터넷 장보기 등등의 체계에서 정직한 식품과 정직한 영농의 현장을 찾을 수 있다.

소시지를 대량구매하고 싶어 하는 고객이 있어서 시스코[25] 트럭으로 배송을 한 적이 있다. 시스코 측에 필요한 사항을 문의했더니, 팩스로 받아서 몇 쪽인지 정확하게 알 수 있었는데, 17쪽짜리 서류를 보내 주었다.

---

25 ___ 시스코Sysco. 미국의 식자재 공급업체.

첫 번째 요건은 금속 조각들이 컨베이어벨트 위에 놓인 30센티미터 두께의 고기를 뚫고 끌려갈 만큼 커다란 자석이었다. 친애하는 그대여, 연방정부의 검사를 받은 우리 동네 자그마한 도살장에는 컨베이어벨트도 없을 뿐더러, 설령 그만한 자석이 있다 해도 멀찍이 서서 일할 수 없는 일꾼들의 허리띠 버클이 모조리 자석에 달라붙을 판이다.

게다가 우리가 운영하는 소규모 가공공장에는 그렇게 큰 자석을 설치할 만큼 넓은 공간도 없다. 이것이 전체 17쪽 중 겨우 첫 면의 내용이었다. 시스코에 재차 전화를 걸어 번듯한 기업이라도 이 요건을 전부 충족하려면 1년은 족히 걸리겠다고 불평했더니, 전화를 받은 여성이 대답했다. "네, 저희 쪽 고충도 있습니다. 매일 고객들이 전화를 걸어 산지직송 상품을 찾지만, 보내드리지를 못하거든요."

누가 자율권 박탈에 대해서 말이라도 꺼내는가? 보험은 날이 갈수록 정직한 식품사업을 훼방하는 깡패가 되어 가고 있다. 소송이 난무하는 문화 덕분에 기업들은 생산물배상 책임보험 증권이 없는 영세상인에게서는 물품을 사려고 하지도 않는다. 식품을 판매하는 영세상인(우리 경우에는 농민)이 보험 증권을 마련하려면 노출(위해성) 시험을 통과해야 한다. 그렇다면 식품의 위해성 여부는 누가 결정할까? 정부로부터 무상으로 토지를 공여받은 토지공여대학들의 산업형 농업 전문가들이다.

소위 이런 식이다. 소시지를 구매하려는 고객이 있다. 고객은 대형 물류트럭으로 소시지를 배송받고 싶어 한다. 운송업체에 전화를 건다. 운송업체는 내게 300만 달러짜리 생산물배상 책임보험에 가입해야 한다고 한다. 그래서 보험회사에 전화를 건다. 보험회사에서 보낸 설계사가 다음과 같은 질문을 시작한다.

1. 어떤 예방접종 프로그램을 사용합니까?

2. 가축의 건강을 위해서 어떤 약물규정을 따릅니까?

3. 살충제 보관실은 잠금장치가 되어 있습니까?

4. 살충제 보관실 출입 담당자는 누구입니까?

5. 트랙터 사용내역은 어디에 기록합니까?

6. 트랙터 유압유[26]의 유출 점검과 안전보증은 어디에서 받습니까?

7. 기름 유출 시 유해물질 처리방침은 무엇입니까?

8. 기름 유출에 대비하여 서면으로 작성한 대피계획이 있습니까?

9. 서면으로 작성한 대피계획은 어느 장소에 게시합니까?

10. 당신은 자유주의자입니까?

11. 창조를 믿습니까?

12. 도대체 왜 그러십니까?

맞다. 좀 말장난을 하긴 했지만, 여러분은 내 뜻을 이해하리라 믿는 다. 예방접종을 하고 살충제를 뿌리는 등 규성을 따르지 않으면, 우리는 아주 위험한 존재로 내몰린다. 체계 밖의 사람들은 설 자리가 없다. 결과 적으로 고객들은 생산과정에서 건강한 토양을 조성하고 창조물 관리 책 임을 다한 혁신적인 고급 식품을 이용할 수 없게 되는데, 이는 바로 현 산 업체계가 너무나 많은 장애물을 쏟아 내기 때문이다.

이런 방식으로 교회를 운영한다면 공인된 보험, 허가증, 인가받은 건 물, 대피계획 보증서가 없으니 모여서 예배를 드릴 수도 없다. 왜 우리는 이와 같은 체계에 불쾌감을 느끼는 걸까? 사람들과 어울리고 관계를 쌓는 데 어떤 장애물도 원하지 않기 때문이다. 문화, 행정, 산업 관련 규정들로 우리를 속박하는 체계는 결국 신자들과 지역교회의 자율권까지 박탈한다

---

26 ___ 유압유油壓油. 엔진 제어용 기름을 말한다.

말할 수 있다. 합법적으로 일하기를 원하지만, 심지어 그 법 때문에 '종교의 자유'를 침해당할 수도 있다.

우리는 영적 성장을 위해 개인적인 자율권과 공동체의 자율권 모두에 구속이 없기를 원한다. 따라서 사회가 교회의 영역을 침범한다고 느낄 때 그 부당함에 대해 외치고, 가두행진을 하고, 청원서에 서명하며, 법률 개정을 요구한다. 영의 양식에 대해 자유로운 접근을 허용하지 않는다면 이는 하나님을 대적하는 것이나 다름없다.

친애하는 그대여, 이와 유사한 접근불허 방침이나 지나친 장애물들로 인해 식품을 선택하는 데 제약이 있다면, 이는 그만큼 하나님을 모독하는 일이라 생각하지 않나? 성경을 통틀어 영의 양식을 육의 양식에 비유하는 구절들 속에서 하나님의 마음을 자세히 살펴볼 수 있다. 성찬식을 행할 때도 배고픈 자들을 먹일 때도, 하나님께서는 영적인 진리를 가르치기 위해 육의 양식을 사용하신다.

자유지향적이며 개인에게 자율권을 부여하는 교회 제도를 열렬히 옹호하고 나서 곧바로 이런 원칙들과는 저 멀리 완전 반대지점에 있는 식품체계를 애용한다면 이는 지적, 신학적 정신분열증이 아닌가? 그렇다면 다음 교회 포틀럭 모임을 위한 장보기를 어디에서 하겠는가? 젊은이들을 위한 다음 파티 모임을 할 때, 피자는 어디에서 가져올 예정인가? 시판 청량음료 대신 주스를 이용해 탄산음료를 직접 만들어 보면 어떨까? 죽을 만큼 맛있는 주스 말이다. 그러나 마셔도 절대 죽지는 않는다.

이 장에서 지금까지는 주로 인간의 입장에 초점을 맞춰 이야기했다. 그렇다면 동물의 입장은 어떨까? 얇은 널빤지 바닥이 깔린 거대한 축사 안에서 몸 한 바퀴 돌릴 공간도 없는 비좁은 우리 속에 돼지를 가둬 둔다면 돼지의 자율권을 존중하는 일일까? 공책 한 장 크기만큼도 안 되는 닭장 안에 닭을 평생 가둬 둔다면 이는 닭의 자율권을 존중하는 일일까? 원래의 DNA를 파괴하고 이질적인 나선형 유전물질을 삽입하는 행위가 옥수수 나름의 자율권을 존중하는 일일까?

식품에 나름의 자율권을 최대로 부여하기 위해서 우리가 할 수 있는 방식이 있다. 사람들이 어디서나 가축이나 곡물을 기르고, (그렇다. 집안에서 닭을 기르고, 뒷마당에서 정원을 가꾸고, 양봉도 하고 말이다!) 누구에게든지 팔고 싶은 대로 팔고, 식품안전관리 당국, 지역 검사관, 건물 조사관, 그밖에 접근을 제한하는 누구의 방해도 없이 누구에게서나 사고 싶은 대로 살 수 있도록 하는 방식이다.

새내기 농부들에게 기회를

내게는 무척 소중한 가치인 만큼, 이 장을 마무리하기에 앞서 새내기 농부들의 자율권에 대해서도 꼭 하고 싶은 말이 있다. 생산역량 대비 토지 가격에 대한 논의로 수렁에 빠지기보다는, 일단 젊은이들이 농사를 시작하기 더 쉬운 환경을 조성해야 농업체계에도 더 많은 자율권이 생긴다는 점을 인정하자. 사람들이 우리 모임에 들어오기 어려워한다면, 이는 좋은 모습이 아니다. 새내기 농부들이 우리 모임에 참여하기 쉽도록, 호감과 매력을 느끼도록 해야 하지 않을까?

우리 교회들에는 땅을 소유한 분들이 아주 많다. 과연 그 땅으로 뭘 하고 계신가? 여러분에게 땅은 혼자만의 유익을 위한 도구인가? 아니면 하나님의 피조물들이 하나님께서 투자하신 태양과 자원을 활용해 그분께 최대의 소출을 돌려드릴 수 있도록 어느 한 구석을 맡아 섬기는 청지기 자세로 땅을 보고 있는가? 혹 그렇다면, 패기 있는 젊은이에게 당신이 소유한 땅을 내주고 농사를 시작해 볼 수 있도록 격려해 보면 어떨까?

협업 방식의 농사가 얼마나 효과적인지에 대해서는 필자의 저서 《농부들의 들판》에서 아주 자세히 다루고 있다. 선량한 토지 관리자를 양성하는 일은 새로운 교회를 개척하는 일 못지않게 훌륭한 사역이다! 교회 개척에 대해서는 이미 많은 이야기를 나누고 있는데, 농작물을 심고 가꾸는 일에 대해서는 과연 언제쯤 이야기를 시작할 텐가? 여기 이쪽에서는 집사와 장로들을 비롯한 많은 성도들이 수백, 수천만 평의 땅을 제대로 활용하지 못한 채 놀리고 있다. 그리고 저기 다른 한쪽에는, 기반을 마련하기 위해 애쓰다 좌절한 수천 명의 청년들이 있다.

우리는 때로 가장 명백한 사실들을 놓친다. 그중 하나가 청년은 노인의 자율권을, 노인은 청년의 권한을 강화한다는 사실이다. 여러분이 다니는 교회에서는 농민들 평균연령이 어느 정도인가? 미국 전체 평균은 약 60세로, 활발한 기업들에 비해 약 25세 정도 높다. 가정에서도 교회에서도 그리고 농장에서도 다양한 세대가 협력해야 한다. 유치원에서든 양로원에서든 사람들의 연령대가 일차원적이면 문제가 생기기 마련이다.

가정은 문명의 기본단위이며 본질적으로 다양한 연령대로 이루어진다. 땅을 잘 관리하려면 다양한 연령대의 청지기들이 필요하다. 선교를 위한 예산과 기금 조성에 힘쓰듯, 새내기 농부 육성을 위한 기금을 마련하자고 하면 좀 지나친 제안일까? 이 새내기 농부들은 모임에 참석하는 가정들을 위해 식품, 즉 가축이나 곡물을 기를 수 있다. 청년 그룹은 콩밭에 난 잡초를 뽑는 일이나 닭 도축을 돕고, 노인들은 교회 부엌에서 통조림이나 발효음식 만들기 같은 요리 기술을 전수한다.

이를 통해 공동체 전체가 자율권을 박탈하는 산업형 식품체계와 배타적인 대형 슈퍼마켓으로부터, 그리고 동식물을 존중하지 않는 태도로부터 벗어날 수 있다. 또한 땅에 대해, 사람에 대해, 피조물의 생명활동에 대해 권한을 부여하는 공동체 문화를 창출할 수 있으리라.

　이런 본능적인 자율권 존중을 통해 우리 모두는 우리 안에 계시고 우리에게 자율을 부여하시는 그리스도의 은혜를 잘 이해할 수 있다. 식품과 농업을 둘러싼 여러 관계 속에 친밀한 우정이 싹트면, 결과적으로 이러한 우정이 공동체 안에서 새로운 영적 자율권 부여를 촉진하리라. 영적 자율권을 그저 신학적이고 학문적인 문제로 치부하고 나 몰라라 하지 않고, 식품의 자율권에 관한 분명한 실례를 만들어 냄으로 영적인 승리를 거둘 수 있다. 정말 흥미진진한 일이다!

17—
오늘 누리는
신선한 에너지 태양 동력 vs 지구 동력

그분은 만물보다 먼저 계시고, 만물은 그분 안에서 존속합니다.

골로새서 1장 17절

재생하는 삶을 살려면 어떻게든 실시간 에너지로 사는 법을 알아내야 한다는 데에 동의하는가? 모든 자원을 다 포괄해야 한다는 이들도 있겠으나, 지금은 에너지에만 집중해 보자. 나는 알루미늄이나 구리 채굴의 잘잘못 여부를 따질 준비까지는 아직 안 됐다.

태양전지판 사용에 반대하는 이유 중 하나로 원료에 다량의 광물이 쓰인다는 점이 꼽히는 것을 안다. 반대하시는 분들은 태양전지판 사용을 가리켜 악마 대신 마녀를, 석유 고갈 대신 광물 고갈을 택한 셈이라며, 무슨 차이가 있냐고 비난한다. 분명히 말해 두지만, 나는 채굴 자체를 근본적으로 잘못된 일이라고 생각하지는 않는다. 하나님께서는 우리가 사용할 수 있도록 지구 곳곳에 자원을 매장해 두셨다. 얼마나 오래 갈지는 모르겠지만, 나는 얼마나 많이 사용할 수 있는지가 아니라 얼마나 적게 사용할 수 있는지를 생각해 봐야 한다고 믿는다.

여기에서 내가 중점을 두는 부분은 바로 실시간 원리이다. 그리스도와 동행하는 삶의 행로에는 역사적 요소와 실시간적 요소가 둘 다 담겨 있다. 히브리서 말씀을 통해 이를 확인할 수 있다. "우리가 처음 믿을 때에 가졌던 확신을 끝까지 가지고 있으면, 우리는 그리스도께서 주시는 구원을 함께 누리는 사람이 될 것입니다. '오늘 너희가 그의 음성을 듣거든, [이스라엘 민족이 광야에서 떠돌며] 반역하던 때와 같이 너희의 마음을 완고하게 하지 말아라' 하는 말씀이 있는데……"(히 3:14-15)

기독교인의 삶은, 메시아께서 죽으시고 장사했으며 부활하심으로 이루신 역사적 사건을 토대로 삼지만, 동시에 실시간으로 일어나는 즉시성이라는 주제도 담고 있다. '일용할 양식'을 구한 예수님의 기도에서부터 "나는 날마다 죽습니다!"(고전 15:31)라고 고백한 바울의 말에서도 알 수 있듯이, 우리의 영적 건강은 날마다 양식을 섭취하고 날마다 향상되어야 한다. 어제 추수감사절 만찬을 먹었다고 해서 언제까지나 활력이 넘칠 수는 없다. 하루 이틀 정도야 버틸 수 있겠지만, 계속 활력을 유지할 수는 없고 조만간 우리 몸은 보충이 필요하다. 먹이를 자주 먹지 않는 뱀조차도 1년에 몇 차례는 영양보충이 필요하다.

한번 영적으로 산 정상에 오르는 경험을 했다고 해서 평생 영적으로 활기찬 삶을 살 수는 없다. 어떤 예배, 어떤 장소에서 내가 성령님께 얼마나 큰 감동과 감화를 받았는가 하는 경험이 문제가 아니다. 그때 받은 감동이 나를 장기간 지탱해 주지는 못하니까. 새로 보충해 줘야 하니까. 즉 성경말씀을 읽고 묵상하고 기도하면서 날마다 영의 양식을 먹어야 한다. 그렇지 않으면 영적으로 소진되고 고갈되어 버린다. 말하자면 매일 '썬Son' 에너지, 즉 하나님의 아들 예수님이 주시는 힘이 필요하다.

나는 영육간의 밀접성과 가장 완벽히 상응하는 것이 바로 아들Son 에너지와 태양sun 에너지 간의 관계라고 생각한다. 지구가 태양 에너지를 기반으로 얼마나 아름답고 정교하게 운행되는지는 3장 "놀고 도는 탄소 에너지"에서 이미 아주 상세히 다루었다.

실시간 지속가능성

이번 논의에서는 지하에 매장된 오래된 에너지와 실시간 에너지를 대조해 보고자 한다. 먼저 비옥함부터 살펴보자. 앨버트 하워드 경은 저서 《농업 성서An Agricultural Testament》에서 모든 문명이 자연의 비옥함을 현금으로 바꾸려는 유혹을 받는다고 지적한다.

하나님은 아담과 하와에게 기름지고 풍요로운 동산을 주셨다. 하나님은 인류에게 땅을 주셨고 사람들은 그 땅에서, 심지어 타락한 이후에도 수백 년씩 살았다. 이집트, 인도, 멕시코, 페루 같은 고대문명을 지탱하기 위해 땅이 얼마나 비옥해야 했을지 생각해 보라. 무엇보다 하나님께서는 이스라엘 백성들에게 비옥한 땅을 주셨다.

주 당신들의 하나님이 당신들을 데리고 가시는 땅은 좋은 땅입니다. 골짜기와 산에서 지하수가 흐르고 샘물이 나고 시냇물이 흐르는 땅이며, 밀과 보리가 자라고 포도와 무화과와 석류가 나는 땅이며, 올리브 기름과 꿀이 생산되는 땅이며, 먹을 것이 모자라지 않고 아무것도 부족함이 없는 땅이며, 돌에서는 쇠를 얻고 산에서는 구리를 캐낼 수 있는 땅입니다. 주 당신들의 하나님이 당신들에게 주신 옥토에서, 당신들은 배불리 먹고 주님을 찬양할 것입니다. (신 8:7-10)

물론 우리는 무슨 일이 벌어졌는지 알고 있다. 비옥함은 고갈되고, 곳곳이 침식되었으며, 기근과 가뭄이 몰려왔다.

앨버트 하워드 경이 독실한 신앙인이었는지 아닌지 잘 모르겠지만, 그가 1943년에 기록한 다음 이야기에 귀를 기울여 보자.

어머니 대지는 가축 없이 경작하는 법이 없다. 언제나 혼작물을 길러 낸다. 토양을 보존하고 침식을 막기 위해서는 엄청난 고통이 수반된다. 식물과 가축 배설물이 섞이면 부엽토가 되며, 쓰레기란 존재하지 않는다. 왜냐하면 성장과정과 소멸과정이 서로 균형을 이루기 때문이다. 그래서 충분한 공급으로 비옥함을 대량 비축해 두게 된다. 가장 심혈을 기울이는 부분은 빗물을 저장하는 일이다. 식물과 동물 모두 질병에 대항해 스스로를 보호해야 한다. 《농업 성서》)

대개 문명에 얽힌 이야기는 자원의 고갈, 특히 토양과 초목의 고갈에 관한 이야기다. 하지만 이스라엘 백성들이 가나안 땅에 입성할 때 하나님께서 하신 약속을 살펴보면, 보충을 위한 계획을 세우셨음을 확인할 수 있다. 이스라엘 백성들은 정복하고 번성하고 발전하도록 되어 있었지만, 기반이 되는 영토는 그 이상으로 확대되지 않았다. 그들은 명확히 정해진 지역 안에서 행해야 했다. 다시 말해, 하나님께서는 이스라엘 백성에게 더 많은 땅을 약속하지 않으셨다. 따라서 분명 장기간에 걸쳐 문화가 번성하려면 장기적으로 비옥한 생태환경을 유지해야 한다. 그러나 실제 일어난 일은 달랐다.

다시 한번 하워드의 설명에 주의를 기울여 보자. "농업 연구는 농부를 더욱 훌륭한 식품생산자가 아니라 더욱 전문적으로 강도짓을 하도록 오용되었다. 농부는 후세대를 희생시켜 폭리를 취하는 법, 즉 토양의 비옥함과 가축 보전이라는 형태의 자본을 자신의 손익계정으로 이체하는 법을 배워 알게 되었다."

미국 역사를 돌이켜 보면, 실시간 지속가능성을 호소하는 목소리가 식민지 시대 작가들 사이에 가득했다. 존 테일러John Taylor는 1818년 저서 《농부Arator》에서 이렇게 말했다.

> 담대하게 사실에 직면하자. 우리나라는 거의 폐허가 되었다. 우리는 쟁기가 닿는 땅에서 식물질vegetable matter 4분의 3을 다 뽑아내 버렸다. 식물질은 대지가 우리에게 먹을 것을 실어 나르도록 해 주는 유일한 수단임에도 그렇게 했다. 어머니 대지를 다 빨아먹어 죽음에 이르게 하면 반드시 우리도 필히 죽게 마련이다. 그럼에도 지금 뼈만 앙상하게 남았지만 절망하지는 말자. 대지는 너그러우니, 우리가 위반한 결과로 드러난 본연의 임무로 돌아가 하나님께서 처방해 주신 방식이자 우리의 이익과도 일치하는 결과로 입증된 임무들에 다시 충실하면, 어머니 대지는 여전히 우리를 위해 젖을 낼 것이다.

좀 더 현대에 가까운 시기에는, 은퇴한 농촌진흥청 담당관 에드워드 포크너Ed Faulkner가 대표 저서이자 베스트셀러인 1943년 작《농부의 어리석음Plowman's Folly》에서 다음과 같은 원칙을 제시했다. "토양이 자생적으로 양분을 공급하는 자급자족 능력이 없어지면 앞으로 보나마나 완전히 고갈되고 말 것이다. 이는 농장에 비료사용 관행이 어떻든 간에 일어날 사태이다." 자급자족하는 토양이라? 정말? 오늘날의 산업형 영농과 식품체계에서는 상상도 못할 능력이다. 산업형 체계는 토양에 양분을 공급하기 위해 먼 곳에서 원료를 실어 와 에너지 집약형 처리과정을 거친다.

전반적으로 현대식 체계에서는 생존을 위해 무한정 매장된 석유와 광물에 의존한다. 여러분은 어떤지 모르겠지만, 사실 나는 이 모든 '재생 불가능한 자원'이 후대까지 남아 있을지 확신이 없다. 어제 쌓아둔 영적 양식으로 장기간 영적 건강을 유지할 수 없듯이, 옛날 옛적에 몸에 비축한 양분으로 장기간 육체의 건강을 유지할 수는 없다. 어제 운동했다 해도 근육의 기능이 오랫동안 지속되지 않듯이 말이다.

대양sun과 아들Son

여러 세대에 걸쳐 선량한 루터교인들과 장로교인들이 우리 농장을 뼛속까지 파헤치는 바람에 바위가 드러나고 도랑이 파였다. 누가 이런 모습에 아파하며 울었나? 누가 이를 두고 기도했나? 이런 일이 대대로 계속되었다. 성도석에 앉은 선량한 교인들이 자신의 토지를 강탈하여 얻은 돈을 해외선교를 위해 헌금함에 넣었다. 이들을 강도라 칭한 하워드의 표현이 정말 딱 들어맞지 않나! 상황이 이런데도 워낙 서서히 일어나는 일이다 보니 급박하다는 느낌이 전혀 없었다. 당장 즉시 일어나는 일이 아니니 말이다.

여러분이 평생에 걸쳐 (만일 여러분이 하나님이라면 엿새 만에도 가능하겠지만, 그건 또 다른 이야기고.) 아름다운 조각상을 만들었는데 어떤 불량배가, 부연하자면 성경말씀을 전하는 불량배가 오더니 망치로 힘껏 내리쳐 조각상 한

쪽이 부서져 버린다면 기분이 어떻겠는가? 그야말로 엄청난 모독이다! 마땅히 의분을 느껴야 하지 않겠는가? 물론 당연히 그럴 것이다. 누군가가 하나님의 탁월하신 창조의 권능이 압축적으로 새겨진 조각상을 그 자리에서 난도질하고 약탈하고 모독한다면, 하나님은 과연 기분이 어떠실까?

내가 어떤 꿈을 꾸는지 아는가? 우리 농장에서 더 많은 태양에너지를 포집하는 꿈을 꾼다. 어떻게 하면 더 많은 태양에너지를 바이오매스로 전환해 에너지를 얻고, 토양에 양분을 공급하며, 궁극적으로 생태주기를 원활히 할 수 있을까? 비결은 바로 '오늘', '지금 당장'에 있다. 우리 농장은 과거에 비축해 놓은 것만 의존해서 버틸 수 없다. 새로운 비축물을 만들어 내야 하니까. 새로운 토양, 새로운 비옥함, 새로운 에너지를 창출해야 한다. 그리고 이를 위한 유일한 원천은 태양이다. 항상 그랬고, 앞으로도 늘 그럴 것이다.

다행히도 우리는 옛날 옛적 비축물이 고갈되는 상황에 매달릴 필요가 없다. 실시간 태양동력 체계로 운영할 수 있으니까. 이미 앞에서 바이오매스, 분해, 비옥함이 어떤 식으로 작용하는지 살펴보았으니 여기에서 더 상세히 다루지는 않겠다. 다만 이번 논의를 통해 이해했으면 하는 미세한 차이점이라면, 태양동력으로 실시간 양분이 공급되는 체계가 영적 양분을 날마다 공급해야 함을 알려 주는 실물교육으로 적합하다는 사실이다.

토양을 조성하며 실시간 에너지로 운영하는 방식으로 생산하는 식품을 섭취하면 우리 안에 영적 양식을 날마다 섭취해야 한다는 절박감을 불러일으킨다고 생각한다. 우리의 영적 탱크가 오늘 채워지고 있나? 아니라면 어째서인가? 지금이 아니라면, 언제?

'문제 해결은 내일로 미루자'는 사고방식이, 우리 영농과 식품체계에서도 뚜렷이 나타났듯이, 영혼의 필요를 해결하려 나서기보다 무기력하게 바라만 보는 나태한 태도에도 동일하게 나타난다. 조심스럽게 제안하건대, 하나님께 경의를 표하는 영농과 식품체계에 관심을 기울일 때 영적 회복을 향한 열정도 되살아나지 않을까? 혹시 하나님을 더 열심히 경배하기 위해 지구 숭배를 옹호하느냐고 묻는다면, 그렇지는 않다. 하지만 비슷하긴 하다. 아마도 지구를 돌보는 청지기 사명을 영적 청지기 사명에 대한 실물교육으로 활용하면 이런 제안을 좀 더 부드럽게 설명할 수 있겠다. 아이들과 식사하면서 이런 이야기를 나눠 보면 어떨까?

수지, 오늘 저녁에 먹는 소고기는 풀을 먹고 자란 소의 고기야. 사육장에서 곡물사료를 먹여 키우는 '곡물소'는 예전에 비축해 둔 에너지가 엄청나게 많이 필요한데, 이런 에너지를 써 버리는 건 한 순간이지만 보충하려면 굉장히 오래 걸려. 그린데 우리 식탁에 오른 이 '목초 비육우grass-finished beef'가 먹은 풀은 말이다, 오늘 태양으로부터 받은 햇빛이 전환된 거야. 바로 오늘 말이야. 10년 전이 아니라 바로 오늘! 토양을 만들어 주고, 성장하는 데 필요한 모든 에너지를 보충해 주면서 말이지.
우리의 영적 삶도 이래야 해. 지난주 주일설교나 100년 전 성자들에게 의지해 살아갈 수는 없듯이 말이야. 모두 훌륭한 '비축물'이긴 하지만, 우리 스스로도 비축물을 만들 수 있어야 해. 그런 면에서 이렇게 풀 먹고 자란 소의 고기를 먹는 일은 위대한 진리를 깨닫게 하는 실물교육이지. 우리가 오늘, 오늘, 바로 오늘도 하나님과 관계를 형성해야 한다는 진리 말이야.

토마토는 어떤가? 토마토에 대입해 보면 어떨까? 좋다, 이런 식으로 한번 해 보자.

수지, 오늘 저녁 우리는 퇴비로 재배한 토마토를 먹고 있단다. 화학비료
로 재배하는 토마토는 기존의 석유 에너지를 엄청나게 많이 필요로 하
지만 이 토마토를 재배한 농부는 오늘 내리쬔 햇빛으로 자란 식물을 사
용하여 퇴비를 만든단다. 수세기 전도 아니고 노아의 홍수 이전도 아니
라 지금, 실시간으로 내리쬐는 햇빛이 지금 식물로 전환되는 거야. 이 말
은, 우리가 이 토마토를 먹을 때나 토마토를 키운 농부가 토양이 더 비옥
해지도록 식물질을 통해 오늘의 태양 에너지를 관리할 때 자연이 스스
로 균형을 맞춘다는 의미지.
마찬가지로 하나님께서는 우리가 하나님의 아들 예수님이 내려주시는
실시간 아들Son 에너지로 삶을 꾸려 가길 원하신단다. 지난 주 설교가 아
니라, 할머니의 간증이 아니라 오늘, 바로 오늘 그분께 집중하기를 원하
시지. 이전에 비축해 둔 영성을 소진하거나 옛날 옛적에 경험한 부흥에
의지하는 게 아니라 바로 지금 이 순간, 하나님의 아들을 바라보기를 원
하셔. 이 토마토가 뼈와 근육을 만들 듯, 우리가 오늘, 바로 지금 하나님
과 상호작용하면서 영적인 이해를 키워 나갈 수 있다는 사실이 멋지지
않니? 정말 대단해, 그렇지?

가정에서 왜 이런 대화를 나누지 못할까? 주일학교에서 왜 이런 이
야기를 나누지 못할까? 왜냐하면 이런 이야기는 괴짜 환경주의자들의 말
장난이나 빨갱이 벌목반대 운동가들의 헛소리처럼 들려서 그렇다. 그런
데 실시간 태양에 의존하는 생태계 경제에 대해 이해가 깊어지면 아들 예
수님을 의존하는 일에도 절박해져야 하지 않나? 왜 이 둘은 동반상승 효

과가 아니라 마찰의 원인이 되어야만 하는가?

나는 한 걸음 더 나아가, 지구에 매장된 기존 비축물을 의존하는 대신, 더 많은 태양 에너지를 포집하려 애쓰는 농장과 식품체계가 더 많은 은혜를 구하는 모습과도 같다는 생각이 든다. 날마다 떠오르는 태양이 내게는 매일 새로운 부를 가져다주는 놀라운 선물로 보인다. 새로운 부를 선물받을 자격이 없는 나! 그러나 하나님께서는 하늘 위에 태양을 두시고 말 그대로 에너지의 빛줄기를 퍼부어 주신다. 날마다, 우리 농장은 구석구석 에너지로 흠뻑 젖는다. 햇살이 초목으로 전환되는 순간마다 새로운 부요함을 본다.

어떻게 내게 이 모든 에너지가, 이 모든 부가 대가 없이 주어졌을까? 하늘에 계신 사랑의 아버지께서, 은혜를 내려주시듯, 내게 내려주셨으니까. 내가 우주에 태양을 두지 않았으며, 식물을 만들지도 않았고, 씨앗이나 나무를 만들지 않았으며, 새나 바람을 만들어 씨앗을 시구 곳곳에 날라 풍성한 초목을 싹틔우지도 않았다. 내가 한 일은 아무것도 없다. 그저 아침에 일어나 밖으로 나가 하늘에 떠오른 거대한 불덩어리가 빛을 비추며 에너지를 풍성히 쏟아부어 주고 있는 광경을 본다. 이 새로운 부를 얻기 위해서는 도박을 할 필요도 없고, 돈을 빌릴 필요도, 대출 신청서를 작성할 필요도, 어떤 일도 할 필요가 없다. 그저 저 위에서 쏟아져 내리니까.

나는 이 에너지가 활용되기를 바란다. 이 에너지가 바이오매스로 전환되기를 바란다. 은혜와 마찬가지로 말이다. 하나님의 은혜는 풍성하다. 나는 은혜 받을 자격이 없지만 은혜 받기 위해 애쓸 필요가 없는 것처럼. 은혜는 이곳에 매일 아침 매 순간 존재하며, 그저 이를 받아서 다른 사람들과 어떻게 상호작용할지, 세상을 어떻게 바라볼지, 하나님을 어떻게 경배할지에 활용하면 된다. 내가 태양에 의존하여, 실시간 쏟아지는 그 즉

각적인 에너지에 의존하여 농장을 운영하면 할수록, 농장은 실시간 쏟아지는 '아들Son' 에너지에 의존하여 운영하는 삶이 어떤 모습인지 더욱 뚜렷이 보여 준다.

아버지는 종종 이렇게 기도하셨다. "하나님, 언제나 새로운 주님의 은혜를 주셔서 감사합니다." 나는 이 표현이 진부한 느낌이라기보다는 오히려 생동감이 느껴져서 무척 마음에 든다. 또한 즉시성의 개념, 즉 오래된 음식이 아니라 신선한 음식이라는 어감도 풍긴다.

신선한 양식을 얻으라

오늘날의 산업형 식품체계는 오래된 것을 좋아한다. 슈퍼마켓에서 판매하는 일반 식품의 유통기한을 살펴보라. 오늘날 식품 연구의 대부분이 유통기한을 연장하는 방식에 집중하고 있다. 우유같이 상하기 쉬운 식품도 이젠 고온살균 처리라는 기적으로 냉장보관하지 않고도 몇 달을 버틸 수 있다. 심지어 유기농 상품조차 각종 불순물을 섞어 제조하는 지경이니 먹는 식품에 우리가 저지르는 악행이 어느 정도인지 알 만하다.

여러분, 썩지 않는다는 말은 소화도 안 된다는 말이다. 우리는 유통기한을 연장한다는 명목으로 안정제, 유화제, 인공향신료, 인공색소 그리고 입에 담을 수도 없는 온갖 성분들을 계속 첨가해 왔다. 토마토 연구는 영양성분이 아니라 운송능력에 초점이 맞춰진다. 대형 트레일러 화물차 안에서 덜커덩거리며 2,500킬로미터를 가는 동안 상하지 않고 운반하는 것이 연구의 관건이다. 장거리 운송을 견디는 토마토는 마분지에 가까울 정도로 질겨야만 하니, 맛도 마분지와 비슷하다. 아이들이 왜 채소를 좋아하지 않는지 궁금해한 적이 있는가?

우리가 자녀들에게 이런 음식으로 육의 양식을 먹이듯 영의 양식을 먹인다면, '우웩' 하고 역겨워하며 교회를 떠나리라. 아, 어쩌면 우리 영의 양식도 우리 육의 양식과 비슷한지도 모르겠다. 기독 청년들이 교회를 떠나고 있다는 말, 들어보았는가? 흐음!

여러분은 오래된 식품을 원하지 않는다. 상자에 담겨 슈퍼마켓 통로에 놓인 치리오스 시리얼의 유통기한이 얼마나 길까? 벨비타 치즈를 접시에 짜서 한 달 동안 그대로 둬 보라. 곰팡이가 피지도, 마르지도 않으며, 아무 일도 일어나지 않는다. 그저 그대로 있을 뿐이다.

이런 질문에 답해 보자. 만일 여러분의 영혼을 그대로 내버려 둔다면 얼마나 빠른 속도로 악화될까?

매일 하던 성경 읽기를 멈추고, 매일 하던 기도도 중단하며, 다른 교우들과 정기적으로 모여 교제할 기회도 차단해 버린다면, 다시 말해 여러분한테서 하나님을 빼앗아 버린다면, 여러분의 삶이 급격히 달라질까? 아시다시피, 식품을 상하지 않게 장기간 보관하려면 살균하면 된다. 살균하여 생명이 없는 죽은 상태가 되면 오랫동안 유지할 수 있다.

살아 있는 신선한 식품에는 즉시성이 있다. 빨리 먹지 않으면 상해서 버려야 한다. 하나님께서 우리 마음 문을 두드리고 계시다는 사실을 기억하라. "보아라, 내가 문 밖에 서서, 문을 두드리고 있다. 누구든지 내 음성을 듣고 문을 열면, 나는 그에게로 들어가서 그와 함께 먹고, 그는 나와 함께 먹을 것이다."(계 3:20) 하나님께서는 지금 이 순간에도 우리와 더불어 먹기를 원하신다.

물론 나는 저장식품을 강력히 지지한다. 탈수, 발효, 통조림 가공 모두 오랫동안 사용된 저장 방식이다. 통조림 가공은 비교적 최근에 시작했고, 그렇기에 '정직한 식품' 체계에 속하지 않는다고 주장하는 사람도 있긴 하다. 냉동은 현대식 저장법이지만 맛 좋은 식품을 보관하는 데 유용하다. 압살롬이 왕국을 빼앗으려고 반란을 일으켰을 때 다윗 왕의 친구들이 가져온 음식들을 보라. "그들이 침대와 이부자리와 대야와 질그릇도 가지고 오고, 밀과 보리와 밀가루와 볶은 곡식과 콩과 팥과 볶은 씨도 가지고 왔다. 그들은, 그 많은 사람이 광야에서 굶주리고 지치고 목말랐을 것이라고 생각하고서, 꿀과 버터와 양고기와 치즈도" 가져왔다(삼하 17:28-29).

식료품 저장실이라니! 말린 콩과 포도주, 견과류처럼 오래 보관할 수 있는 식품도 있지만, 오래 두면 좋지 않은 먹거리도 있다. 그런데 오늘날에는 이미 요리된 식품, 즉시 먹어야 할 식품을 가져다가 가공처리하고 포장하여 곧바로 먹을 필요가 없게 만들어 버린다. 식품이 더 이상 식품이 아니게 되는 때가 언제인가?

교회에 나가지만 영적 양식을 먹을 수 없는 때가 언제인가? 신앙서적을 읽지만 자산이 아니라 부담으로 다가오는 때는 언제인가? "사랑하는 여러분, 어느 영이든지 다 믿지 말고, 그 영들이 하나님에게서 났는가를 시험하여 보십시오. 거짓 예언자가 세상에 많이 나타났기 때문입니다."(요일 4:1) 현대식으로 표현하자면, "텔레비전에 나오는 설교자를 다 믿지 말고 분별하라." 혹은 "신학자들을 분별하라."라고 할 수 있으리라. 그렇다면 우리 건강에 좋은지 아닌지를 알아보려 육의 양식을 분별해 보려는 노력을 어째서 용인할 수 없다는 말인가?

다음번 교회 포틀럭 모임에서 이렇게 공지한다고 상상해 보자. "퇴비 준 땅에서 기르고 유통기한도 짧은 식품을 준비해 옵시다." 그러면 놀랍게도, 원예부에서 활동하는 부인들도 당황해서 어쩔 줄 몰라 할 것이다. 첫째, 일단은 대부분 이런 공지가 무슨 의미인지 전혀 모를 테고, 둘째, 공지에 해당하는 식품이 식료품 저장실에 보관된 집은 절반 정도밖에 되지 않을 테니 말이다. 모두들 식품을 분별하는 능력이 거의 전무하다시피 하다.

어떻게 하면 교인들이 영적 분별력을 기를 수 있을까?

도미노 피자를 우적우적 먹으면서 그래도 성경을 읽으니까 가능하다고 생각하나? 일관성이 없는 행동이 아닌가? 그보다는 재료와 조리도구를 분별하여 실시간 태양sun동력 체계를 따르는 종류로 골라야 한다고 강조하면서, 근방에서 기른 진짜 식품을 재료로 고르고, 교회 주방에서 또는 교인들이 만든 돌화덕에 나무로 불을 지펴서 피자를 만들어 보면 어떨까? 그리고 나서 다 함께 앉아 영적 분별에 관한 말씀을 읽는다면, 영적 진리를 알려 주는 원초적 실물교육을 직접 먹어 보는 셈이다.

바로 이런 방식을 통해 실시간 아들Son동력으로, 즉 예수님이 이끄시는 대로 날마다 한 걸음 한 걸음씩 걸어가는 즉시성을 우리 영적 삶에 심을 수 있다. 그렇게 해야 우리는 미래 세대를 위한 영적 유산 비축을 시작할 수 있다. 미래 세대는 물론 우리가 남긴 비축물에 의존하여 살아가지는 않겠으나, 우리는 분명 다음 세대의 여정에 보탬이 될 영적 자산을 제공하는 셈이다. 마치 태양동력 체계 농장에서 일구는 비옥한 토양이 다음 세대 농부에게 기회를 제공하듯이 말이다.

18—
통념을
넘어서 좁은 길 vs 넓은 길

예수께서 그에게 말씀하셨다. "나는 길이요, 진리요, 생명이다. 나를 거치지 않고서는, 아무도 아버지께로 갈 사람이 없다."

요한복음 14장 6절

가장 친숙한 성경구절을 들라면 십계명과 시편 23편 외에는 아마도 산상수훈일 것이다. 예수께서 직접 하신 이 말씀의 줄거리는 마태복음의 세 장을 가득 채우고 있는데, 심오한 진리가 아주 많이 담겨 있다. 다음은 산상수훈 중 한 구절이다.

좁은[활동에 제약을 주는] 문으로 들어가거라. 멸망으로 이끄는 문은 넓고, 그 길이 널찍하여서, 그리로 들어가는 사람이 많다. 생명으로 이끄는 문은 너무나도 좁고, 그 길이 비좁아서, 그것을 찾는 사람이 적다. (마 7:13-14)

하나님께서는 찾아오는 모두에게 양팔을 벌려 맞아 주시고, 하나님의 길을 따르는 이들은 그 팔로 꼭 안아 주신다. 하나님 나라에 이르는 길은 돈으로 사거나 행실로 얻을 수 없다.

하나님과의 관계는 오직 하나님의 아들 예수 그리스도께서 완성하신 사역을 통해서만 존재한다. 성경의 기록에는 일부 명확하지 않은 부분이 있기는 해도 대개는 분명한데, 다음의 말씀이 그렇다. 사도 바울은 복음(좋은 소식)에 대해 어디서나 변함없을 정의를 뚜렷하게 제시한다. "나도 전해 받은 중요한 것을 여러분에게 전해 드렸습니다. 그것은 곧, 그리스도께서 성경대로 우리 죄를 위하여 죽으셨다는 것과, 무덤에 묻히셨다는 것과, 성경대로 사흘날에 살아나셨다는 …… 것입니다."(고전 15:3-5)

무슨 권세로 기적을 행하고 말씀을 전파하느냐고 따져 묻는 유대 지도자들 앞에서 베드로는 단호하고 명확하게 설명했다. "이 예수밖에는, 다른 아무에게도 구원은 없습니다. 사람들에게 주신 이름 가운데 우리가 의지하여 구원을 얻어야 할 이름은, 하늘 아래에 이 이름 밖에 다른 이름이 없습니다."(행 4:12) 복음을 듣는 사람들의 귀에 거슬릴 만한 말씀이다. 복잡하고 일 중심적인 교리나 순례, 건축물, 행위에 대한 말씀이 아니다.

하나님의 길은 단순하다. 그런데 바로 이 점에 걸려 사람들이 실족한다. 우리는 하나님의 길 주위에 온갖 요란한 의식과 조건을 내걸고, 메시아께서 완성하신 사역을 단순하게 믿는 실천은 제쳐둔 채 다른 일을 하려 든다. 예수님은 스스로에 대해 이렇게 말씀하셨다. "내가 곧 길이요 진리요 생명이니 나로 말미암지 않고는 아버지께로 올 자가 없느니라."(요 14:6)

바로 이 말씀에 온 세상 기독교인들이 복음을 전하는 데 들이는 모든 노력의 핵심이 담겨 있다. 복음은 종교가 아니라 관계다. 노력이 아니라 그리스도께서 완성하신 사역에 대한 믿음이다.

반면 다른 종교들은 모두 어떤가? 다른 모든 선량한 사람들은 또 어떤가? 복음이 배타적이라고 말할 셈인가? 맞다. 좁은 문과 넓은 문의 원리에 대해 마음껏 이야기해 보자. 사실 그리스도를 믿느니 차라리 다른 무언가를 믿겠다고 하는 사람들이 훨씬 더 많다. 태초부터 그랬고 마지막 때까지 지속되리라.

지구가 둥글다는 사실이 널리 알려져 있듯 이런 발상이 우파 보수 기독교인들에게 새삼 문제가 되지는 않는다. 이는 우리의 존재적 사실이니까. 소수파에 속하는 일도 우리 기질의 일부이다. 나는 기독교인들이 다수에 속하지 않는다는 이유로 인해 동요하지 않는다. 또한 반反기독교적 언사를 듣거나 유대-기독교인들을 맹비난하는 뉴스를 봐도 내 믿음을 절대 의심하지 않는다. 이런 방식으로는 내 믿음이 단 한 치도 흔들리지 않기에 대부분 사람들이 나를 괴짜라 여긴다.

맞다. 예수님은 십자가에 달려 돌아가셨다. 그야말로 완벽한 정치적 패배자에 대한 이야기. 예수님은 기독교인의 삶이 어떤 모습일지 예언하시면서 감정이 상하지 않도록 권면하셨다. "사람들이 너희를 회당에서 내쫓을 것이다. 그리고 너희를 죽이는 사람마다, 자기네가 하는 그러한 일이 하나님을 섬기는 일이라고 생각할 때가 올 것이다. 그들은 아버지도 나도 알지 못하므로, 그런 일들을 할 것이다."(요 16:2-3)

기독교인이기에 우리는 주류 종교 사상이 올바르지 않다고 하거나, 영적 진리에 관해서는 대학 교수들도 틀릴 수 있다고 생각하기도 한다. 뉴스 매체는 우리의 믿음을 이해하지 못한다. 세계의 지도자들은 그리스도의 죽음과 장사와 부활이 역사의 중심에 있다는 사실을 알 리가 없으며, 아랍인이 유대인을 싫어하는 이유, 혹은 종말의 실재를 말하는 계시록의 예언에 대해 전혀 알 리가 없다.

좁은 길을 가고 있는가

진리는 거기 있지만, 힘써 찾아야만 얻을 수 있다. 잃어버린 보물을 찾듯 진리를 찾아야 한다. 이 자세가 바로 좁은 길의 원리다. 이 원리는 삶의 모든 측면에 적용된다. 철학과 성경에 따라 일관성 있게 살려고 애쓰는 기독교인이라면 '모두가 하는 말'은 틀렸다고 추정해야 한다. 온 세상이 자만심에 취해 있을 때 반대의견을 낼 수 있다면 이는 그 사람이 분별력 있는 사람이라는 증거이다.

2008년 금융위기를 겪으며 민주·공화 양당의 무리들이 2008년 금융위기를 겪으며 민주·공회 양당의 무리들이 대기업은 파산하면 안 된다며 '대마불사大馬不死, too big to fail'를 외칠 때 나는 대기업의 부정직함을 꼬집으며 '대마부정大馬不正, too big to be honest'을 외쳤다. 어쩌면 우리는 대기업이 선과 얼마나 거리가 먼지 '대마불선大馬不善, too big to be good'이라 말해야 할지도 모르겠다. 하나님의 백성들이 영혼 구원을 위해 좁은 길을 받아들이고도 정작 곳곳에 놓인 암시를 발견하지 못한다면 하나님은 무척 슬프시리라. 우리는 한정된 목적을 위해 좁은 길을 수용하긴 하는데 결국 세상처럼 교육하고, 생각하고, 즐기고, 투자하고, 또 먹는다.

산상수훈을 다시 살펴보면 예수님은 이렇게 훈계하신다. "너희는 세상의 빛이다. …… 이와 같이, 너희 빛을 사람에게 비추어서, 그들이 너희의 착한 행실을 보고, 하늘에 계신 너희 아버지께 영광을 돌리게 하여라." (마 5:14, 16) 주목하시라! 넓은 길이라 알고 있는 이 세상은 여러분의 행실

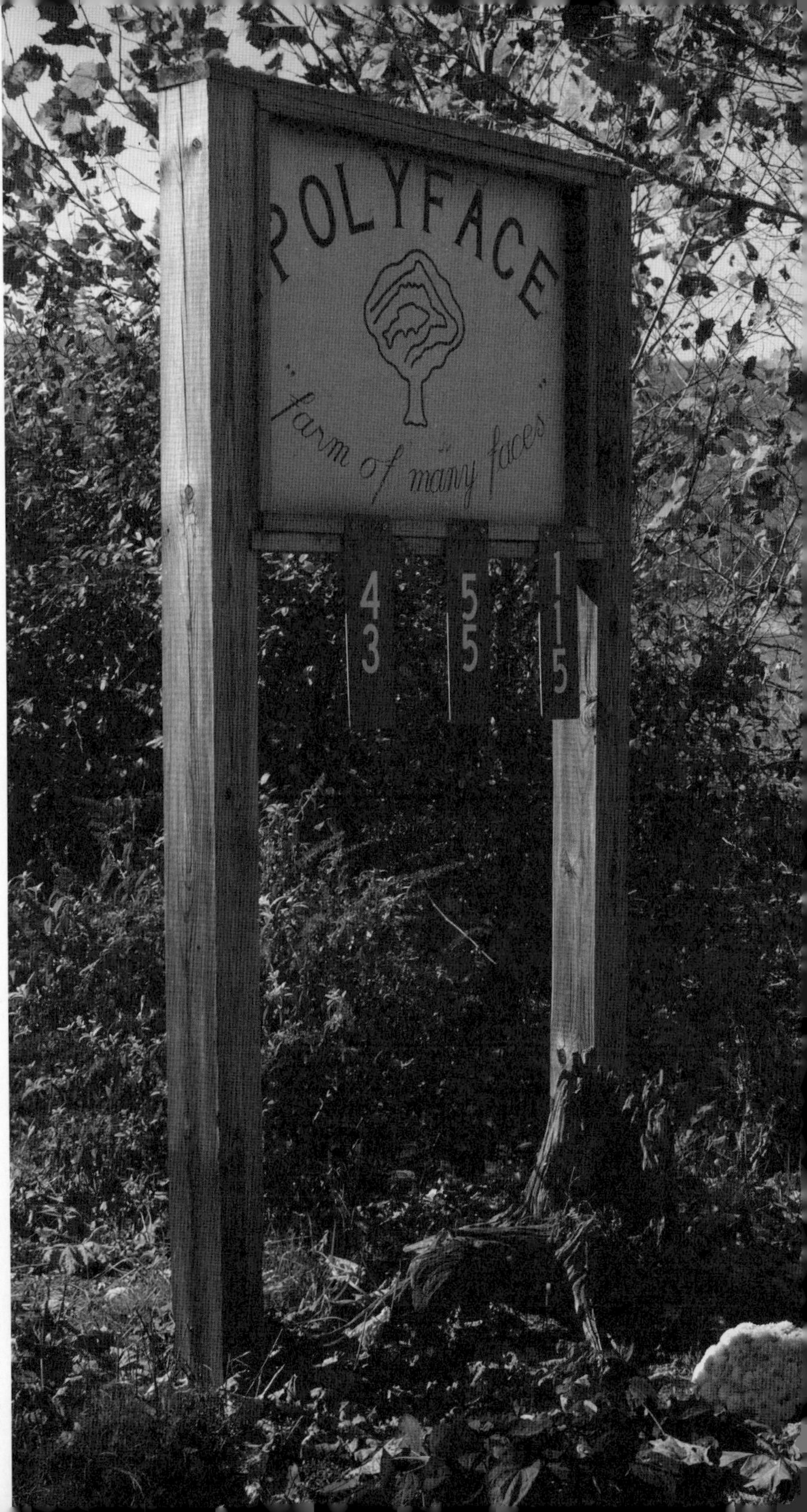

© Brian Johnson & Dane Kantner, Flickr

을 본다. 세상은 여러분이 주일에 어떤 옷을 입는지, 어떤 노래를 부르는지, 나아가 어떤 설교를 듣는지를 보는 게 아니라, 우리가 무엇을 하는지를 본다.

자, 세상을 복음으로 이끄는 자석 같은 힘이 기독교인의 구별된 특징이라면 무엇이 우리로 하여금 가장 큰 영향력을 발휘할 수 있도록 하는지를 따져 봐야 마땅하지 않을까? 다시 말하면, 특정한 머리 모양을 한다고 해서 사람들이 우리가 지닌 복음을 원하도록 만들지 못한다는 말이다. 특정한 옷차림 역시 효과가 없다. 모든 사람에게는 행동방식이 있으니, 우리가 이들과 반대방식으로 행동한다면 영향력이 있을까?

목록을 작성한다면 갈라디아서에 간결하게 명시된 성령의 열매가 필히 들어가리라. "사랑과 기쁨과 화평과 인내와 친절과 선함과 신실과 온유와 절제입니다."(갈 5:22-23) 우리는 이를 공장식 영농, GMO, 중앙집중형 식품체계, 식품규제 규정과 연관 지어 앞에서 살펴보았다. 햇빛과 신선한 공기, 심지어 주위를 돌아다닐 능력마저 거부당한 동물들이 성령의 열매에 담긴 특징들을 드러내는 체계의 좋은 예라고 옹호할 수 있는 사람이 있다면 어디 한번 해 보시라!

우리가 키우는 동식물에 이러한 특징들이 드러나게 할 방법을 생각해 내지도 못하면서 이러한 특징들을 어떻게 우리 삶 가운데에서 마음속에나마 그려 볼 수 있겠나? 동물에게 약물을 투여하는 일은 온유나 사랑이 아니다. 동물의 가장 기본적인 생명 표현 방식을 외면하는 행위는 기쁨이 아니다. 아늑하게 쉴 자리를 만들고 편안하게 드러누워 휴식을 취하는 돼지 떼의 돼지다운 모습을 보는 일보다 흐뭇한 일은 없다. 돼지에게 이런 행동은 사람이 이불 속으로 파고드는 일만큼이나 기본적이다. 하지만 미국 돼지 중 압도적 다수가 이러한 경험을 절대 누리지 못한다.

친구를 보고 그 사람을 알 수 있다고 한다면, 다른 사람을 지렛대 삼아 덕을 보는 또 다른 방법은 그냥 소수가 가는 방향으로 가는 것이다. 할리우드에서 가장 인기 있는 연예인들이라고 그 이름이 존경받는 기독교 위인들 목록에 있지는 않다, 예를 들자면 말이다.

사람들이 모두 중동 문제에 개입해야 한다고 하면, 우리는 이에 동조하지 말아야 할 수도 있다. 진리에 대한 인식을 적용할 때 우리가 얼마나 고르고 따지는지를 보면 대단히 흥미로운데, 일례로 대부분의 보수 측 기독교인들은 환경보호청EPA: Environmental Protection Agency이 하는 말이라면 무작정 비웃는다. 수치든 규정이든 프로그램이든 순 헛소리라고 하면서 말이다. 하지만 국방부의 이야기라면 틀림없는 사실이다. 물론 뒤집어 보면 진보 측도 마찬가지다. 이들에게 국방부의 말은 모조리 거짓이고 환경보호청의 말은 모두 복음이다.

이는 정치 토론의 엄청난 몰락이다. 어느 측도 서로를 존중하지 않는 풍토. 재빨리 편을 정해서 상대를 폄하하는 일이 전부다. 내가 학교 다닐 때 토론 경험을 통해 배운 한 가지는 사물을 보는 시각에 두 가지 방식이 있다는 점이다.

이런 생각의 기반 위에 있는 입장이기에 얼마나 많은 기독교인들이 나를 비웃고 있는지부터 제대로 인식하는 일도 중요하다. 토지공여대학들과 모든 농업 전문가들과 미국 농업인연맹AFBF: American Farm Bureau Federation이 '모두 다' 공장식 영농, 단일종 재배, 그리고 화학비료 없이는 세상을 먹여 살릴 수 없다는 데 동의하고 있다. 이런 자세가 표준 노선이다. "자네는 어떻게 이 모든 전문가 의견에 모조리 반대할 수 있지?" 기독교인 친구들이 내게 묻는다.

물론 친구들은 내가 '대기업은 나쁘다'는 노선을 받아들이고 반反자본주의 시류에 편승해 진보 빨갱이가 되었다고 생각한다. 하지만 이들이 또 다른 맥락에서 자신의 견해를 곱씹게 된다면 이 같은 생각이 얼마나 어리석은지 깨달으리라. 친구들은 어느 과학연구소의 연구결과로 나온 환경보호청의 성명을 들으면, 일단 비웃는다. "지금 저 골수 환경주의자들이 무슨 소리를 하는지 들어 보게나. 미친 소리를 하는 인간들이 얼마나 많은지! 들어 보나마나 저 과학자들은 틀렸어. 진화나 지구온난화를 믿고 있잖아. 제정신이라면 대체 누가 저 말을 믿겠어? 결론을 정해 놓고 끼워 맞춰 대는 빨갱이 진보들 같으니라고! 자기들이 뭘 안다고? 사람들에게서 땅이나 몽땅 빼앗으려는 수작이지."

기독교인으로서 우리는 군중이 이리로 가면 진리는 저쪽 방향에 있을 수 있다고 추정해야 마땅하다는 생각을 한다. 이런 태도가 항상 옳다고 할 수는 없지만 어느 정도 보장할 만하다. 그러므로 군중이 슈퍼마켓에서 징을 보면 슈퍼마켓은 잘못된 장소일 수 있다. 군중들이 버거킹에서 음식을 먹는다면 버거킹은 잘못된 장소일 수 있다. 공장식 농장과 화학물질과 약품이 올바르다는 추정이 만연하면 이 역시 틀린 추정일 수 있다.

기독교인 친구들은 이런 내 생각에 대해 이런 반응을 보인다. "글쎄, 자네 말이 정말 옳다면 왜 사람들이 그렇게 하지 않나? 자네 방식대로 농사를 지어서 정말로 생산도 더 많이 하고, 이윤도 더 많이 내고, 회복력도 더 구축할 수 있다면, 왜 모두가 자네 방식을 따르지 않을까? 사람들이 왜 자네를 생화학 테러리스트나 장티푸스 메리[27]나 미치광이라고 부르지? 게다가 교회에 다니는 선량한 이웃들까지 왜 자네가 제정신이 아니라고 생각하는 건가?" 나는 이 질문을 거꾸로 뒤집어 생각해 봤다. 이렇게 답해

---

27 ___ 장티푸스 메리Typhoid Mary. 전염병을 옮기는 사람을 일컫는 말.

보면 어떨까?

"그리스도께서 완성하신 사역을 믿기만 하면 될 만큼 구원이 정말 단순하고 쉽다면 왜 모든 사람들이 다 믿지 않는 걸까? 왜 대부분의 사람들이 의식과 순례, (내 표현이 적절하다면) 걱정거리, 의복, 성상, 건축물에 매달리나? 왜 이런 것들을 버리고 그리스도를 영접하지 못하나? 허례허식은 잊고 믿음으로 전진하라. 하나님께서는 지나친 종교성을 드러내는 어떤 요소도 요구하지 않으신다. 왜 다들 이 사실을 믿지 않나?" 왜냐하면 우리는 복잡함을 사랑하기 때문이다. 우리는 모호함과 복잡함을 사랑한다. 이것이 바로 넓은 길이니까.

우리 인간은 단순한 문제를 복잡하고 혼란스럽게 만드는 데 열중한다. 그러니까 퇴비로는 작물재배를 위한 비옥함을 유지할 수 없다. 석유, 화학비료, 유통체계, 스테인리스 강철관이 미로처럼 얽힌 대규모 중앙집중형 가공공장이 필요하다. 위험물질 유출 전담반이 필요하고 환경보호청의 인증마크를 받기 위해서는 치사량 수치가 필요하다. 이를 위해 대학수업과 교수들과 실험에 참여할 더 많은 인력과 더 많은 실험실을 세워야 하며, 비용은 고스란히 납세자가 부담해야 한다.

농장에는 위험물질들을 따로 보관하고 걸어 잠글 특수 공간을 만들어 모험심과 호기심이 넘치는 성가신 어린아이들은 아예 접근하지 못하도록 해야 한다. 문에는 독극물 경고표시를 해야 하고, 또한 독성물질을 분사하려면 특수방호복도 필요하다. 좋다. 정화 인력에서부터 복장, 트럭 사고와 대량유출 관찰기록과 보고에 이르기까지 총체적인 위험물질 산업은 모두 이런 식이다.

다량의 화학비료가 강 하구로 유출되면 조류藻類는 증식하고 물고기는 죽는다. 바야흐로 수질을 관리하고 정부보고서를 발행할 특별전담반이 필요해지며, 배와 시험장비, 더 많은 실험실도 필요해진다. 유출된 화학물질이 멕시코 만에 도달하면, 데드존이 확장되어 수천 명이 생업을 중단할 수밖에 없다. 새우잡이 어선들과 수상유람 산업 전체가 일을 중단하면, 이제 결국 집도 절도 없는 사람들이 다른 일자리를 찾도록 지원할 정부 프로그램이 필요하다.

이쯤 하자. 그래도 퇴비의 경우와 비교해 보자. 먹을 수 있다. 독성도 없다. 퇴비 유출 때문에 병에 걸린 사람이 있다는 소리는 들어 본 적이 없다. 위험물질을 다룰 장비나 방호복도 필요 없다. 탄소(톱밥, 짚, 옥수숫대, 나뭇조각), 질소(거름, 채소와 잔디를 다듬은 뒤 나온 쓰레기), 물, 공기, 미생물(자연 어디에나 흔히 있는 기본 요소) 등등 현장에서 바로 구할 수 있는 재료로 퇴비를 만든다. 실험실도 필요 없고 독극물 경고용 해골표시도 필요 없다.

화학적 접근법은 우리의 영리함, 우리의 자만심에 호소한다. 우리는 대규모 광산, 대형 트럭, 대형 선박, 대형 화학공장, 어마어마한 급여, 거창한 보고서를 전부 훑어보면서 타잔처럼 가슴을 두드리며 외친다. "와, 우리가 얼마나 대단한지 보라고! 무엇이든 할 수 있잖아. 누가 감히 우리를 멈추게 할 수 있겠어! 이 탑을 하늘에 닿을 때까지 세워 보자!" 물론 나는 바벨탑과 바벨탑을 쌓던 사람들이 하나님께서 그 일을 완전히 중단시키시기 전까지 드러냈던 자만심을 은유적으로 암시하고 있다.

왜 우리는 퇴비, 가축 방목, 과일과 채소 같이 기르기라는 단순한 방식으로 식품을 기를 수 없을까? 식품체계 및 영농체계는 왜 이런 대안, 이런 구원의 체계를 포용하지 못할까? 이렇게 하면 기업형 식품체계의 모든 권력과 지위, 특권을 뒤집는 일이 발생할지도 모르기 때문이다. 진리가 널리 받아들여지면 대기업들은 모두 설 자리를 잃고 소수의 괴짜들이 실권을 쥐게 될 수도 있으니까.

넓은 길의 통념

식품과 영농에 있어서 넓은 길은 실제로 꽤나 분명하게 정의할 수 있다. 세계 지도자들이 한통속이 되어 무슨 생각을 하고 있는지는 특별히 똑똑한 사람이 아니라도 다 안다. 이들의 통념은 다음과 같다.

통념1: 자연이 아프니 우리는 자연을 고쳐야 한다 하나님께서 본을 보이신 원형에는 근본적인 결함이 있어서 이 원형이 제대로 작동하도록 인간이 영리하게 바꾸어야 한다? 무언가가 병들거나 아프다면 약품을 써야 건강을 찾을 수 있다? 아픈 동물은 약품의 혜택을 받지 못한 결과다?

이런 관점과 내 관점을 나란히 놓고 비교해 보면 나는 자연의 기본 상태야말로 '건강'의 상태라고 믿는 쪽이다. 무언가 병들거나 아프다면 내가 문제를 일으킬 만한 잘못을 했다는 뜻이다. 친애하는 그대여, 알다시피 우리 기독교인들은 다른 사람들에게는 죄, 즉 잘못을 회개하라고 외치지만 그러고 나서는 상황이 틀어질 때마다 하나님께서 본을 보이신 '건강'의 원형을 깨뜨려 놓고도 아무런 책임을 지지 않는 식품과 영농체계를 애용한다. 우리 기독교인은 신학적 정신분열의 죄를 짓고 있다. 절대 일관성이라고는 없는 행동이다.

삶이 엉망이 되면 제일 먼저 반추하는 거울을 들여다봐야 한다. 내가 무슨 짓을 했기에 하나님과 분리됐을까? 내가 무슨 짓을 했기에 아내가 내게 소리 지를 만큼 화가 났을까? 내가 무슨 짓을 해서 자녀를 노엽게 했을까? 내가 무슨 짓을 해서 친구가 소외감을 느끼게 하고 관계를 경색시켰을까? 내가 무슨 짓을 했기에 이렇게 심각한 재정 문제에 봉착했을까? 기독교 우파에 속하는 우리는 결혼이나 재정, 건강, 행복에 대해 책임지려는 사람이 없다면서 현 사회의 피해의식에 대한 불평만 늘어놓기를 아주 좋아한다.

하지만 우리는 경건의 원리에 복종하기를 철저히 거부하는 물질을 섭취하고 있다. 경건의 원리에는 어떤 것들이 있을까? 매우 단순하다.

동물은 움직인다. 우리는 이 원리가 이단시되는 사회에 살고 있다. 동물을 건물 안에, 때로는 감옥 같은 협소한 우리 안에 가둬 두어야 한다는 논리가 통념이 되었다. 이런 사회에서 동물의 배설물은 토양을 비옥하게 하는 축복의 산물이 아니라 위험한 폐기물이다. 왜 이러나? 아니다. 게다가 바이오가스 촉진제는 답이 아니다. 이를 연소시켜 전기나 디젤 연료를 생산하는 것은 답이 아니다.

동물원에 놀러 가면 우리는 동물을 위해 자연서식지를 만든 동물원의 노력에 다들 갈채를 보낸다. 하지만 막상 그곳에서 식품을 살 때는 그 식품을 만든 업체가 가축이 어떤 환경에서 사육되었는지에 조금도 신경 쓰지 않는 생산체계를 통해 식재료를 구한다는 사실에 대해 전혀 관심을 기울이지 않는다.

다년생식물이 일년생식물보다 뛰어나다. 내 말을 경청해 주기 바란다. 다년생식물은 한살이가 1년 이상인 식물이다. 나무, 풀, 아스파라거스 등등이 다년생식물이다. 일년생식물은 매해 심어야 하는 식물로 옥수수, 콩, 사탕수수, 목화, 밀, 쌀 등이 있다. 납세자들은 이 중 어느 쪽을 보조하고 있을까? 오직 일년생식물이다. 그러나 하나님께서 본을 보이신 원형에 따르면 다년생식물이 가장 중요하다. 일년생식물은 그다음이다.

탄소순환. 지난 수십 년 전까지만 해도 세계는 태양이 만드는 탄소순환에 의지해 왔다. 초식동물, 휴식, 주기적인 자연의 간섭 현상하에서 깊고 비옥한 토양이 만들어진다. 화학비료는 지금까지도, 앞으로도 언제까지나 완전히 불필요하며, 이는 오히려 체계를 악화시킬 뿐이다.

재배종 다양화. 동물 없는 생태계가 존재하지 않듯 단일재배도 존재하지 않는다. 하나님께서는 식물과 동물이 복잡한 관계를 이루어 공생하며 동반상승 효과를 내도록 설계하셨다. 농장은 다양성으로 이루어진 모자이크와 같아야 한다. 공장식 농장을 향해 이런 말을 하라.

현지 중심. 유전학에서부터 종種, 토양의 유형에 이르기까지 자연은 그 무엇에든 맞춤 적용한다. 어디에나 적용되거나 중앙집중적인 공식에 의거한 적응이 아니고 현장 정보에 따라 적응한다. 마찬가지로 시장도 근본적으로 세계를 대상으로 하기보다는 현지에 맞춰져야 한다. 버지니아주에서 바나나를 살 수 없다는 뜻은 아니지만 현지에서 재배할 수만 있다면 그렇게 해야 한다는 말이다. 국제운송을 최소화하고 현지 조달을 최대화해야 한다.

여러분이 생각할 수 있는 최소한의 경우이지만, 오늘날의 통념이 하나님의 단순한 원리들로부터 얼마나 멀리 벗어나 있는지는 금세 알아차릴 수 있으리라. 자연에 근본적인 결함이 있다는 견해는 결국 수많은 추론으로 이어지는데, 그중 일부는 앞서 광범위하게 다루었다.

예컨대 '생명이 원래 생물체라기보다는 기계'라는 발상이 생각을 왜곡시켜 생명을 경외심의 대상으로보다는 수리와 재가공의 대상으로 바라보게 한다. 만일 돼지가 기계일 뿐이라면 또는 닭이 기계일 뿐이라면, 우리가 어설프게 손을 대도 괜찮다는 감정적인 면허와 심리적인 권한을 모두 갖게 된다. 부리를 잘라라, 꼬리를 잘라라, 여기서 유전자 몇 개를 빼내라, 저기에는 유전자 몇 개를 넣어라, 오늘은 이런 약물을, 내일은 저런 호르몬을 주입해라. 이런 모든 일은 플라스틱 장치나 자동차 부품 조작하는 일과 비슷하다. "더 빠르게! 더 뚱뚱하게! 더 크게! 더 값싸게!" 아무런 도의적 제약을 받지 않는 주문이 되고 만 구호들! 생물이 지닌 각양각색의 특징에 대한 경외나 존중심은 아예 전혀 없다.

통념2: 효율성을 높이려면 단일재배가 필요하다 다양한 종을 재배하여 농장을 효율적으로 운영할 수 있다는 개념은 더 이상 통념에 속하지 못한다. 지속가능한 농업경제학의 권위자인 존 이커드John Ikerd 교수의 말처럼 모든 것이 '특수화, 간소화, 관례화, 기계화'로 나아가고 있다. 예컨대 낙농장에서 돼지를 사육하면 범죄라는 규정을 곳곳에서 볼 수 있다. 반면 다행히도 스위스는 알프스 고산지대에 위치한 목초지에서 치즈를 만들고 나서 남은 유장乳醬을 돼지 사료로 쓰는 방식으로 전체 농축산 체계를 세웠다.

산업형 공장에 보낼 닭을 기른다면, 동일 장소에서 다른 용도로는 닭을 기를 수 없다. 심지어 개인적인 소비 목적으로도 안 된다. 집 뒷마당에 풀어놓고 기를 수도 없다. 농산물을 기를 경우에는 채소밭에 동물을 들이지 못하도록 금지하는 여러 규제를 받는다. 역사적으로 흔히 행한 과수원이나 포도원에서의 방목도 마찬가지다. 채소를 재배하려면 5세 미만 아동에게는 농장 견학을 허락하지 않겠다는 공증문서에 서명해야 하는 경우도 있다. 왜? 잠재 위험물질인 기저귀가 유입되는 통로를 막기 위해서다.

나 같은 이단자들은 관점이 완전히 다르다. 우리는 다양성과 재배종 다양화뿐 아니라 복잡하게 얽힌 적층의 배열방식이 지닌 힘을 믿는다. 적층방식은 동일 공간 또는 근접 공간을 사용하는 복수의 사업체에 적용하는 영속농업 개념이다. 예컨대 우리 농장의 경우에는 소, 산란계, 영계, 칠면조, 양을 각기 다른 시간대에 동일 목초지에 풀어놓고 기른다.

이런 방식의 모든 재배종 다양화 기법을 통해 병원균 교란이라는 또 다른 효과를 얻을 수 있다. 병원균 교란은 유익한 것이다. 병원균은 대부분 종 특이성이 있다. 분명 우리는 병원균을 교란하고 싶어 한다. 이런 방식들은 모두 단일종 모델에 비해 단위면적당 생산성이 훨씬 더 높다.

마지막 유익 한 가지는 바로 손목터널증후군이 생기지 않는다는 점이다. 또한 다양성을 충분히 누리는 식품체계와 영농체계에는 많은 다양한 절차가 요구된다. 정비 작업의 경우 1시간 단위로 각기 다른 형태의 노동이 필요하다. 하루 종일 다양한 근육운동을 차례로 하게 된다. 참으로 다양성은 인생의 묘미다. 그러나 산업형 체계가 장려하는 농장의 유형을 떠올려 보라. 다양성도 없고 자연의 견제와 균형도 아예 없다.

농장은 예술의 형태로 여겨져야 한다. 농장은 풍경을 이루는 조형물이다. 따분하게 늘 똑같기만 한 모습이어서는 안 된다.

통념3: 가정에 주방은 필요 없다   오늘날 이런 통념이 성행하는 이유는 요리를 대신 해 주는 존재 덕분이다. 슈퍼마켓에서 판매하는 1인분 포장식품이 자리에 앉아 제대로 챙겨 먹는 가정식을 대체하면서 이제는 가장 흔한 식품 선택지가 되었다. 간편식을 선호하면서 조리과정에 더 이상 참여하지 않게 되다 보니, 불과 몇십 년 전까지만 해도 상상할 수 없던 수준으로 식품에 무지해졌다.

기독교인들은 이런 간편식품 중독과 맞서 싸워야 한다. 구원에 관해서는 단순하게 믿지도 못하고 불안해하면서도 간편식 문화에 대해서는 눈 하나 깜짝 하지 않고 나머지 사회 구성원들과 엄격하게 보조를 맞추고 있다니 기가 막히다. 도대체 언제부터 뭐든 공짜로 얻게 되었단 말인가? 육체의 필요를 영양보충 캡슐만으로 다 채울 수 없듯이 영혼의 필요를 채울 때도 영양보충 캡슐만으로는 부족하다.

나 같은 이단자는 가정중심의 태도가 '정직한 식품'의 토대라고 믿는다. 우리는 예배에 참석하는 일의 중요성에 대해서는 이야기하지만 가족이 식사 자리에 함께 모이는 일의 중요성에 대해서는 이야기하지 않는다. 가정에서 요리하는 일은 먹거리에 참여하는 일이며, 이는 매일의 헌신이 우리 삶을 위한 하나님의 소망에 참여하는 길인 것과 마찬가지이다. 이 둘 사이에 깊은 유사점이 있다. '함께 기도하는 가족이 함께한다'는 격언은 육체의 경우에 있어서도 똑같이 유효하다. 즉 함께 먹는 가족이 함께한다.

이런 통념들에 맞서 기독교 공동체가 일제히 일어난다는 상상을 해 보라. 말 그대로 우리 문명을 뒤엎을 사건이 될 테고, 나는 그것이 좋은 일이라고 기독교 우파에 속한 우리 대부분을 대변할 것이다. 우리는 사회의 비리에 대해 서로 조바심치고 화를 낸다. 그러면서 정작 하나님께서 당신의 피조물을 위해 세우신 좁은 길을 거스르고, 부정하고, 폄하하는 통념에 동조하는 우리 자신에 대해서는 어떤가?

하나님께서는 많은 일에 있어 좁은 문 원리를 적용하도록 하셨는데, 그래서 내게는 하나님께서 우리가 찾고, 묻고, 두드리며 구하고, 문을 찾아 통과하기를 원하신다고 믿는 일이 자연스럽다. 하나님께서는 우리가 무슨 일을 하든 상관하지 않고 그대로 내버려두시는 분이 아니다. 하나님께는 가정과 도덕과 재정, 토지와 생태계를 다스리시는 구체적인 방식이 있다. 기독교 공동체에 속한 우리는 깨달아야 한다. 하나님께서 본을 보이신 원형을 전심으로 찾고 누려야 하며, 이를 통해 하나님의 소망을 제대로 이해하도록 귀결되는 영적인 절차도 만들어 낼 수 있다는 사실을 말이다.

19—
자연의
질서에 맡기기 ^{의존 vs 독립}

나에게 능력을 주시는 분 안에서, 나는 모든 것을 할 수 있습니다.

빌립보서 4장 13절

성경 전반에는 우리가 하나님을 의지해야 한다는 직접적인 경고와 비유의 말씀이 넘쳐 난다. 하나님의 가슴을 아프게 하는 순간을 꼽으라면 바로 사람들이 독립적인 면모를 키워 하나님의 소유권과 통치권에 반기를 들 때이다.

　　포도나무와 가지에 관한 유명한 담론에서 예수님은 이렇게 말씀하신다. "내 안에 머물러 있어라. 그리하면 나도 너희 안에 머물러 있겠다. 가지가 포도나무에 붙어 있지 아니하면 스스로 열매를 맺을 수 없는 것과 같이, 너희도 내 안에 머물러 있지 아니하면 열매를 맺을 수 없다. 나는 포도나무요, 너희는 가지이다. 사람이 내 안에 머물러 있고, 내가 그 안에 머물러 있으면, 그는 많은 열매를 맺는다. 너희는 나를 떠나서는 아무것도 할 수 없다."(요 15:4-5) 이 말씀은 관계의 친밀함을 보여 주는 동시에, 우리가 하나님께 온전히 그리고 전적으로 의존해야 함을 강조한다.

성경에서 가장 유명한 말씀 가운데 하나인 시편 23편 말씀은 어떠한가?

주님은 나의 목자시니, 내게 부족함 없어라. 나를 푸른 풀밭에 누이시며 쉴 만한 물 가로 인도하신다. 나에게 다시 새 힘을 주시고, 당신의 이름을 위하여 바른 길로 나를 인도하신다. 내가 비록 죽음의 그늘 골짜기로 다닐지라도, 주님께서 나와 함께 계시고, 주님의 막대기와 지팡이로 나를 보살펴 주시니, 내게는 두려움이 없습니다. 주님께서는, 내 원수들이 보는 앞에서 내게 잔칫상을 차려 주시고, 내 머리에 기름 부으시어 나를 귀한 손님으로 맞아 주시니, 내 잔이 넘칩니다. 진실로 주님의 선하심과 인자하심이 내가 사는 날 동안 나를 따르리니, 나는 주님의 집으로 돌아가 영원히 그곳에서 살겠습니다. (시 23:1-6)

우리를 돌봐 주시는 하나님, 그리고 베풀어 주심 속에 평안히 거하는 우리의 모습을 이보다 더 아름답고 강력하게 표현한 글은 없을 것이다. 친밀한 의존관계를 은유적으로 그려 내면서 식물과 동물을 어떤 식으로 묘사하는지 잘 살펴보면 좋다. 사실 양을 돌보거나 포도나무 가지를 다듬어 본 경험이 전혀 없다면 이 은유의 깊이와 넓이를 온전히 이해할 수는 없겠다. 농사를 통한 실물교육을 몸소 받아야 이 은유가 마음속에 생생히 살아 움직인다.

사람이 바꿀 수 있는 것과 없는 것

영속농업을 시작하려면 토지의 주인은 1년 동안 아무 일도 하지 말아야 한다. 대신 꼬박 1년 동안 한 달에 하루는 꼭 토지를 방문해야 한다. 메모장을 들고 둘러보다 보면 토지 본래의 성향과 패턴에 관한 정보를 얻을 수 있다.

예컨대 자료수집차 방문한 길에 습지를 발견하는 경우, 이런 곳은 도로를 낼 때는 피해야 하지만 연못 부지로는 아주 좋다. 눈이 많이 쌓이는 곳은 어디며, 바람이 불어 눈을 깨끗이 쓸어 버리는 곳은 또 어디인가? 매번 눈이 쌓이는 곳은 더 습하기는 하지만 토양 동결도 방지된다. 두툼한 담요처럼 땅을 덮은 눈이 단열효과를 내기 때문이다. 공기는 시냇물, 혹은 터널 같은 통로를 통해 지역 구석구석으로 흘러간다. 따뜻한 통로가 어디인가? 바로 그곳은 서리에 취약한 식물을 심기에 적소이다.

영속농업 개념 혹은 원칙 중 가장 마음에 와 닿는 하나는 어느 구역에 어떤 유형의 토종 식생이 자라는지 주목하라는 개념이다. 나무를 휘감으며 격자 모양으로 쭉쭉 뻗어가는 야생 포도나무 덩굴로 빽빽한 지점을 발견하면, 그곳은 두말할 필요도 없이 재배용 포도를 기르기에 안성맞춤인 곳이다. 야생 블랙베리가 드문드문 보이는 곳을 찾으면, 열매나무류를 기르기 좋은 곳이라는 의미이다. 핵심은 우리가 무엇을 심고 싶은가 보다는 그 땅이 무엇을 선호하는지를 파악해야 한다는 데 있다. 이러한 영속농업 정신 혹은 자세는 생태계 위에 군림하려는 태도보다는 기후와 지형과 자원 토대에 의존하는 태도를 길러 준다.

영속농업의 이러한 '의존 개념'이 매우 고마운 까닭은 주어진 자원

토대 범위 내에서 창의성을 발휘하도록 틀을 마련해 주기 때문이다. 토지의 수자원을 최대한 활용하여 지형을 설계하는 키라인 설계keyline design를 개발한 호주의 농부이자 기술자이며 물 천재인 요맨스P.A. Yeomans는 이른바 '영속성 단계'라는 개념을 고안했다. 이제 이 개념은, 아내 리사Lisa와 함께 레그래리언스Regrarians사를 설립하여 활동 중인, 호주 출신의 또 다른 천재 대런 도허티가 10단계로 수정해 놓았다.

이 개념에 따르면 영속성의 단계는 가장 영구적인 단계에서부터 가장 가변적인 단계로 배열된다. 다시 말해, 가장 바꾸기 힘든 부분을 첫 번째 단계로, 가장 바꾸기 쉬운 부분을 마지막 열 번째 단계로 분류한다. 이 목록은 우리에게 제한과 자유를 둘 다 제공한다. 우선 경계를 밝혀 범위를 제한해 주기에 어차피 바꿀 수 없는 일에 괜스레 조바심내거나 시간을 낭비하지 않아도 된다. 마찬가지로, 바꿀 수 있는 일에는 자유롭게 뛰어들어 매진할 수 있다. 나는 이러한 단계 구분이 인간이 생태계에 의존하는 정도를 측정하는 가장 심오한 방법이라고 생각한다. 이 단계에 따라 바꿀 수 있는 부분을 바꿔 나가다 보면, 환경발전의 혜택과 책임이 지역별로 불공평하게 분배되는 문제를 완화하고 새로운 환경 형평성을 성취할 수도 있다. 대런 도허티가 '게임의 규칙'이라고 이름 붙인 10단계를 소개하겠다.

1. **기후.** 있는 그대로 받아들이는 수밖에 없다. 미국 동부 버지니아주에 위치한 우리 농장에서 바나나 재배로 대성공을 거두겠다고 큰소리친다면 얼마나 어리석은 일이겠는가. 강수량, 평균 온도, 경도, 위도는 내 힘으로 바꿀 수 없다. 그저 의존할 수밖에! 다만, 태양열을 이용한 온상溫床이나 온실 등을 만들어 계절을 연장하는 효과를 얻을 수는 있다. 이처럼 어느 정도 조정은 가능하지만, 딱 그만큼일 뿐 더 이상의 변화는 불가능하다.

2. **지리.** 대런은 이를 '보드게임'이라고 부른다. 여기에는 지형, 인구 변동, 지질이 다 포함된다. 여러분은 언덕을 평지로, 늪을 구릉으로 바꾸려 들지는 않을 것이다. 그러나 요맨스가 저서 《모든 농장을 위한 물Water for Every Farm》에서 제안한 대로, 토지에 흐르는 자연적인 물의 흐름을 지도에 등고선으로 표시해 가며 농장을 설계하면 전략적으로 연못을 배치하여 물을 확보할 수 있게 된다.

3. **물.** 물은 만물에 동력을 공급하는 연료다. 물을 활용하고 저장하며 배분하는 일이 영속농업의 핵심이다. 플라스틱 배수관을 이용하면 개울이나 샘이 없는 곳에도 물을 공급할 수 있다.

4. **접근성.** 고대 로마 시대에 건설한 도로, 인도, 통로가 여전히 유럽 전역에 뚜렷이 남아 있다. 유지보수하기도 쉽고 물을 저수지로 흘려보내는 도랑으로도 활용할 수 있게끔 전략적으로 길을 조성해야 한다.

5. **삼림.** 나무는 더디게 변하지만, 가지치기나 전략적 풀매기를 비롯한 각종 유용한 조림造林 활동으로 변화의 속도를 높일 수 있다. 장기적으로 얼마나 많은, 그리고 어떤 종류의 나무를 원하는가? 나무는 연료, 목재, 탄소와 야생동물 서식지를 제공하고, 침식을 방지하며, 물의 순환과 증산蒸散 작용을 돕는다. 우리는 나무에 의존하여 살아간다.

6. **건물.** 이동가능한 형태가 최저비용으로 최고효율을 거둘 수 있으므로 바람직하다. 건물은 어쩔 수 없이 노후된다. 기반시설이란 것이 경제나 기술, 미래 소유주의 이익 등 우리가 통제할 수 없는 요인들에 의존한다는 사실을 깨달으면, 간편하고 저렴하며 다용도로 사용할 수 있고 개조하기도 쉬운 구조물을 선호하게 되리라.

7. **울타리.** 위에서 논의한 건물과 동일하다. 경험상 얻은 법칙 하나는 개울, 연못, 정원, 진입로 주변처럼 명백하고 꼭 필요한 곳에만 울타리를

설치한다는 원칙이다. 그 외에는 모두 이동가능한 상태로 유지하면 좋다. 무엇이든 3년간 옮기지 않고 그대로 놔두면 영구적으로 변하고 말아 이동이 어렵다. 우리 농장에서는 모든 울타리를 지형선地形線을 따라 설치한다. 일직선으로 뻗은 울타리는 하나도 없고 모두 지형을 따라 구불구불하다. 이보다 더 의존적일 수 있겠는가?

8. **토양.** 우선 토성도土性圖, 즉 토양 성분과 성질을 색채로 나타낸 지도를 참고하는 일부터 시작해도 좋겠지만, 모든 토양은 관리만 잘 하면 개선할 수 있다. 물 보존능력이 뛰어난 중점토重粘土인지, 배수능력이 뛰어난 경토輕土인지에 따라 농법도 달라진다. 바로 이런 규칙을 위반하면 지금껏 그랬듯이 앞으로도 생태계는 크게 훼손된다.

9. **경제.** 경제는 호황일 때도 불황일 때도 있고 우리 중 어느 누구도 손쓸 수 없는 영역이긴 하다. 하지만 우리가 상품을 내다 파는 방식, 소비자와 상호작용하는 방식이 결국 우리의 성공을 판가름한다. 그렇다. 우리가 거시경제를 변화시킬 수는 없지만, 우리 개개인 사이의 미시경제는 크게 변화시킬 수 있으니까 말이다.

10. **에너지.** 우리는 석유 의존도가 높은 시대에 살고 있고, 누구도 동네 주유소의 경유 가격을 마음대로 바꿀 수 없다. 하지만 농장 운영방식을 태양동력 체계로 바꿔 갈 수는 있는데, 태양 전지판을 설치하는 방법도 있고 식물의 잎사귀를 풍성하게 관리하여 바이오매스 생성을 늘리는 방법도 있다. 물론 이 분야는 앞으로 더 많이 발전하리라 예상된다.

지금까지 살펴본 대로, 영속성의 10단계는 우리가 각 단계에 얼마나 의존적인지를 명백히 보여 주면서 동시에 제한된 범위 내에서 수많은 혁신의 기회가 있음을 알려 준다. 오늘날 산업형 농부들 사이에 오가는 논의와 얼마나 다른 논의인가! 산업형 농부들은 질환과 질병, 악취와 침식이 만연하고, 물품 가격이 요동치며 경제적으로 취약한 세상에 살고 있다. 내가 보기에, 먼저 자연에 대한 의존성을 인정하면 결과적으로 사회에 책임을 다하는 혁신에 다다를 자유를 얻게 된다.

친애하는 여러분, 아시다시피 우리는 막강한 권력을 휘두르는 지적인 과학기술주의자들이 인류가 생태계에 연결된 의존성의 탯줄을 끊어낼 수 있다고 대중에게 일방적으로 설득 공세를 펼치는 시대를 살고 있다. 우리가 지구라고 부르는 이 둥지는 결코 우리를 통제할 수 없다고, 하나님이 정하신 패턴 따위는 존재하지 않는다고, 설령 존재한다 하더라도 영리한 인간의 두뇌가 궁리해 내는 대로 바뀌게 된다고 주장한다. DNA가 작동하는 방식이 마음에 안 들면 유전자 절개 대포로 DNA를 폭파해 버리고 우리 상상대로 다시 만들 작정들을 하고 있다.

그런 식이라면, 하나님의 말씀이 마음에 안 들 경우 우리 시대에 맞게 고치면 그만이다. 하나님을 여자로 만들고, 그리스도를 통해서만 구원받을 수 있다는 배타성은 삭제해 버리고, 몇 가지 규칙을 추가하며, 고등 비평을 통해 부활을 비롯한 각종 기적을 설명하려 들기도 한다. 편리한 대로 바꿔 놓고는 이를 신학적 발전이라고들 부른다.

영화 〈스타 트렉〉 수준으로까지 우리 신체를 발전시킬 수 있을까? 우리가 사는 이 시대에는 지극히 평범한 사람마저도 토양, 공기, 물과의 불편한 관계를, 지구의 태胎에 의존하는 성가신 관계를 인간이 끊어 낼 수 있다고 믿는다. 우리는 음식도 지렁이도 토양도 필요 없는 우주의 이상향을 향해 출항하려고 한다. 하루하루 생태환경에 대해 생각할 필요도, 관여하거나 신경 쓸 필요도 없는 곳으로.

실제로 우리는 자연을 찾아 나간다. 자연과 완전히 단절되어 살기에 마치 자연이 다른 어딘가에 있기라도 하듯 공원이나 국유림, 황야를 찾아간다. 여러분, 우리가 바로 자연이다. 우리는 자연의 일부다. 집에서도, 평범한 일상 속에서도, 축구 경기를 하면서도, 저녁 식사를 하면서도 마찬가지다. 우리는 분명 자연의 가장 자연스러운 부분이다. 우리는 창조물에서 분리되지 않았으며, 오히려 창조물을 돌보는 주요 관리인이다.

이에 대해서는 필자의 저서 《여러분, 이건 정상이 아닙니다》에서, 탁월한 기술력을 갖춘 오늘날 우리 문화의 생활양식이 역사를 통해 이어져 온 문명의 규범을 조롱하는 수많은 방식들에 대해 상세히 다루었다. 젊은이들과 직접 소통하고 그에 대한 응답으로 집필한 이 책에서 젊은이들은 자신이 지렁이와 탄소주기, 그리고 자기 몸에 존재하는 3조 개의 개체군보다 이어폰과 스마트폰과 노트북에 훨씬 더 의존하고 있다고 밝혔다.

하나님의 패턴을 적극적으로 따르기에, 나는 일부 혁신을 비판적으로 바라보게 된다. 가령 과학자들은, 분명 몇몇 기독교인 과학자들도, 새로운 GMO를 만들어 냈다며 기뻐 날뛰지만, 내 눈에는 하나님 면전에 내고 주먹질을 하는 것과 다름없어 보인다. 이제 논의의 핵심에 이르렀다. 그렇지 않은가? GMO를 만들어 낸 기독교인들은 성경공부 시간에 이렇게 간증할지도 모른다. "오늘 하나님의 도우심으로 실험실에서 놀라운 일을 이룰 수 있었습니다. 드디어 저 성가신 종種의 장벽을 뚫었거든요. 덕분에 이제 탄자니아의 배고픈 아이들을 먹일 수 있게 됐습니다. 실험실에서 일할 때 성령님께서 제 마음에 감동을 주시는 느낌이 들었습니다. 최종 실험 때 성령님께서 우리 팀 위에 임하셨고, 마침내 실험에 성공했습니다. 아, 우리가 섬기는 하나님은 정말 놀라운 분이십니다. 제가 세상의 기아와 농작물 생산 문제를 해결하는 데 보탬이 될 수 있도록 해 주신 하나님께 감사드립니다."

실제로 이미 몇몇 기독교인이 돼지의 몸에서 스트레스 유전자를 뽑아내는 프로젝트에 참여하고 있다. 공장식 농가에서 자라는 돼지는 스트레스를 많이 받기 때문에 서로 자주 싸우고 이는 또 다른 문제들로 이어진다. 과학자들은 그 성가신 스트레스 유전자만 제거해 버리면 돼지의 돼지다움에 한층 더 끔찍한 공격을 가해도 돼지가 신경 쓰지 않을 것이라고 생각한다. 친애하는 친구여, 어떤가? 기독교인이 지지해도 되는 프로젝트, 기도로 하나님께 지혜를 구해도 되는 프로젝트, 성공하면 기쁨에 겨워 축하해도 되는 그런 프로젝트로 들리지 않나? 그런데 내가 뭐라고 감히 저들을 향해 기독교인이라면 이런 연구에 착수해서는 안 된다고 주장할까!

순종이 제사보다 낫고

내가 가장 좋아하는 성경 말씀이자 죄에 대해 가장 큰 깨달음을 주시는 말씀은 사무엘상 15장에 나온다. 맥락을 살펴보면, 하나님께서 이스라엘의 첫 번째 왕 사울에게 이스라엘 백성을 위협하는 적들을 진멸하도록 능력을 부어 주셨다. 사울은 거침없이 승전에 승전을 거듭한다. 이스라엘 백성의 요구에 하나님께서 허락하셔서 마지못해 사울을 왕으로 세운 대제사장 사무엘은 사울을 보내 아말렉 족속을 진멸하도록 한다.

사무엘은 하나님의 분명한 명령을 사울에게 전한다. "너는 이제 가서 아말렉을 쳐라. 그들에게 딸린 것은 모두 전멸시켜라. 사정을 보아 주어서는 안 된다. 남자와 여자, 어린아이와 젖먹이, 소 떼와 양 떼, 낙타와 나귀 등 무엇이든 가릴 것 없이 죽여라."(삼상 15:3) 너무나 분명하지 않은가? 아말렉 족속은 오랫동안 이스라엘 백성에게 가시 같은 존재였다. 하나님의 자비를 넘어서는 완전한 심판의 때가 이르러, 이제 하나님께서는 아말렉 족속을 땅에서 진멸하기 원하셨다. 친애하는 여러분, 여러분은 하나님 명령에 끼어들어 방해하고 싶지 않을 것이다. 여러분 본인의 뜻이 아니라 하나님의 뜻을 따라 하나님께 나아가고 싶을 것이다.

어쨌든 사울은 20만 군사를 모아 아말렉 땅으로 향하고, 하나님께서는 사울이 대승을 거두도록 하신다. 성경은 명백하게 기록하고 있다. "그런 다음에 사울은, 하윌라에서부터 이집트의 동쪽에 있는 수르 지역에 이르기까지, 아말렉 사람을 쳤다. 아말렉 왕 아각은 사로잡았고, 나머지 백성은 모조리 칼로 쳐서 없애 버렸다. 그러나 사울과 그의 군대는, 아각뿐만 아니라, 양 떼와 소 떼 가운데서도 가장 좋은 것들과 가장 기름진 짐승들과 어린 양들과 좋은 것들은, 무엇이든지 모두 아깝게 여겨 진멸하지 않고, 다만 쓸모없고 값없는 것들만 골라서 진멸하였다."(삼상 15:7-9)

우수품종을 알아보고 훗날 이스라엘 가축 유전자 공급원으로 쓰기 위해 남겨 둔 사울의 지략에 어찌 박수를 보내지 않을 수 있겠나? 내 말은, 결국 이런 행동이 권리 책무에만 충실히여 창조물을 잘 돌보는 행위라는 뜻이다. 가축을 품종개량하는 일이야말로 우리가 마땅히 해야 할 일이다, 그런가? 우리는 이런 식으로 지배권을 표현하고 있다. 세상에. 사울은 가장 좋은 소와 양을 남기면서 필시 노숙자들을, 세상의 기아를, 도움이 필요한 농부들을 염두에 두었으리라. 지극히 숭고한 포부가 아닌가.

어느 분별 있는 사람의 해석에 따르면, 사울은 멋지게 성공했고, 하나님께 잘했다 칭찬받고 축하하며 "쿰바야!"[28]를 부르는 단합모임에 참여할 자격도 있었다.

하지만 사건은 사울 그리고 그 휘하의 장수들의 생각과 같지 않았다.

---

28 쿰바야Kumbaya. '주여, 여기 오소서.'라는 의미의 흑인영가로 미국에서 캠프파이어 애창곡으로 널리 불림.

이들이 점령지에서 대승을 자축하며 잔치를 벌이는 동안, 하나님께서는 사무엘에게 이렇게 말씀하셨다. "사울을 왕으로 세운 것이 후회된다. 그가 나에게서 등을 돌리고, 나의 명령을 따르지 않는다."(삼상 15:11) 이런! 내가 놀랍고 대단한 일을 해내며 성공을 거두는데 하나님께서는 이를 기뻐하시지 않을 수도 있다는 말인가? 친애하는 여러분, 맞다. 그럴 수 있다!

사무엘은 사울과 대면하기 위해 전쟁터로 향하고, 마침내 길갈에서 그를 만난다. 사울은 흡족한 마음으로 만면에 미소를 띠고 유쾌한 발걸음으로 걸어 나와 사무엘을 맞이한다. "주님께서 주시는 복을 받으시기 바랍니다. 나는 주님의 명령대로 다 하였습니다."(삼상 15:13)

사무엘이 묻는다. "나의 귀에 들리는 이 양 떼의 소리와 내가 듣는 소떼의 소리는 무엇입니까?"(삼상 15:14)

사울은 그럴싸한 핑계를 댄다. "백성들 때문에 그랬다." "제사 제물로 사용하려고 했다." "그렇게 큰 문제는 아니다."

이때 성경 전체에서 가장 심오한 말씀 두 구절이 이어진다.

사무엘이 나무랐다. "주님께서 어느 것을 더 좋아하시겠습니까? 주님의 말씀에 순종하는 것이겠습니까? 아니면, 번제나 화목제를 드리는 것이겠습니까? 잘 들으십시오. 순종이 제사보다 낫고, 말씀을 따르는 것이 숫양의 기름보다 낫습니다. 거역하는 것은 점을 치는 죄와 같고, 고집을 부리는 것은 우상을 섬기는 죄와 같습니다. 임금님이 주님의 말씀을 버리셨기 때문에, 주님께서도 임금님을 버려 왕이 되지 못하게 하셨습니다." 사울이 사무엘에게 간청하였다. "내가 죄를 지었습니다. 주님의 명령과 예언자께서 하신 말씀을 어겼습니다. 내가 군인들을 두려워하여, 그들이 하자는 대로 하였습니다." (삼상 15:22-23)

잠시 멈추고, 가만히 생각해 보자.

마음이 몹시 여린 기독교인이라면 이쯤에서 눈물이 흐르리라. 사울에게서 나 자신의 모습을 보니까. 방어적이며, 내 멋대로 하되, 의도는 선하다. 하지만 하나님께서는 감동하지 않으시고, 사무엘이 하나님의 명령을 전달하자 사울은 한번만 더 기회를 달라고 청한다. 사울은 돌연 태도를 바꾼다. "내가 죄를 지었습니다. 주님의 명령과 예언자께서 하신 말씀을 어겼습니다."(삼상 15:24) 그러나 너무 부족하고 너무 늦었다. 하나님께서는 우리에게 순종, 의존, 존경을 원하신다. 여러분이 할 수 있는 가장 거룩한 종교활동이 무엇이겠는가. 성찬 참여? 세례 받기? 교회 예배 참석? 설교? 선교지로 가기? 사명에 헌신하기?

하나님께서는 유대종교에서 경험할 수 있는 가장 신성한 부분, 즉 희생제사를 언급하시면서 이조차도 순종에 비할 바가 아니라고 말씀하신다. 사무엘은 겸손하게 의지하던 사울의 초년 시절을 상기시키면서, 왕의 지위가 바로 순종에 달려 있음을 이해시키려고 애쓴다. 순종이 최고의 제사이며, 최고의 예배 행위다.

실제로 하나님께서 악하다고 여기시는 일을 업적으로 칭송하는 단체가 얼마나 많은가? 아, 칼뱅의 5대 교리를 믿는 이들조차 정신이 번쩍 들 것이다. 다들 아시겠지만, 결국 인간의 가장 큰 비극 가운데 하나는 하나님께서 악하게 여기시는 일에서 성과를 올리고 있다는 데 있다. 우리 생각에는 대단해 보일지도 모른다. 심지어 선한 의도에서 한 일일 수도 있다. 친구들은 우리가 이룬 일에 박수를 쳐 줄지도 모른다. 하지만 문제는, 과연 그 일이 하나님을 기쁘시게 하는 일인가에 있다.

세계의 기아와 싸우는 일이 아무리 숭고하다 해도, 내 계획이 과연 하나님을 기쁘시게 하는가? 질병을 막는 일이 아무리 숭고하다 해도, 그

치유법이 하나님을 기쁘시게 하는가? 이는 모두가 답을 알고 싶어 하는 중요한 질문이며, 이런 질문을 통해 구하고, 묻고, 문을 두드려야 한다. 간단히 말하자면, 유전자 절단 성공으로 기뻐 우쭐대는 기독교인 과학자는 아말렉 정복으로 기뻐 우쭐대는 사울과 다를 바 없다는 생각이다. 하나님께 부여받은 관리 책무의 기준을 위반하는 일을 한다면, 이는 옳은 일인가 아니면 악한 일인가?

이는 강경한 표현이다. 모든 독자가 모든 문제, 모든 면에서 나와 의견을 함께하기를 기대하지는 않는다. 하지만 기독교 공동체가 과감히 이 문제들과 씨름해 보기를 간청한다.

내게는 하나님의 원칙을 의지하는 일이야말로 영감의 원천이요 활력의 근원이다.

매일 아침, 하나님의 채워 주심에 온전히 의지하면서 잠에서 깰 수 있다니 얼마나 벅찬 일인가! 하나님은 우리가 실패하기를 바라는 주인이나 상사가 아니시다. 우리에게 재능을 부여하시고 문제 해결방법을 일러 주시길 기뻐하는 분이시다. 우리가 해야 할 일은 배우려는 자세로 우주의 창조주 앞에 나아가고, 아낌없이 부어 주시는 답들을 누리기만 하면 된다.

이렇게 의존할 때 우리는 더 이상 양과 질 사이에서 긴장하지 않아도 된다. 산업형 농업계는 철저히 대량생산에만 몰두한다. 어떻게 해야 더 많이, 보다 더 많이 생산할까? 온통 그램, 킬로그램, 숫자에 관한 이야기뿐이다. 더 비대하게, 더 빠르게, 더 크게, 더 싸게. 오늘 당장의 돈. 오늘 당장의 이익 관련 이야기. 그러는 동안 생태계 면역체계는 무너지고, 토양이 침식되며, 물은 독성물질로 오염되고, 대수층이 감소하며, 질병이 확산되고, 식품 알레르기가 급증하고, 식중독 유발균은 돌연변이를 일으켜 환경에 적응해 가며 급속도로 퍼져 간다.

하나님께서 사울에게 하신 말씀은 아주 단순하여, 이렇게 바꿔서 말할 수도 있다. "평생 성찬식을 행하는 것보다 하루 순종하는 편이 낫다." 친구여, 정신이 번쩍 들게 하는 말씀이다. 하지만 믿기 힘들 정도로 자유를 선사해 주시는 말씀이기도 하다. 별안간 목표가 '양'에서 '질'로 변하기 때문이다. '얼마만큼?'이 아니라 '왜?'가 중요하다는 말씀이다.

별안간 예배하러 가는가의 문제가 아니라 '올바른 곳에서 예배하고 있는가?'가 중요하게 되었기 때문이다. 이 농장에서 얼마나 많은 닭을 생산할 수 있는지가 문제가 아니다. '하나님을 기쁘시게 하고, 사람들을 건강하게 하며, 창조물을 맡겨 주신 창조주께 제대로 보답하는 방식으로 닭을 기르고 있는가?'가 중요하게 되었기 때문이다. 이것이 바로 온전한 자유를 말한다.

물론 우리 농장에서는 우리가 전심으로 순종할 때 그 외의 모든 것들이 저절로 해결된다는 사실을 발견하고 있다. 당연히 이것이 바로 하나님이 공급하시는 방식이다. 그렇지 않은가? 하나님은 인색하게 혹은 마지못해 보상하시는 분이 아니시다. "너희는 온전한 십일조를 창고에 들여 놓아, 내 집에 먹을거리가 넉넉하게 하여라. 이렇게 바치는 일로 나를 시험하여, 내가 하늘 문을 열고서, 너희가 쌓을 곳이 없도록 복을 붓지 않나 보아라. 나 만군의 주의 말이다."(말 3:10)

돼지의 돼지다움을 고려하지 않는 영농과 식품체계는 그 의도가 아무리 고상하다 해도 실제로는 하나님의 얼굴을 향해 주먹을 휘두르고 있는 체계이다. 만일 우리가 돼지에 대해 요구하시는 일에서조차 하나님께 응하지 않는다면 하나님께서 내게, 여러분에게, 그리고 우리 모두에게 요구하시는 일엔 어찌 응하겠는가? 돼지는 하나님의 소유다. 하나님은 당연히 돼지에게 신경을 쓰신다.

농장의 목표는 양이 아니라 질이다

© Chris Packard, Flickr

그러니 나의 뜻을 굽혀 하나님의 열망에 복종해야 한다. 끝! 하나님은 내게 이성과 경험, 감정, 하나님의 말씀과 같은 도구를 허락하셔서, 하나님의 창조물을 어떤 식으로 관리하고 돌봐야 하나님이 기뻐하실지를 깨닫게 하신다. 골수 환경주의 이론이 아니라, 바로 거룩하고 의로우신 주인에 의존하는 법을 배우는 객관적인 실물교육이다. 그것이 지혜이다!

20—
회복하는 능력이
주는 은혜 용서 vs 취약함

> 그리고 주님의 종인 나와 주님의 백성 이스라엘이 이곳을 바라보며 기
> 도할 때에, 그 기도를 들어주십시오. 주님께서 계시는 곳, 하늘에서 들
> 으시고, 들으시는 대로 용서해 주십시오.
>
> **열왕기상 8장 30절**

자연도 인생처럼 언제나 즐겁지만은 않다. 걸림돌이 나타나니까, 그리고
이미 우리는 타락한 세상에 살고 있으니까 말이다. 매일 섭씨 21도에 화
창하고 완벽한 날씨를 기대할 수는 없다. 날씨 좋기로 소문난 샌디에이고
에서도 예외는 아니다.

　　하나님의 용서하심 덕분에 우리는 계속 살아갈 수 있다. 용서하심

이 없이 거룩하신 하나님께서 우리의 간구를 들으시고 기도에 응답하시거나 하나님의 임재 안에 우리를 받아 주실 수는 없으리라. 실패를 거듭하지만 용서하심으로 인해 우리는 하나님과 더불어 살아 나갈 능력을 얻는다.

"우리가 우리 죄를 자백하면, 하나님은 신실하시고 의로우신 분이셔서, 우리 죄를 용서하시고, 모든 불의에서 우리를 깨끗하게 해 주실 것입니다."(요일 1:9) 결코 우리가 닿을 수 없는 주님의 거룩하심에 비춰볼 때 이 얼마나 귀중한 약속인가!

"주님께서는 눈이 맑으시므로, 악을 보시고 참지 못하시며."(합 1:13) 우리가 닿을 수 없는 차원에 하나님이 계시다는 간결하고도 분명한 말씀이다. 더 심각한 말씀도 있다. "내가 마음 속으로 악한 생각을 품었더라면, 주님께서 나에게 응답하지 않으셨을 것이다."(시 66:18) 이건 정말 큰일이다. 화해할 길도 없이 우리들은 하나님으로부터 분리되었다. 그야말로 일말의 희망도 없는 상태라 하겠다.

그러나 용서가 이 모든 것을 깨뜨린다. 우리가 죄를 고백하고 회개하면 하나님께서는 용서하시고 우리와 관계를 세우신다고 약속하신다. 이 약속이 회복력이고 힘이다. 게다가 다행히도 우리와 하나님의 관계는 시시각각 약해지지는 않는다. 오히려 하나님께서 사탄의 공격으로부터 우리를 보호해 주시니 실제로는 아주 강하다. 바로 이런 하나님의 용서하심이 우리에게 전신갑주를 입을 자격을 부여한다.

그러므로 하나님이 주시는 무기로 완전히 무장하십시오. 그래야만 여러분이 악한 날에 이 적대자들을 대항할 수 있으며 모든 일을 끝낸 뒤에 설 수 있을 것입니다. (엡 6:13-17)

용서함이 없다면 이런 방호복을 입으러 가까이 갈 수 없다. 인간관계로 넓혀서 생각해 봐도 용서는 서로를 끔찍하게 싫어하는 상황 중에도 화해의 여지를 만들어 준다. 결혼생활에도 용서가 없다면 오래 지속될 수가 없으니, 누구나 괜스레 아침부터 기분이 안 좋은 날이 있기 때문이다. 용서야말로 기독교인의 삶에서 가장 중요한 덕목인데, 용서가 없다면 주님이 십자가에 못 박히심이 힘을 잃고 사람과 하나님 사이의 관계도 불가능해지며 당연히 천국도 이루기에 불가능한 소망이 되기 때문이다. 식품체계 및 영농체계가 영적으로 뭔가를 시사해야 하는 부분이 있다면 그건 용서이다. 이를 세속주의자들은 회복력이라 부른다. 지속가능한 농업 애호가들은 가뭄과 홍수, 노화, 가격변동, 질병 같은 길 위의 걸림돌에 대처할 완충장치를 언급한다. 기후, 문화 등 가끔씩 걸림돌을 만날 때도 있긴 하다. 우리의 식품체계와 영농체계가 얼마나 잘 버틸까?

이를 염두에 두고 현 상황을 살펴보면서 '용서'라는 모델에 '회복'이 있는지 알아보자. 살모넬라균. 대장균. 조류독감. 피스테리아. 캄필로박터균. 광우병. 구제역. 불과 20년 전만 해도 우리 중에 누가 이런 단어를 들어 보았나? 게다가 전국적으로 널리 퍼진 비만, 물고기의 떼죽음, 공장식 축산농장으로 인한 대기오염, 여기에 채소자 숫자보다 적을 정도로 쇠락해 가는 농업 인구까지! 생각이 있는 사람이라면 마땅히 이렇게 물어야 한다. "어떻게 해야 우리가 이 상황을 바꿀 수 있을까?"

우리 문화 속에서 '용서'가 있는 농업은 아주 오랜 세월 동안, 아니, 어쩌면 아예 없었다. '용서'라는 개념은 포괄적이며 다양한 측면을 아우른다. 농장에 용서나 회복력이 있으려면 여러 영역에서 두루 좋은 성과를 내야만 한다. 자, 용서의 정신이 깃든 농업의 몇 가지 특징을 소개한다.

관계의 용서

농업을 비롯해 모든 사업은 각기 저들 인간관계의 정도만큼 성공할 수 있다. 팀원들 사이에 소통이 원활하지 않으면 농장이 번창할 수 없다. 사람들 사이가 벌어지면 당연히 힘을 하나로 모으기 어렵다. 공동사명 선언에 동의하는 일은 다른 무엇보다, 심지어 생태계보다도 더 중요하다. 생태농업을 하려는 농장이라 해도 팀원들이 자신의 역할을 편안하게 느껴야만 비로소 성공할 수 있기 때문이다. 여기에는 서로의 꿈이 무엇인지 알고 그 꿈들을 실현할 수 있도록 협력하는 일도 포함된다.

생태농업의 묘미는 모든 사람들이 더 많은 시간을 함께 보낼 수 있도록 더 안전한 환경을 조성하는 데 있다. 우리 농장에서는 아이들이 농약창고를 찾아내 죽을 만큼 독한 액체 속을 첨벙거리고 다닐까 봐 염려할 필요가 없다. 생선 액상비료 속에서 첨벙거리거나 해조류 액상비료를 들이킬 수는 있겠지만 죽을 일은 없다. 닭이나 오리 1만 5,000마리가 배설물로 뒤덮인 채 부리부터 발가락까지 옴짝달싹 못하고 갇혀 있는 폐쇄형 사육시설에 겨우 걸음마를 배우는 아기들을 데리고 가고 싶어 안달인 산업형 농장의 농부가 과연 몇이나 될까?

산업형 농업은 식품생산을 구획화할 뿐 아니라, 농장 팀farm team을 분열시키며 시야가 넓은 참여자는커녕 근시안적 전문가를 만들어 낸다. 보다 부드럽고 보다 조용한 기구와 기반시설을 이용하면 일을 하면서 이야기할 기회도 더 많이 생긴다. 그리고 아이들은 소음이나 분진이나 기계에 순식간에 집어삼켜질지도 모른다는 두려움 없이 농장 일에 좀 더 친밀하게 다가갈 수 있다.

나는 퇴비 더미에 빠져 숨진 아이를 단 한 번도 본 적이 없다. 하지만 배설물 구덩이 라군에서 온 가족이 의식을 잃고 쓰러진 모습을 본 적은 있다. 농가에서 흔히 쓰는 화학물질에 노출되어 질병이 증가한 사실은 의심의 여지가 없을 만큼 입증되고 있는 결과이다. 반면 마당에 닭을 풀어놓아 벌레를 잡아먹도록 했다가 암에 걸린 사람은 이제껏 본 일이 없다.

관계를 가꾸려면 유대감이 필요한데, 유대감은 시끄럽고 냄새 나고 먼지투성이에다 위험한 작업환경에서는 거의 생기지 않는다. 자연을 거스르기보다 자연과 더불어 일하면 비로소 농장 환경이 건강한 관계를 더욱 북돋는 쪽으로 변화한다. 이것이 용서다.

정서적 용서

산업형 농부들의 편집증이 얼마나 심한지 알고 있나? 대규모 전통방식 농업 회의에 참석해 보면 거의 모든 강연, 그리고 즉흥적이고 비공식적으로 벌어지는 논의들은 '앞으로 우리에게 닥칠 문제들' 중심이다. 질병. 가격하락. 고비용. 수입품. 은행. 변호사. 유기농 농민. 진보주의자. 환경주의자. 동물복지단체.

산업형 농부들은 나쁜 일에 고착되어 있다. 대두녹병에서부터 조류독감에 이르기까지 산업형 농부들의 언어는 온통 두려움을 일으키는 문제들로 가득하다. 이들은, 깨어 있는 모든 순간 동안, 감정의 진이 다 빠져버린 듯한 모습으로 돌아다닌다. 성공에 주의를 집중하는 순간보다는 행여나 농장을 파멸시킬 악귀가 '저쪽 어딘가에' 도사리고 있을까 싶어 소심하게 힐끔힐끔 주위를 살피면서 말이다. 끊임없이 불평만 일삼고 칭찬은 한 마디도 않다가 가족을 밀어내고 결국은 기쁨도 밀어낸다.

전염병 악귀를 피해 하루를 무사히 마친 어느 공장식 농부는 안도의 한숨을 내쉬며 또 다른 하루를 더 버티며 살 수 있겠다고 한다. 하지만 승리하지는 못하리라. 그저 패배를 면하는 수준에 그칠 테니…… 한번은 어느 생태농업을 하는 농부가 내게 말하기를 예전에는 매일 아침 잠에서 깨어 '오늘은 양돈장에서 뭐가 죽었을까?' 하는 생각이 제일 먼저 들곤 했다며, 그래서 산업형 농업을 집어치웠다고 했다. 이 농부는 새가 지저귀는 소리를 들을 수 없었다. 해돋이도, 폭풍이 몰아치고 난 뒤 하늘에 뜨는 무지개도 즐길 수 없었다. 게다가 자녀들은 농장을 멀리하고 싶어 했다.

이런 교훈을 얻은 후, 밀집형 양돈장을 폐쇄하고 목초기반 농업에 열심을 냈다. 그랬더니 갑자기 자녀들도 참여하고 싶어 했다. 이런 생각이 고조되니 할 수 있다는 정신도 강해지고 열의도 회복했다.

세포 하나하나, 미토콘드리아 하나하나에 담겨 전해 내려온 지혜의 순전한 신비, 그 존귀함이 돼지의 돼지다움을 존중하고 예우하려는 농부의 감정을 매일 크게 고취시킨다. 자연을 보살피고 가꾸는 사람의 만족감은, 자연을 정복한 사람이 아드레날린에 도취되어 느낀다는 아주 짧게 왔다 사그라지는 흥분을 언제나 능가한다. 물론 이런 흥분이 육신의 시배를 넘어서는 정신적인 차원의 현상이긴 하겠으나 실제로는 전혀 일어날 수 없는 일이다. 왜냐하면 산업형 농부는 연기, 소음, 기계의 마력에도 불구하고 자신이 그 힘을 통제한다는 기분은 전혀 받지 못할 뿐만 아니라, 자신이 지금 통제하고 있다 생각하는 자연에게도 오히려 먹힐까 봐 항상 두려움에 떤다.

아, 과연 어떤 모습의 정서적 용서가 복잡하게 얽힌 먹이사슬과 퇴비 더미의 기적에 감탄하는 사람들을 기다리는가? 하나님께서 팔꿈치로 부드럽게 찌르시며 말씀하신다. "잘했다! 착하고 신실한 종아."(마 25:21) 이렇게 부르시는 창조주의 설계가 우리의 노력을 보증하니 매일매일이 발견과 만족과 성취의 나날이다.

기반시설의 용서

자본집약적 단일용도 기반시설은 재정적으로나 정서적으로 더 이상 이득을 내지 못하면 개조하기가 극도로 힘들다. 다용도 기계류와 건물은 농장의 존립가능성을 위태롭게 하지 않고도 차기 생산에 적합하게 만들 수 있다. 목초기반의 가축체계를 더욱 폭넓게 이용할 수 있으므로 대규모 폐쇄형 낙농장과 가축사육장은 이런 새로운 패러다임 속에는 들어설 자리가 별로 없다. 이러한 구조물에 들인 정서적·재정적 투자를 메꾸려고만 해도 1년 365일 내내 가동을 해야 하는데, 심지어 농민들에게 더 나은 '방편'이 있을 때조차도 그런다.

이 때문에 오늘날에는 무엇을 새로 짓거나 매입하든 다용도로 사용 가능하며 활용하기 편하고 최대한 단순하며 개조도 가능한 것이어야 한다. 이는 내가 목조건물을 좋아하는 이유 중 하나다. 활용 폭이 상당히 크고, 다양한 종류의 동물을 기르고 다양한 용도로 사용하기에 편리하다. 콘크리트를 많이 쏟아 부을수록 생산모델이 쓸모가 없어지는데 이런 경우 그 건축물을 버리지 못할 가능성이 높아진다.

기반시설이 우리의 결정을 좌우한다면 이는 절대 '용서'가 아니다. 이 점이 바로 대규모 에탄올 공장과 공장식 농장의 문제점이다. 바이오연료나 동물사육 자체는 잘못된 점이 없지만, 이런 설비의 규모가 정서적으로, 재정적으로 우리를 노예로 만든다는 점이 문제이다. 기반시설을 포기하기에는 시간과 돈을 너무 많이 투자했으니 시설을 없애기보다는 차라리 그 주변환경을 파괴하려 든다. 이런 거대한 단일용도 설비들이 토지의 용도결정을 좌지우지하고 게다가 아주 먼 거리까지 영향을 끼친다. 이것은 용서가 아니다.

인근에 얼마간의 땅을 임대해 가금류를 목초지에 방목하는 사업을 시작한 동료가 있다. 2년간은 모든 일이 순조로웠는데 그러던 어느 날 땅주인이 땅을 팔기로 결정했다. 전혀 문제가 없었다. 이 동료 농부는 도로바로 위쪽에 있는 땅을 찾아내서 이동식 우리를 대형 트럭에 싣고 얼른 장소를 옮겨 갔기 때문이다. 그러니 어서들 이동식 농장으로 오시라. 공장식양계장을 운영한다면 과연 이렇게 할 수 있는 농부가 얼마나 있을까? 배설물 웅덩이 라군보다는 말뚝 한 더미에 훨씬 많은 '용서'가 있다. 가축사육장 앞뒤에 설치한 온갖 장비와 2억 원짜리 콤바인보다는 목초지에 소떼를 풀어놓는 데 필요한 전기울타리 한 움큼과 수조 하나에 훨씬 많은 '용서'가 있다. 한 농민이 내일 새로 일어날 상황에 자유자재로 적응이 가능하다면 단일구조 설비에 영혼을 저당 잡힐 이유가 없다. '용서'가 있는 기반시설은 적응력 그리고 자유를 제공한다.

지형경관의 용서

대규모 단일재배는 자연에 대한 공격이다. 정말 그렇다. 더 왈가왈부할 필요도 없다. 명백히 동일한 범위 안에서도 자연계는 일정 수준의 다양성을 누린다. 거대한 소나무종인 미송美松 수목림 아래에서는 놀랄 만큼 다양한 관목이 자란다. 단순한 종種의 다양성을 넘어서서 평지, 강기슭, 산림지대의 완충작용으로 인해 동식물군 내에 견제와 균형이 생기기 때문이다.

이 아름답게 어우러진 생태계가 물 순환과 포식자 균형, 그리고 바람의 향방까지 조절한다. 원시 대초원에는 약 4,000제곱미터 당 40여 종의 식물이 존재했다. 그런데 콘 벨트Corn Belt가 들어서면서 이들 식물군이 대규모로 사라지고 말았다. 자연에서는 흙 위에 다 자란 수풀, 마른 나뭇잎, 솔잎과 같은 탄소가 살포시 쌓여 토양이 생성되고, 지렁이가 이를 갈아 토양을 다진다. 자연은 탄소나 영양분에 칼질을 하지 않는다. 자연은 토양을 발가벗기지 않는다.

미국이 토양보호 사업에 그만한 돈을 쏟아 붓고 있는데도 토양소실 속도는 여전히 놀랄 만큼 위험한 수준이며, 점점 더 빨라지고 있다. 최근에 본 몇몇 수치에 따르면 옥수수 1부셸당 토양 5부셸(약 150리터)이 소실된다고 추산한다. 말 그대로 '용서'를 세우기는커녕 지형경관을 짓밟고 있다.

'용서'가 있는 지형경관에서는 물의 속도와 부피는 결코 동시에 늘어나지 않는다. 물줄기를 연못으로 전환하면 모든 흐름의 속도가 느려지면서 퇴적물이 쌓인다. 이런 지형경관은 산림, 평지, 강기슭 환경들로 이루어진 하나의 모자이크 속에 엄청나게 많은 다양한 종들이 촘촘한 간격으로 교차하도록 뒷받침한다. 초목으로 옷을 입은 지형은 좀처럼 벌거숭이가 되는 법이 없다. 7년 주기로 5년 동안은 풀이 자라게 하고 2년 동안은 작물을 기르는 전통 방식의 경우 간혹 벌거벗는 경우가 생긴다 해도 지형경관이 감당할 수 있는 정도에 그친다. 유기농도 마찬가지다. 바로 7년째는 경작을 멈추고 농토를 쉬게 하라는 성경의 방침이 이런 개념을 잘 반영하고 있다.

이러한 지형경관 원칙을 어길 때마다 우리는 침식과 부조화의 위험을 더욱 조장한다. 우리 농장에서는 모든 평지의 약 180미터 이내에 수풀지대를 조성하여 곤충을 잡아먹기 좋아하는 새들을 보호하면서 안락한 서식지를 제공했다. 이는 지형경관에 '용서'를 구축하기 위한 노력의 시작 단계에서 적용할 수 있는 실제 방식 중 하나이다.

건강의 용서

자연에는 살균방식이 두 가지 있다. 휴식과 햇빛, 그리고 활발한 분해과정이다. 첫째는 윤환방목과 윤환방목지를 사용하는 전형적인 방식이다. 동물들이 이리저리 방목장을 옮겨 다니기 때문에 그 사이에 최소한 21일 정도 숙주가 없는 기간이 발생한다. 이로써 전염병 순환주기가 깨지고 해충이 억제된다. 흙뿐인 땅에서는 당연히 '용서'가 없다. 이는 콘크리트로 덮인 땅에도, 또 널빤지로 덮어 놓은 무른 흙바닥에서도 마찬가지다.

두 번째 모델의 경우 수분과 공기, 미생물이 충분한 상태에서 축사에 짚을 깊숙이 깔아 주어 탄소와 질소의 비율이 25 내지 30 대 1 정도가 되도록 해서 분해 활성화를 촉진할 수 있다. 이러한 활동은 선충류와 익충이 해충을 억제하도록 장려한다. 뿐만 아니라 짚으로 만든 깔개 위에 다양한 종을 기르면서 30일 정도 숙주가 없는 기간을 최소한 1년에 한두 번 보장하면 병원균이 더 이상 활동할 수 없는 지점에 이르게 된다.

우리 농장에서는 겨울이면 토끼와 닭을 비닐하우스로 이동시키고 축사를 비운다. 돼지들도 토끼와 닭이 함께 사는 이 토닭장으로 이동해서 한겨울 100일간을 보낸다. 폐쇄형 사육시설이라도 1년에 두 달 동안만 부지를 비우면 병원균 증식 부담을 크게 줄일 수 있다. 그러나 산업형 농업의 경우 다양한 종을 수용하기 위한 구조물을 독자적으로 설계하지 못하기에 비우는 일은 엄두도 못 낸다. 결국 연중무휴 시설은 병원균 증식 부담과의 싸움을 위해 악마의 저장고에서 나온 혼합물을 자꾸 더 독하게 쓰는 방식에 의존하게 된다.

양이나 가금류를 방목하는 과수원에서도 동일한 보호 방식을 쓴다. 윤환방목을 하는 농경지에서도, 동물의 생리적 특성을 존중하는 방식으로 사육하는 경우에도 마찬가지다.

농무부는 수십 년 동안 농부들에게 공짜 만찬을 베풀어 환심을 사고는 소에게 죽은 소를 사료로 먹이는 방법에 대해 가르쳤다. 이는 초식동물의 근본 특성인 초식성 자체를 위반하는 행위였고 결국은 광우병을 유발했다. 모두들 이 사실만큼은 공인하고 있다. 소는 초식동물이고 자연 상태에서 초식동물은 죽은 소, 닭의 배설물, 곡물, 또는 발효 사료도 먹지 않는다. 하나님의 명령만 잘 따랐어도 결코 발생하지 않았을 이 질병을 둘러싸고 현재 수많은 규제와 정부 기관들이 퇴치에 열을 올리고 있다. 사실상 이 모든 질병은 우리가 하나님의 패턴에서 벗어났다는 점을 반영한다. 이런 문제를 해결하기 위한 연구와 산업 대부분은 애초에 용서의 패턴을 따르기만 했어도 아무런 필요가 없었으리라.

날씨의 용서

가뭄과 홍수, 추위, 더위는 세상 끝 날까지 우리와 함께한다. 농부가 맡은 책임 중에는 이 모든 자연의 변칙 현상에 용서의 정신을 불러일으켜 피해를 최소화하고 회복을 최대화하는 부분이 있다. 농부들이 흉작 때 보호받기 위해 농작물 재해보험금을 타고 저리대출을 받으려 로비에 열을 올리기보다는 홍수로 넘친 물을 모아 두었다가 가뭄에 방류할 수 있도록 저수지를 조성하는 일에 훨씬 더 많은 관심을 기울여야 한다는 의미이다.

미시시피 강이 범람하는 광경을 텔레비전에서 수도 없이 보았지만 한 번은 주州 방위군이 아이오와 주의 양돈공장 꼭대기에서 돼지 대여섯 마리를 걷어 내, 6미터 남짓한 길이의 소형 보트에 싣는 모습을 보았다. 정말 가슴 아프게 다가왔다. 대다수의 시청자들과는 달리, 나는 바로 그 지붕 아래 수천 마리의 돼지들이 갇혀 있다가 모조리 익사했다는 사실을 우연히 들었기 때문이었다. 당시에 나는 농장 이곳저곳에 흩어져 있는 다양한 목초지에 돼지 100마리 정도를 풀어 키우고 있었다. 만일 우리에게 홍수가 닥쳤다면 돼지 떼를 모두 고지대로 이동시키기만 하면 될 그런 일이었다. 다시 데리러 갈 때까지 땅을 파헤쳐서 도토리와 풀을 먹으며 스스로 생존할 방법을 돼지들이 알고 있으니까 말이다. 아니, 아니. 하긴 우리 돼지들이라면 아예 헤엄쳐 가 버렸을지도 모른다.

이 순간 '아하' 하고 깨달음이 왔다. 어쩌면 자연에서 일어나는 예기치 못한 변화에 잘 대응할 수 있도록 농장을 관리하는 일이야말로 관리 책임을 맡은 자가 갖추어야 하는 무엇보다 중요한 단 하나의 능력이다. 어떤 정부 사업계획도 자연의 예기치 못한 변화로부터 우리를 보호할 수 없으니까 말이다.

이동가능한 생산모델로 더 높은 총수익을 창출할 수 있다면, 이윤을 내기 위해 수백만 단위까지 투자할 필요가 없으니 위기상황이 닥치면 지켜 내기도 한층 쉽다. 면적이 120만 평에 달하는 상품용 옥수수밭이 가뭄으로 타들어 간다고 상상해 보라. 할 수 있는 일이 별로 없다. 하지만 6,000평 면적의 옥수수 밭에서 나오는 부가가치로 제분, 제빵 등 가족사업을 소규모로 운영한다고 상상해 보라. 두 방식의 사업 모두 잠재 총매출액은 동일하다. 그러나 소규모 가족사업은 4리터짜리 양동이 몇 개 들고 나가 6,000평짜리 밭에 물을 주기만 해도 생업을 지켜 낼 수 있다. 이런 방식이 바로 우리가 생각해 봐야 할 용서의 유형이다.

가격의 용서

산업형 농업과 그 추악한 이웃사촌 싸구려 식품산업은 손을 맞잡고 매년 상품가격을 가능한 한 더 떨어뜨리기 위해 애를 쓴다. 이윤을 보는 농장은 오직 규모가 엄청나게 크거나 아주 작은 농장들뿐이다. 대형 농장은 여러 단위에 걸쳐 간접비를 더 분산하기 때문이고, 작은 농장은 간접비가 아예 없기 때문이다.

가격에서 '용서'를 일으키려면 우리 상품의 품질을 향상시키고, 그에 대해 보상을 요구해야 한다. 우리 아버지께서는 이렇게 말씀하시곤 했다. "무언가를 해서 아무것도 얻지 못하느니 차라리 아무 일도 하지 않는 편이 더 낫다." 왜 농민들은 해마다 생산해 낸 것의 가치에 쏟아지는 공격을 참기만 하는가? 스스로 대안을 생각하지 않기 때문이다. '아무 일도 하지 않기' 역시 하나의 대안이다.

가격의 '용서'를 일으키는 최선책 중 하나는 특별히 차별화한 상품, 혹은 직거래를 통한 방법이다. 차별화한 상품에는 유기농, 방목형 등 여러 가지가 있을 수 있다. 핵심은 기꺼이 초과비용을 지불하더라도 상품을 사려는 사람들이 있는 틈새시장을 찾아서 메우는 길이다. 10년이 지나도록 새로운 생각이라고는 해 본 적도 없는 구매자들을 상대로 오래되고 진부한 상품만 판매하는 일은 더 나은 가격을 받을 수 있는 방법이 아니다.

이런 농부는 기껏해야 소매가격 1달러당 10센트 정도 번다. "수익은 중개인이 다 가져간다."라는 말을 들어 보았나? 농부가 직접 중개인 역할까지 하면 공정, 시장거래, 유통의 가치사슬을 십분 활용할 수 있다. 이런 데 드는 돈은 농사에 재앙을 입히는 여러 변수에 좌지우지되지 않는다. 가뭄이 든다고 배송트럭에 달린 타이어가 날아갈 리도 없고, 눈보라 한번 친다고 고객과의 인터넷 연결이 끊어질 리도 없다. '비생산비용'은 이렇듯 농가의 이런 독특한 변수들로부터 한결 안정적이다.

정보통신망과 정보 '초고속도로'를 마음껏 이용할 수 있다면 지금보다 무척이나 많은 농민들이 식품유역[29]을 상대로 직거래를 시작할 수 있다. 청량음료 자판기로부터 160킬로미터나 떨어진 곳에 위치한 몬태나 주의 모든 목장에 일일이 답을 해 줄 수는 없지만, 모든 농민이 자신의

29　식품유역foodshed. 인근 도시나 마을 등 식료품을 공급하는 지역이라는 뜻의 신조어.

생산물로 식품유역에 직접 접근할 수 있다면, 근방에 소비자 기반이 없던 이들에게 생길 수 있는 새로운 기회는 상상할 수 없을 만큼 창대하리라.

자신만의 가격이 있고 가치에 맞게 가격을 정할 수 있는 시장이야말로 가격 공식에 용서를 구축하는 방법이다.

시장거래의 용서

산업형 농업에서는 농민들이 소수의 구매자들에게만 의존한다. 산업형 유기농 분야도 그렇다.

시장에 용서의 정신을 세우려면 이윤을 낼 수 있는 다양한 판로가 있어야만 한다. 여기에는 공동체지원농업, 두어 곳의 농민 직거래 장터, 농장 직판이나 길거리 좌판, 인터넷 판매, 식당, 그리고 회원제 판매buyers club 등을 포함할 수 있다. 이러한 거점들이 더 다양하게 어우러질수록 판매방식의 안정성도 더 커진다.

고객들은 이동이 가능하다. 이리저리 시장이 위치하는 곳을 따라 다닌다. 초대형 월마트 매장들이 외관을 포기하고 마을 건너편에 새로운 건물들을 세웠을 때 사람들이 따라가던 모습을 보라. 임대 토지에서 농사를 시작할 수 있고 혹시 토지를 잃게 된다 해도 다른 곳으로 옮기면 되고 고객들은 그 새로운 장소로 당신을 따라오리라. 이런 방식이 농장에 어마어마한 '용서'를 세우므로 굳이 한곳에 묶일 이유가 없다. 생산자와 후원자 사이의 근접성이 이를 또한 가능하게 한다.

산업형 식품체계는 어떻게 해야 더 많은 상품을 더 멀리, 그나마도 현재 인구감소 추세인 나라들에 수출할까 애를 쓰면서 안달복달한다. 세계 인구가 계속 증가한다는 전제에 입각한 식품체계는 인구가 감소하면 과연 어떻게 해야 할까? 자기가 사는 지역사회, 자기가 사는 마을 공동체를 중심으로 사업을 일군 사람이라면 누구든지 멀리 떨어진 곳에서는 얻을 수 없는 충성스러운 고객들에 접근할 수 있다.

변덕스러운 기업들의 세계적 담합과 국제적 모의에 의해 좌지우지되는 시장보다 농민의 식품유역 안에 있는, 집에서 가까운 시장에서 더 많은 용서가 가능하다. 의사결정을 외주에 맡기는 구조는 무자비한 시장 감독자와 같다. 자기 고객이 있을 때, 그리고 자기 고객에 대해 알고 고객들도 우리를 알고 존중할 때, 시장에 용서가 깃든다.

생산물의 용서

'더 빠르게, 더 기름지게, 더 크게, 더 저렴하게'는 산업형 식품 운동의 구호이다. 동식물을 전부 생물학상 한계 상황으로 밀어 넣는 행위는 모든 것을 취약하게 만들어 결국 불균형으로 인한 자연 도태를 일으키고 만다.

꼼짝 못하고 앉아 있어야 하는 감금생활과 탄수화물이 가득 든 식단으로 인해 동물들은 군살이 잔뜩 붙고 점점 더 약해진다. 젖소들이 우유공장에서 얼마나 빨리 녹초가 되는지 생각해 보라. 호흡을 통해 들이마신 공기 속 배설물 입자가 어떻게 닭의 점막에 병변을 일으키는지! 이러한 관행의 결과, 부적절한 생산모델에서 생긴 침투성 병원균을 박멸하려면 우유를 저온살균해야만 하고, 닭은 사체 표면과 그 안에 들끓는 엄청난 양의 박테리아를 죽이기 위해 염소로 목욕해야 한다.

시금치와 상추도 리콜되는 일이 다반사다. 사실 모든 리콜 식품의 90퍼센트는 육류가 아니라 잎채소다. 먹이사슬을 타고 이동하는 영양분의 소실과 병원균 증식 부담은 참혹한 수준이다. 점점 더 많은 도표들이 오늘날 농산물과 과일에 담긴 영양분이 50년 전에 비해 감소했다는 사실을 보여 주며, 식품 품질의 종말을 도식으로 생생하게 입증한다.

'용서'가 있는 농장은 동식물 생산을 즐기며, 극단으로 몰지 않는다. 우리 모두가 직관적으로 알듯이, 전속력을 내면 어느 것도 최대한 효율적으로 작동할 수 없다. '더 빠르게, 더 기름지게, 더 크게, 더 저렴하게'라는 구호에 입각한 식품체계가 무지하고 표리부동하며 어찌할 바를 모르는 비만 시민들을 만들어 낸다는 사실이 놀랍기만 한가? 한 문화권에서 사람들의 머리와 체격은 그 문화권 식품체계가 지닌 목표의 표상이다.

미국이 건강의 위기를 겪고 있다면, 이제 식품의 위기부터 우선 규명해야 하는 시점이란 증거다. 접시 위 생산물의 용서를 담아 내는 일이야말로 최고의 보건의료 계획이다. 몇 년 전 코넬 대학의 연구진이 소를 도살하기 전 2주 동안 목초를 먹이면 대장균을 사실상 박멸할 수 있다는 사실을 입증했다. 그러나 업계는 새로운 규약을 채택하기는커녕 오히려 이 연구를 비난했다.

농불의 행복을 지키는 녹조지 기반의 축산농장은 생산불 안밖에서 공격하는 병원균을 이기지 못할 정도로 취약하지 않다. 채소를 재배할 때 토양의 유기물 함량을 높여 주면 자연의 완충장치가 생겨 농산물을 망가뜨리는 모든 해로운 요소에 대비할 수 있다. 세상 사람들이 제가 만들어 낸 식품이 누군가에게 해를 끼칠까 전전긍긍하며 잠 못 이룰 때, 용서의 농부는 하나님의 설계를 따르면 병원균 없는 건강한 식품을 생산할 수 있다는 사실을 믿고 안심하며 아기처럼 편히 잘 수 있다.

이웃의 용서

종래의 농업 관련 잡지를 하나 골라서 보면 농장에서 내뿜는 냄새와 지저분한 모습을 불쾌하게 여기는 까다로운 이웃들에 대한 기사와 사설이 수없이 많다. 마찬가지로 공장식 농장들을 폐업시키려고 애쓰는 동물복지 단체에 대한 기사도 많다.

우리가 공장식 농장에 무릎을 꿇지 않았다면 극렬한 동물권리 운동 세력은 등장조차 하지 않았으리라. 사실 페타[30]처럼 호전적인 단체들은 우주적 깨달음 차원에서 어떤 새로운 정신적 상태를 대변하기보다는, 오히려 현실 세계와의 극단적 단절이라는 불가피한 결과만 초래하고 있다. 공장식 농장들은 저들의 주장에 기름을 붓는다. 그러다 보니, 이들은 건설적이고 고무적이며 바람직한 유형의 축산업을 주장하는 대신 그저 철저한 채식주의로 가며, 고양이를 이모로 보고 개를 조카로 보듯 그렇게 소를 바라본다. 이런 관점은 자연세계에 대한 왜곡이다. 우리들이 접하는 생물이 고작해야 집안의 화초나 반려고양이 정도라서 미처 깨닫지 못할 수도 있지만, 사실 자연세계의 모든 생물에게는 삶과 죽음이 있고, 죽은 후 분해하여 또 다른 생명 형태로 역동하기 때문이다. 만물은 먹고 먹힌다.

재생가능하고 지속가능해지려면, 농장들은 이웃에게 용서의 정신을 발휘해야 한다. 당연히 향기와 미관도 좋아야 한다. 농장의 일꾼들이 친숙한 지구 위를 걷고 있는 모습은커녕 위험물질 방호복을 입고 흡사 달 위라도 걷는 모습으로 다녀서는 안 된다는 뜻이다. 또한 동물들도 행복하고 부산스럽고 만족스러워 정다운 소리를 내며 살아야만 한다.

버지니아 주의 한 지역에는 '농사와 기타 공공 불법방해를 제한하는 행위제한 약정서'가 있다. 상상할 수 있는가? 실제로 우리 문화는 농업에 민폐라는 딱지를 붙이고 있다. 도대체 우리가 스스로에게 무슨 짓을 했기에 세상에서 가장 오래고 가장 숭고한 직업, 미국 건국의 아버지 토머스

---

30   페타PETA: People for the Ethical Treatment of Animals. 동물에 대한 윤리적 대우를 목적으로 하는 세계적인 동물보호 단체.

제퍼슨이 마음속에 그리던 교양 있는 농업 무산계급이 이제 어쩌다 골칫 거리에 지나지 않는 신세로 전락했단 말인가?

이는 생태농업이나 하나님의 본보기를 따른 결과가 아니다. 식품에 대한 관심을 저녁식사와 단절시키고 대중을 농장혐오자들로 만든 반反인 간, 반反하나님 식품체계가 낳은 즉각적인 결과이다. 참으로 기막히고 어마어마한 비극이다. 농장에 이웃을 배려하는 용서의 정신을 구축하고 농업기술에 대한 열정을 다시 불붙이는 일에 우리 자신을 다시 새롭게 헌신해야 한다. 동물들이 뛰노는 녹음 짙은 목초지 위에 다양한 종種을 키우는 아름다운 농장을 세워, 이웃들의 참여를 이끌고, 다시 연결하며, 용서의 정신을 키워야 한다.

용서가 있는 농업은 우리의 존재와 행위 모두를 아우른다. 농장을 어떻게 바라보는지 우리 자신의 관점뿐 아니라 다른 사람의 관점을 포함한다. 그러니 타당성이 아주 충분하다. 그리고 산업형 식품체계와는 완전히 반대이다. 용서의 정신을 지닌 농부들은 창조 질서를 위반하지 않고, 지구를 범하지 않고, 이웃들을 노하게 하지 않으며, 가족을 잘 보살피고 있으니, 잠자리에 편히 누울 수 있다. 간단히 말해서, 용서가 있는 농업은 우리가 이 땅에서와 지역사회에서 어떻게 살아야 하는지에 대한 하나님의 완전하신 뜻을 소중히 여긴다.

용서가 있는 농장을 애용하면 하나님을 영화롭게 하는 식품체계를 재정적으로 후원하는 셈이며, 감정적으로 지지할 수도 있고, 실제 장려할 수 있다. 우리 농장을 방문한 이들이 떠날 때마다 나는 늘 궁금하다. "저들이 이곳에서 용서를 보았을까?" 이렇게 실체가 있는 교훈을 강화하기 위해 무슨 일이든 할 수 있도록 필요한 힘과 창의성을 주시기를 주님께 기도한다.

21—
결단의 시간

사무엘이 나무랐다. "주님께서 어느 것을 더 좋아하시겠습니까? 주님의 말씀에 순종하는 것이겠습니까? 아니면, 번제나 화목제를 드리는 것이겠습니까? 잘 들으십시오. 순종이 제사보다 낫고, 말씀을 따르는 것이 숫양의 기름보다 낫습니다. 거역하는 것은 점을 치는 죄와 같고, 고집을 부리는 것은 우상을 섬기는 죄와 같습니다."

사무엘상 15장 22-23절

여기까지 읽은 분들은 동의하리라 생각하는데, 이 책은 참으로 여러 분야를 다루고 있다. 여러분은 분명 내가 약간 '열심당원'이란 생각을 하리라. 하지만 친절하고 예의바르며 싹싹한 '열심당원'이라는 사실을 알아 주시길 바란다.

나는 '자연식품 광신도'가 아니다. 1년에 대여섯 번은 콜라를 마신다. 기독교인이 타이슨사社 양계장을 운영할 수도 있다고 믿으며, 기독교인이라도 몬산토사社에서 일할 수도 있다고도 생각한다. 맥도날드에서 먹는다고, 그것도 겨우 한 번 먹는다고 바로 지옥행 선고를 받는다는 건 더구나 아니다. 하하! 다행히 하나님의 은혜는 시간과 공간을 초월하시니까!

그러나 하나님의 소유를 함부로 사용하는 사람들과 거래하고, 그런 장소, 그런 물건들을 애용하면 할수록, 영적 승리를 거두기가 더 힘들어진다. 우리가 알다시피, 소돔 쪽의 기름진 땅을 택한 아브라함의 조카, 불쌍한 롯은 가족과 명예를 잃고, 술에 잔뜩 취해 자신의 딸들과 동침하기까지 했다. 그의 삶은 신약성서에 이렇게 요약된다.

그리고 소돔과 고모라 두 성을 잿더미로 만들어 멸망시키셔서, 후세에 경건하지 않은 자들에게 본보기로 삼으셨습니다. 그러나 무법한 자들의 방탕한 행동 때문에 괴로움을 겪던 **의로운** 사람 롯은 구하여 내셨습니다. 그 **의인**은 그들 가운데서 살면서, 보고 듣는 그들의 불의한 행실 때문에 날마다 그의 **의로운** 영혼에 고통을 느끼고 있었던 것입니다. 주님은 경건한 사람을 시련에서 건져내시고, 불의한 사람을 벌하셔서, 심판 날까지 가두어두실 줄을 아십니다. (벧후 2:6-9)

놀랍게도 이 구절에서 사도 베드로는 롯을 가리켜 '의롭다'고 세 번이나 말한다. 롯은 기독교인이었다. 의심의 여지가 없다. 나는 천국에서 롯을 보게 되리라 확신한다. 하지만 맙소사, 그는 얼마나 형편없는 유산을 남겼는가! 마을에서 조롱당하고, 천사를 제대로 대접할 수도 없었으며, 예비 사위들에게 무시당하고, 그를 보호하러 온 천사들에게 성 밖으로, 말 그대로 끌려 나와야 했다. 그리고 그 후 두 딸에게서 대대로 이스라엘 민족을 괴롭히는 사악하고 불경한 민족인 모압 족속과 아모리 족속이 나왔다.

나는 롯처럼 되고 싶지 않다. 여러분은? 나는 다른 유산을 남기고 싶다. 육체적 유산만이 아닌 영적인 유산을 말이다. 하나님께서 천사를 보내 심판에서 끌어내리셔야 하는 내가 되길 원치 않는다. 주님의 심판으로부터 멀리 떨어져, 하나님 품 안에 꼭 안겨 있기를 원한다.

개념 하나를 더 살펴보자. '믿음' 장으로 유명한 히브리서 11장 바로 뒤에 이어지는 12장은 이렇게 시작한다.

그러므로 이렇게 구름 떼와 같이 수많은 증인이 우리를 둘러싸고 있으니, 우리도 갖가지 무거운 짐과 얽매는 죄를 벗어버리고, 우리 앞에 놓인 달음질을 참으면서 달려갑시다. 믿음의 창시자요 완성자이신 예수를 바라봅시다. 그는 자기 앞에 놓여 있는 기쁨을 내다보고서, 부끄러움을 마음에 두지 않으시고, 십자가를 참으셨습니다. 그리하여 그는 하나님의 보좌 오른쪽에 앉으셨습니다. (히 12:1-2)

경주를 방해하는 두 가지, 즉 '무거운 것'과 '죄'에 주목해 보자. 내가 추측하건대, 우리에게는 '죄'는 아니지만 '무거운 뭔가'가 존재한다. 흑백 논리로 '죄다' '죄가 아니다'로 정확히 양분하지는 못해도, 그럼에도 명확한 푯대를 향해 달려가지 못하도록 영원한 결과로 이어지는 이 경주에 집중하지 못하도록 훼방하는 '무거운 뭔가'가 우리를 짓누른다.

그렇다면 불량식품을 먹거나 경건하지 않은 식품체계와 사악한 영농법을 선호하는 일이 설령 죄까지는 아니더라도 '무거운 뭔가'라는 데는 동의하는가? '무거운 뭔가'는 우리로 하여금 제대로 증거할 수 없도록 방해한다. 신체와 두뇌 능력을 최대로 발휘할 수 없도록 방해한다. 영적 명민함을 둔화시키며, 우리에게 깨달음을 주시려는 하나님의 원초적 실물교육도 방해한다.

분명 이를 모두 내려놓기는 쉽지 않다. 2절 말씀처럼 예수님은 십자가를 참으시고 부끄러움을 개의치 않으셨다. 창조물을 돌보는 여정에 진지한 자세로 나서면, 가족들의 비웃음을 사고 설교단에서는 조롱이 쏟아진다. "아, 여기 이 케이크는 먹지 말자. 베티는 흰 설탕과 흰 밀가루와 공장 달걀을 안 좋아하니까."

친구들에게 따돌림을 당할지도 모른다. 너무 푹 빠졌다고, 벌목반대 운동가들과 한통속이 됐다고 수군대는 소리를 듣게 될 수도 있다. 보수주의 라디오 토크쇼는 예전만큼 많이 듣지 않게 될지도 모른다. 이런 실천이 그저 공원에서 산책하듯 쉬운 일은 아니다. 그러나 예수님이 "내 멍에는 편하고, 내 짐은 가볍다."(마 11:30) 이렇게 약속하셨듯이, 이런 일들은 하나님의 영광을 위한 경주를 방해하는 '무거운 것'에 비하면 가벼운 멍에일 뿐이다.

그렇다면 지금 이 순간, 여러분과 하나님 사이에 어떤 대화가 오가야 할까? 이제야말로 하나님의 소유물을 관리하는 청지기 사명을 진지하게 받아들일 때 아닌가? 여러분이 하나님의 소유물을 어떻게 다루는지 하나님께서 신경 쓰실까? 그리고 이제 우리 모두는 이렇게 질문해야 한다. "하나님께서 돼지의 돼지다움에 신경 쓰실까?"

이 책에서 다룬 여러 주제와 정보가 많은 독자들에게 뜻밖의 새로운 발견이 되리라 확신한다. 우리 각자에게 하나님의 창조물을 돌볼 책임이 있음을 처음으로 통감하여 정신이 번쩍 들거나, 새롭게 깨닫기도 하고, 바라건대 재미있는 부분도 있었으리라. 이 책은 내가 열 번째로 집필한 책이며, 어느 책보다도 더 많이 고민하고 기도하며 썼다. 나의 정체성을 밝히는 책이다. 이 책이 앞으로 내 삶에 어떤 반향을 일으킬지 나는 모른다.

대중 연설에서 내가 산업형 식품을 비난할 때는 소리치고 환호하며 지지하던 사람들이, 내가 낙태 반대론자임을 밝히는 순간, 쥐 죽은 듯이 입을 다물고 몇몇은 밖으로 나가기까지 하는 일들이 수없이 많았다. 이 책 때문에 연설자로서의 이력이 끝나고 혹은 나를 좋아하던 창조물 숭배자들과의 관계가 소원해질지도 모른다. 하지만 더 이상 침묵하고 있을 수는 없으며, 하나님께서 내게 기름을 부으셔서 이 주제를, 이 시기에, 이런 방식으로 끄집어내도록 하신다고 느낀다.

내 마음속에 계속 들리는 미세한 음성은 바로 에스더서에 기록된, 모르드개가 자신의 아름다운 조카이자 왕후인 에스더에게 권면한 도전적인 요구이다. 부름을 받지 않고 페르시아 왕 앞에 나가는 일은 아무리 아내요 왕후라 해도 자살행위나 다름없었다. 하지만 모르드개는 에스더만이 사악한 하만의 유대인 몰살 계획을 막기 위해 왕과 연결 가능한 가교임을 알았다.

에스더가 자신이 책임지고 할 일들을 놓고, 즉 부름받지 않고 왕에게 나가면 당연히 죽는다는 상황을 두고 고민할 때, 모르드개가 에스더에게 강권하며 말한다.

모르드개는 그들을 시켜서 에스더에게 다음과 같이 전하라고 하였다. "왕후께서는 궁궐에 계시다고 하여, 모든 유다 사람이 겪는 재난을 피할 수 있다고 생각하십니까? 이런 때에 왕후께서 입을 다물고 계시면, 유다 사람들은 다른 곳에서라도 도움을 얻어서, 마침내는 구원을 받고 살아날 것이지만, 왕후와 왕후의 집안은 멸망할 것입니다. 왕후께서 이처럼 왕후의 자리에 오르신 것이 바로 이런 일 때문인지를 누가 압니까?"(에 4:13-14)

"이런 일 때문인지를." 와! 모르드개는 하나님께서, 에스더를 통해서든 아니든, 어차피 유대인들을 구원하실 줄은 알았지만, 그래도 에스더가 바로 "이런 일"을 위하여 왕과의 연결고리로서 지식, 그리고 통찰력을 최대한 발휘하길 바랐다. 에스더라고 해서 다른 유대인보다 더 훌륭하지는 않았으니까. 말하자면 더 훌륭한 기독교인은 아니었으니까. 그러나 하나님의 정보 전달자로 쓰임 받도록 특별히 예비된 존재였다.

하나님께서는 꼭 나를 통해 지구를 구할 필요가 없으시다. 천만에! 내일이라도 당장, '천년왕국' 혁신 절차에 돌입하실 수도 있으니까. 하지만 하나님께서는 하루든 수백 년이든 우리가 맡아서 돌보고 신실하게 섬기기를 바라신다. 따라서 내게 주신 이 기회는 기독교인과 환경주의자 사이의 갈등을 누그러뜨릴 가교 역할을 할 특권이라고 생각한다. 더 나아가, 기독교인으로 우리들이 매일의 삶 속에서 영적 교훈을 찾아내면 하나님은 더 기뻐하신다고 생각한다. 덕분에 하루 종일 기도하고 예배하고 교제하는 자세로 산다.

다들 기독교인을 지구 파괴범으로 여기는 이 시대에, 기독교인들의 간증을 듣고 있으면 마음이 아프다. 움푹 팬 도랑으로 상처 난 언덕을 보면, 항생제에 내성이 생긴 슈퍼버그와 제초제에 내성이 생긴 슈퍼잡초와 힘겹게 싸우는 농부가 보여 마음이 아프다. 배설물로 오염된 축사에 갇혀 가장 기본적인 독특함조차 표현하지 못하는 동물들을 생각하면 마음이 아프다. 이런 마음으로 잃어버린 영혼을 향한 복음전파의 열망을 대체하려는 것이 아니라 오히려 그 열망을 더욱 키우고, 손발을 걷고 직접 나서기 위함이다. 그리고 모든 일, 내 영혼과 내가 먹는 음식과 내 직업과 내가 운영하는 농장 일에 하나님의 주권을 확립하기 위함이다. 결국 이 모든 것이 하나님의 소유 아닌가!

그러니 친구여, 그대는 어떤가? 신명기 30장 19절과 20절 말씀으로 끝맺고자 한다.

나는 오늘 하늘과 땅을 증인으로 세우고, 생명과 사망, 복과 저주를 당신들 앞에 내놓았습니다. 당신들과 당신들의 자손이 살려거든, 생명을 택하십시오. 주 당신들의 하나님을 사랑하십시오. 그의 말씀을 들으며 그를 따르십시오. 그러면 당신들이 살 것입니다. 주님께서 당신들의 조상 아브라함과 이삭과 야곱에게 주시겠다고 맹세하신 그 땅에서 당신들이 잘 살 것입니다.

옮긴이의 말

"할 수 있다고 해서 꼭 해야 하는 겁니까?"(29쪽) 당연히 할 수 있다고 다 해서
는 안 된다고 저자 조엘 샐러틴 농부는 책의 첫 장에서 답한다. 영화 〈쥬라기
공원〉에서 공룡을 되살려 내고 성공에 취해 신이 난 과학자를 향해 날린 젊은
기자의 이 질문은《돼지다운 돼지》를 번역하는 내내 마음을 울린 질문이다.

　　우리 인간은 같은 인간에게는 물론 다른 생명체에게 할 수 있다는 자신
감과 자만심으로 얼마나 많은 악행과 비행을 저지르는지, 참으로 작금의 세
상은 하나님 보시기에 소돔과 고모라와 같으리란 생각이 든다. 의인 50명을
찾으실 때가 올 것만 같고, 의인 열 명이라도 봐 달라고 설득하는 아브라함의
대행자를 찾게 될 수도 있겠다는 상상. 공적으로 또 사적으로 집단이나 개인
을 힘들게 하는, 그것도 특히 약자임을 확인하면 곧바로 사나워지고 짓궂어
지는 학교, 기업, 국가들. 그 짓궂은 장난으로 외롭고 약한 자는 따돌림 같은
곤경에 처하고, 이유도 모른 채 갇히기도 하고, 처참한 최후를 맞기도 한다.
OECD 국가 중 청소년 자살률 1위 국가 대한민국. 스스로 목숨을 끊는 일도
할 수 있다고 해서는 안 될 일 중의 하나이지만, 이들을 죽음으로 몰아가는 이
사회의 구조적, 전반적 문제를 다 뒤집어 펼쳐 내야 할 때 아닌가 싶을 정도로
현 상황은 심각하다. 의식주 문제와 교육 전반을 다 다룰 수는 없으나, 우선 우
리가 먹는 음식에 걸린 다양한 위험요소로부터 우리 자신을 지켜 내는 일은
시작할 수 있지 않을까? 청소년들과 어린아이들을 악한 먹거리로부터 보호
하는 길을 찾는 노력이 우선 우리 사회를 정의롭게 할 수 있는 중요한 길 중의
하나가 아닐까? 조엘 샐러틴 농부는 문제제기를 통해 정의로운 식탁, 생명 밥
상으로 가는 길을 알려 주고 하나님 말씀을 의지하여 정의롭지 못한 체계를

향해 소리 높여 고한다.

사랑하는 여러분, 아시다시피 할 수 있다고 해서 무엇이든 해도 되는 것
은 아니다. 때로는 할 수 있다는 이유만으로 해서는 안 되는 일도 있다.
(189쪽)

할 수 있다는 이유만으로 해서는 안 되는 일을 조엘은 《돼지다운 돼지》
를 통해 정의롭게 설명하고 있다. 언제나 각 장을 하나님 말씀으로 시작하는
총 21장에 걸친 감동적인 폴리페이스 농장운영에 대한 기록은 정말 우리들
의 농장에 반영해야만 한다는 생각이 들고, 꼭 어렵지만은 않으리라는 위로
도 받는다.

미국 중서부 농장에 끝도 없이 펼쳐진 옥수수밭, 콩밭을 부의 상징이자
'절대 배고픔 없음'의 상징으로 그렇게 부러워했는데 이제 알게 된 또 다른 현
실. 이 정직한 농부 조엘의 말에 의하면 단일재배 작물의 문제가 너무도 많다!
단일종 재배로 황폐해지는 땅, 농약으로 더 강해지는 해충들, 그리고 오염 속
에 살아야 하는 주변 이웃들의 고통. 같은 종류의 동물만을 키우는 산업형 농
장도 문제다. 닭이든 돼지이든, 저들은 날갯짓 한번 못하고 혹은 땅 한번 파보
지 못하고 좁디좁은 공간에서 서로를 물거나 쪼지 못하도록 잘린 부리, 잘린
꼬리로 살다 한꺼번에 식품용으로 도살된다. 평생 자기다움을 표현 한번 못
해 보고, 닭은 닭다운, 돼지는 돼지다운 몸짓 한번 못 해 보고 스트레스 받으
며 죽을 때를 기다리다 결국 우리의 식탁에 오르는 동물들. 이게 과연 정의로

운가. 아이들부터 어르신까지 그렇게 키운 동물들을 먹고 있다니, 감사도 감동도 없는 식탁. 이 음식이 어떻게 우리 식탁까지 왔을까를 생각해 본 적이 있나? 식사 전 기도에서조차 평화로운 농장만 생각했지 그런 닭장과 돼지우리는 상상해 본 적이 없다. 그래서 이 책은 더 늦기 전에 음식을 먹고 사는 어느 누구나 다 읽어야만 한다는 생각이 든다.

몇 해 전, 번역하면 어떨까 제안한 책 열 권 중에서 이 책을 고른 홍성사의 탁월한 선정에 박수를 보낸다. 그리고 기독교 환경서적을 조사하여 이 책을 보내 주고 초벌번역에도 참여한 한동대학교 통번역대학원 제자 박민아에게 고맙다. 솔직히 번역은 쉽지 않았다. 성경을 기반으로 쓴 묵상집이란 점 외에는 모든 용어와 배경과 경험이 정말 새롭다 못해 낯설었기 때문이다. 환경보호 운동은 다양하게 많이 해 왔지만 농사를 지어 보거나 농장경영은커녕 농장에 가 본 적도 별로 없는 우리가, 돼지로 시작하는 이 책을 번역하기로 달려든 것도 하나님의 오묘하신 뜻이다. 한동대 통번역대학원을 졸업한 두 제자 박민아 선생과 차미연 선생이 초벌번역하며 무진 고생을 했다. 초벌번역을 고치는 시간이 너무 많이 걸려, 결국 처음부터 재번역하는 작업을 제자 세종대 진실로 교수와 함께했다. 그러고 나서 완성한 번역을 읽어 주는 작업을 해 준 인수희 씨에게도 고마움을 표하고 싶다. 구어체 문장표현 능력이 정말 탁월한 전문가이다. 그래서 훨씬 가벼워진 마음으로 다시 원문을 대조하며 최종이라는 생각으로 또 읽었는데, 예상보다 수정이 또 다시 많이 나왔다. 참으로 번역은 지난한 수정 작업의 연속이라는 사실, '인내'가 번역가 제일의 덕목임을 다시 한번 확인한 과정이었다.

언제나처럼 우리 CR번역연구소 모두의 마음을 편하게 해 주며 기다려 준 홍성사 편집실에 감사하다. 정의로운 생명농업을 기반으로 하는 환경보호 서적을 출판하기로 용기를 내어 주신 정애주 사장님께도 감사하다. 홍성사 책들이 잘 나가야 우리 사회가 바로 선다는 말을 감히 해 본다. 그만큼 내 의식 속에서 홍성사는 평생 동반해도 좋을 정의로운 파트너요, 친구요, 동역할 만한 공동체이다.

이제라도 '베란다-텃밭'을 만들어 먹을 야채를 직접 조금씩이라도 키워 봐야겠다. 사실 지난주에 먹다 남은 유기농 실파의 초록 잎 부분을 잘라 먹고 뿌리를 화분에 심었다. 물을 주니 일주일 만에 초록 잎이 다시 나오며 키가 훌쩍 두 배로 자라났다. 이제 우리나라 농가들이 우리 옛날 시골 농가처럼, 농부 조엘의 말처럼, 동물은 섞어 키우고, 작물들도 섞어서 건강하게 키우면 좋겠다. 우리는 가능한 한 제철의 가까운 지역이나 사는 지역에서 나는 먹거리를 먹고, 농장 주인들은 동물을 풀어놓고 키워 개체다움을 잔뜩 누리고 사는 폴리페이스 농장의 동식물들처럼 자유를 누리며 살도록 해 주면 좋겠다. 그렇다. "돼지다운 돼지"가 뛰노는 돼지꿈을 모두가 함께 꿀 수 있다면 좋겠다.

2020년 1월
북악산 기슭에서
원영희

색인

인명

성경 약어표

구약성경

창	창세기
출	출애굽기
레	레위기
민	민수기
신	신명기
수	여호수아
삿	사사기
룻	룻기
삼상	사무엘상
삼하	사무엘하
왕상	열왕기상
왕하	열왕기하
대상	역대상
대하	역대하
스	에스라
느	느헤미야
에	에스더
욥	욥기
시	시편
잠	잠언
전	전도서
아	아가
사	이사야
렘	예레미야
애	예레미야애가
겔	에스겔
단	다니엘
호	호세아
욜	요엘
암	아모스
옵	오바댜
욘	요나
미	미가
나	나훔
합	하박국
습	스바냐
학	학개
슥	스가랴
말	말라기

신약성경

마	마태복음
막	마가복음
눅	누가복음
요	요한복음
행	사도행전
롬	로마서
고전	고린도전서
고후	고린도후서
갈	갈라디아서
엡	에베소서
빌	빌립보서
골	골로새서
살전	데살로니가전서
살후	데살로니가후서
딤전	디모데전서
딤후	디모데후서
딛	디도서
몬	빌레몬서
히	히브리서
약	야고보서
벧전	베드로전서
벧후	베드로후서
요일	요한일서
요이	요한이서
요삼	요한삼서
유	유다서
계	요한계시록

돼지다운 돼지

미치광이 농부의 흥하는 농장
The Marvelous Pigness of Pigs

지은이 조엘 샐러틴
옮긴이 CR번역연구소 원영희·진실로
펴낸곳 주식회사 홍성사
펴낸이 정애주
국효숙 김경석 김의연 김준표 박혜란 송승호 오민택
오형탁 이현주 임영주 주예경 차길환 최선경 허은

2020. 4. 6. 초판 1쇄 인쇄 2020. 4. 20. 초판 1쇄 발행

등록번호 제1-499호 1977. 8. 1.
주소 (04084) 서울시 마포구 양화진4길 3 전화 02) 333-5161 팩스 02) 333-5165
홈페이지 hongsungsa.com 이메일 hsbooks@hongsungsa.com
페이스북 facebook.com/hongsungsa 양화신책방 02) 333-5163

• 잘못된 책은 바꿔 드립니다. • 책값은 뒤표지에 있습니다.
• 이 도서의 국립중앙도서관 출판예정도서목록(CIP)은 서지정보유통지원시스템 홈페이지(http://seoji.nl.go.kr)와
  국가자료공동목록시스템(http://www.nl.go.kr/kolisnet)에서 이용하실 수 있습니다.(CIP제어번호: CIP2020011266)

ISBN 978-89-365-1419-8 (03300)